D1500642

Contemporánea

Vladimir Nabokov (San Petersburgo, 1899 - Montreux, Suiza, 1977) fue uno de los grandes escritores del siglo xx. Nacido en Rusia, emigró debido a la Revolución de 1917 y se estableció primero en Alemania y luego en Estados Unidos, país cuya nacionalidad adoptó en 1945. Escribió sus primeras obras literarias en ruso, pero alcanzó renombre internacional como maestro de la literatura en inglés, en especial con sus novelas *Lolita* (1955) y *Pnin* (1957). Regresó a Europa en 1961 para instalarse en Montreux, Suiza. Allí pasó el resto de sus días dedicado a sus dos grandes pasiones: la literatura y la lepidopterología. La serie integrada por *Curso sobre el Quijote*, *Curso de literatura europea* y *Curso de literatura rusa* recoge las legendarias lecciones que impartió en los años cuarenta y cincuenta en las universidades estadounidenses de Wellesley y Cornell.

Vladimir Nabokov

Curso de literatura europea

Traducción de
Francisco Torres Oliver

DEBOLS!LLO

Papel certificado por el Forest Stewardship Council®

Título original: *Lectures on Literature*

Primera edición en Debolsillo: abril de 2020

© 1980, The Estate of Vladimir Nabokov
© 1980, John Updike, por la introducción
© 2009, 2020, Penguin Random House Grupo Editorial, S. A. U.
Travessera de Gràcia, 47-49. 08021 Barcelona
© Francisco Torres Oliver, por la traducción

Printed in Spain – Impreso en España

ISBN: 978-84-663-5314-4
Depósito legal: B-1.773-2020

Compuesto en M. I. Maquetación, S. L.

Impreso en Liberdúplex
Sant Llorenç d'Hortons (Barcelona)

P 3 5 3 1 4 4

Penguin
Random House
Grupo Editorial

Introducción

Vladimir Vladimirovich Nabokov nació en 1899, aniversario del nacimiento de Shakespeare, en San Petersburgo (hoy Leningrado), en el seno de una familia rica y aristocrática. Tal vez su apellido deriva de la misma raíz árabe que la palabra *nabab*, introducida en Rusia por el príncipe tártaro del siglo XIV Nabok Murza. Desde el siglo XVIII, los Nabokov habían ocupado distinguidos cargos militares y gubernamentales. El abuelo de nuestro autor, Dmitri Nikolaevich, fue ministro de justicia durante el reinado de los zares Alejandro II y Alejandro III; su hijo, Vladimir Dmitrievich, renunció a ciertas perspectivas de futuro en los círculos de la corte para incorporarse, como político y periodista, a la lucha infructuosa por la democracia constitucional en Rusia. Fue un liberal valeroso y combativo que sufrió la cárcel durante tres meses en 1908; él y su familia inmediata mantuvieron sin temor una lujosa vida de clase alta repartida entre la casa de la ciudad, construida por su padre en la Admiralteiskaya, elegante zona de San Petersburgo, y la finca de Vyra, aportada al matrimonio por su esposa —quien pertenecía a la inmensamente rica familia Rukavishnikov— como parte de la dote. El primer hijo que les vivió, Vladimir, recibió, en nombre de sus hermanos, una generosísima cantidad de amor y cuidado paternos. Fue precoz, animoso, enfermizo al principio y robusto después. Un amigo de la familia lo recordaba como un «chico esbelto, bien proporcionado, de cara alegre y expresiva, y unos ojos penetrantes e inteligentes que le brillaban con destellos de burla».

V. D. Nabokov era algo anglófilo, y cuidó de que sus hijos recibieran una formación tanto inglesa como francesa. Su hijo declara en su autobiografía *Speak, Memory*: «Aprendí a leer en inglés antes de que supiese leer en ruso», y recuerda una temprana «sucesión de niñeras e institutrices inglesas», así como un desfile de prácticos productos anglosajones: «De la tienda inglesa de la Avenida Nevski llegaba en constante procesión toda clase de dulces y cosas agradables: bizcochos, sales aromáticas, barajas, rompecabezas, chaquetas a rayas, pelotas de tenis.» De los autores tratados en este volumen, probablemente fue Dickens el primero que conoció: «Mi padre era experto en Dickens, y hubo un tiempo, siendo nosotros niños, en que nos leía en voz alta páginas de este autor, en inglés, naturalmente.» Cuarenta años después, Nabokov escribía a Edmund Wilson: «Quizás el que nos leyera en voz alta, durante las tardes de lluvia en el campo, *Grandes esperanzas*…, cuando era yo un chico de doce o trece años, me impidió mentalmente releer a Dickens más tarde.» Fue Wilson quien atrajo la atención de Nabokov hacia *Casa Desolada* en 1950. Sobre las lecturas de su niñez, Nabokov comentó a un entrevistador de *Playboy*: «Entre los diez y los quince años, pasados en San Petersburgo, debí de leer más novelas y poesías —inglesas, rusas y francesas— que en ningún otro período de cinco años del resto de mi vida. Disfruté especialmente con las obras de Wells, Poe, Browning, Keats, Flaubert, Verlaine, Rimbaud, Chéjov, Tolstoi y Alexander Block. En otro plano, mis héroes eran Pimpinela Escarlata, Phileas Fogg y Sherlock Holmes.» Este último tipo de lecturas puede contribuir a explicar la sorprendente aunque simpática inclusión de una obra como el brumoso relato gótico-victoriano de Stevenson *El Dr. Jekyll y Mr. Hyde*, en su curso sobre clásicos europeos.

Una institutriz francesa, la robusta y recordada Mademoiselle, fue a residir a casa de los Nabokov cuando el joven Vladimir tenía seis años, y aunque *Madame Bovary* no estaba incluida en la lista de novelas francesas que ella tan ágilmente leía en voz alta («su fina voz corría y corría sin flaquear, sin la menor dificultad o vacilación») para los niños que tenía a su cargo —«lo teníamos todo: *Les malheurs de Sophie, Le tour du monde en quatre-vingts jours, Le petit chose, Les misérables, Le comte de Monte Cristo*, y muchas más»—, el libro de Flaubert estaba indudablemente en la biblioteca de la familia. Tras el absurdo asesinato de V. D. Nabokov en Berlín en 1922, «un compañero suyo de estudios con el que había hecho un viaje en bicicleta por la Selva Negra, le envió a mi madre, viuda, el volumen *Madame Bovary* que mi padre había llevado consigo entonces, y en cuyas guardas había escrito: "Perla insuperable de la literatura francesa", juicio que aún sigue siendo válido». En otro pasaje de *Speak, Memory*, Nabokov refiere su entusiasmo al leer la obra de Mayne Reid, escritor irlandés de novelas del Oeste americano, y comenta a propósito de los impertinentes que tiene una de las heroínas sitiadas de Reid: «Esos impertinentes los encontré después en manos de Madame Bovary; más tarde los tenía Ana Karénina, y luego pasaron a ser propiedad de la dama del perrito faldero, de Chéjov, la cual los perdió en el muelle de Yalta.» En cuanto a la edad en que leyó por primera vez este estudio clásico del adulterio, sólo podemos suponer que fue temprana; leyó *Guerra y paz* por primera vez cuando tenía once años, «en Berlín, en un sofá de nuestro piso rococó de Privatstrasse, que daba a un jardín sombrío, húmedo, negro, con alerces y gnomos que se han quedado en ese libro, como una vieja postal, para siempre».

A esta misma edad de once años, Vladimir, tras haber recibido toda su instrucción en casa, fue matriculado en el colegio relativamente progresista de Tenishev, San Petersburgo, donde sus profesores le acusaron «de no ajustarme a mi ambiente; de "presumir" (sobre todo de salpicar mis apuntes rusos con términos franceses e ingleses, que me salían espontáneamente); de negarme a tocar las toallas sucias y mojadas de los lavabos; de pegar con los nudillos en mis peleas, en vez de emplear el gesto amplio del puñetazo con la parte inferior del puño, como hacen los camorristas rusos». Otro alumno del Tenishev, Osip Mandelstam, llamaba a los estudiantes de ese centro «pequeños ascetas, monjes recluidos en su propio monasterio infantil». El estudio de la literatura rusa ponía el acento en el ruso medieval —la influencia bizantina, las crónicas antiguas— y proseguía con un minucioso estudio de la obra de Pushkin, hasta llegar a las obras de Gógol, Lermontov, Fet y Turguéniev. Tolstoi y Dostoyevski no estaban en el programa. Al menos un profesor, Vladimir Hippius, «poeta de primera fila aunque algo esotérico, a quien yo admiraba bastante», dejó honda huella en el joven estudiante: a los dieciséis años, Nabokov publicó una colección de poemas; Hippius «llevó a clase un ejemplar, y provocó un delirante estallido de risas entre la mayoría de mis compañeros de clase, dedicando su feroz sarcasmo (era un hombre colérico de pelo rojizo) a mis versos románticos».

Nabokov terminó los estudios secundarios cuando su mundo se estaba derrumbando. En 1919, su familia emigró: «Se dispuso que mi hermano y yo fuéramos a Cambridge, con una beca concedida más para compensar las tribulaciones políticas que en reconocimiento de los méritos intelectuales.» Estudió literatura rusa y francesa, como en el Tenishev, jugó al fútbol, escribió poesía, cortejó a diversas jovencitas, y no visitó *ni una sola vez* la biblioteca de la universidad. Entre los recuerdos sueltos de sus años universitarios está el de «P. M. entrando en tromba en mi habitación con un ejemplar de *Ulises* recién traído de contrabando de París». En una entrevista para *Paris Review*, Nabokov nombra a su condiscípulo Peter Mrosovsky, y admite que no leyó el libro entero hasta quince años después, aunque le «gustó enormemente». En París, a mediados de los años treinta, él y Joyce se vieron unas cuantas veces. En una de esas ocasiones Joyce asistió a un recital de Nabokov. Éste sustituía a un novelista húngaro repentinamente indispuesto, ante un auditorio escaso y heterogéneo: «Un consuelo inolvidable fue ver a Joyce sentado, con los brazos cruzados y las gafas relucientes, en medio del equipo de fútbol húngaro.» En otra desafortunada ocasión, en 1938, cenaron juntos con sus mutuos amigos Paul y Lucie Léon; Nabokov no recordaba nada de su conversación; Vera, su mujer, contaba que «Joyce preguntó los ingredientes exactos del *myod*, "aguamiel" rusa, y que cada cual le dio una receta distinta». Nabokov desconfiaba de estas reuniones sociales de escritores, y en una carta anterior a Vera le refería una versión del único, legendario e infructuoso encuentro entre Joyce y Proust. ¿Cuándo leyó Nabokov a Proust por primera vez? El novelista inglés Henry Green, en su biografía *Pack my Bag*, dice del Oxford de principios de los años veinte que «cualquiera que pretendiese tener interés por escribir bien y supiese francés conocía a su Proust». Probablemente, en Cambridge las cosas no eran muy distintas, aunque de estudiante, Nabokov estuvo inmerso en su propio rusianismo hasta un grado obsesivo: «El miedo a perder o corromper, por influencias extrañas, lo único que yo había salvado de Rusia —su lengua—, se me volvió decididamente patológico...» En cualquier caso, con ocasión de la primera entrevista concedida, en 1932, al corresponsal de un periódico de Riga, Nabokov llega a decir, rechazando la insinuación de cualquier influencia alemana en su obra durante sus años en Berlín: «Sería más adecuado hablar de una influencia francesa: me entusiasman Flaubert y Proust.»

Aunque Nabokov vivió más de quince años en Berlín —para el elevado nivel de sus conocimientos lingüísticos—, no llegó a aprender nunca el alemán. «Hablo y leo muy mal el alemán», dijo al entrevistador de Riga. Treinta años más tarde, en una entrevista filmada para la Bayerischer Rundfunk, se extendía sobre el particular: «Al mudarnos a Berlín, me acometió un miedo espantoso de que se me estropeara mi precioso sustrato ruso aprendiendo alemán con soltura. Mi aislamiento lingüístico se vio facilitado por el hecho de vivir en un círculo cerrado de amigos rusos emigrantes, y leer periódicos, revistas y libros exclusivamente rusos. Mis únicas incursiones en la lengua local se reducían a los saludos que intercambiaba con mis sucesivas patronas y patronos, y a las necesidades rutinarias de las compras: *Ich möchte etwas Schinken*. Ahora siento haberlo hecho tan mal; lo siento desde el punto de vista cultural.» Sin embargo, conocía desde la niñez obras de entomología en alemán, y su primer éxito literario fue la traducción de algunas canciones de Heine para un cantante de conciertos ruso. Su mujer sabía alemán; con su ayuda, años más tarde revisó las traducciones de sus propias obras a dicha lengua, y se atrevió a mejorar, en sus clases sobre *La metamorfosis*, la versión inglesa de Willa y Edwin Muir. No hay motivo para dudar de lo que afirma en su introducción a la traducción de su novela bastante kafkiana *Invitado a una decapitación*: que en la época en que la escribió (1935) no había leído nada de Kafka. En 1969 dijo al entrevistador de la BBC: «No sé alemán, así que no pude leer a Kafka antes de mil novecientos treinta y tantos, en que apareció *La métamorfose* en *La Nouvelle Revue Française*»; dos años más tarde declaraba a una emisora bávara: «Leí a Goethe y a Kafka *en regard*, como hice con Homero y Horacio.»

La autora que encabeza este curso es el último de los estudios incorporados por Nabokov. Podemos seguir con cierta precisión dicho acontecimiento en *The Nabokov-Wilson Letters* (Harper & Row, 1978). El 17 de abril de 1950, Nabokov escribió a Edmund Wilson desde Cornell, donde acababa de obtener un puesto académico: «El año que viene voy a dar un curso titulado "Novelística europea" (siglos xix y xx). ¿Qué escritores ingleses (de novelas o relatos) me sugiere? Necesito al menos dos.» Wilson contestó enseguida: «En cuanto a los novelistas ingleses, en mi opinión, los dos más grandes sin duda (dejando aparte a Joyce, puesto que es irlandés) son Dickens y Jane Austen. Intente releer, si no lo ha hecho ya, el Dickens de *Casa Desolada* o de *La pequeña Dorrit*. A Jane Austen merece la pena leerla entera: hasta sus fragmentos son admirables.» El 5 de mayo, Nabokov le volvió a escribir: «Le agradezco su sugerencia respecto a mi curso de novelística. No me gusta Jane; en realidad tengo ciertos prejuicios contra todas las escritoras. Están en otra categoría. No soy capaz de ver nada en *Orgullo y prejuicio*..., pondré a Stevenson en lugar de Jane A.» Wilson replicó: «Se equivoca respecto a Jane Austen. Creo que debería leer *Mansfield Park*... Para mí, está entre la media docena de los mejores escritores ingleses (los otros son Shakespeare, Milton, Swift, Keats y Dickens). Stevenson es de segunda fila. No sé por qué le admira usted tanto; aunque, sin duda, ha escrito algunos relatos bastante buenos.» Finalmente, cosa rara en él, Nabokov capituló, y escribió el 15 de mayo: «Voy por la mitad de *Casa Desolada*... avanzo despacio debido a las numerosas notas que tengo que tomar con vistas a las clases. Es muy buena... He adquirido *Mansfield Park*, y creo que la utilizaré también en mi curso. Gracias por sus utilísimas sugerencias.» Seis meses más tarde, escribió a Wilson con cierto júbilo:

«Pienso hacer la memoria de la primera mitad del curso sobre los dos libros que usted me aconsejó que abordara con mis estudiantes. Respecto a *Mansfield Park*, les he hecho leer las obras mencionadas por los personajes de la novela —los dos primeros cantos del *Lay of the Last Minstrel*,

The Task de Cowper, ciertos pasajes de *Enrique VIII*, el cuento de Crabbe *The Parting Hour*, algunos trozos de *The Idler* de Johnson, el discurso de Browne a *A Pipe of Tobacco* (imitación de Pope), el *Viaje sentimental* de Sterne (todo el pasaje de la verja y la falta de la llave procede de ahí... y el del estornino y, naturalmente, *Lover's Vows*, en la inimitable (y mondante) traducción de la señora Inchbald... Creo que me he divertido más que mis alumnos.»

Durante sus primeros años en Berlín, Nabokov se ganó la vida dando clases en cinco materias inverosímiles: inglés, francés, boxeo, tenis y prosodia. En los años posteriores de exilio, los recitales públicos en Berlín y otros centros de emigrados como Praga, París y Bruselas, le dieron más dinero que la venta de sus obras en ruso. Así, salvo la falta de un título superior, no carecía de preparación, a su llegada a América en 1940, para desempeñar la función de profesor, actividad que iba a ser, hasta la publicación de *Lolita*, su principal fuente de ingresos. En Wellesley dio por primera vez (1941) una serie de conferencias, entre cuyos títulos —«La dura realidad en torno a los lectores», «Un siglo de exilio», «El extraño destino de la literatura rusa»— hay uno que se incluye en este volumen: «El arte de la literatura y el sentido común.» Hasta 1948, vivió con su familia en Cambridge (en Craigie Circle, 8, el domicilio que conservó más tiempo, hasta que el hotel Palace de Montreux le acogió definitivamente en 1961), distribuyendo su tiempo entre dos cargos académicos: el de profesor residente del Wellesley College, y el de investigador del Departamento de Entomología perteneciente al Museo de Zoología Comparada de Harvard. Trabajó intensamente en esos años, y fue hospitalizado dos veces. Además de inculcar los rudimentos de la gramática rusa en la cabeza de las jovencitas, y estudiar las minúsculas estructuras de los órganos genitales de las mariposas, se dio a conocer como escritor americano, publicando dos novelas (una escrita en inglés en París), un libro excéntrico e ingenioso de Gógol y varios relatos, recuerdos y poemas de una originalidad y un impulso asombroso que aparecieron en *The Atlantic Monthly* y *The New Yorker*. Entre el creciente grupo de admiradores de sus obras en inglés estaba Morris Bishop, virtuoso del verso chispeante y director del departamento de Lenguas Románicas de Cornell, quien organizó una eficaz campaña para que contratasen a Nabokov y lo sacaran de Wellesley, donde su cargo de profesor residente no era ni remunerador ni seguro. Según evoca Bishop en «Nabokov at Cornell» (*TriQuarterly*, n.º 17, Invierno 1970: número especial dedicado a Nabokov en el septuagésimo aniversario de su nacimiento), Nabokov fue nombrado profesor adjunto de Lengua Eslava, y al principio daba un curso medio de literatura rusa y un curso superior sobre un tema especial, normalmente Pushkin o el movimiento modernista en la literatura rusa... Como sus clases de ruso eran inevitablemente reducidas y pasaban casi inadvertidas, se le asignó un curso en inglés sobre los maestros de la novelística europea. Según Nabokov, el mote de «Literatura Sucia» por el que se conocía la clase de Literatura 311-312, «era un chiste heredado: se lo habían aplicado a la clase de mi inmediato antecesor, un colega melancólico, amable y aficionado a la bebida que estaba más interesado en la vida sexual de los autores que en sus libros».

Un antiguo estudiante del curso, Ross Wetzsteon, colaboró en el número especial de la revista *TriQuarterly* con una evocación afectuosa de Nabokov como profesor. «"¡Acariciad los detalles —decía Nabokov, haciendo vibrar la *r*, y su voz era como la áspera caricia de la lengua de un gato—, los divinos detalles!"» El profesor insistía en los cambios que aparecían en cada traducción y garabateaba un caprichoso diagrama en la pizarra rogando con ironía a sus estudiantes que copiasen «esto exactamente como lo trazo yo». Su pronunciación hacía que la mitad de la clase escribiese «epidramático» donde él decía «epigramático». Wetzsteon concluye: «Nabokov fue un gran profesor, no porque enseñara la materia bien, sino porque daba ejemplo e inculcaba en sus estudiantes una actitud profunda y afectuosa hacia ella.» Otro superviviente de Literatura 311-312 cuenta que Nabokov empezaba el curso con las palabras: «Los asientos están numerados. Desearía que cada uno eligiese un sitio y lo conservase siempre. Lo digo porque quiero asociar vuestras caras a vuestros nombres. ¿Estáis todos a gusto con el que habéis elegido? Bien. No habléis, no fuméis, no hagáis punto, no leáis el periódico, no durmáis y, por el amor de Dios, tomad apuntes.» Antes de un examen, decía: «Todo lo que necesitáis es una cabeza despejada, un cuaderno de ejercicios, tinta, pensar, abreviar los nombres evidentes —por ejemplo, Madame Bovary—. No infléis de elocuencia la ignorancia. A menos que me presentéis un certificado médico, no dejaré salir a nadie al servicio.» Como profesor, era entusiástico, electrizante, evangélico. Mi mujer, que asistió a sus últimas clases —los cursos de primavera y otoño de 1958—, antes de que se enriqueciera de repente con la publicación de *Lolita* y se tomara unas vacaciones que ya no terminarían, se sentía tan hondamente fascinada que un día asistió a clase con una fiebre lo bastante alta como para ingresar en la enfermería a continuación. «Yo sentía que podía enseñarme a leer. Estaba convencida de que podía darme algo que me duraría toda la vida... y me lo dio.» Hasta hoy, no es capaz de tomar en serio a Thomas Mann, y no ha cedido un ápice en el dogma central que adquirió en Literatura 311-312: «El estilo y la estructura son la esencia de un libro; las grandes ideas son idioteces.»

Sin embargo, hasta su rara estudiante ideal podía ser presa de la picardía de Nabokov. Cuando nuestra señorita Ruggles, tierna joven de veinte años, fue al fondo de la clase a recoger su cuaderno de ejercicios de entre el revoltijo de exámenes allí desparramados, no lo encontró, de modo que tuvo que acudir al profesor. Nabokov estaba de pie en la tarima, aparentemente abstraído, ordenando sus papeles. Ella le pidió perdón y le dijo que su cuaderno no estaba entre los demás. Él se inclinó, con las cejas levantadas: «¿Cómo se llama?» Se lo dijo, y con una rapidez de prestidigitador sacó el cuaderno de detrás de él. Tenía la nota 97. «Quería ver», le dijo a la muchacha, «cómo era un genio». Y la miró fríamente de arriba abajo, mientras ella se ruborizaba; eso fue todo lo que hablaron. A propósito, mi mujer no recuerda haber oído llamar a esta clase «Literatura Sucia». Entre los estudiantes se decía simplemente «Nabokov». Siete años después de retirarse, Nabokov recordaba esta clase con sentimientos encontrados:

Mi método de enseñanza me impedía un auténtico contacto con los estudiantes. Todo lo más, regurgitaban unos cuantos trozos de mi cerebro en los exámenes... Yo trataba en vano de sustituir mis apariciones ante el atril por cintas grabadas para que las escuchasen en la radio de la facultad. Por otro lado, me divertían mucho las risitas de apreciación en tal o cual lugar del aula, en tal o cual pasaje de mi conferencia. Mi mayor compensación está en aquellos estudiantes míos que diez o quince años después aún me escriben para decirme que ahora comprenden lo que yo les pedía cuando les enseñaba a visualizar el peinado mal traducido de Emma Bovary, o la disposición de las habitaciones en casa de los Samsa...

En más de una entrevista transmitida en tarjetas de 8 × 11 cm desde el Montreux-Palace, prometió la publicación d e un libro basado en sus clases de Cornell; pero (debido a que trabajaba en otras obras, como su tratado ilustrado sobre Butterflies in Art y la novela Original of Laura) el proyecto todavía estaba en el aire cuando la muerte sorprendió a este gran hombre, en el verano de 1977.

Aquí están ahora las maravillosas conferencias, todavía con un fragante olor a clase, olor que una revisión rigurosa podría haber eliminado. Lo que hemos oído y leído sobre ellas no nos hacía prever su asombroso y envolvente calor pedagógico. La juventud y, en cierto modo, la feminidad del auditorio han penetrado en la voz ardiente e incisiva del profesor. «El trabajo con este grupo ha supuesto una asociación especialmente agradable entre la fuente de mi voz y un jardín de oídos: unos abiertos, otros cerrados, muchos de ellos muy receptivos, unos pocos meramente ornamentales, pero todos humanos y divinos.» Nabokov nos leerá largos párrafos, como le leyeron al joven Vladimir Vladimirovich su padre, su madre, y Mademoiselle. Durante estos trozos de citas, debemos imaginarnos el acierto, el placer contagioso y retumbante, el poder teatral de este profesor que, aunque ahora grueso y calvo, fue en otro tiempo atleta y compartió la tradición rusa de la presentación oral apasionada. Por lo demás, la entonación, el guiño, la sonrisa, el zarpazo excitado, están presentes en la prosa, una prosa oral y transparente, ágil y brillante, propensa a la metáfora y al retruécano; manifestación deslumbrante, para aquellos afortunados estudiantes de Cornell de los remotos años cincuenta, de una sensibilidad artística irresistible. La fama de Nabokov como crítico literario, hasta ahora circunscrita, en inglés, a su laborioso monumento a Pushkin y a sus arrogantes rechazos de Freud, Faulkner y Mann, se ve beneficiada con el testimonio de estas generosas y pacientes apreciaciones, ya que abarcan desde la descripción del estilo «hoyuelo» de Jane Austen y su propia y sincera identificación con el gusto de Dickens, a su reverente explicación del contrapunto de Flaubert y su forma encantadoramente sobrecogida —como el chico que desarma su primer reloj— de poner al descubierto el tictac de las afanosas sincronizaciones de

Joyce. Desde muy pronto, Nabokov disfrutó hondamente con las ciencias exactas, y sus horas dichosas pasadas en la quietud luminosa del examen microscópico se reflejan en su delicado análisis del tema del caballo de *Madame Bovary* o en los sueños entretejidos de Bloom y Dedalus; el estudio de los lepidópteros le situó en un mundo más allá del sentido común, en el que en el ala trasera de una mariposa «una gran mancha redonda imita una gota de líquido con tan misteriosa perfección que la raya que cruza el ala se desvía ligeramente al atravesarla», donde «cuando la mariposa debe adoptar el aspecto de una hoja, no sólo tiene bellamente representados todos los detalles de la hoja, sino que muestra generosamente señales que imitan los agujeros causados por las larvas». Así pues, pedía a su propio arte y al de los demás algo extra —un toque de magia mimética o de engañosa duplicidad—, que era sobrenatural y surreal en el sentido riguroso de estas palabras degradadas. Cuando no existía este cabrilleo de lo gratuito, de lo sobrehumano, de lo no utilitario, se mostraba violento e impaciente, con unos términos que denotaban una falta de humanidad y una inflexibilidad propias de lo inanimado: «Hay muchos autores reconocidos que no existen sencillamente para mí. Sus nombres están grabados sobre tumbas vacías, sus libros son ficticios...» Cuando descubría ese cabrilleo capaz de producir un estremecimiento en la espina dorsal, su entusiasmo llegaba mucho más allá de lo académico, y se convertía en un profesor inspirado, y desde luego inspirador.

Unas conferencias que se presentan a sí mismas con tanto ingenio y agudeza, y que no ocultan sus prejuicios y sus supuestos, no necesitan más introducción. Los años cincuenta, con su énfasis en el espacio particular, su actitud desdeñosa respecto a los intereses públicos, su sensibilidad para el arte solitario y libre de todo compromiso, y su fe neocriticista en que toda información esencial está contenida en la obra misma, fueron un marco más apropiado para las ideas de Nabokov de lo que habrían podido ser los decenios siguientes. Pero el enfoque de Nabokov habría parecido radical en cualquier época, pues supone una separación entre la realidad y el arte. «La verdad es que las grandes novelas son grandes cuentos de hadas... y las novelas de esta serie lo son en grado sumo... La literatura nació el día en que un chico llegó gritando el lobo, el lobo, sin que ningún lobo lo persiguiera.» Pero el chico que gritaba «el lobo» provocó la ira de su tribu, y ésta dejó que pereciera. Otro sacerdote de la imaginación, Wallace Stevens, llegó a afirmar que «si queremos formular una teoría precisa de la poesía, será necesario examinar la estructura de la realidad, dado que la realidad es un marco de referencia esencial para la poesía». Para Nabokov, en cambio, la realidad no es una estructura, sino más bien un esquema o hábito engañoso e ilusorio: «Todo gran escritor es un gran embaucador; pero también lo es la architramposa Naturaleza. La Naturaleza engaña siempre.» En su estética, presta poca atención al placer humilde del reconocimiento y a la virtud obtusa de la verdad. Para Nabokov, el mundo —materia prima del arte— es en sí mismo una creación artística, tan inconsciente e ilusoria que parece dar a entender que una obra maestra puede hacerse a base de un soplo tenue, merced a un puro acto de la voluntad imperial del artista. Sin embargo, obras como *Madame Bovary* y *Ulises* brillan con el calor de la resistencia que la voluntad de manipular encuentra en objetos banales, pesadamente reales. La amistad, el odio, el amor desamparado que damos a nuestros cuerpos y destinos se unen en esos escenarios transmutados de Dublín y de Rouen; lejos de ellos, en obras como *Salambô* y *Finnegans Wake*, Flaubert y Joyce ceden la palabra a su yo elegante y soñador, y son devorados por sus propias aficiones. En su lectura apasionada de *La metamorfosis*, Nabokov acusa de «mediocridad que rodea al genio» a la familia burguesa y filistea de Gregor Samsa, sin reconocer, en el núcleo mismo del patetismo de Kafka, lo mucho que Gregor necesita y adora a estos habitantes de lo mundano, posiblemente estúpidos, pero también vitales y concretos. La ambivalencia omnipresente en la rica tragicomedia kafkiana no tiene sitio en el credo de Nabokov; sin embargo, en la práctica artística, en una obra como *Lolita* abunda con una formidable profusión de detalles: «Percibid los datos seleccionados, impregnados, agrupados», dice su propia fórmula.

Los años en Cornell fueron fecundos para Nabokov. Al llegar allí completó *Speak, Memory*. Fue en un patio trasero de Ithaca donde su mujer le impidió quemar los difíciles principios de *Lolita*, que terminó en 1953. Los relatos alegres de *Pnin* fueron escritos enteramente en Cornell, en sus bibliotecas llevó a cabo las heroicas investigaciones para su traducción de *Eugenio Oneguin*, y Cornell se refleja afectuosamente en el ambiente universitario de *Pale Fire*. Cabe imaginar que su traslado doscientas millas al interior de la costa este, con sus frecuentes excursiones de verano al lejano Oeste, le ayudaron a encontrar un asidero más sólido en su «hermoso, soñador e inmenso país» de adopción (según palabras de Humbert). Nabokov contaba casi cincuenta años cuando llegó a Ithaca, y tenía sobrados motivos para encontrarse artísticamente agotado. Había sido exiliado dos veces, de Rusia por los bolcheviques y de Europa por Hitler; y había escrito un brillante conjunto de obras en lo que no era ya sino una lengua moribunda, destinada a un público de emigrados que iba desapareciendo inexorablemente. Sin embargo, en su segundo decenio americano logró aportar una audacia nueva a la literatura americana, y ayudar a revivir la vena nativa de la fantasía, cosa que le supuso la riqueza y la fama internacional. Es grato suponer que las relecturas a que le obligó la preparación de este curso a comienzos del decenio, y las amonestaciones y entusiasmos repetidos en las explicaciones de cada clase, contribuyeron espléndidamente a redefinir la fuerza creadora de Nabokov, y a descubrir en su prosa de esos años algo de la delicadeza de Austen, del brío de Dickens y del «delicioso sabor a vino» de Stevenson, incorporado al inimitable brebaje del propio Nabokov. Sus autores americanos favoritos eran, según confesó una vez, Melville y Hawthorne, y es de lamentar que no llegara a abordarlos en sus cursos. Pero agradezcámosle las clases que vuelven a cobrar vida y que ahora están aquí de forma permanente. Son unas ventanas asomadas a siete obras maestras, tan llamativas como «el diseño arlequinado de los cristales de colores» a través de los cuales Nabokov, de niño, en la época en que le leían en el porche de su casa de verano, se asomaba al jardín familiar.

JOHN UPDIKE

Mi curso es, entre otras cosas, una especie de investigación detectivesca en torno al misterio de las estructuras literarias.

Buenos lectores y buenos escritores

«Cómo ser un buen lector», o «Amabilidad para con los autores»; algo así podría servir de subtítulo a estos comentarios sobre diversos autores, ya que mi propósito es hablar afectuosamente, con cariñoso y moroso detalle, de varias obras maestras europeas. Hace cien años, Flaubert, en una carta a su amante, hacía el siguiente comentario: *Comme l'on serait savant si l'on connaissait bien seulement cinq à six livres*; «qué sabios seríamos si sólo conociéramos bien cinco o seis libros».

Al leer, debemos fijarnos en los detalles, acariciarlos. Nada tienen de malo las lunáticas sandeces de la generalización cuando se hacen después de reunir con amor las solcadas insignificancias del libro. Si uno empieza con una generalización prefabricada, lo que hace es empezar desde el otro extremo, alejándose del libro antes de haber empezado a comprenderlo. Nada más molesto e injusto para con el autor que empezar a leer, supongamos, *Madame Bovary*, con la idea preconcebida de que es una denuncia de la burguesía. Debemos tener siempre presente que la obra de arte es, invariablemente, la creación de un mundo nuevo, de manera que la primera tarea consiste en estudiar ese mundo nuevo con la mayor atención, abordándolo como algo absolutamente desconocido, sin conexión evidente con los mundos que ya conocemos. Una vez estudiado con atención este mundo nuevo, entonces y sólo entonces estaremos en condiciones de examinar sus relaciones con otros mundos, con otras ramas del saber.

Otra cuestión: ¿Podemos obtener información de una novela sobre lugares y épocas? ¿Puede ser alguien tan ingenuo como para creer que esos abultados *best-sellers* difundidos por los clubs del libro bajo el enunciado de «novelas históricas» pueden contribuir al enriquecimiento de nuestros conocimientos sobre el pasado? Pero ¿y las obras maestras? ¿Podemos fiarnos del retrato que hace Jane Austen de la Inglaterra terrateniente, con sus baronets y sus jardines paisajistas, cuando todo lo que ella conocía era el salón de un pastor protestante? Y *Casa Desolada*, esa fantástica aventura amorosa en un Londres fantástico, ¿podemos considerarla un estudio del Londres de hace cien años? Desde luego que no. Y lo mismo ocurre con las demás novelas de esta serie. La verdad es que las grandes novelas son grandes cuentos de hadas... y las que vamos a estudiar aquí lo son en grado sumo.

El tiempo y el espacio, el color de las estaciones, el movimiento de los músculos y de la mente, todas estas cosas no son, para los escritores de genio (por lo que podemos suponer, y confío en que suponemos bien), nociones tradicionales que pueden sacarse de la biblioteca circulante de las verdades públicas, sino una serie de sorpresas extraordinarias que los artistas maestros han aprendido a expresar a su manera personal. La ornamentación del lugar común incumbe a los autores de segunda fila; éstos no se molestan en reinventar el mundo; sólo tratan de sacarle el jugo lo mejor que pueden a un determinado orden de cosas, a los modelos tradicionales de la novelística. Las diversas combinaciones que un autor de segunda fila es capaz de producir dentro de estos límites fijos pueden ser bastante divertidas, pese a su carácter efímero, porque a los lectores de segunda les gusta reconocer sus propias ideas vestidas con un disfraz agradable. Pero el verdadero escritor, el hombre que hace girar planetas, que modela a un hombre dormido y manipula ansioso la costilla del durmiente, esa clase de autor no tiene a su disposición ningún valor predeterminado: debe crearlos él. El arte de escribir es una actividad fútil si no supone ante todo el arte de ver el mundo como el sustrato potencial de la ficción. Puede que la materia de este mundo sea bastante real (dentro de las limitaciones de la realidad), pero no existe en absoluto como un todo fijo y aceptado: es el caos; y a este caos le dice el autor: «¡Anda!», dejando que el mundo vibre y se funda. Entonces, los átomos de este mundo, y no sus partes visibles y superficiales, entran en nuevas combinaciones. El escritor es el primero en trazar su mapa y poner nombre a los objetos naturales que contiene. Estas bayas son comestibles. Ese bicho moteado que se ha cruzado veloz en mi camino se puede domesticar. Aquel lago entre los árboles se llamará *Lago de Ópalo* o, más artísticamente, *Lago Aguasucia*. Esa bruma es una montaña... y aquella montaña tiene que ser conquistada. El artista maestro asciende por una ladera sin caminos trazados; y una vez arriba, en la cumbre batida por el viento, ¿con quién diréis que se encuentra? Con el lector jadeante y feliz. Y allí, con un gesto espontáneo, se abrazan y, si el libro es eterno, se unen eternamente.

Una tarde, en una remota universidad de provincia donde daba yo un largo cursillo, propuse hacer una pequeña encuesta: facilitaría diez definiciones de lector; de las diez, los estudiantes debían elegir cuatro que, combinadas, equivaliesen a un buen lector. He perdido esa lista; pero según recuerdo, la cosa era más o menos así:

Selecciona cuatro respuestas a la pregunta «¿qué cualidades debe tener uno para ser un buen lector?»:

1) Debe pertenecer a un club de lectores.

2) Debe identificarse con el héroe o la heroína.
3) Debe concentrarse en el aspecto socioeconómico.
4) Debe preferir un relato con acción y diálogo a uno sin ellos.
5) Debe haber visto la novela en película.
6) Debe ser un autor embrionario.
7) Debe tener imaginación.
8) Debe tener memoria.
9) Debe tener un diccionario.
10) Debe tener cierto sentido artístico.

Los estudiantes se inclinaron en su mayoría por la identificación emocional, la acción y el aspecto socioeconómico o histórico. Naturalmente, como habréis adivinado, el buen lector es aquel que tiene imaginación, memoria, un diccionario y cierto sentido artístico..., sentido que yo trato de desarrollar en mí mismo y en los demás siempre que se me ofrece la ocasión.

A propósito, utilizo la palabra *lector* en un sentido muy amplio. Aunque parezca extraño, los libros no se deben *leer*: se deben releer. Un buen lector, un lector de primera, un lector activo y creador, es un «relector». Y os diré por qué. Cuando leemos un libro por primera vez, la operación de mover laboriosamente los ojos de izquierda a derecha, línea tras línea, página tras página, actividad que supone un complicado trabajo físico con el libro, el proceso mismo de averiguar en el espacio y en el tiempo de qué trata, todo esto se interpone entre nosotros y la apreciación artística. Cuando miramos un cuadro, no movemos los ojos de manera especial; ni siquiera cuando, como en el caso del libro, el cuadro contiene ciertos elementos de profundidad y desarrollo. El factor tiempo no interviene realmente en un primer contacto con el cuadro. Al leer un libro, en cambio, necesitamos tiempo para familiarizarnos con él. No poseemos ningún órgano físico (como los ojos respecto a la pintura) que abarque el conjunto entero y pueda apreciar luego los detalles. Pero en una segunda, o tercera, o cuarta lectura, nos comportamos con respecto al libro, en cierto modo, de la misma manera que ante un cuadro. Sin embargo, no debemos confundir el ojo físico, esa prodigiosa obra maestra de la evolución, con la mente, consecución más prodigiosa aún. Un libro, sea el que sea —ya se trate de una obra literaria o de una obra científica (la línea divisoria entre una y otra no es tan clara como generalmente se cree)—, un libro, digo, atrae en primer lugar a la mente. La mente, el cerebro, el coronamiento del espinazo es, o debe ser, el único instrumento que debemos utilizar al enfrentarnos con un libro.

Sentado esto, veamos cómo funciona la mente cuando el melancólico lector se enfrenta con el libro risueño. Primero, se le disipa la melancolía, y para bien o para mal, el lector participa en el espíritu del juego. El esfuerzo de empezar un libro, sobre todo si es elogiado por personas a las que el lector joven considera en su fuero interno demasiado anticuadas o demasiado serias, es a menudo difícil de realizar; pero una vez hecho, las compensaciones son numerosas y variadas. Puesto que el artista maestro ha utilizado su imaginación para crear su libro, es natural y lícito que el consumidor del libro también utilice la suya.

Sin embargo, hay al menos dos clases de imaginación en el caso del lector. Veamos, pues, cuál de las dos es la más idónea para leer un libro. En primer lugar está el tipo, bastante modesto por cierto, que busca apoyo en emociones sencillas y es de naturaleza netamente personal (hay diversas subespecies en este primer apartado de lectura emocional). Sentimos con gran intensidad la situación expuesta en el libro porque nos recuerda algo que nos ha sucedido a nosotros o a alguien a quien conocemos o hemos conocido. O el lector aprecia el libro sobre todo porque evoca un país, un paisaje, un modo de vivir que él recuerda con nostalgia como parte de su propio pasado. O bien, y esto es lo peor que puede hacer el lector, se identifica con uno de los personajes. No es este tipo modesto de imaginación el que yo quisiera que utilizasen los lectores.

Así que ¿cuál es el auténtico instrumento que el lector debe emplear? La imaginación impersonal y la fruición artística. Tiene que establecerse, creo, un equilibrio armonioso y artístico entre la mente de los lectores y la del autor. Debemos mantenernos un poco distantes y gozar de este distanciamiento a la vez que gozamos intensamente —apasionadamente, con lágrimas y estremecimientos— de la textura interna de una determinada obra maestra. Por supuesto, es imposible ser completamente objetivo en estas cuestiones. Todo lo que vale la pena es en cierto modo subjetivo. Por ejemplo, puede que vosotros allí sentados no seáis más que un sueño mío, y puede que yo sea una de vuestras pesadillas. Lo que quiero decir es que el lector debe saber cuándo y dónde refrenar su imaginación; lo hará tratando de dilucidar el mundo específico que el autor pone a su disposición. Tenemos que ver cosas y oír cosas: visualizar las habitaciones, las ropas, los modales de los personajes de un autor. El color de los ojos de Fanny Price, protagonista de *Mansfield Park*, y el mobiliario de su pequeña y fría habitación, son importantes.

Cada cual tiene su propio temperamento; pero desde ahora os digo que el mejor temperamento que un lector puede tener, o desarrollar, es el que resulta de la combinación del sentido artístico con el científico. El artista entusiasta propende a ser demasiado subjetivo en su actitud respecto al libro; por tanto, cierta frialdad científica en el juicio templará el calor intuitivo. En cambio, si el aspirante a lector carece por completo de pasión y de paciencia —pasión de artista y paciencia de científico—, difícilmente gozará con la gran literatura.

La literatura no nació el día en que un chico llegó corriendo del valle neanderthal gritando «el lobo, el lobo», con un enorme lobo gris pisándole los talones; la literatura nació el día en que un chico llegó gritando «el lobo, el lobo», sin que le persiguiera ningún lobo. El que el pobre chaval acabara siendo devorado por un animal de verdad por haber mentido tantas veces es un mero accidente. Entre el lobo de la espesura y el lobo de la historia increíble hay un centelleante término medio. Ese término medio, ese prisma, es el arte de la literatura.

La literatura es invención. La ficción es ficción. Calificar un relato de historia verídica es un insulto al arte y a la verdad. Todo gran escritor es un gran embaucador, como lo es la architramposa Naturaleza. La Naturaleza siempre nos engaña. Desde el engaño sencillo de la propagación de la luz a la ilusión prodigiosa y compleja de los colores protectores de las mariposas o de los pájaros, hay en la Naturaleza todo un sistema maravilloso de engaños y sortilegios. El autor literario no hace más que seguir el ejemplo de la Naturaleza.

Volviendo un momento al muchacho cubierto con pieles de cordero que grita «el lobo, el lobo», podemos exponer la cuestión de la siguiente manera: la magia del arte estaba en el espectro del lobo que él inventa deliberadamente, en su sueño del lobo; más tarde, la historia de sus bromas se convirtió en un buen relato. Cuando pereció finalmente, su historia llegó a ser un relato didáctico, narrado por las noches alrededor de las hogueras. Pero él fue el pequeño mago. Fue el inventor.

Hay tres puntos de vista desde los que podemos considerar a un escritor: como narrador, como maestro y como encantador. Un buen escritor combina las tres facetas; pero es la de encantador la que predomina y la que le hace ser un gran escritor.

Al narrador acudimos en busca de entretenimiento, de la excitación mental pura y simple, de la participación emocional, del placer de viajar a alguna región remota del espacio o del tiempo. Una mentalidad algo distinta, aunque no necesariamente más elevada, busca al maestro en el escritor. Propagandista, moralista, profeta: ésta es la secuencia ascendente. Podemos acudir al maestro no sólo en busca de una formación moral sino también de conocimientos directos, de simples datos. ¡Ay!, he conocido a personas cuyo propósito al leer a los novelistas franceses y rusos era aprender algo sobre la vida del alegre París o de la triste Rusia. Por último, y sobre todo, un gran escritor es siempre un gran encantador, y aquí es donde llegamos a la parte verdaderamente emocionante: cuando tratamos de captar la magia individual de su genio, y estudiar el estilo, las imágenes y el esquema de sus novelas o de sus poemas.

Las tres facetas del gran escritor —magia, narración, lección— tienden a mezclarse en una impresión de único y unificado resplandor, ya que la magia del arte puede estar presente en el mismo esqueleto del relato, en el tuétano del pensamiento. Hay obras maestras con un pensamiento seco, limpio, organizado, que provocan en nosotros un estremecimiento artístico tan fuerte como puede provocarlo una novela como *Mansfield Park* o cualquier torrente dickensiano de imaginación sensual. Creo que una buena fórmula para comprobar la calidad de una novela es, en el fondo, una combinación de precisión poética y de intuición científica. Para gozar de esa magia, el lector inteligente lee el libro genial no tanto con el corazón, no tanto con el cerebro, sino más bien con la espina dorsal. Es ahí donde tiene lugar el estremecimiento revelador, aun cuando al leer debamos mantenernos un poco distantes, un poco despegados. Entonces observamos, con un placer a la vez sensual e intelectual, cómo el artista construye su castillo de naipes, y cómo ese castillo se va convirtiendo en un castillo de hermoso acero y cristal.

and themes of beauty, emotion, magic.

In order to ~~experience that~~ bask in that magic,
~~and to magnify magn'tion the ....~~

a wise reader reads the book of genius
not with his heart, nor ~~too much~~ with his brain,
but with his spine. It is there that ~~occurs~~
the tell tale tingle —

Let us stay a little aloof, a little ~~detached~~
~~when reading,~~ and then
with a pleasure ~~sensual~~ and intellectual ~~and~~
~~not imaginative~~ we shall watch the
artist build his castle of cards and
watch the castle of cards become a
castle of ~~marble~~ beauty, steel and glass

12.35

Borrador de la introducción de Nabokov para los estudiantes.

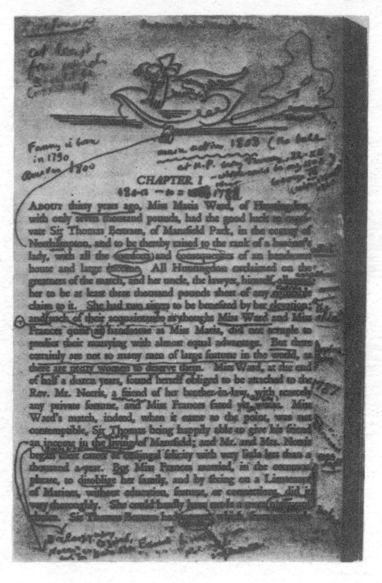

Primera página del ejemplar de Mansfield Park *que Nabokov utilizaba para sus lectores.*

JANE AUSTEN
(1775-1817)

MANSFIELD PARK
(1814)

Mansfield Park fue escrita en Chawton, Hampshire. Jane Austen la empezó en febrero de 1811, y la terminó poco después de junio de 1813; es decir, tardó unos veintiocho meses en completar una novela que contiene unas ciento sesenta mil palabras repartidas en cuarenta y ocho capítulos. Se publicó en 1814 (el mismo año que *Waverley* de Scott y el *Corsario* de Byron) en tres volúmenes. Estas tres partes, aunque son el método convencional de publicación de aquella época, subrayan de hecho la estructura del libro, su forma de obra teatral, de comedia de enredo y costumbres, de sonrisas y suspiros, dividida en tres actos que constan a su vez, respectivamente, de dieciocho, trece y diecisiete capítulos.

Soy enemigo de distinguir entre forma y contenido y de mezclar las tramas convencionales con las corrientes temáticas. Todo lo que necesito decir hoy, antes de zambullirnos en el libro y bañarnos en él (no vadearlo), es que la acción superficial de *Mansfield Park* consiste en la interacción emocional de dos familias de la aristocracia campesina. Una de su esposa, sus altos y atléticos hijos, Tom, Edmund, Maria y Julia, su dulce sobrina Fanny Price, predilecta de la autora y personaje a través del cual conocemos la historia. Fanny es una niña adoptada, una sobrina indigente, una dulce protegida (recordad que, de soltera, su madre se llamaba *Ward**). Se trata de una figura muy popular en las novelas de los siglos XVIII y XIX. Son varias las razones por las que una novelista se sentía tentada de utilizar esta protegida de ficción. La primera es que su situación en el seno tibio de una familia esencialmente ajena facilita a la pequeña advenediza una constante corriente de pathos. En segundo lugar, es fácil crear en la pequeña extraña una inclinación romántica hacia el hijo de la familia, lo que da ocasión a evidentes conflictos. Tercero, su doble condición de observadora imparcial y de partícipe en la vida diaria de la familia la convierten en una representante idónea de la autora. Esta dulce protegida no sólo aparece en las obras de escritoras sino también en Dickens, Dostoyevski, Tolstoi y muchos otros. El prototipo de estas jóvenes discretas, cuya tímida belleza acaba por brillar con todo su esplendor a través de los velos de la humildad y de la modestia —cuando la lógica de la virtud triunfa sobre las vicisitudes de la vida—, el prototipo de estas jóvenes calladas es, desde luego, Cenicienta. Necesitada, desvalida, sin amigos, abandonada, olvidada... pero al final se casa con el héroe.

Mansfield Park es un cuento de hadas; aunque en cierto modo, todas las novelas lo son. A primera vista, la forma y materia de Jane Austen pueden parecer anticuadas, artificiosas, irreales. Pero ésta es una ilusión a la que sucumbe el mal lector. El buen lector sabe que no tiene sentido buscar la vida real, la gente real y demás, cuando se trata de novelas. En un libro, la realidad de una persona, de un objeto, o de una circunstancia, depende exclusivamente del mundo creado en ese mismo libro. Un autor original siempre inventa un mundo original; y si un personaje o una acción encajan en el esquema

---

* Significa «pupila», «protegida». (*Nota de la ed. española.*)

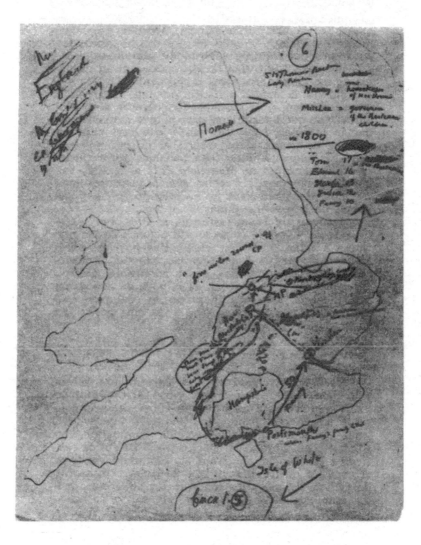

Mapa de Inglaterra dibujado por Nabokov, en el que sitúa la acción de Mansfield Park.

de ese mundo, entonces experimentamos la grata sacudida de la verdad artística, por muy inverosímil que la persona o la cosa puedan parecer al trasladarlas a lo que los críticos, esos pobres mercenarios, llaman la «vida real». No existe vida real para un escritor de genio: debe crearla él mismo, y luego crear las consecuencias. Sólo podemos gozar plenamente del encanto de *Mansfield Park* aceptando sus convencionalismos, sus reglas, sus encantadores fingimientos. Mansfield Park no ha existido jamás, y sus gentes no han vivido jamás.

La novela de Jane Austen no es una obra maestra intensa y vívida, como lo son algunas de las que vamos a estudiar en este curso. Hay novelas, como *Madame Bovary* o *Ana Karenina*, que son explosiones deliciosas sometidas a un admirable control. *Mansfield Park*, en cambio, es la obra de una dama y el juego de una niña. Pero de ese costurero sale una labor exquisita y artística, y esa niña posee una vena poética asombrosa y genial.

«Hace unos treinta años...» Así empieza la novela. Jane Austen la escribió entre 1811 y 1813; de modo que el «hace unos treinta años» del principio de la novela representaría el año 1781. Hacia 1781, pues, «la señorita María Ward, de Huntingdon, con sólo siete mil libras [de dote], tuvo la suerte de cautivar a sir Thomas Bertram, de Mansfield Park, en el condado de Northampton...» Esta frase transmite de manera deliciosa los sentimientos de la clase media ante esta clase de sucesos («la suerte de cautivar») y dará el tono adecuado a las páginas siguientes, en las que las cuestiones económicas predominan sobre las románticas y las religiosas con una especie de recatada sencillez.* Cada frase de estas páginas introductorias es tersa, precisa y perspicaz.

---

* No cabe duda de que en Jane Austen hay una vena de filisteísmo. Este filisteísmo se pone de manifiesto en su preocupación por los ingresos, y en su concepción racional de la naturaleza y el amor. Sólo cuando ese filisteísmo se

Pero despachemos primero la cuestión espacio-temporal. «Hace unos treinta años...» Volvamos de nuevo a la frase inicial. Jane Austen se pone a escribir cuando sus personajes principales, los jóvenes del libro, ya no están: se han sumido en el olvido de un matrimonio esperanzador o de una soltería sin esperanzas. Como veremos, la acción principal de la novela acontece en 1808. El baile de Mansfield Park se celebra el jueves 22 de diciembre, y si consultamos nuestros viejos calendarios, comprobaremos que sólo en 1808 pudo caer el 22 de diciembre en jueves. Fanny Price, la joven heroína de la novela, tiene entonces dieciocho años. Había llegado a Mansfield Park en 1800, cuando contaba diez años. El rey Jorge III, personaje un poco espectral, ocupa el trono. Su reinado se extiende de 1760 a 1820, período bastante largo al final del cual el buen hombre se encontraba en un estado de continua enajenación y el regente, otro Jorge, había asumido el poder. En 1808, Napoleón se encontraba en la cima de su poderío en Francia, y Gran Bretaña estaba en guerra con él, mientras Jefferson, en su país, acababa de conseguir que el Congreso aprobara el Acta del Embargo, ley que prohibía a los barcos de Estados Unidos salir del país con rumbo a los puertos bloqueados por británicos y franceses. Pero los vientos de la historia apenas se notan en el retiro de Mansfield Park; si acaso, llega alguna pequeña ráfaga de los alisios, cuando sir Thomas tiene que desplazarse por motivos de negocios a las Pequeñas Antillas.

Queda explicado, pues, el elemento temporal. En cuanto al espacial, Mansfield Park es el nombre de la propiedad de los Bertram, lugar ficticio situado en Northampton (lugar real), en el mismo corazón de Inglaterra.

«Hace unos treinta años, la señorita Maria Ward...» Todavía estamos en la primera frase. Hay tres hermanas Ward,

---

vuelve grotesco, como en el caso de la señora Norris y su tacañería, lo percibe Jane Austen verdaderamente y lo aplica con sarcasmo artístico. (N. del A.)

y según la costumbre de la época, a la mayor se le llama simplemente, con cierto formalismo etiquetero, señorita Ward, mientras que a las otras dos se las cita con nombre y apellido. Es Maria Ward, la más joven de las tres, y al parecer la más atractiva, dama lánguida y apática, la que en 1781 se convierte en esposa de un baronet —sir Thomas Bertram—; a partir de esa fecha se la llama lady Bertram, y llega a ser madre de cuatro hijos, dos niños y dos niñas, que son los compañeros de la prima Fanny Price. La madre de Fanny, la insípida señorita Frances Ward, también llamada Fanny, se casa en 1781, por despecho, con un teniente bebedor y sin dinero de quien llega a tener diez hijos; Fanny, la heroína del libro, hace el número dos. Por último, la mayor de las señoritas Ward, la más fea de las tres, se casa también en 1781 con un pastor protestante gotoso del que no llega a tener hijos. Es la señora Norris uno de los personajes más divertidos y grotescos del libro.

Aclaradas estas cuestiones veamos cómo las presenta Jane Austen, pues la belleza de un libro es más asequible si comprendemos su maquinaria y somos capaces de desmontarla. Jane Austen utiliza cuatro métodos de caracterización al principio del libro. En primer lugar está la descripción directa, en la que la autora engarza pequeñas gemas de ingenio irónico. Muchos de los detalles que llegamos a conocer sobre la señora Norris pertenecen a esta categoría; por otra parte, la caracterización de los tontos o estúpidos se repite continuamente. Hay una discusión sobre la posibilidad de hacer una excursión a la propiedad de Rushworth, en Sotherton: «Era casi imposible hablar de otra cosa, ya que la señora Norris estaba entusiasmada con la idea y la señora Rushworth, mujer ingenua, cortés, pomposa y aburrida que no juzgaba importante más que lo que atañía a sus propios intereses y a los de su hijo, no paraba de insistir a lady Bertram en que formase parte de la expedición. Lady Bertram rehusaba invariablemente; pero su plácida forma de rechazar la sugerencia hacía creer a la señora Rushworth que le apetecía ir, hasta que las palabras más abundantes y categóricas de la señora Norris la convencieron de la realidad.»

Otro método de caracterización consiste en transcribir directamente las palabras del personaje. El lector descubre entonces por sí mismo la naturaleza del hablante; no sólo por las ideas que éste expresa, sino por su forma de hablar, por sus modismos. Un buen ejemplo es el que nos brinda el lenguaje de sir Thomas: «Lejos de mí poner obstáculos extravagantes en el camino de un plan que tan acorde estaría con la situación de cada familia.» Está hablando del plan de mandar llamar a su sobrina Fanny a Mansfield Park. Ahora bien, ésta es una forma pesada de expresarse; todo lo que quiere decir es: «No quiero inventar obstáculos respecto a ese plan; es lo más adecuado para la situación.» Un poco más adelante, dice el caballero, prosiguiendo su elefantino discurso: «A fin de que [este plan] sea útil para la señora Price y honroso para nosotros, debemos asegurar a la niña [*coma*] o considerarnos comprometidos a asegurarle más adelante [*coma*] según lo requieran las circunstancias [*coma*] lo que corresponde a una dama [*coma*] si nadie le brindara una posición que con tanto optimismo espera usted.» No importa aquí, para nuestro propósito, qué trata de decir exactamente; es su manera de expresarse lo que nos interesa, y pongo este ejemplo para que se vea la habilidad de Jane Austen en retratar al hombre a través de su discurso. Es un hombre cargante (y un padre cargante, teatralmente hablando).

Un tercer método de caracterización consiste en el discurso contado. Me refiero a comentar las palabras de otro, con citas parciales acompañadas de una descripción del modo de ser del personaje. Un buen ejemplo lo tenemos cuando se nos muestra a la señora Norris descubriendo los defectos del nuevo párroco, el doctor Grant, quien ha sustituido a su difunto marido. El doctor Grant es muy aficionado a la comida, y la señora Grant, «en vez de esforzarse en satisfacerle con poco gasto, daba a su cocinera un sueldo tan alto como el que se pagaba en Mansfield Park». Y dice Jane Austen que «la señora Norris no podía hablar sin enojo de tales desmanes, ni de la cantidad de huevos y mantequilla que se consumían regularmente en esa casa, sin ponerse de mal humor». Y a continuación introduce el discurso indirecto: «A nadie como a ella le gustaba la abundancia y la hospitalidad [*dice la señora Norris; se trata de una caracterización irónica, ya que a la señora Norris le gustan sólo cuando corren a cuenta de los demás*]; nadie detestaba más las fiestas pobretonas; jamás había faltado de nada en la casa parroquial, ni había tenido fama de tacaña, creía, en *sus tiempos*, pero éste era un tren de vida que no podía entender. Una dama tan refinada estaba fuera de lugar en una parroquia campesina rural. Y pensaba que su *propia* cada podía haber servido de ejemplo a la señora Grant. Y pese a las indagaciones que había hecho, no había logrado averiguar que la señora Grant hubiese tenido nunca más de cinco mil libras.»

El cuarto método de caracterización estriba en imitar las palabras del personaje al hablar de él; pero este método no se emplea con frecuencia, salvo en los casos en que se resume una conversación, como cuando Edmund le refiere a Fanny la esencia de lo que la señorita Crawford ha dicho en alabanza suya.

La señora Norris es un personaje grotesco, una mujer entrometida e intrigante. No es del todo inhumana, pero su corazón es un órgano tosco. Sus sobrinas Maria y Julia son las hijas ricas, saludables y mayores que ella no ha podido tener y a las que en cierto modo adora, mientras que desprecia a Fanny. Con sutil perspicacia, Jane Austen comenta al principio de la novela que la señora Norris «probablemente no pudo guardarse para sí» los comentarios irrespetuosos concernientes a sir Thomas que su hermana, la madre de Fanny, le había escrito en una amarga carta. El personaje de la señora Norris no es sólo una obra de arte en sí mismo; desempeña además un papel funcional, ya que, debido a su naturaleza entrometida, Fanny es adoptada finalmente por sir Thomas, de modo que este aspecto de la caracterización se convierte gradualmente en un elemento estructural. ¿Por qué está tan deseosa de que los Bertram adopten a Fanny? He aquí la respuesta: «Todo se consideró arreglado, y paladearon ya los placeres de tan caritativo proyecto. En estricta justicia, la participación en los sentimientos gratificantes no debería haber sido igual; porque sir Thomas estaba totalmente dispuesto a ser el verdadero y coherente patrocinador de la criatura elegida, mientras que la señora Norris no tenía la menor intención de gastar un céntimo en su mantenimiento. En tanto fuera pasear, charlar o hacer planes, era absolutamente benévola, y nadie sabía como ella dictar liberalidad a los demás; pero su amor al dinero era tan grande como su amor a mandar, y sabía tan bien ahorrar el suyo como gastar el de los amigos... Con este principio embotador, sin un afecto verdadero por su hermana que lo contrarrestase, le fue imposible aspirar a otra cosa que a la honra de planear y decidir tan costosa caridad; aunque quizá se conocía tan poco a sí misma como para regresar a la casa parroquial, tras esta conversación, regresó a la casa parroquial con la feliz convicción de que era la hermana y tía más liberal del mundo.» Así, aunque no siente verdadero afecto por su hermana, la señora Price, goza del privilegio de decidir el futuro de Fanny sin gastarse un penique ni hacer nada por la niña, si bien obliga a su cuñado a adoptarla.

Se tiene a sí misma por mujer de pocas palabras; sin embargo, de su enorme boca brotan torrentes de vulgaridades. Es una persona escandalosa. Jane Austen logra transmitir su manera chillona de hablar con especial fuerza. La señora Norris habla con los Bertram del plan para traer a Fanny a Mansfield Park: «—Muy cierto —exclamó la señora Norris—, [*éstas*] son muy importantes consideraciones; y lo mismo le dará a la señorita Lee enseñar a dos niñas que a tres... vendrá a ser igual. Yo lo que quisiera es poder ser más útil; pero como ve, hago cuanto está en mi mano. No soy de esas que se ahorran molestias...» Sigue hablando un rato más; luego intervienen los Bertram, y a continuación lo hace la señora Norris otra vez: «—Eso es exactamente lo que yo creo —exclamó la señora Norris—, y lo que le decía a mi marido esta mañana.» Poco antes, en otra conversación con sir Thomas: «—Le comprendo perfectamente —exclamó la señora Norris—; es usted la generosidad y consideración en persona...» Mediante la repetición del verbo *exclamar*, Austen nos sugiere la chillona manera de hablar de esta desagradable mujer, y notamos que la pobre Fanny, a su llegada a Mansfield Park, se muestra especialmente cohibida a causa de la voz estridente de la señora Norris.

Al final del primer capítulo quedan esbozados todos los preliminares. Conocemos a la parlanchina, inquieta y vulgar señora Norris, al impasible sir Thomas, a la resentida y necesitada señora Price, y a la indolente y lánguida lady Bertram y su perrito. Se decide traer a Fanny a vivir a Mansfield Park. En esta obra de Jane Austen, la caracterización se transforma a menudo en estructura.* Por ejemplo, la indolencia retiene a lady Bertram en el campo. Poseían

* En una nota encontrada en la carpeta sobre Jane Austen, Nabokov define la trama como «supuesta historia». Los *temas* y las *líneas temáticas* son «imágenes o ideas que se repiten de cuando en cuando en la novela, como reaparece un pasaje musical en una fuga». La *estructura* es «la composición de un libro, una cadena de acontecimientos en la que un suceso da lugar a otro, la transición de un tema a otro, así como la habilidad para hacer aparecer a los personajes, iniciar una nueva serie de acciones, trabar diversos temas o hacer avanzar la novela». *Estilo* es «la forma del autor, su entonación particular, su vocabulario, y ese algo que, al enfrentarse el lector con un pasaje, hace que exclame que es de Austen y no de Dickens». *(N. de la ed. inglesa.)*

una casa en Londres, y al principio, antes de que apareciese Fanny, pasaban la primavera —la temporada elegante— en Londres; pero ahora «lady Bertram, debido a un poco de mala salud y a un mucho de indolencia, renunció a la casa de la capital que hasta entonces había ocupado cada primavera, y se quedó definitivamente en el campo, dejando que sir Thomas atendiese a sus obligaciones parlamentarias con el aumento o disminución de comodidades que su ausencia pudiera acarrear». Hay que tener presente que Jane Austen necesita introducir esta disposición a fin de conservar a Fanny en el campo sin complicar la situación con viajes a Londres.

La educación de Fanny progresa, de forma que a los quince años la institutriz le ha enseñado francés e historia; pero su primo Edmund Bertram, que se interesa por ella, le «recomendaba los libros que deleitaban sus horas de ocio; fomentaba su gusto y corregía sus opiniones; hacía provechosas sus lecturas hablándole de lo que ella leía, y realzaba el interés de esas lecturas con discretas alabanzas». El corazón de Fanny se siente dividido entre su hermano William y Edmund. Merece la pena ver qué educación se daba a los hijos en la época y ambiente en que se desenvolvía Jane Austen. Cuando llegó Fanny, las jóvenes Bertram «la consideraron una prodigiosa manifestación de la estupidez, y durante las dos o tres primeras semanas estuvieron llevando continuamente al salón nuevas pruebas de ello. "¡Imagínese, mamá, la prima dice que no pueden juntarse en uno todos los mapas de Europa!"; o "la prima no se sabe la lista de principales ríos de Rusia"; o "no ha oído hablar de Asia Menor"; o "no sabe la diferencia entre la acuarela y el pastel". ¡Qué extraño! ¿Ha visto alguna vez una persona más estúpida?"» Un detalle digno de mención aquí es que para estudiar geografía se utilizaban «puzzles» —rompecabezas, mapas cortados en trozos—. Eso hace ciento cincuenta años. La historia era otro estudio serio en aquella época. Y prosiguen las niñas: «—¡Cuánto tiempo hace, tía, desde que solíamos repetir por orden cronológico la lista de los reyes de Inglaterra, con las fechas de su coronación y de los principales acontecimientos de sus reinados!

»—Sí —añadió otra—, y de los emperadores romanos hasta Severo; además de gran cantidad de mitología pagana, y todos los metales, metaloides, planetas y principales filósofos.»

Dado que el emperador Severo vivió a principios del siglo III, «hasta Severo» significa una fecha bastante avanzada en la escala del tiempo.

La muerte del señor Norris ocasiona un cambio importante pues su plaza queda vacante. Sir Thomas hubiera querido reservar esa plaza para cuando Edmund se ordenase, pero sus negocios no van bien y se ve obligado a instalar, no a un ocupante temporal, sino a uno vitalicio; decisión que reducirá materialmente los ingresos de Edmund, ya que entonces sólo podrá contar con el beneficio eclesiástico del pueblo vecino de Thornton Lacey, también perteneciente a la circunscripción de sir Thomas. Quizá convenga decir unas palabras sobre el término «beneficio eclesiástico» en relación con la parroquia de Mansfield Park. Es beneficiario el sacerdote que está en posesión de un beneficio, de un *beneficio* eclesiástico, llamado también *beneficio espiritual*. Este sacerdote beneficiario tiene a su cargo una parroquia; es un pastor establecido. La casa parroquial incluye una porción de tierra, además de la vivienda, para el mantenimiento del beneficiario. Este sacerdote percibe unos ingresos, una especie de impuestos, el *diezmo*, de las tierras e industrias que están dentro de los límites de la parroquia. A la culminación de un largo proceso histórico, la elección del clérigo llegó a ser en algunos casos privilegio de una persona laica, en este caso sir Thomas Bertram. Dicha elección era sometida a la aprobación del obispo, aunque esta última autorización no era más que una formalidad. Sir Thomas, según la costumbre, esperaba sacar provecho de la concesión de este beneficio. Ésta es la cuestión. Sir Thomas necesita un arrendatario. Si el beneficio se quedase en la familia, si Edmund estuviese preparado para tomar posesión de él, los ingresos de la parroquia de Mansfield irían a parar a él. Pero Edmund no está todavía preparado para recibir las órdenes y convertirse en clérigo. De no haber contraído Tom, el hijo mayor, deudas muy serias en apuestas, sir Thomas habría podido ceder el beneficio a algún amigo para que lo disfrutase gratuitamente hasta que Edmund fuese ordenado. Pero en estas circunstancias no puede permitirse semejante arreglo, y se ve obligado a disponer de otro modo de la casa parroquial. Tom sólo espera que el doctor Grant no tarde en «reventar», como nos enteramos por un comentario indirecto que refleja el lenguaje vulgar de Tom, y también su despreocupación por el futuro de Edmund.

En cuanto a cifras, sabemos que la señora Norris, al casarse con el señor Norris, llegó a tener un ingreso anual un poco por debajo de las mil libras. Suponiendo que sus bienes personales fuesen equivalentes a los de su hermana lady Bertram, es decir, siete mil libras, podemos calcular que su aportación a los ingresos de la familia Norris ascendía a unas doscientas cincuenta libras, y la del señor Norris, derivada de la parroquia, a unas setecientas al año.

Llegamos a otro ejemplo de cómo un escritor introduce determinados acontecimientos a fin de hacer avanzar su relato. El sacerdote Norris muere. La muerte de Norris —al que viene a sustituir Grant— posibilita la llegada de los Grant a la casa parroquial. Y la llegada de los Grant posibilita a su vez la llegada a la vecindad de Mansfield Park de los jóvenes Crawford, parientes de la mujer, quienes desempeñan un papel importantísimo a lo largo de la novela. A continuación, el plan de Jane Austen consiste en alejar a sir Thomas de Mansfield Park a fin de que los jóvenes disfruten de la más completa libertad; y en segundo lugar, hacer regresar a sir Thomas a Mansfield Park en el momento culminante de una inocente orgía de libertad que tiene lugar con ocasión del ensayo de una obra teatral.

¿Cómo procede pues la autora? El hijo mayor, Tom, que debe heredar todas las posesiones, ha estado derrochando el dinero. Los negocios de los Bertram no marchan bien. Austen aleja a sir Thomas ya en el tercer capítulo. Estamos ahora en el año 1806. Sir Thomas considera conveniente ir personalmente a Antigua a fin de supervisar sus intereses, y calcula estar ausente un año más o menos. Antigua dista una barbaridad de Northampton. Es una isla de las Antillas, entonces perteneciente a Inglaterra: una de las Pequeñas Antillas, quinientas millas al norte de Venezuela. Las plantaciones son trabajadas por esclavos, mano de obra barata, fuente de la riqueza de los Bertram.

De modo que los Crawford hacen su aparición en ausencia de sir Thomas. «Así estaban las cosas en el mes de julio, y Fanny acababa de cumplir los dieciocho años, cuando la sociedad del pueblo se vio aumentada con el hermano y la hermana de la señora Grant: el señor y la señorita Crawford, hijos de su madre en segundo matrimonio. Eran jóvenes con fortuna: él poseía una hermosa propiedad en Norfolk, y ella veinte mil libras. De pequeños, la hermana les había querido siempre muchísimo; pero poco después de casarse ella murió la madre, y los dos niños fueron a vivir con un hermano del padre —al que la señora Grant no conocía—; así que apenas les había visto desde entonces. En casa del tío habían encontrado un hogar cariñoso. El almirante y la señora Crawford, aunque no coincidían en nada más, sentían idéntico afecto por estos niños; o al menos no había aquí más diferencia entre ellos que la de tener cada cual su predilecto. El almirante se volcaba con el muchacho. La señora Crawford adoraba a la niña; y fue la muerte de la dama lo que ahora obligaba a su *protegée*, tras unos meses de prueba en casa de su tío, a buscar otro hogar. El almirante Crawford era un hombre de conducta disoluta que, lejos de retener a la sobrina, había preferido acoger a la amante bajo su techo; y a esto debía la señora Grant que su pequeña hermanastra le propusiera irse a vivir con ella, decisión que fue tan bien acogida por la una, como era conveniente para la otra...»

Es de destacar la ordenada manera con que Jane Austen trata los asuntos económicos en esta serie de acontecimientos que explican la llegada de los Crawford. El sentido práctico se enlaza con el tono de cuento de hadas, combinación muy característica de los cuentos de hadas, precisamente.

Ahora podemos pasar al primer dolor que la recién instalada Mary Crawford inflige a Fanny. Está en relación con el tema del caballo. El viejo y querido jaco gris que Fanny había estado montando para hacer ejercicio desde los doce años, muere ahora, en la primavera de 1807, cuando Fanny tiene diecisiete años y todavía necesita hacer ejercicio. Se trata de la segunda muerte funcional del libro; la primera es la del señor Norris. Y digo *funcional* porque las dos muertes afectan el desarrollo de la novela y son introducidas con fines estructurales, de desarrollo.* La muerte del señor No-

---

* Nadie en *Mansfield Park* muere en brazos de la autora y del lector, como ocurren en Dickens, Flaubert o Tolstoi. Las muertes de *Mansfield Park* acontecen detrás del telón y despiertan poca emoción. Estas muertes carentes de dramatismo, sin embargo, tienen una influencia muy acusada en el desarrollo de la trama. Poseen una enorme importancia estructural. Así, la muerte del jaco conduce al *tema del caballo*, que ocasiona un conflicto emocional entre Edmund, la señorita Crawford y Fanny. La muerte del clérigo, el señor Norris, trae la llegada de los Grant y, por medio de los Grant, la de los Crawford, los malos de la novela; en cuanto a la muerte del segundo clérigo, al final, permite al tercer clérigo, Edmund, establecerse en la confortable casa parroquial de Mansfield Park, y «adquirir» el beneficio eclesiástico de Mansfield, como Jane Austen lo llama, gracias a la muerte del doctor Grant; muerte que, como sigue diciendo, «ocurrió justo cuando llevaban casados [Edmund y Fanny] el tiempo suficiente como para empezar a necesitar un aumento de los ingresos», lo que es una forma delicada de decir que Fanny esperaba familia. Hay también una señora mayor que muere —la abuela de los amigos de Yates—; esta muerte hace que Tom traiga a Yates a Mansfield,

rris había traído a los Grant, y la señora Grant trae a Henry y a Mary Crawford, que muy pronto van a conferirle a la novela un matiz en alto grado romántico. La muerte de este jaco en el capítulo IV hace que Edmund, en un delicioso interludio de caracterización que incluye a la señora Norris, le ceda a Fanny una de sus tres monturas, una yegua, un animal hermoso y encantador, para expresarlo con las palabras de Mary Crawford. Todo esto es la preparación de una escena de maravillosa emotividad que tiene lugar en el capítulo VII. Mary Crawford, bonita, joven, pequeña, morena y de pelo negro, pasa del estudio del arpa a la equitación. Y Edmund le presta a Mary Crawford precisamente la nueva montura de Fanny para su primera lección de equitación, y él mismo se ofrece a hacer de instructor... es más, le coge sus manos pequeñas y alertas mientras le enseña a cabalgar. Las emociones de Fanny al observar esta escena desde un lugar estratégico están descritas con exquisita delicadeza. La lección se prolonga, y la yegua no regresa para la cabalgada diaria. Fanny sale en busca de Edmund. «Las casas, aunque a menos de un kilómetro la una de la otra, no se veían; pero tras alejarse sólo cincuenta metros de la puerta de la entrada, pudo ver el parque, y dominar una vista de la casa parroquial con su terreno, que se elevaba ligeramente al otro lado del camino del pueblo. Y en el prado del doctor Grant divisó enseguida al grupo; a Edmund y a la señorita Crawford, los dos a caballo, cabalgando juntos; al doctor y a la señora Grant, y, a un lado, al señor Crawford con dos o tres mozos de cuadra, mirando. Le pareció un grupo feliz, todos atentos a una sola cosa, y evidentemente contentos, porque sus risas llegaban hasta ella. Era un rumor que la alegraba también; se preguntó si Edmund se habría olvidado de ella,

---

quien introduce el *tema de la obra de teatro*, crucial en la novela. Por último, la muerte de la pequeña Mary Price hace posible, en el intervalo de Portsmouth, que ocurra el vívido incidente del cuchillo entre los hijos de Price. *(N. del A. en su carpeta sobre Austen.)*

y le dolió. No podía apartar los ojos del prado, no podía dejar de observar lo que ocurría. Al principio, la señorita Crawford y su compañero dieron una vuelta al prado, que no era pequeño, al paso; luego, a sugerencia de *ella* al parecer, iniciaron un medio galope; y para el tímido carácter de Fanny, fue asombroso comprobar lo bien que cabalgaba. Al cabo de unos minutos, se detuvieron; se acercó Edmund a ella; le dijo algo; evidentemente, le estaba dando consejos sobre el manejo de las riendas, que había cogido de su mano; lo vio, o la imaginación proporcionó lo que el ojo no alcanzaba a ver. No tenía por qué asombrarse de todo esto; ¿qué más natural que Edmund se mostrara servicial y dedicase a alguien su amabilidad? Fanny no pudo por menos de pensar que el señor Crawford debía haberle ahorrado la molestia, que habría sido mucho más correcto y oportuno que la hubiera ayudado su hermano. Pero el señor Crawford, con toda su presuntuosa amabilidad y toda su destreza con los coches, probablemente no sabía de la materia, y comparado con Edmund, carecía de cortesía. Fanny empezó a pensar que iba a ser demasiado para la yegua este doble trabajo; si se olvidaban de ella, al menos deberían tener en cuenta al pobre animal.»

Pero el desarrollo no se detiene. El tema del caballo conduce a otra cuestión. Hemos conocido ya al señor Rushworth, que va a casarse con Maria Bertram. En realidad, hace su aparición hacia la misma época en que conocemos al caballo. La transición ahora va del tema del caballo a lo que llamaremos *tema de la escapada a Sotherton*. En su chifladura por Mary, la pequeña amazona, Edmund priva casi por completo a la pobre Fanny de esa desafortunada yegua. Mary a caballo y él en su coche, efectúan un largo paseo por el terreno comunal de Mansfield. Y aquí acontece la transición: «Un plan de este género da pie a otro por lo general; y el haber estado en el ejido de Mansfield despertó en todo el mundo las ganas de ir a algún otro sitio al día siguiente. Había muchos panoramas que mostrar; y aunque hacía calor, había caminos umbríos en la dirección que escogieran. Un grupo de jóvenes dispone siempre de un camino umbrío.» La propiedad de Rushworth, en Sotherton, está más allá de las tierras comunales de Mansfield. Tema tras tema, el relato va abriendo sus pétalos como rosas domésticas.

El tema de Sotherton Court ha sido suscitado ya por el señor Rushworth a propósito de la «mejora» efectuada en la propiedad de un amigo, y de su decisión de contratar al mismo reformador para su propio parque. En la discusión que sigue se decide que Henry Crawford echará un vistazo al parque, en vez de un profesional, y que los demás le acompañarán en esa excursión. La inspección tiene lugar en los capítulos VIII al X, y se inicia la aventura de Sotherton, que a su vez prepara la aventura siguiente: la del ensayo teatral. Estos temas se desarrollan gradualmente, van surgiendo unos de otros. Esto es estructura.

Pero volvamos al principio del tema de Sotherton. Consiste en la primera conversación larga del libro, y en ella intervienen Henry Crawford, su hermana, el joven Rushworth, su prometida Maria Bertram, los Grant, y todos los demás. Hablan de la mejora de parques, es decir, de la arquitectura paisajista: la modificación y decoración de edificios y tierras siguiendo criterios más o menos «pintorescos», que de los tiempos de Pope a los de Henry Crawford fue uno de los principales pasatiempos del ocio cultivado. Humphrey Repton, en aquella época el primer representante de esta profesión, es citado por su nombre. Jane Austen debió de ver sus libros en el cuarto de estar de las casas de campo que visitaba. Nuestra autora no desaprovecha ocasión para la caracterización irónica. La señora Norris explica todas las mejoras que habrían hecho en el terreno adscrito a la vicaría, si no hubiese sido por la falta de salud del señor Norris: «—Apenas podía salir a disfrutar, el pobre, y *eso* me desanimó de hacer varias cosas de las que sir Thomas y yo

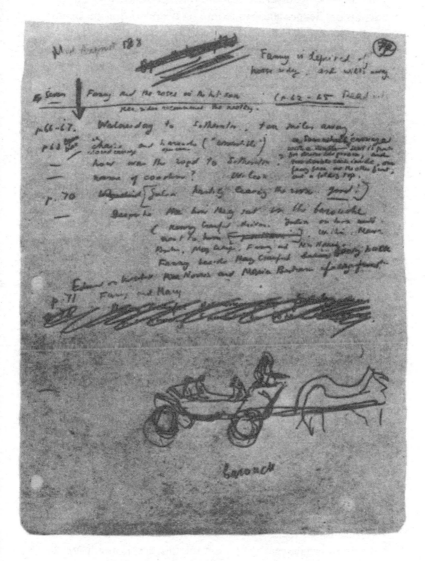

Notas de Nabokov sobre los paseos en coche de Fanny.

solíamos hablar. Si no llega a ser por *eso*, habríamos continuado la tapia del jardín, y habríamos plantado un seto para separarlo del cementerio, como ha hecho el doctor Grant. De todos modos, siempre estábamos haciendo algo. La primavera anterior al fallecimiento del señor Norris plantamos un albaricoquero junto al muro de la cuadra, y que ahora se ha hecho un árbol noble y está llegando a la perfección, señor —dirigiéndose ahora al doctor Grant.

»—El árbol prospera sin la menor duda, señora —replicó el doctor Grant—; la tierra es buena; y nunca paso junto a él sin lamentar que dé una fruta que no merece la molestia de cogerla.

»—Señor, es de la clase «moor park», y nos costó... es decir, fue regalo de sir Thomas; pero vi la factura, y sé que costó siete chelines; y que se consignaban como «moor park».

»—La engañaron, señora —replicó el doctor Grant—; estas patatas tienen el mismo sabor a «moor park» que la fruta de ese árbol. Una fruta insípida, en el mejor de los casos; un albaricoque como Dios manda es comestible, cosa que no ocurre con ninguno de los de mi huerto.»

Así, estos albaricoques incomibles, en justa correlación con el difunto y estéril señor Norris, estos albaricoques pequeños y amargos, son todo lo que el largo y voluble discurso de la señora Norris sobre mejora de terrenos y todo lo que los esfuerzos de su difunto marido son capaces de producir.

En cuanto a Rushworth, el joven se queda perplejo y confundido a mitad de su discurso, situación que la autora presenta de manera indirecta mediante una descripción irónica de lo que él intenta decir. «El señor Rushworth se apresuró a asegurar a su señoría su absoluta coincidencia [respecto al tema de plantar arbustos], y trató de decir algún cumplido; pero entre su sumisión al gusto de *ella*, y el tener desde antes la idea de hacer eso mismo, con la añadidura de profesar atención a las damas en general y de insinuar que sólo había una a la que estaba deseoso de agradar en particular, se hizo un lío; y Edmund se alegró de poner fin a su discurso ofreciendo vino.» Este recurso lo encontramos en otros pasajes de la novela, como cuando lady Bertram habla del baile. La autora no nos facilita su discurso sino que le dedica una frase descriptiva. Y ahora viene lo importante: no sólo el contenido de esa frase, sino su propio ritmo, construcción y entonación, transmiten la característica especial de dicho discurso.

Mary Crawford interrumpe el tema de la mejora de parques con su parloteo sobre el arpa y sobre su tío el almirante. La señora Grant insinúa que Henry Crawford tiene alguna experiencia como reformador y que podría ayudar a Rushworth. Tras negar unas cuantas veces sus habilidades, acepta la propuesta de Rushworth, y proyectan el plan de la excursión a instancias de la señora Norris. Este capítulo VI es crucial en la estructura de la novela. Henry Crawford flirtea con Maria Bertram, novia de Rushworth. Edmund, que es la conciencia del libro, escucha todos los planes «sin decir nada». Hay algo vagamente pecaminoso, desde el punto de vista del libro, en el proyecto de todos estos jóvenes de ir a dar un paseo, sin las carabinas adecuadas para vigilar la conducta, por el parque propiedad del ciego Rushworth. Todos los personajes han sido puestos en escena con gran maestría en este capítulo. La aventura de Sotherton antecede y prepara los importantes capítulos XIII al XX que tratan de la obra de teatro que los jóvenes van a ensayar.

Durante la discusión sobre la mejora de fincas, Rushworth asegura estar convencido de que Repton talaría la avenida de viejos robles que conduce a la fachada oeste de la casa, a fin de obtener una perspectiva más abierta. «Fanny, que estaba sentada al otro lado de Edmund, exactamente enfrente de la señorita Crawford, y que había estado escuchando con atención, le miró ahora, y dijo en voz baja: —¡Talar una avenida! ¡Qué pena! ¿No te hace pensar en Cowper?: "¡Taladas avenidas, una vez más lloro vuestro destino inmerecido!"» Debemos tener presente que en tiempos de Fanny la lectura y conocimientos de poesía eran mucho más naturales, corrientes y extendidos que en la actualidad. Nuestros cauces culturales o pretendidamente culturales son quizá más variados y numerosos que en el primer decenio del siglo pasado; pero cuando pienso en las vulgaridades de la radio y la televisión, o en las increíbles y frívolas revistas femeninas de hoy, me pregunto si no hay mucho que decir sobre la inmersión de Fanny en la poesía, por pesada y pedestre que pueda parecer.

«El sofá», de William Cowper, que forma parte de un largo poema titulado *The Task* (1775), es un buen ejemplo del tipo de poesía que era familiar al espíritu de una joven de la época y ambiente de Jane Austen o de Fanny. Cowper combina el tono didáctico de un observador de las costumbres con la imaginación romántica y la descripción colorista de la naturaleza, tan característicos de los decenios siguientes. «El sofá» es un poema muy largo. Empieza con la relación un tanto chispeante de la historia del mueble, y luego continúa describiendo los placeres de la naturaleza. Se observa que, puestas en un lado de la balanza las comodidades, artes, ciencias y corrupciones de la ciudad, y en el otro la influencia moral de la naturaleza, de los bosques y el campo con sus inconvenientes e incomodidades, Cowper escoge la naturaleza. Hay un pasaje en la primera parte de «El sofá» en donde admira los árboles intactos y umbríos del parque de un amigo, y deplora la tendencia de su época a sustituir las viejas avenidas por despejadas zonas de césped y de arbustos caprichosos.

> No lejos, un tramo de columnas
> Nos invita. Monumento de antiguo gusto,

Ahora desdeñado, merecedor de otro destino.
Nuestros padres supieron del valor de una sombra
Bajo el sol riguroso; y, en paseos umbríos
Y en pequeños cenadores gozaron, a mediodía,
Del frescor y la oscuridad del día declinante.
Llevamos nuestra sombra con nosotros: privados
De otra pantalla, abrimos las tenues sombrillas
Y recorremos un desierto indio sin un solo árbol.

Es decir, talamos los árboles de nuestras propiedades y luego tenemos que andar con sombrilla. He aquí lo que Fanny cita cuando Rushworth y Crawford hablan de ajardinar el parque de Sotherton:

¡Avenidas taladas! Una vez más lloro
Vuestro destino inmerecido, una vez más me alegra
Que aún exista un vestigio de vuestra raza.
¡Qué aéreo y ligero el arco gracioso!
¡Qué horrible cuando la techumbre sagrada
Resuena de piadosos himnos! Mientras abajo,
La tierra a cuadros tiembla como el agua
Barrida por los vientos. Tanto juega la luz
Que traspasa las ramas, y danza cuando ellas danzan,
Entremezclando inquietas manchas de sombra y sol...

Es un espléndido pasaje con deliciosos efectos de luz que no es corriente encontrar en la poesía y la prosa del siglo XVIII.

En Sotherton, la idea romántica que tiene Fanny de lo que debe ser la capilla de una mansión se ve decepcionada por «una mera habitación amplia y rectangular, abastecida de todo lo necesario para el culto, sin otra cosa notable y solemne que una gran profusión de caoba, con los cojines de terciopelo rojo asomando por encima del antepecho de la galería familiar». Decepcionada, le dice en voz baja a Edmund:

«—No es la idea que yo tengo de una capilla. Aquí no hay nada terrible, nada melancólico, nada grandioso. No hay naves, ni arcos, ni inscripciones, ni estandartes. Ningún estandarte "agitado por el viento nocturno de los Cielos". No hay signo alguno de que "yace debajo un monarca escocés".» Aquí Fanny cita, aunque con cierta imprecisión, la descripción de una iglesia del *Lay of the Last Minstrel* (1805), canto II, de Walter Scott:

10

Innumerables escudos y rasgados estandartes
Se agitaron al viento frío y nocturno de los cielos...

Luego viene la urna del brujo:

11

La luna asomó por la redonda ventana de oriente
Traspasó las delgadas saeteras de piedra labrada
Se fundió en la foliada tracería...

Hay diversas imágenes pintadas en las vidrieras, y

La luna besó el vidrio sagrado
Y arrojó al pavimento una mancha sangrienta.

12

Se sentaron en una losa de mármol,
Un monarca escocés dormía debajo...

El centelleo de la luz del sol de Cowper se equilibra delicadamente con el juego de la luz lunar de Scott.

Más sutil que la cita directa es la *reminiscencia*, la cual posee una significación técnica especial al hablar de técnicas literarias. La reminiscencia literaria consiste en la imitación inconsciente de una imagen, una frase o una situación utilizada ya por otro autor anterior. Un autor recuerda algo leído en alguna parte y lo utiliza, lo recrea a su propia manera. Un buen ejemplo lo tenemos en el capítulo X, en Sotherton. Hay una verja cerrada; falta una llave. Rushworth va a buscarla; Maria y Henry Crawford se quedan a solas en una situación muy propicia para el flirteo. Y dice Maria: «—Sí; desde luego; el sol es espléndido y el parque parece muy alegre. Pero por desgracia, esa verja de hierro, esa cancela, esa valla, me produce una cierta sensación de opresión y de encierro. No puedo salir, como diría el estornino.» Mientras hablaba, y lo hacía expresivamente, caminó hasta la verja; él la siguió. «¡Cuánto tarda el señor Rushworth en traer la llave!» La cita de Maria procede de un famoso pasaje del *Viaje sentimental por Francia a Italia* (1768), de Laurence Sterne, en el que el narrador, el yo del libro llamado Yorick, oye en París las llamadas de un estornino enjaulado. La cita expresa muy bien la tensión e infelicidad de Maria ante su compromiso matrimonial con Rushworth. Pero hay algo más; porque la cita del estornino del *Viaje sentimental* parece tener conexión con un episodio anterior de Sterne, una oscura reminiscencia que, desde lo más recóndito del pensamiento de Jane Austen, parece llegar al brillante cerebro de su personaje, y allí se transforma en un recuerdo definido. En su viaje de Inglaterra a Francia, Yorick desembarca en Calais y se pone a buscar un carruaje para alquilarlo o comprarlo, a fin de proseguir hasta París. El sitio donde se adquirían estos carruajes se llamaba *remise*; y es en la puerta de una *remise* de Calais en donde tiene lugar la siguiente escena: el propietario de la *remise* se llama monsieur Dessein, persona real de aquellos tiempos, mencionada también en una famosa novela francesa de principios del siglo XVIII, *Adolphe* (1815), de Benjamin Constant de Rebecque. Dessein lleva a

Yorick a su *remise* para que vea su colección de carruajes, sillas de posta, como se los llamaba, coches cerrados de cuatro ruedas. Yorick se siente atraído por una compañera de viaje, una joven dama que «llevaba guantes de seda negra, abiertos sólo en los pulgares y los índices». Yorick le ofrece el brazo a la dama, y se dirigen a la puerta de la *remise*; sin embargo, después de maldecir la llave cincuenta veces, Dessein descubre que ha traído la llave equivocada. Yorick dice: «Yo seguía sosteniendo la mano de la dama casi sin darme cuenta: de modo que monsieur Dessein nos dejó solos, con su mano en la mía y nuestros rostros vueltos hacia la puerta de la *remise*, diciendo que estaría de vuelta en cinco minutos.»

Aquí tenemos, pues, un pequeño tema caracterizado por la ausencia de una llave, en el que se le brinda al joven amor una ocasión para conversar.

La escapada a Sotherton proporciona, no sólo a Maria y a Henry Crawford sino también a Mary y a Edmund, la oportunidad de poder hablar en una intimidad de la que por lo común no disponen. Unos y otros aprovechan la ocasión para apartarse de los demás: Maria y Henry se deslizan por una abertura junto a la verja cerrada y deambulan por la arboleda lejos de la vista de los otros, mientras Rushworth anda persiguiendo la llave; Mary y Edmund pasean aparentemente para medir las dimensiones de la arboleda, y la pobre Fanny se queda sola en un banco. Jane Austen ha perfilado con nitidez de jardinería esta parte de la novela. Además, en estos capítulos procede como si se tratara de un partido. Hay tres equipos, por así decir, que empiezan uno después de otro:

1. Edmund, Mary Crawford y Fanny.
2. Henry Crawford, Maria Bertram y Rushworth.
3. Julia, que deja atrás a la señora Norris y a la señora Rushworth para ir en busca de Henry Crawford.

Julia querría ir con Henry; Mary querría estar junto a Edmund, cosa que a él le gustaría también; a Maria le gustaría ir con Henry; a Henry le gustaría ir con Maria; y en el fondo del tierno espíritu de Fanny está, naturalmente, Edmund.

El episodio se puede dividir en escenas:

1. Edmund, Mary y Fanny penetran en la llamada espesura, en realidad un cuidado bosquecillo, y hablan del sacerdocio (Mary ha sufrido una fuerte impresión en la capilla al enterarse de que Edmund espera ser ordenado: no sabía que quería ser sacerdote, profesión que ella no es capaz de imaginar en su futuro marido). Se dirigen a un banco después de haber manifestado Fanny deseos de descansar en la primera ocasión.

2. Fanny se queda sola en el banco mientras Edmund y Mary van a inspeccionar los límites de la espesura. Permanecerá sentada en ese banco rústico una hora entera.

3. El siguiente equipo, compuesto por Henry, Maria y Rushworth, llega adonde está ella.

4. Rushworth les deja para ir a buscar la llave de la verja. Henry y la señorita Bertram se quedan, pero luego dejan a Fanny para ir a explorar la parte alejada de la arboleda.

5. La señorita Bertram y Henry sortean la verja cerrada y desaparecen en el parque, dejando a Fanny sola.

6. Julia —a la vanguardia del tercer grupo— llega a la escena después de cruzarse con Rushworth que se dirige a la casa; habla con Fanny, y luego escala la verja, «mirando ansiosamente en dirección al parque». Crawford le ha estado dedicando su atención durante el viaje a Sotherton, y ahora está celosa de Maria.

7. Fanny se queda sola otra vez, hasta que Rushworth llega jadeante, con la llave de la verja: reunión de los abandonados.

8. Rushworth se mete en el parque, y Fanny vuelve a quedarse sola.

9. Fanny decide seguir el sendero que han tomado Edmund y Mary, y los encuentra de regreso desde el lado oeste donde está la famosa avenida.

10. Regresan hacia la casa y se encuentran con el resto del tercer equipo (la señora Norris y la señora Rushworth) a punto de emprender la marcha.

Noviembre es «el mes negro» para las hermanas Bertram, señalado por el inoportuno regreso del padre. Éste tenía intención de embarcar en el paquebote de septiembre, de forma que los jóvenes disponían de trece semanas —de mediados de agosto a mediados de noviembre— antes de su llegada (en realidad, sir Thomas vuelve en octubre en un barco privado). El regreso del padre será, como le dice la señorita Crawford a Edmund en la ventana de Mansfield, al anochecer, mientras las hermanas de éste, con Rushworth y Crawford, están ocupadas con las velas del piano, «anuncio también de otros interesantes acontecimientos: la boda de tu hermana y tu ordenación»; nueva alusión al tema de la ordenación que afectará a Edmund, a la señorita Crawford y a Fanny. Hay una conversación animada sobre los motivos para abrazar el sacerdocio y la honestidad de su interés por la cuestión económica. Al final del capítulo XI, la señorita Crawford se une al alegre grupo reunido alrededor del piano; después Edmund deja las estrellas, que contemplaba junto con Fanny, por la música, y Fanny se queda sola tiritando en la ventana (repetición del tema del abandono de Fanny). La inconsciente vacilación de Edmund entre la belleza espléndida y elegante de la pequeña Mary Crawford y la gracia delicada y el encanto recatado de Fanny se manifiestan simbólicamente a través de los diversos movimientos de los jóvenes que intervienen en la escena del salón de música.

La relajación de las normas de conducta dictadas por sir Thomas, el descontrol que tiene lugar durante la escapada a

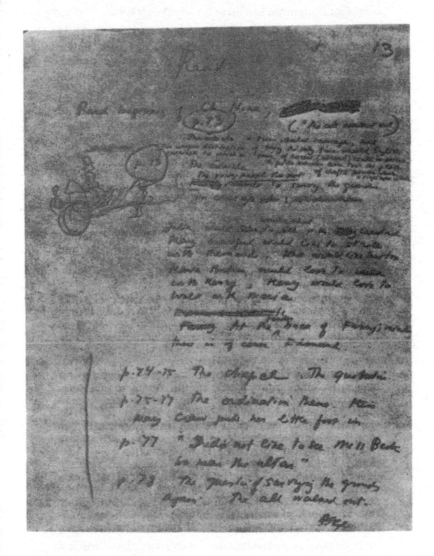

Notas de Nabokov sobre el capítulo noveno de Mansfield Park.

Sotherton, anima y conduce directamente a la sugerencia de representar una obra de teatro antes de su regreso. El tema de la obra de teatro constituye un logro extraordinario. En los capítulos XII al XX, el tema de la obra de teatro se desarrolla con la magia y la fatalidad del cuento de hadas. Se inicia con la intervención de un personaje nuevo —primero en aparecer y último en desvanecerse en relación con dicho tema—: un joven llamado Yates, amigo de Tom Bertram.

«Llegó con las alas del desencanto y la cabeza llena de ideas sobre el teatro, ya que había formado parte de un grupo teatral [que acaba de dejar]; y cuando faltaban dos días para la representación de la obra en la que él tenía un papel, el súbito fallecimiento de una pariente muy allegada de la familia desbarató el plan y dispersó a los actores.» Al contrario del círculo de los Bertram, «todo era fascinante, desde el reparto hasta el epílogo» (reparad en la nota mágica). Y Yates se lamenta de que una vida tan sosa, o más bien una muerte casual, les haya impedido llevar a cabo la representación. «—No merece la pena lamentarse; pero desde luego, la pobre anciana no pudo morirse en momento más inoportuno. Una no puede evitar desear que se hubiera retenido la noticia los tres días que necesitábamos. No eran más que tres días; y puesto que se trataba de una abuela y había fallecido a trescientos kilómetros, creo que no habría pasado nada. Sé que se sugirió; lo sé; pero lord Ravenshaw, a quien considero uno de los hombres más correctos de Inglaterra, no ha querido ni oír tal idea.»

Tom Bertram comenta que, en cierto modo, la muerte de la abuela, o mejor, el funeral que los Ravenshaw tendrán que celebrar solos es una especie de sainete (en aquel entonces se solía representar una pieza ligera, frecuentemente divertida, después de la obra principal). Observad que aquí encontramos prefigurada la fatal interrupción que sir Thomas Bertram, el padre, provocará más adelante, ya que su regreso, cuando están ensayando *Lover's Vows* en Mansfield, se convertirá, de hecho, en el dramático sainete.

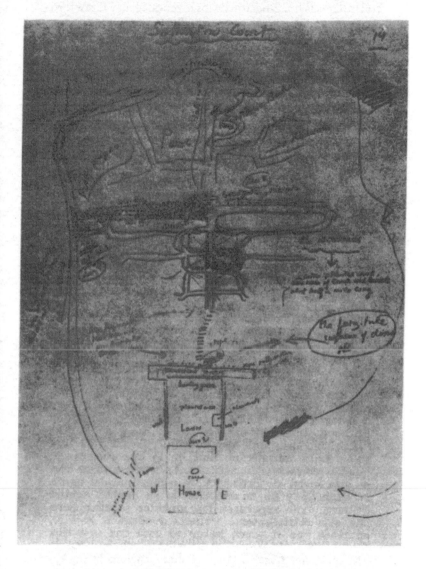

Plano de Sotherton Court realizado por Nabokov.

El relato mágico que hace Yates de su experiencia teatral inflama la imaginación de los jóvenes. Henry Crawford declara que en ese momento se sentía lo bastante loco como para encarnar cualquier personaje, desde Shylock o Ricardo III al héroe cantor de una farsa; y es él quien, «puesto que era un placer que no habían probado todavía», propone representar algo, una escena, media obra, lo que sea. Tom comenta que deben contar con un gran cortinaje de paño verde; Yates sugiere de pasada diversas partes del escenario que hay que construir. Edmund se alarma, y trata de echar un jarro de agua fría al proyecto con complicado sarcasmo: «—Además... No hagamos nada a medias. Si se hace una obra, que sea en un teatro como debe ser, con patio de butacas, palcos y gallinero; y hagamos una obra entera de principio a fin; que sea una obra alemana, no importa cuál, con su correspondiente sainete ingenioso y burlesco, su baile, su danza popular y con una canción en los entreactos. O superamos a los de Ecclesford [escenario del fracasado grupo teatral], o nada.» La alusión a un sainete gracioso y movido es un comentario fatídico, una especie de conjuro, porque eso es exactamente lo que va a suceder: el regreso del padre será una especie de final complicado, una especie de sainete movido.

Se ponen a buscar una habitación para la representación, y eligen el salón de billar; pero tendrán que quitar la librería del despacho de sir Thomas para disponer de accesos a uno y otro extremo. Cambiar el orden de los muebles, en aquel entonces, era algo muy grave, y Edmund está cada vez más asustado. Pero la madre indolente y la tía chocha por las dos chicas no se oponen. Es más, la señora Norris se ofrece a cortar el telón y a supervisar los accesorios, de acuerdo con su espíritu práctico. Pero todavía falta la obra. Notemos aquí, otra vez, un rasgo de magia, una argucia del destino artístico, ya que *Lover's Vows*, la obra mencionada por Yates, queda de momento aparentemente olvidada, aunque en

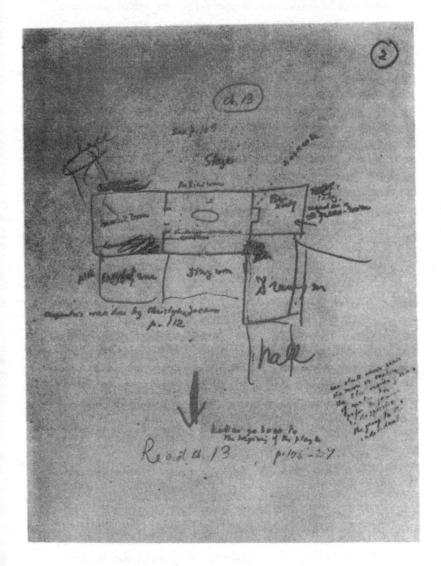

Esbozo de Nabokov del plano de Mansfield Park.

realidad sigue al acecho como tesoro inadvertido. Deliberan sobre las posibilidades de representar otras obras, pero las encuentran con demasiados o demasiado pocos papeles, y el grupo se divide entre representar una tragedia o una comedia. Luego, súbitamente, actúa el hechizo. Tom Bertram, «cogiendo uno de los numerosos volúmenes de teatro que había sobre la mesa, y hojeándolo, exclamó de repente:

»—*¡Promesas de amantes!* ¿No podríamos representarla nosotros aquí, como los de Ravenshaw. ¿Cómo no se nos ha ocurrido antes?»

Promesas de amantes (1798) es una adaptación hecha por Elizabeth Inchbald de *Das Liebes Kind*, de August Friedrich Ferdinand von Kotzebue. La obra es bastante tonta, aunque no más de lo que son, quizá, muchos de los éxitos actuales. La trama gira en torno a la suerte de Frederick, hijo ilegítimo del barón Wildenheim y de la doncella de su madre, Agatha Friburg. Tras separarse los amantes, Agatha lleva una vida estrictamente virtuosa y educa a su hijo, en tanto que el joven barón se casa con una rica dama de Alsacia y se va a vivir a las propiedades de ella. Al empezar la obra, la esposa alsaciana del barón ha muerto, y éste ha regresado con su única hija, Amelia, al castillo que posee en Alemania. Entretanto, por una de esas coincidencias necesarias para las situaciones trágicas o cómicas, Agatha ha regresado también a su pueblo natal, próximo al castillo, y allí nos encontramos con que la echan de la posada porque no puede pagar lo que debe. Por otra coincidencia, la encuentra su hijo Frederick, que ha estado ausente durante cinco años en una campaña militar y ha regresado en busca de un empleo civil. Para ello necesita un certificado de nacimiento; y Agatha, aterrada ante tal petición, se ve obligada a contarle su origen, que le ha ocultado hasta entonces. Al terminar la confesión se desmaya, y Frederick, tras encontrarle cobijo en una cabaña, sale a pedir dinero para comprar comida. La suerte querrá que, merced a una nueva coincidencia, encuentre en un prado al barón y al conde Cassel (rico y estúpido pretendiente de Amelia); y al recibir algo de dinero, pero no el suficiente para sus propósitos, Frederick amenaza a su desconocido padre, quien le manda encarcelar en el castillo.

El relato de Frederick es interrumpido por una escena entre Amelia y su preceptor, el reverendo Anhalt, a quien el barón ha encargado que defienda la causa del conde Cassel; pero Amelia ama a Anhalt y es correspondida por él; y con palabras atrevidas, a las que Mary Crawford se opone tímidamente, consigue arrancarle una declaración. Luego, al enterarse del encarcelamiento de Frederick, tratan de ayudarle: Amelia le lleva comida al calabozo, y Anhalt le consigue una entrevista con el barón. Hablando con Anhalt, Frederick descubre la identidad de su padre, y en su entrevista se desvela el secreto de su parentesco. Todo termina felizmente. El barón trata de reparar el desliz de su juventud casándose con su víctima y reconociendo a Frederick como hijo suyo; el conde Cassel se retira desconcertado, y Amelia se casa con el tímido Anhalt (este resumen lo he sacado principalmente del estudio de Clara Linklater Thompson: *Jane Austen, a Survey*, 1929).

La elección de esta obra obedece no a que Jane Austen la considerara especialmente inmoral, sino sobre todo a que tenía un reparto de papeles muy apropiado para distribuir entre sus personajes. No obstante, es evidente que ella desaprueba que el círculo de los Bertram represente esta obra, no sólo porque gira en torno a la bastardía, ni porque da ocasión a intervenciones y acciones amorosas más francas y manifiestas de lo que convenía a unos jóvenes bien nacidos, sino también por el hecho de que Agatha —por arrepentida que esté—, al haber amado ilícitamente y haber dado a luz un hijo bastardo, constituye un papel impropio para ser representado por una joven soltera. Estas objeciones no llegan a aflorar en ningún momento, pero indudablemente desempeñan un rol importante en la aflicción de Fanny cuando lee la obra y cuando Edmund encuentra, al principio al menos, indecorosos el argumento y la acción. «El primer uso que hizo [Fanny] de su soledad fue coger el libro que habían dejado sobre la mesa y empezar a familiarizarse con la obra de la que tanto había estado oyendo hablar. ¡Le había picado la curiosidad, y la leyó con una avidez que sólo suspendía de vez en cuando por el asombro, ante el hecho de que hubiese sido propuesta y aceptada para una representación privada! Le parecía que los papeles de Agatha y Amelia, cada uno por razones diferentes, eran absolutamente inadecuados para que se representasen en un hogar: la situación de la una y el lenguaje de la otra eran tan impropios de una mujer modesta, que no podía imaginar que sus primos supieran dónde se iban a meter, y deseó que Edmund las previniera lo antes posible, con la amonestación que sin duda les haría.*» No hay motivo para suponer que los sentimientos de Jane Austen no fuesen paralelos a los de Fanny. La cuestión, sin embargo, no está en que la obra en sí misma sea condenada por inmoral, sino en que sólo es apropiada para un teatro y unos actores profesionales, y en sumo grado indecorosa para ser interpretada por el círculo de los Bertram.

A continuación tiene lugar el reparto de los papeles. El hado artístico dispone las cosas de forma que, a través de las relaciones de los personajes de la obra teatral, se van a revelar las verdaderas relaciones entre los personajes de la novela. Henry Crawford da muestras de una astucia endiablada para conseguir que él y Maria obtengan los papeles que les convienen; es decir, aquellos (el de Frederick y el de su madre Agatha) que les dan ocasión de estar constantemente juntos, constantemente abrazados. Por otro lado, Yates, que ya se siente atraído por Julia, muestra su enfado cuando le dan a ella un papel secundario, que ella rechaza.

---

* V. Nabokov añade la siguiente nota a este párrafo, en su ejemplar anotado: «Y tiene toda la razón. Hay algo obsceno en el papel de Amelia.» *(N. de la ed. inglesa.)*

«—¿De mujer del campesino? —exclamó Yates—. Pero ¡qué dice! ¿El papel más trivial, miserable e insignificante; el más vulgar; sin una intervención que merezca la pena en toda la obra. ¿Hacerlo su hermana? Esa proposición es una ofensa. En Ecclesford debía hacerlo la institutriz. Todos coincidimos en que no se le podía ofrecer a nadie más.» Pero Tom es obstinado.

«—No, no; Julia no debe hacer de Amelia. No le gustaría. No lo haría bien. Es demasiado alta y robusta. Amelia ha de tener una figura pequeña, frágil, aniñada, saltarina. A quien le va es a la señorita Crawford, y sólo a ella. Le encaja de maravilla, y estoy seguro de que lo hará admirablemente.» Henry Crawford, que ha impedido que se le dé a Julia el papel de Agatha insistiendo en lo bien que le iría a Maria, intenta reparar el daño tratando de que le adjudiquen el de Amelia; pero Julia, celosa, sospecha sus motivos. Le recrimina «con atropellada indignación, y con la voz temblorosa», y al insistir Tom en que sólo le va a la señorita Crawford: «—No se preocupe si me quedo sin papel —exclamó Julia vivamente irritada—; *no* voy a hacer el de Agatha, ni desde luego ningún otro; y en cuanto al de Amelia, es el personaje que peor me cae del mundo. No la soporto... —y dicho esto, salió precipitadamente, dejando confundido a más de uno, pero despertando muy poca comprensión, salvo en Fanny, que había sido oyente callada por los *celos* sin una gran compasión.»

La discusión en torno al reparto de papeles, sobre todo la apetencia de Tom de papeles cómicos, proporciona al lector un cuadro más completo de los jóvenes. A Rushworth, el bobo solemne, le dan el papel del conde Cassel; a las mil maravillas le sienta y resplandece como nunca con sus ropas de raso color rosa y azul, orgulloso de sus cuarenta y dos parlamentos que en realidad es incapaz de aprenderse de memoria. Ante la angustia de Fanny, una especie de frenesí se va apoderando de los jóvenes. La obra va a ser una orgía de liberación, en particular para la pasión pecaminosa de Maria Bertram y Henry Crawford. Y se llega a un punto crítico: ¿quién hará de Anhalt, el joven preceptor clérigo? Como es natural, el destino apunta a Edmund, al renuente Edmund, quien sufrirá los asedios amorosos de Amelia, es decir, de Mary Crawford. La entontecedora pasión que Mary Crawford despierta en él es más fuerte que sus escrúpulos. Accede porque no puede soportar la idea de que se invite a un joven de fuera, Charles Maddox, para que haga de Anhalt y reciba los requerimientos amorosos de Mary. Le dice a Fanny sin mucha convicción que acepta el papel para evitar publicidad, para limitar la exhibición, para circunscribir la locura de la representación al círculo de la familia. Tras reducirlo a su nivel, su hermano y su hermana le acogen alegremente; pero hacen oídos sordos a sus condiciones de que la obra se represente en la intimidad, y empiezan a invitar a todas las familias de los alrededores a la función. Se introduce una especie de obertura cuando Fanny, la pequeña testigo, tiene que escuchar primero a Mary Crawford, y luego a Edmund, ensayando sus respectivos papeles. La habitación de ella es el lugar de reunión, y Fanny es el nexo entre los dos: la Cenicienta cortés, exquisita, sin esperanza, atendiendo a las necesidades de los demás.

Un papel más queda por cubrir, para poder ensayar los tres primeros actos de la obra. Al principio Fanny se niega firmemente a asumir el de la esposa del campesino que Julia había rechazado; no tiene confianza en sus aptitudes como actriz, y su instinto le aconseja renunciar. La señora Grant lo acepta; pero al no poder asistir al ensayo, insisten a Fanny (especialmente Edmund) en que lo lea en su lugar. El forzado consentimiento de Fanny rompe el hechizo. Al entrar su inocencia, se disipan los demonios del flirteo y de la pasión pecaminosa. Pero el ensayo no llega a finalizar. «Y, empezaron... Y, demasiado inmersos en su propio ruido para que les chocara un ruido desusado en la otra parte de la casa, habían avanzado un poco, cuando se abrió la puerta de par en par; y apareciendo Julia, con la cara lívida, exclamó: ¡Nuestro padre ha llegado! En este momento está en el recibimiento.» De modo que al final es Julia quien desempeña el papel más importante, y termina el primer volumen de la novela.

Bajo la dirección de Jane Austen, dos padres cargantes y graves se entrevistan en el salón del billar: Yates en el papel de pesado barón Wildenheim, y sir Thomas Bertram en el de sir Thomas Bertram. Y con una inclinación y una sonrisa candorosa, Yates delega en sir Thomas el papel de padre cargante. Es una especie de sainete. «Echó a correr (Tom) hacia el teatro, y llegó justo a tiempo de presenciar el primer encuentro de su padre con su amigo. Sir Thomas se había quedado muy sorprendido al descubrir velas encendidas en su despacho; y al echar una miradita alrededor, notó otros signos de que habían estado allí recientemente, y de que reinaba cierto desorden en los muebles. Sobre todo, le sorprendió descubrir que habían quitado la estantería de delante de la puerta que daba a la habitación del billar; pero apenas había tenido tiempo de asombrarse de todo esto, cuando oyó un ruido en la habitación del billar que aún le dejó más asombrado. Alguien hablaba allí en tono fuerte... no conocía la voz... más que hablar, vociferaba. Se dirigió a la puerta, alegrándose en ese momento de que estuviese despejada, y al abrirla se encontró en el escenario de un teatro, frente a un joven que declamaba con exageración y que pareció a punto de tumbarle de espaldas. En el mismo instante en que Yates descubría a sir Thomas, y ejecutaba quizás el mejor sobresalto de cuantos había intentado en el curso entero de los ensayos, llegó Tom Bertram por el otro extremo de la habitación, y en su vida encontró más difícil mantenerse serio. La expresión de solemnidad y asombro de su padre en su primera aparición en un escenario, y la gradual metamorfosis del apasionado barón Wildenheim en un educado y sencillo señor Yates, saludando a sir Thomas con una inclinación de cabeza y murmurando unas palabras de excusa fue una exhibición, una muestra de actuación consumada, que no habría querido perderse por nada. Sería, con toda probabilidad, la última escena en aquel escenario; pero estaba seguro de que no podría haberse representado otra mejor. La sala cerraría con el éxito más clamoroso.»

Sin recriminaciones, sir Thomas despacha al decorador del escenario y manda al carpintero que desmonte todo lo que ha armado en el salón de billar. «Un día o dos más tarde, se había ido también el señor Yates. Sir Thomas tenía especial interés en que se fuera. Dado que quería estar a solas con su familia... Le tenía completamente sin cuidado que el señor Crawford se fuera o se quedara... Pero el deseo que expresó al señor Yates mientras lo acompañaba a la puerta, de que tuviera un buen viaje, lo expresó con sincera satisfacción. El señor Yates se había quedado a ver la destrucción de cada uno de los preparativos teatrales de Mansfield, y la eliminación de cuanto tenía que ver con la obra. Cuando abandonó la casa, ésta había recobrado toda la sobriedad que la había caracterizado; y sir Thomas esperó, al verle salir, haberse librado del peor personaje relacionado con el plan,* y el último que inevitablemente podía recordarle su existencia.

»La señora Norris consiguió quitar de su vista un artículo que podía haber puesto de malhumor a sir Thomas. El telón que con gran talento y éxito había dirigido, se fue con ella a su casa, donde casualmente hacía falta un paño verde.»

---

* Nabokov comenta en su ejemplar anotado de la obra: «Yates, último accesorio de la obra, es eliminado.» (*N. de la ed. inglesa.*)

Henry Crawford interrumpe repentinamente sus flirteos con Maria y se marcha a Bath antes de que las cosas lleguen demasiado lejos. Sir Thomas al principio aprueba a Rushworth, pero no tarda en desilusionarse y le ofrece a Maria la oportunidad de romper, si así lo desea, sus relaciones con él. Ve que ella trata a Rushworth con desdén. Sin embargo, Maria rehúsa: «Maria se alegraba de haber asegurado su destino de manera irrevocable, de haberse prometido de nuevo a Sotherton, de estar a salvo de la posibilidad de que Crawford triunfara gobernando sus acciones, y destruyera sus perspectivas; y se retiró con orgullosa resolución, decidida a comportarse más cautamente con respecto al señor Rushworth en el futuro, a fin de que su padre no volviera a recelar de ella.» A su debido tiempo, se celebra el matrimonio, y la joven pareja se marcha a pasar la luna de miel a Brighton, llevándose a Julia con ellos.

Fanny recibe la plena aprobación de sir Thomas y se convierte en su favorita. Buscando refugio en la casa parroquial al estallar una repentina tormenta, Fanny inicia una intimidad con Mary Crawford, pese a ciertas reservas por su parte, y la escucha tocar en el arpa la obra predilecta de Edmund. Esta amistad da ocasión a que Mary invite a Fanny y a Edmund a cenar en la casa parroquial, donde se encuentran con que Henry Crawford acaba de llegar para pasar unos días. Aquí se opera un nuevo sesgo en la estructura de la novela. Henry se siente atraído por la creciente belleza de Fanny, y decide quedarse un par de semanas y divertirse enamorándola. Hermano y hermana hablan despreocupadamente de este proyecto. Henry confiesa a Mary: «...La estáis viendo a diario y por eso no lo notáis; pero te aseguro que es completamente diferente de la Fanny del otoño pasado. Entonces no era más que una muchacha callada y vergonzosa, aunque no carente de atractivo. Ahora es absolutamente bonita. Al principio me parecía que tenía un cutis y un semblante apagados; pero en esa tez suave, tan frecuentemente encendida de rubor que vi ayer, hay decidida belleza; y por lo que he observado en sus ojos y su boca, estoy convencido de que serán bastante expresivos cuando tengan algo que expresar. ¡Luego, su aire, su ademán, su *tout ensemble*, ha mejorado de forma indescriptible! Lo menos ha crecido dos pulgadas desde octubre.»

La hermana le censura este capricho, aunque admite que hay en Fanny «una especie de belleza que llega a gustar». Henry confiesa que el reto que Fanny representa es muy atrayente. «—¡En mi vida he estado tanto tiempo con una joven esforzándome en entretenerla, con tan escaso resultado! ¡En mi vida he conocido a una joven que me haya tratado con tanta seriedad! Tengo que vencer esa actitud. Sus miradas me dicen: "No te quiero, he decidido no quererte"; y yo digo que me querrá.» Mary le objeta que no desea que se le haga daño a Fanny. «No quiero que la hagas sufrir; un *poco* de amor quizá la anime y le venga bien; pero no permitiré que la hundas demasiado.» Henry contesta que sólo será un par de semanas: «¡No, no haré ningún daño a la pobre criatura! Sólo pretendo que me quiera un poco, que me dé sus sonrisas y sus ruborés, que me guarde un asiento a su lado, estemos donde estemos, y que sea toda animación cuando yo me siente y le hable; que piense como pienso yo, que se interese por todo cuanto poseo y me gusta, y que trate de retenerme más tiempo en Mansfield; y que sienta, cuando yo me vaya, que no volverá a ser feliz en su vida. No quiero nada más.

»—¡La modestia misma! —dijo Mary—. Bien, entonces, no pongo ningún reparo...

»Y sin intentar más amonestaciones, abandonó a Fanny a su destino... destino que, si no hubiese estado guardando su corazón de una forma que la señorita Crawford ni siquiera sospechaba, podía haber sido un poco más cruel del que merecía...»

William, hermano de Fanny, regresa tras varios años

en el mar; y por invitación de sir Thomas, llega de visita a Mansfield Park. «Sir Thomas tuvo el placer de recibir en su protegido a una persona muy distinta de la que había provisto hacía siete años: un joven de rostro franco, agradable y natural, pero de sentimientos y modales sensibles y respetuosos, que le confirmaban como su amigo.» Fanny se siente indeciblemente dichosa con su querido William, quien, por su parte, ama a su hermana con ternura. Henry Crawford observa con admiración el rubor de las mejillas de Fanny, el brillo de sus ojos, su profundo interés, su atención absorta, mientras su hermano cuenta algunas de sus recientes vicisitudes o situaciones aterradoras que en aquellos tiempos solían producirse en el mar.

«Era un cuadro que Henry Crawford, con suficiente gusto moral, sabía apreciar. Los atractivos de Fanny aumentaron, se duplicaron para él; porque la sensibilidad que embellecía su cutis e iluminaba su semblante era un atractivo en sí mismo. Ya no dudó de la capacidad de su corazón. Tenía sensibilidad, verdadera sensibilidad. ¡Sería sensacional ser amado por un joven así, despertar los primeros ardores de su espíritu joven y sencillo. Le interesaba más de lo que había calculado. Dos semanas no fueron suficiente. Su estancia se volvió indefinida.»

Los Bertram van a cenar todos a la casa parroquial. Después de la cena, mientras los mayores juegan al «whist», los jóvenes, con lady Bertram, lo hacen al juego de cartas llamado «especulación». Henry ha pasado casualmente, en su paseo a caballo, por delante de la futura parroquia de Edmund, en Thornton Lacey; e impresionado por la casa y la tierra, insiste a Edmund que haga una serie de mejoras, exactamente como en el caso de la propiedad de los Rushworth. Es curioso observar que las mejoras de tierras van unidas a los galanteos de Henry Crawford. Ambas cosas obedecen a su inclinación a maquinar y proyectar. Antes, intentó mejorar la propiedad de Rushworth, al tiempo que tramaba seducir a Maria, la novia de Rushworth. Ahora es la futura residencia de Edmund, a la vez que trama conquistar a la futura esposa de Edmund, Fanny Price. Insiste en que se le permita alquilar la casa a fin de «poder continuar, cultivar y *perfeccionar* esa amistad e intimidad con la familia de Mansfield Park, cada día más valiosa para él». Sir Thomas le deniega amablemente tal petición, explicando que Edmund no vivirá en Mansfield, una vez que se ordene, acontecimiento para el cual sólo faltan unas semanas, sino que atenderá a sus feligreses en la residencia de Thornton Lacey (Henry daba por cierto que Edmund delegaría sus obligaciones pastorales). Su insistencia en que el edificio puede transformarse no en una mera casa parroquial sino en la residencia de un caballero interesa a Mary Crawford. Toda esta conversación está artísticamente entrelazada con el juego de la especulación al que están jugando; y mientras puja, Mary Crawford especula también sobre si debe casarse con Edmund sacerdote, o no. Esta resonancia del juego en los pensamientos de Mary Crawford recuerda la misma interacción entre la ficción y la realidad que encontramos en el capítulo del ensayo teatral, cuando, delante de Fanny, hacía de Amelia para Anhalt, representado por Edmund. Este tema de los planes y maquinaciones, relacionado con la mejora de parques, los ensayos teatrales y los juegos de cartas, configura una hermosa estructura en la novela.

El siguiente acontecimiento estructural es el baile del capítulo XXVI. Su preparación comporta diversas emociones y acciones, y contribuye a conformar y desarrollar la historia. Impresionado por la belleza de Fanny, y deseoso de complacerla a ella y a su hermano William, sir Thomas idea dar un baile en su honor con el mismo entusiasmo que su hijo había planeado la función de teatro. Edmund está ocupado en dos acontecimientos, ahora muy próximos, que van a determinar su destino para toda la vida: su ordenación, que tendrá lugar la semana de Navidad, y su matrimonio con Mary Crawford, que es sólo una esperanza. Pedirle a la señorita Crawford los dos primeros bailes es uno de esos planes que imprimen movimiento a la novela y hacen del baile un suceso estructural. Lo mismo puede decirse de los preparativos de Fanny. Jane Austen emplea el mismo tipo de resorte conectivo que hemos observado en el episodio de Sotherton y en las escenas del ensayo. William le ha dado a Fanny el único adorno que ella posee, una cruz de ámbar traída de Sicilia. Pero sólo tiene un trozo de cinta para atársela y se preocupa al comprobar que no le va, ya que debe ponérsela. Está también la cuestión de su vestido, acerca del cual pide consejo a Mary Crawford. Cuando ésta se entera del problema de la cruz, le encaja a Fanny un collar que Henry Crawford ha comprado para Fanny, insistiendo en que es un antiguo regalo que su hermano le había hecho a ella. A pesar de las serias dudas que le suscita su origen, Fanny se deja convencer finalmente, y acepta el collar. Luego descubre que Edmund ha comprado una sencilla cadena de oro para la cruz. Decide entonces devolver el collar a los Crawford; pero Edmund, encantado por la coincidencia, y por esta nueva prueba de la bondadosa naturaleza de la señorita Crawford, le pide, le insiste que conserve dicho regalo. Fanny piensa resolver el problema poniéndose las dos cosas en el baile; pero, para su alegría, comprueba que el collar es demasiado grueso para poderlo introducir por el agujero de la cruz. El tema del collar consigue relacionar a cinco personas: Fanny, Edmund, Henry, Mary y William.

El baile es, como he dicho, un acontecimiento que pone de relieve los principales rasgos de los personajes del libro. Vemos a la agria y quisquillosa señora Norris «dedicada enteramente a reordenar, y herir, el noble fuego que el mayordomo había preparado». El estilo de Austen se refleja sobre todo en el término *herir*, que es, dicho sea de paso, la única metáfora verdaderamente original del libro. Después tenemos a lady Bertram, quien afirma plácidamente que el precioso aspecto de Fanny se debe a que su propia doncella, la señora Chapman, la ha ayudado a vestirse (en realidad, Chapman ha sido enviada demasiado tarde, cuando Fanny ya se había vestido); a sir Thomas, con su solemnidad, su circunspección y su voz reposada; y a los jóvenes, cada uno en su papel. A Mary Crawford no se le ocurre ni remotamente que Fanny pueda estar enamorada de Edmund y que Henry le tiene sin cuidado. Comete el error de preguntarle a Fanny maliciosamente si imagina por qué Henry va a llevar a William en su coche al día siguiente, a Londres, ya que ha llegado la hora de que William regrese a su barco. Mary «quería comunicar a su corazoncito un temblor de dicha e inundarla de sensaciones de deliciosa vanidad»; pero cuando Fanny confiesa su ignorancia: «—Bueno —replicó la señorita Crawford, riendo—, tendré que suponer que por el placer de llevar a su hermano y hablar de usted durante el viaje.» Pero Fanny se siente confundida y molesta, «en tanto la señorita Crawford se extrañaba de que no sonriera, y la creyó demasiado nerviosa, o la creyó rara; o la creyó cualquier cosa, menos que fuera insensible al placer de las atenciones de Henry». Edmund disfruta poco de ese baile. Él y Mary Crawford discuten otra vez sobre su ordenación, y ella le causa un profundo dolor con «su manera de hablar del ministerio al que ahora estaba a punto de pertenecer. Habían hablado, se habían quedado callados, él había razonado, ella se había burlado, y finalmente se habían separado molestos el uno con el otro».

Sir Thomas, al observar las atenciones que Henry tiene con Fanny, empieza a pensar que un matrimonio así puede ser ventajoso. Dado que debe emprender viaje a Londres la mañana siguiente al baile, «tras meditar un momento, sir

Thomas pidió a Crawford que se reuniese a desayunar con ellos, en vez de hacerlo solo; él estaría también; y la prontitud con que fue aceptada su invitación le confirmó lo bien fundada que era su sospecha de que, debía confesarse a sí mismo, este baile había generado en gran medida. El señor Crawford estaba enamorado de Fanny. Tuvo una grata visión de lo que esto podía suponer. Su sobrina, entretanto, no le agradeció lo que acababa de hacer. Había esperado tener a William para ella sola la última mañana. Habría sido una dicha inefable. Pero aunque se veían frustrados sus deseos, carecía de espíritu de protesta. Al contrario, estaba tan poco acostumbrada a que la consultaran ni a que se hiciese nada para complacerla, que estuvo más dispuesta a sorprenderse y alegrarse de haber logrado lo que había logrado [decirle que desayune con ellos, en vez de quedarse durmiendo], que a quejarse de la contrariedad que siguió a continuación». Sir Thomas la envía a la cama, dado que son las tres de la madrugada, aunque el baile continúa con unas pocas parejas. «Quizá no pensaba sir Thomas solamente en su salud para enviarla así a la cama. Quizá se le ocurrió que el señor Crawford había estado con ella suficiente tiempo, o quizá pretendía recomendarla como esposa mostrando lo fácil que era de convencer.» ¡Maravillosa observación final!

Edmund se marcha a pasar una semana con un amigo que vive en Peterborough. Su ausencia irrita a Mary Crawford, quien lamenta su propia actitud en el baile y sondea a Fanny para averiguar cuáles son los sentimientos de Edmund. Henry vuelve de Londres con una noticia para su hermana. Le confiesa que está muy enamorado de Fanny, que no quiere flirtear ya más y que tiene intención de casarse con ella. También tiene otra noticia para Fanny: las cartas de recomendación que le ha pedido a su tío el almirante Crawford han dado resultado, y van a conceder a William su ascenso a teniente, aplazado una y otra vez. Acto seguido le pide que se case con él, decisión tan absolutamente inesperada para Fanny, y tan mal recibida, que no es capaz de hacer otra cosa que retirarse llena de confusión. Mary Crawford le envía una nota al respecto: «Mi querida Fanny (ahora siempre podré llamarla así, para infinito alivio de mi lengua, que lleva atascándose con el *señorita Price* durante seis semanas): no puedo dejar que mi hermano se vaya sin mandarme por él unas líneas de felicitación, y dar mi más jubiloso consentimiento y aprobación. Adelante, mi querida Fanny, y sin miedo; no puede haber dificultades dignas de mención. Quiero suponer que la seguridad de *mi* consentimiento tendrá su peso; así que puede dedicarle la más dulce de sus sonrisas esta tarde, y devolvérmelo incluso más feliz de lo que ahora va. Con todo cariño, M. C.» El estilo de Mary Crawford es superficial y elegante; pero frívolo y trivial, si se analiza detenidamente. Está lleno de graciosos clichés, como la esperanza de que Fanny conceda «la más dulce de sus sonrisas», puesto que Fanny no es de esa clase. Cuando Henry va a verla por la tarde, presiona a Fanny para que responda a su hermana; y a toda prisa, «con un único sentimiento decidido, el de dar la impresión de que no era nada deliberado, [Fanny] escribió lo siguiente, temblándole a la vez el ánimo y la mano:

»Mi querida señorita Crawford: Muchas gracias por su amable felicitación respecto a William. El resto de su nota sé que carece de importancia; aunque estoy tan por debajo de nada de esa naturaleza que espero que me perdone si le ruego que haga caso omiso. He visto demasiado al señor Crawford para ignorar su forma de ser; si él me ha entendido bien, tal vez se compromete de manera diferente. No sé qué estoy escribiendo, pero me haría Vd. un gran favor si no vuelve a mencionar el asunto. Agradeciéndole la atención de su nota, le ruego reciba, señorita Crawford..., etc., etc.»

En contraste, el estilo general de Fanny tiene fuerza,

pureza, y precisión. Con esta carta termina el volumen segundo.

Llegados a este punto, la historia recibe un nuevo impulso por parte de sir Thomas, el tío cargante, el cual utiliza todo su poder y su peso para obligar a la frágil Fanny a casarse con Crawford: «De quien había casado una hija con el señor Rushworth, evidentemente, no cabía esperar delicadezas románticas.» Toda la escena de la conversación entre sir Thomas y Fanny en la habitación este (en el capítulo XXXII) es admirable, y una de las mejores de la novela. Sir Thomas está enormemente disgustado y manifiesta su malhumor ante la aflicción de Fanny, pero no consigue arrancarle su conformidad. Fanny está muy lejos de creer en la seguridad de las intenciones de Crawford, y trata de aferrarse a la ilusión de que sus proposiciones son mera galantería. Además, está firmemente convencida de que la incompatibilidad de sus caracteres convertiría el matrimonio en un desastre. Sir Thomas tiene la sospecha fugaz de que quizá sea un afecto especial por Edmund lo que contiene a Fanny; pero lo descarta. Por su parte, Fanny siente toda la fuerza de su desaprobación. «[Sir Thomas] calló. Fanny lloraba tan desconsoladamente que, pese a lo irritado que estaba, no quiso seguir por ese camino. ¡Casi le había destrozado el corazón con el retrato que había hecho de ella, con sus acusaciones tan fuertes, tan múltiples, tan crecientes en espantosa gradación! Terca, obstinada, egoísta y desagradecida. Todo esto pensaba de ella. Había defraudado sus esperanzas: había echado a perder su buena opinión. ¿Qué iba a ser de ella?»

Fanny sigue siendo objeto de las insistencias y la frecuente compañía de Crawford, alentado por sir Thomas. Cuando Edmund regresa, una noche, hay una especie de continuación del tema de la función teatral cuando Crawford lee algunos pasajes de *Enrique VIII*; naturalmente, una de las obras más mediocres de Shakespeare. Pero en 1808 habría sido natural para un lector medio preferir las obras históricas de Shakespeare a la divina poesía de sus grandiosas tragedias, *El Rey Lear* o *Hamlet*. Del tema de la obra teatral se pasa con mucha delicadeza al de la ordenación (ahora que Edmund ha sido ordenado ya) en la conversación de los dos hombres sobre el arte de leer y el de pronunciar sermones. Edmund comenta con Crawford la celebración de su primer servicio religioso; y «al enterarse Crawford le preguntó sobre sus sentimientos y su éxito; y como hizo estas preguntas —aunque con la viveza del interés de un amigo y del gusto acusado— sin sombra alguna de ironía o tono superficial que Edmund sabía que ofendía enormemente a Fanny, las satisfizo encantado; y cuando Crawford pasó a preguntarle su opinión y a exponer la suya sobre la forma más apropiada en que debían leerse determinados pasajes del servicio, demostrando que era un tema sobre el que él [Crawford] había reflexionado ya, y que pensaba con juicio, Edmund se sintió cada vez más complacido. Ésta era la manera de llegarle a Fanny al corazón. No la iban a ganar —o no tan pronto al menos— toda las galanterías, ingeniosidades y amabilidades juntas, sin la ayuda del sentimiento, la sensibilidad y la seriedad en abordar cuestiones serias».*

Con su habitual volubilidad, Crawford imagina que es un popular predicador de Londres: «Un sermón bueno,

---

* Hay críticos, como Linklater Thompson, que se asombran al descubrir que Jane Austen, que en su juventud se burlaba de la propensión a la «sensibilidad» porque fomentaba la admiración hacia el sentimentalismo y la sensiblería —por el llanto, los desmayos, los temblores, la compasión indiscriminada hacia todo lo patético o lo que se supone moral y prácticamente bueno—, escogiera tal sensibilidad para distinguir a una heroína a la que ella prefería por encima de todos sus otros personajes, y a quien dio el nombre de su sobrina favorita. «Pero Fanny manifiesta esos signos de comedida sensibilidad con tal encanto, y sus emociones están tan en consonancia con el cielo gris rojizo de la novela, que bien podemos ignorar el asombro del señor Thompson.» *(N. del A. en su carpeta sobre J. Austen.)*

bien pronunciado, es un placer excepcional. Yo no puedo oírlo sin la mayor admiración y respeto, y casi con ganas de ordenarme y predicar yo también... Pero para eso tendría que contar con un auditorio londinense. No sería capaz de predicar más que a personas cultas; a los que fueran capaces de valorar mi composición. Y no sé si me gustaría predicar a menudo; de cuando en cuando, quizás una o dos veces en primavera, después de hacerme esperar media docena de domingos seguidos; pero no de forma constante; conmigo no va la constancia.» Esta interpretación teatral no ofende a Edmund en realidad, ya que Crawford es el hermano de Mary; pero Fanny mueve la cabeza con desaprobación.

El cargante sir Thomas obliga a Edmund a mantener una embarazosa conversación con Fanny, respecto a Henry Crawford. Edmund empieza por admitir que Fanny no ama ahora a Crawford; pero su teoría es que, si accede a escuchar sus requerimientos, aprenderá a estimarle y a amarle, e irá soltando gradualmente los lazos que ahora la atan a Mansfield y le impiden pensar en marcharse. La entrevista se convierte muy pronto en un canto de alabanzas a Mary Crawford por parte del enamorado Edmund, quien se imagina ya cuñado de Fanny. Termina con lo que va a ser el tema de la espera vigilante: la proposición fue demasiado inesperada, y por tanto inoportuna. «Les dije [a los Grant y a los Crawford] que eres la persona en la que más poder tienen los hábitos y menos las novedades; y que la novedad misma de los requerimientos de Crawford obraba en contra suya; que el hecho de ser tan nuevos y recientes los convertía en una desventaja para él, que no admitías nada a lo que no estuvieses acostumbrada, y muchas cosas más por el estilo, para darles una idea de tu carácter. La señorita Crawford nos hizo reír con sus planes para alentar a su hermano. Quería insistirle en que perseverase, con la esperanza de ser amado, y ver muy favorablemente aceptadas sus solicitudes al cabo de diez años de feliz matrimonio.»

»A Fanny le costó trabajo esbozar la sonrisa que se le pedía. Temía haber hecho mal, haber dicho demasiado, haber exagerado la cautela que creía necesaria, y haberse guardado de un mal [la confesión de su amor a Edmund] para exponerse a otro. Y el permitir que le repitiesen los comentarios ingeniosos de la señorita Crawford en semejante momento, y con tal motivo, era un amargo agravamiento.»

La convicción de Edmund de que el único motivo que tiene Fanny para rechazar a Crawford es la novedad de toda la situación constituye un elemento estructural, ya que el posterior desarrollo de la novela necesita que Crawford permanezca cerca y que se le permita perseverar en sus galanteos. Así, la fácil explicación le permite proseguir sus asedios con el pleno consentimiento de sir Thomas y de Edmund. Muchos lectores, en especial las lectoras, no perdonan a la sutil y sensible Fanny que ame a un tipo tan soso como Edmund; yo lo único que sé decir es que la peor forma de leer un libro es entrometerse puerilmente con los personajes, como si fuesen personas reales. Por supuesto, en la vida real oímos hablar de muchachas sensibles, fielmente enamoradas de pelmas y de presumidos. No obstante, hay que decir que Edmund, al fin y al cabo, es un ser bondadoso, afable, honesto y de buenos modales. Con esto, considero concluido el interés humano de la cuestión.

Mary Crawford apela al orgullo de la pobre Fanny para tratar de convencerla. Henry es un partido maravilloso; por él han suspirado muchas mujeres. La insensibilidad de Mary es tal que no se da cuenta de que lo estropea todo cuando, después de confesar que Henry tiene el defecto de «gustarle enamoriscar a las chicas», añade: «Creo sinceramente que está enamorado de usted como nunca lo ha estado de ninguna mujer; que la quiere de todo corazón, y que la amará todo lo eternamente que le sea posible. Si algún hombre ha amado a una mujer eternamente, creo que Henry la amará de ese mismo modo a usted.» Fanny no puede evitar una débil sonrisa, y no contesta.

No está psicológicamente claro por qué Edmund no se ha declarado todavía a Mary Crawford; pero aquí, la estructura de la novela exige otra vez cierta lentitud en el curso del enamoramiento de Edmund. En cualquier caso, los dos Crawford se marchan a Londres a visitar, tal como había sido acordado con antelación, a unos amigos que no son del agrado de Fanny ni de Edmund.

En una de sus solemnes meditaciones, se le ocurre a sir Thomas «que quizá fuera un buen proyecto mandar a Fanny con su familia, que vive en Portsmouth, para un par de meses». Estamos en febrero de 1809, y no ha visto a sus padres desde hace casi nueve años. El viejo sir Thomas, sin duda, es un maquinador: «Evidentemente, quería que fuese gustosa; pero evidentemente, también quería que añorase la casa antes de que terminara su estancia, y que una pequeña abstinencia de las elegancias y los lujos de Mansfield Park la hiciera reflexionar, y la inclinara a valorar más justamente el hogar más permanente y de igual comodidad que le habían ofrecido.» Es decir, la residencia de los Crawford en Everingham Norfolk. Hay un pasaje divertido a propósito de la señora Norris, quien piensa que puede aprovechar el transporte y gastos de viaje que sir Thomas sufraga, ya que no ha visto a su hermana Price desde hace veinte años. Pero, «concluyó, para infinita alegría [de William y Fanny] recordando que en esos momentos no podía ausentarse de Mansfield Park ahora...

»En realidad, lo que se le había ocurrido era que, aunque la llevaran gratis a Portsmouth, le iba a ser muy difícil evitar tenerse que pagar su propio regreso. Así que dejó que la pobre y querida hermana Price se llevara la gran decepción de ver que había desaprovechado esta oportunidad; y con lo que inició, quizás, otra ausencia de veinte años».

Hay un párrafo bastante flojo que trata de Edmund: «Los planes de Edmund se vieron afectados por este viaje a Portsmouth, por esta ausencia de Fanny. También él tuvo que hacer un sacrificio por Mansfield Park, igual que su tía. Había pensado ir a Londres, por esas fechas, pero no podía dejar a sus padres cuando justamente se iba quien tanta importancia tenía para la comodidad de ambos; y con un esfuerzo que le costó, pero del que no hizo alarde, aplazó una semana o dos un viaje que estaba deseando hacer, con la esperanza de decidir su felicidad para siempre.» De este modo se aplaza una vez más su declaración a la señorita Crawford en interés del relato.

Jane Austen, después de hacer que, primero sir Thomas, luego Edmund, y luego Mary Crawford, le hablen a la pobre Fanny de Henry, suprime discretamente toda alusión al asunto durante el viaje de Fanny a Portsmouth con su hermano William. Fanny y William abandonan Mansfield Park el lunes 6 de febrero de 1809, y llegan al día siguiente a Portsmouth, base naval al sur de Inglaterra. Fanny regresará a Mansfield no a los dos meses como se había planeado, sino a los tres: el jueves 4 de mayo de 1809, cuando ella tiene diecinueve años. Inmediatamente después de su llegada, William tiene que embarcar, dejando a Fanny sola con su familia. «De haber conocido sir Thomas los sentimientos de su sobrina cuando ésta escribió la primera carta a su tía, no habría desesperado...

»William se había ido; y el hogar en el que la había dejado era —Fanny no podía ocultárselo a sí misma—, en casi todos los sentidos, lo contrario de lo que habría deseado. Era la morada del ruido, el desorden y la falta de educación. Nadie estaba en el sitio que le correspondía; y nada se hacía como debía hacerse. No podía sentir respeto por sus padres como había esperado. En cuanto a su padre, no se había hecho muchas ilusiones; pero era más desatento con su familia, sus hábitos eran peores, y sus modales más rudos de lo que había calculado... juraba y bebía, era sucio y grosero... casi ni se fijaba en ella, si no era para gastarle alguna broma de mal gusto.

»Su decepción respecto a su madre aún fue mayor: había esperado mucho, y no había encontrado nada... La señora Price no era una mujer adusta; pero en vez de granjearse el afecto y la confianza de su hija, y hacerse querer cada vez más, ésta no obtuvo de ella más muestras de amabilidad que las del día de su llegada. La señora Price satisfizo muy pronto su instinto natural, y su afecto no tenía otra fuente. El corazón y el tiempo los tenía ya completamente ocupados; no disponía de un momento ni de un afecto que poder dedicar a Fanny... Se pasaba los días inmersa en una especie de lento ajetreo; siempre ocupada sin adelantar, siempre retrasada, y siempre quejándose de ese retraso, pero sin cambiar de método; deseando economizar, pero sin orden ni regularidad; descontenta con las criadas, pero sin habilidad para hacer que mejorasen; y tanto si las ayudaba o era tolerante con ellas, como si las regañaba, jamás lograba ganarse su respeto».

A Fanny le produce dolor de cabeza el ruido, la pequeñez de la casa, la suciedad, las comidas mal guisadas, la dejadez de la doncella, y las constantes lamentaciones de la madre. «Vivir en el ruido incesante era, para un cuerpo y un temperamento delicados como los de Fanny, un mal... Aquí todo el mundo era ruidoso, todas las voces eran fuertes —salvo la de su madre, quizá, que tenía la suave monotonía de lady Bertram, aunque quejumbrosa—; cualquier cosa que se necesitaba se pedía a gritos, y las criadas se excusaban a gritos desde la cocina. Las puertas daban continuos golpazos, la escalera jamás descansaba, nada se hacía sin estrépito, nadie se estaba quieto y nadie lograba que le escuchasen cuando hablaba.» Sólo en su hermana Susan, de once años, encuentra Fanny una promesa para el futuro, y se dedica a enseñarle modales y a inculcarle el hábito de la lectura, Susan es una discípula despierta y llega a adorarla.

El desplazamiento de Fanny a Portsmouth afecta a la unidad de la novela, que hasta ahora, salvo el natural y necesario intercambio de mensajes entre Fanny y Mary Crawford, ha estado gratamente exenta de esa penosa característica de las novelas inglesas y francesas del siglo xviii: me refiero a la información transmitida por carta. Pero con Fanny aislada en Portsmouth nos enfrentamos a un nuevo cambio estructural, ya que la acción se va a desarrollar por correspondencia, mediante intercambio de noticias. Desde Londres, Mary Crawford le cuenta a Fanny que Maria Rushworth se quedó cortadísima al mencionársele el nombre de Fanny. Yates sigue aún interesado por Julia. Los Crawford van a ir a una fiesta que celebran los Rushworth el 28 de febrero. Le comenta también que Edmund «se lo toma con calma», quizá retenido por sus obligaciones en su parroquia rural. «Puede que tenga en Thornton Lacey alguna vieja que convertir. No me gusta imaginarme olvidada por una joven.»

Inesperadamente, Crawford se presenta en Portsmouth dispuesto a hacer un último intento por conquistar a Fanny. Para alivio de ella, su familia reacciona ante este estímulo y se comporta tolerablemente bien con el visitante. Fanny encuentra una gran mejoría en Henry. Ve que se toma interés por sus propiedades: «Había visitado arrendatarios a los que no había visto antes; había empezado a conocer casas cuya existencia —aunque estaban en sus tierras— desconocía hasta ese momento. Todo esto iba dirigido, y bien dirigido, a Fanny. Le agradaba oírle hablar tan acertadamente: aquí había obrado como debía. ¡Ser amigo de los pobres y de los oprimidos! Nada podía ser más grato a Fanny; y estaba a punto de concederle una mirada de aprobación, cuando la asustó al añadir algo demasiado insinuante sobre su esperanza de tener pronto una ayuda, una amiga, una guía en todos los planes útiles y caritativos para utilidad o de caridad para con Everingham, alguien que hiciese de Everingham y su contorno algo más caro de lo que había sido hasta ahora.

»Fanny apartó la mirada, y deseó que no dijera tales cosas. Estaba dispuesta a reconocerle mejores cualidades de las que solía suponerle. Empezaba a vislumbrar la posibilidad de que se revelara una buena persona...» Al final de la visita, Fanny «notaba que en conjunto había mejorado desde la última vez que lo había tenido delante; era mucho más amable, atento, y considerado con los sentimientos de los demás de lo que había sido en Mansfield; nunca lo había visto tan agradable... tan *cerca* de ser agradable; la actitud con su padre no era ofensiva, y había una especial afabilidad y corrección en el caso que hacía a Susan. Decididamente, había mejorado... No se sentía tan mal como había pensado: ¡La dicha de hablar de Mansfield había sido inmensa!». Henry Crawford está muy preocupado por la salud de Fanny y le insiste que tenga informada a su hermana si nota cualquier empeoramiento, a fin de poder devolverla a Mansfield. Aquí, como en otros lugares, se insinúa que si Edmund se hubiese casado con Mary y Henry hubiese perseverado en sus solicitudes y buena conducta, Fanny habría acabado casándose con él.

La llamada del cartero sustituye a otros mecanismos estructurales más complejos. La novela, que muestra signos de desintegración, se adentra ahora cada vez más en la socorrida forma epistolar. El hecho de recurrir a fórmula tan fácil es indicio inequívoco de cierto cansancio de la autora. Por otra parte, nos acercamos al acontecimiento más estremecedor de toda la historia. Por una carta de Mary, llena de noticias, nos enteramos de que Edmund ha estado en Londres, «y que a mis amigas de aquí les ha impresionado su aspecto gallardo. La señora Fraser (que no es mal juez) confiesa que sólo conoce a tres hombres en la capital que tengan tan buena figura, talla y ademán; y debo confesar que cuando cenó aquí el otro día, ninguno de los presentes podía compararse con él; y eso que había dieciséis. Afortunadamente hoy día la ropa no señala para que la gente cotillee; pero... pero... pero». Henry va a ir a Everingham por algún asunto que Fanny aprueba, pero no hasta después de una fiesta que van a dar los Crawford: «Verá a los Rushworth, lo que confieso que no siento, dado que tengo un poco de curiosidad, y me parece que él también, aunque no quiere reconocerlo.» Es evidente que Edmund aún no se ha declarado; su lentitud se convierte hasta cierto punto en una farsa. Pasan siete semanas, de los dos meses de Portsmouth, antes de que llegue carta de Edmund desde Mansfield. Está disgustado por la ligereza con que Mary Crawford trata las cuestiones serias, y por el tono de sus amigos de Londres. «Mis esperanzas han menguado mucho... Cuando pienso en el gran afecto que te tiene, y en su manera honesta y juiciosa de portarse como hermana, me parece una persona muy distinta [de la que es entre sus amigos de Londres], capaz de la mayor nobleza, y me reprocho haber juzgado con demasiada severidad su temperamento jovial. No puedo renunciar a ella, Fanny. Es la única mujer del mundo con quien puedo pensar en casarme.» Edmund no sabe si declararse por carta o esperar a que ella regrese a Mansfield Park, en junio. En general, una carta no sería satisfactoria. Ha visto a Henry Crawford en la fiesta de la señora Fraser. «Cada vez me satisface más lo que veo y oigo de él. No hay la menor sombra de vacilación. Sabe exactamente lo que quiere, y obra conforme a sus decisiones... cualidad inestimable. No pude verlos en la misma estancia, a él y a mi hermana Maria, sin recordar lo que me dijiste una vez; y reconozco que no se saludaron como amigos. Había una marcada frialdad por parte de ella. Apenas se hablaron. Vi que él se retiraba sorprendido, y lamenté que la señora

Rushworth estuviese resentida por algún supuesto desaire a la antigua señorita Bertram.» Llega la decepcionante noticia de que sir Thomas no va a poder recoger a Fanny hasta después de Pascua, fecha en que tiene que ir a resolver unos asuntos a la ciudad (lo que supone una demora de un mes respecto del plan original).

Las reacciones de Fanny ante el enamoramiento de Edmund quedan plasmadas en la entonación de lo que ahora llamamos *corriente de conciencia o monólogo interior*, que tan maravillosamente utilizará ciento cincuenta años después James Joyce. «Fanny se sentía molesta casi hasta el agravio y la ira con Edmund: "Es inútil esa demora", se decía. "¿Por qué no lo soluciona de una vez?" Está ciego y nada le abrirá los ojos, nada, después de haber tenido tanto tiempo las verdades delante de los ojos. Se casará con ella, y será pobre y desgraciado. ¡Dios quiera que la influencia de ella no le haga perder la dignidad!... Echó una ojeada a la carta otra vez. "¡El cariño que me tiene!" Pamplinas. Ésa sólo se quiere a sí misma y a su hermano. ¡Que sus amigas la han llevado por mal camino durante años! Lo más probable es que haya sido al revés. O puede que se hayan estado corrompiendo las unas a las otras; pero si es verdad que la quieren más a ella que ella a ellas, probablemente no le han hecho otro daño que el de adularla. "La única mujer del mundo con la que podría pensar en casarme." Me lo creo a pie juntillas. Ese amor le durará toda la vida. Aceptado o rechazado, su corazón se ha unido a ella para siempre. "Pienso que la pérdida de Mary supondrá la pérdida de Crawford y de Fanny." Edmund, no me conoces. ¡Jamás emparentarán las dos familias si no las emparientas tú! ¡Ah!, escríbele, escríbele. Termina de una vez. Pon fin a este suspenso. Decídete, prométete, condénate.»

«Tales reacciones, empero, se parecían demasiado al rencor para que tiñesen por mucho tiempo los soliloquios de Fanny. No tardó en sentirse más apaciguada y deprimida.»

Por lady Bertram, se entera de que Tom ha estado muy enfermo en Londres y, aunque se encontraba grave, dado el abandono en que le tenían sus amigos, se le ha trasladado a Mansfield. La enfermedad de Tom le impide a Edmund escribirle una carta a Mary Crawford declarándose; obstáculos y más obstáculos le parecen surgir constantemente en su camino e interponerse en sus relaciones. Una carta de Mary Crawford comenta que la propiedad de los Bertram estaría en mejores manos si llegara a haber un sir Edmund en vez de un sir Thomas. Henry ha estado viéndose bastante con Maria Rushworth; pero eso a Fanny no la alarma. Gran parte de la carta disgusta a Fanny. Pero siguen llegándole cartas a montones, sobre Tom y también sobre Maria. Y de repente, Mary Crawford le manda una carta previniéndole contra cierto rumor espantoso. «Acabo de enterarme de un rumor de lo más escandaloso y malévolo, y le escribo, querida Fanny, para pedirle que no le dé ningún crédito si llega a Vd. Tenga la seguridad que se trata de un error, y de que se aclarará en espacio de un día o dos... en todo caso, Henry es inocente; y de que a pesar de algún momento de *étourderie*, no piensa más que en usted. No diga una palabra: no haga caso de nada, ni imagine nada, ni susurre nada, hasta que yo le vuelva a escribir. Estoy segura de que todo se aclarará, y que no se probará otra cosa que la ridiculez del señor Rushworth. Si se han ido, apuesto mi vida a que ha sido a Mansfield Park, y a que Julia va con ellos. Pero ¿por qué no nos ha dejado Vd. pasar a recogerla? Sólo espero que no se arrepienta. Afectuosamente, etc.»

Fanny se siente horrorizada, aunque sin comprender del todo lo ocurrido. Dos días más tarde se encuentra sentada en el salón, donde los rayos del sol, «en vez de animarla, la hacían sentirse más melancólica; porque el sol de la ciudad le parecía totalmente diferente del que lucía en el campo. Aquí su fuerza era sólo un fulgor, un fulgor sofocante, malsano, que sólo servía para hacer delatar las manchas y la suciedad que de otro modo habrían seguido durmiendo. No había ni salud ni alegría en el sol de la ciudad. Y estaba sentada en un resplandor caliente y opresivo, en una nube moviente de polvo; y sus ojos no podían hacer otra cosa que vagar de las paredes señaladas por la cabeza de su padre a la mesa rayada y horadada por sus hermanos donde estaba la bandeja del té, nunca limpia del todo, las tazas y los platos mal aclarados, la leche, un líquido azulenco con motas flotando, y el pan con mantequilla cada vez más grasiento de lo que acababan de dejar las manos de la propia Rebeca que lo había untado». En esta sucia habitación escucha la sucia noticia. Su padre lee en el periódico que Henry y María Rushworth se han fugado. Hay que decir que enterarse de esto por un artículo de periódico es en el fondo lo mismo que enterarse por carta. Sigue siendo la fórmula epistolar.

La acción se vuelve ahora rápida, vertiginosa. Una carta que Edmund le envía desde Londres le informa que no han podido localizar a la pareja adúltera; pero ha ocurrido una nueva desgracia: Julia se ha fugado a Escocia con Yates. Edmund llegará a la mañana siguiente para recoger a Fanny y llevarla a Mansfield Park con Susan. Llega Edmund y se queda «impresionado por el aspecto desmejorado de Fanny, e ignorante de los males diarios de la casa de su padre, atribuyó gran parte de ese cambio —o todo él— a los recientes acontecimientos; así que le cogió la mano, y le dijo en un tono bajo pero muy expresivo: "No me sorprende... lo que debes sentir... lo que debes sufrir. ¡Cómo te ha podido abandonar un hombre que te amaba! ¡Pero *la vuestra*... vuestra relación, era reciente comparada con... Fanny, piensa en mí!"». Evidentemente, piensa que debe renunciar a Mary Crawford a causa del escándalo. En el momento de la llegada a Portsmouth, «se sintió estrechada contra su corazón, con sólo estas palabras apenas articuladas: "¡Fanny mía, mi única hermana, mi único consuelo ahora!"».

Concluye el interludio de Portsmouth —tres meses de la

vida de Fanny—, y con él termina también la forma epistolar de la novela. Volvemos adonde estábamos, por así decir, pero ahora sin los Crawford. Jane Austen habría tenido que escribir prácticamente otro volumen de quinientas páginas si hubiese querido narrar esas fugas de la misma forma directa y detallada con que ha contado esos juegos y galanteos en Mansfield Park, antes de marcharse Fanny a Portsmouth. La forma epistolar ha servido para mantener la estructura de la novela hasta aquí; pero no cabe duda de que han sucedido muchas cosas entre bastidores, y que la utilización de la correspondencia es un atajo de escasos méritos artísticos.

Sólo nos faltan dos capítulos para el final, y lo que queda no es más que una operación de limpieza. Quebrantada por la acción de su favorita Maria y por el divorcio que pone fin al matrimonio que se enorgullecía de haber inspirado, la señora Norris, se nos dice indirectamente, se vuelve una persona tranquila, indiferente a cuanto ocurre, y se marcha a compartir una casa lejana con Maria. No se nos da a conocer de manera directa este cambio, de ahí que la recordemos sólo como el personaje grotesco de la parte principal del libro. Edmund, al final, se ha desilusionado de la señorita Crawford. Ésta no da muestras de comprender el aspecto moral de los problemas, y no sabe hablar más que de la «insensatez» de su hermano y de Maria. Edmund está horrorizado. «Oír a esa mujer... calificarlo de simple insensatez! ¡Tratar el asunto de manera deliberada, tan desenvuelta, tan fría! ¡Sin la menor renuencia, sin horror, sin feminidad... ¿Cómo diría? ¡Sin un gesto de modesta repugnancia! Ésa es la influencia del mundo. Porque, ¿dónde encontraremos, Fanny, a una mujer a la que la naturaleza haya dotado de más cualidades?... ¡Corrompida! ¡Corrompida!»

«Era que se supiese, Fanny, que se supiese; no el delito, lo que ella reprobaba», dice Edmund con un sollozo ahogado. Le describe a Fanny la exclamación de la señorita Crawford: «¿Por qué no quiso [Fanny] aceptarle? Toda la culpa es suya. ¡La muy simple! Jamás la perdonaré. De haber dicho sí como debía, ahora estarían a punto de casarse, y Henry habría sido demasiado feliz y habría estado demasiado ocupado para querer ninguna cosa más. No se habría esforzado en reanudar su relación con la señora Rushworth. Todo habría quedado en un flirteo convencional, en los encuentros anuales de Sotherton y Everingham.» Y Edmund añade: «Pero el encanto se ha roto. Y se me han abierto los ojos.» Le confiesa a Mary Crawford su asombro ante tal actitud, especialmente ante su esperanza de que, si sir Thomas no interviene, es posible que Henry se case con Maria. La respuesta de ella saca a primer plano el conflicto de la ordenación: «Se puso intensamente colorada... Se habría echado a reír, si hubiera podido. Esbozó un amago de sonrisa cuando contestó: "Precioso discurso, en verdad. ¿Forma parte de su último sermón? A este paso, pronto reformará a todo el mundo de Mansfield y de Thornton Lacey: la próxima vez que oiga hablar de usted, puede que ya sea un célebre predicador de una gran sociedad metodista, o misionero en algún país del extranjero".» Edmund se despide, y se vuelve para marcharse: «Había dado unos pasos, Fanny, cuando oí abrirse la puerta detrás de mí. "Señor Bertram", dijo. Me volví. "Señor Bertram", dijo con una sonrisa; pero era una sonrisa nada acorde con la conversación que acabábamos de tener, una sonrisa atrevida que parecía invitar, a fin de aplacarme; al menos, eso me pareció a mí. Me resistí; mi impulso momentáneo fue resistir, y seguí andando. Después, alguna vez, aunque de manera fugaz, he sentido no haber vuelto; pero sé que hice bien; y ése ha sido el fin de nuestra amistad.» Al final de este capítulo, Edmund piensa que no se casará jamás... pero el lector sabe más que él.

En el último capítulo, el crimen es castigado, la virtud

recibe su justa recompensa y los pecadores cambian de conducta.

Yates tiene más dinero y menos deudas de lo que sir Thomas se temía, y es acogido en el redil.

La salud y la moral de Tom mejoran. Ha sufrido. Ha aprendido a pensar. Hay aquí una última alusión al tema de la función de teatro. Se siente cómplice de la aventura amorosa entre su hermana y Crawford, «por la peligrosa intimidad a que dio lugar su injustificable aventura teatral; le dejó una huella en el alma, con veintiséis años, y no carente de sensatez y de buenas compañías, tuvo efectos duraderos y afortunados. Se volvió como debía haber sido: útil a su padre, formal y tranquilo, y no un ser que sólo vive para sí mismo».

Sir Thomas ve cómo se ha equivocado en muchos de sus juicios, especialmente en la educación de sus hijos: «Había faltado el principio, el principio activo.»

El señor Rushworth es castigado por su estupidez, y puede que le engañen otra vez, si vuelve a casarse.

Maria y Henry, los adúlteros, hundidos en la desdicha, se separan.

La señora Norris abandona Mansfield para «consagrarse a su infortunada Maria, en una institución fundada para ellas en un país [en otro condado] remoto y aislado donde, encerradas con poca compañía, sin afectos por un lado, y sin juicio por otro, es razonable suponer que sus caracteres llegaron a convertirse en su mutuo castigo».

Julia no ha hecho más que copiar a Maria, y es perdonada.

Henry Crawford, «estropeado por su independencia prematura y el mal ejemplo doméstico, se entregó un poco demasiado pronto a los caprichos de una vanidad insensible... Si hubiese perseverado, si hubiese perseverado honestamente, Fanny habría sido su recompensa —recompensa muy voluntariamente concedida— en un plazo razonable, después del matrimonio de Edmund y Mary». Pero la aparente indiferencia de Maria, cuando se encontraron en Londres, le mortificó. «No soportaba que le rechazase la mujer cuyas sonrisas había dominado por entero. Tenía que esforzarse en doblegar ese orgulloso alarde de resentimiento; estaba irritado a causa de Fanny; así que tenía que vencerlo, y convertir a la señora Rushworth en Maria Bertram otra vez en su relación con él.» El mundo trata al hombre implicado en un escándalo de este género con más benevolencia que a la mujer, pero «podemos pensar razonablemente que un hombre con discernimiento como Henry Crawford se acarreó una dosis nada pequeña de aflicción y de pesar; aflicción que le venía a veces del remordimiento y pesar que emanaban de la desdicha: por haber correspondido de este modo a la hospitalidad, atropellado la paz de una familia, por haberse enajenado infinitamente su mejor, su más estimable y querida amistad, y por haber perdido a la mujer que racional y apasionadamente había amado».

Mary Crawford vive con los Grant, que se han marchado a vivir a Londres, «Mary había tenido suficientes amigos y suficiente vanidad, ambición, amor y desencanto, en el transcurso del último medio año, para necesitar la amabilidad verdadera de su corazón de hermana, y la sentada tranquilidad de su manera de ser. Vivieron juntas, y cuando el doctor Grant se provocó un ataque de apoplejía con tres banquetes semanales que había instituido, y murió, siguieron viviendo juntas. Porque Mary, aunque totalmente decidida a no volver a enamorarse de un segundón, tardó mucho tiempo en encontrar, entre los apuestos galanes y los ociosos presuntos herederos que su belleza y sus veinte mil libras ponían a su disposición, alguien capaz de satisfacer su gusto adquirido en Mansfield, y cuyo carácter y modo de ser autorizasen la esperanza de felicidad doméstica que ella había aprendido a valorar allí, o de quitarle de la cabeza a Edmund Bertram.»

Edmund encuentra en Fanny a la esposa ideal, con un ligero atisbo de incesto: «Apenas había lamentado la pérdida de Mary Crawford, y de confesar a Fanny cuán imposible le sería encontrar una mujer igual, cuando empezó a pensar si no le convendría una clase de mujer totalmente diferente... o muchísimo mejor: si no se estaba volviendo la misma Fanny tan valiosa, tan importante para él con sus sonrisas y su manera de ser, como lo había sido Mary Crawford; y si no sería una empresa factible, una empresa esperanzadora, convencerla de que su cálido y fraternal afecto por él podía ser cimiento suficiente para el amor matrimonial... Que nadie pretenda explicar lo que siente una joven al recibir la garantía de ese afecto del que apenas se había atrevido a mantener una lucecita de esperanza.»

Lady Bertram tiene ahora a Susan para reemplazar a Fanny como «sobrina fija», con lo que continúa el tema de la Cenicienta. «Con tanta cualidad auténtica y tanto auténtico amor, y no careciendo de fortuna ni de amigos, la felicidad de la pareja de primos ha debido de ser todo lo segura que puede ser la felicidad de este mundo. Igualmente formados para la vida hogareña, y adictos a los placeres del campo, su hogar fue la morada del afecto y el bienestar; y para completar el cuadro venturoso, la adquisición del beneficio eclesiástico a la muerte del doctor Grant, ocurrió precisamente cuando ya llevaban casados el tiempo suficiente para empezar a necesitar un aumento de los ingresos, y a considerar incómoda distancia respecto a la casa paterna.

»Para ese acontecimiento se trasladaron a Mansfield; y no tardó en volverse su casa parroquial —a la que, mientras la ocuparon sus dos anteriores propietarios, Fanny nunca pudo acercarse sino con una penosa sensación de temor o de coerción y de reserva—, tan entrañable a su corazón, y tan perfecta a sus ojos, como lo era cuanto abarcaba la perspectiva y patrocinio de Mansfield Park desde hacía mucho tiempo.»

Es curiosa la suposición de que, después de la historia narrada con detalle por la autora, la vida de todos los personajes discurre apaciblemente. Dios, por así decir, asume ahora el cargo.

Al abordar la cuestión metodológica del libro de Jane Austen debemos señalar que hay ciertos aspectos en *Mansfield Park* (discernibles en otras novelas suyas) que vamos a encontrar enormemente ampliados en *Casa Desolada* (igualmente discernibles en otras novelas de Dickens). Esto apenas puede considerarse una influencia directa de Austen en Dickens. Tales aspectos comunes a ambos pertenecen al dominio de la comedia —de la comedia de costumbres, para ser exactos— y son característicos de la novela sentimental de los siglos XVIII y XIX.

El primero de estos rasgos comunes a Jane Austen y a Dickens es la elección de una joven como agente tamizador —el tipo de Cenicienta, de pupila, de huérfana, de institutriz, etcétera—, a través de la cual o por medio de la cual vemos a los demás personajes.

En el segundo, la conexión es más bien curiosa y sorprendente: el método de Jane Austen consiste en dar a sus personajes desagradables o menos agradables alguna peculiaridad de comportamiento o de actitud, y sacarla a relucir cada vez que aparece dicho personaje. Dos ejemplos claros son la señora Norris con sus preocupaciones económicas, y lady Bertram con su perrito faldero. Jane Austen introduce artísticamente alguna variedad de enfoque mediante cambios de luz, por así decir, haciendo que la acción cambiante del libro preste nuevo color a la actitud habitual de tal o cual personaje; pero en general estos personajes de comedia arrastran sus divertidos defectos escena tras escena a lo largo de toda la novela como harían en una obra teatral. Veremos cómo Dickens emplea el mismo método.

El tercer rasgo que quiero destacar se refiere a las escenas de Portsmouth. De haber sido Dickens anterior a Austen, habríamos dicho que la familia Price es decididamente dickensiana, y que los hijos de dicha familia están bastante ligados al tema filial que discurre a lo largo de *Casa Desolada*.

Merece la pena citar algunos de los elementos más sobresalientes del estilo de Jane Austen. Su imaginación se encuentra contenida. Aunque compone aquí y allá graciosos cuadros literarios con pincel delicado sobre un trozo de marfil (como ella misma decía), su imaginación en relación con los paisajes, gestos, colores y demás es muy restringida. Supone toda una conmoción llegar al sonoro, sonrosado y robusto Dickens después de conocer la delicada, exquisita y pálida Jane. Ésta apenas si utiliza comparaciones mediante símiles y metáforas. Una imagen como la del mar en Portsmouth «danzando de alegría y estrellándose contra las murallas», es poco habitual. Infrecuentes son también las metáforas convencionales o estereotipadas tales como la gota de agua, al comparar la casa de los Price con la de los Bertram: «Y en cuanto a los pequeños enfados que a veces introducía tía Norris, eran breves, eran insignificantes, eran como una gota de agua en el océano, comparados con el tumulto incesante de su morada actual.» Jane Austen, hace un uso acertado de los gerundios (*sonriendo, mirando*, etc.) en descripciones de actitudes y gestos; o de expresiones tales como: *con una archisonrisa*, pero poniéndolas entre paréntesis, sin el *dijo*, como si fuesen sugerencias escénicas. Este recurso lo aprendió de Samuel Johnson; pero en *Mansfield Park* resulta muy apropiado, ya que la novela entera se asemeja a una obra de teatro. Posiblemente se debe también a la influencia de Johnson la reproducción indirecta y descriptiva de la construcción y del tono de un discurso, como cuando se informa a lady Bertram de las palabras de Rushworth en el capítulo VI. La acción y la caracterización se realizan por medio del diálogo o el monólogo. Un excelente ejemplo nos lo brindan las palabras de Maria, haciendo hincapié en su calidad de propietaria, cuando el grupo se acerca a Sotherton, su futuro hogar: «Ahora que ya no tendremos más camino pedregoso, señorita Crawford, se han acabado las incomodidades. El resto del trayecto es como debe ser. El señor Rushworth lo construyó al heredar la propiedad. Aquí empieza el pueblo. Aquellas casas son una vergüenza. El campanario de la iglesia se considera notablemente hermoso. Me alegro de que la iglesia no esté cerca de la Casa Grande como suele ocurrir en los antiguos lugares. La molestia de las campanas debe de ser terrible. Ésa es la casa parroquial: un edificio de aspecto limpio; y tengo entendido que el sacerdote y su esposa son personas muy amables. Aquello es el asilo, construido por algún antepasado de la familia. A la derecha está la casa del administrador: que es un hombre muy respetable. Ahora estamos llegando a la verja de la casa del guarda y la entrada; pero todavía nos queda por recorrer casi una milla de parque.»

Al referirse especialmente a las reacciones de Fanny, Austen utiliza un recurso que yo llamo del *salto del caballo*, término ajedrecístico que designa el quiebro súbito a uno u otro lado del tablero de las emociones de Fanny. Al marcharse sir Thomas a Antigua, «Fanny sentía alivio, y era consciente de ello, casi igual que sus primas; pero su naturaleza más afectuosa le sugería que sus sentimientos eran desagradecidos, y [salto del caballo] le pesaba sinceramente no sentir pena alguna». Antes de ser invitada a incorporarse al grupo que va a visitar Sotherton, desea vivamente contemplar las avenidas de árboles de Sotherton antes de que los talen; pero como Sotherton está muy lejos para que ella pueda ir, dice: «Bueno, no importa. Ya me contarás [*ahora viene el salto del caballo*] tú [a Edmund] qué es lo que ha cambiado.» O sea, verá la avenida sin modificar a través del recuerdo de él. Cuando Mary Crawford comenta que su hermano Henry escribe cartas muy breves desde Bath, Fanny observa: «—Cuando están lejos de toda su familia —dijo Fanny [*salto del caballo*] ruborizándose por William—, pueden escribir cartas largas.» No se da cuenta de sus celos cuando Edmund corteja a Mary, y no siente lástima de sí misma; pero cuando Julia se marcha molesta por el reparto de papeles al ver el favoritismo de Henry por Maria, Fanny «no podía verla dominada por los *celos* [*salto del caballo*] sin sentir una gran compasión». Cuando vacila en participar en la obra por consideraciones de sinceridad y de pureza, se siente «inclinada a recelar [*salto del caballo*] de la sinceridad y pureza de sus propios escrúpulos». «Se alegra *muchísimo*» de aceptar una invitación a cenar con los Grant; pero acto seguido se pregunta [*salto del caballo*]: «De todos modos, ¿por qué me tengo que alegrar? ¿Acaso no sé que voy a ver y oír allí cosas que me van a doler?» Al elegir un collar «se decidió finalmente por uno, al parecerle que era el que más a menudo le colocaba delante», y esperó, al decidirse por éste, haber escogido [*salto del caballo*] el que menos deseaba conservar la señorita Crawford».

Entre los detalles del estilo de Austen destaca lo que yo suelo llamar un *hoyuelo especial*, que consigue al introducir furtivamente una pizca de delicada ironía entre los elementos de una frase sencilla e informativa. Pondré en cursiva lo que considero la frase clave. «La señora Price, por su parte, se ofendió y se enfureció; y su respuesta, que llevada por su encono hizo extensiva a ambas hermanas, añadiendo tan irrespetuosas críticas sobre el orgullo de sir Thomas *que la señora Norris probablemente no fue capaz de guardarse para sí*, puso fin a toda relación entre ellas durante un período considerable.» La historia de las hermanas prosigue: «Sus hogares estaban tan distantes, y eran tan distintos los círculos en que se movían, que casi no hubo posibilidad de que supiesen nada la una de la existencia de la otra durante los once años subsiguientes, *o al menos sir Thomas se sorprendía muchísimo de que la señora Norris fuera capaz de anunciarles, como hacía de tiempo en tiempo en tono irritado, que Fanny había tenido otro hijo.*» Al ser presentada la joven Fanny a los hijos de los Bertram, éstos están «demasiado acostumbrados a los elogios y las visitas para que les quedara algo de timidez natural; *y al aumentarles la confianza ante la total falta de ella en su prima,* no tardaron en poder efectuar un examen completo de su cara y su vestido con tranquila indiferencia». Al día siguiente, las dos hijas «no pudieron sino tenerla en poco, al descubrir que sólo poseía dos cinturones, y que no sabía francés; y cuando vieron lo poco que la impresionaba el dueto *que tuvieron la gentileza de interpretar,* lo único que pudieron hacer fue regalarle *generosamente algunos de sus juguetes menos valiosos y dejarla sola*»... Lady Bertram «era una mujer que se pasaba los días sentada en un sofá, exquisitamente vestida, haciendo un largo bordado, *de poca utilidad y ninguna belleza,* pensando más en su perrita que en sus hijos...». Esta clase de frase puede calificarse de *frase-hoyuelo,* hoyuelo de delicada ironía en la pálida y virginal mejilla de su autora.

Otro elemento es lo que yo llamo *entonación epigramática*: cierto ritmo terso e ingenioso en la expresión de un pensamiento ligeramente paradójico. Este tono de voz es terso y tierno, seco y sin embargo musical, lacónico, pero limpio y claro. Un ejemplo es su descripción de la Fanny de diez años a su llegada a Mansfield. «Era pequeña para su edad, sin color en la cara, ni ningún otro atractivo visible, extremadamente tímida, vergonzosa y encogida; pero su aire, aunque torpe, no era vulgar, su voz era dulce; y el semblante resultaba bonito cuando hablaba.» En los primeros días de su llegada, Fanny «de Tom no tenía que soportar otra cosa que las bromas que un chico de diecisiete años piensa que está bien gastar a una niña de diez. Tom estaba empezando a vivir, rebosante de ánimo, y con todas las disposiciones liberales del hijo mayor... Su amabilidad con esta primita era acorde con su posición y sus derechos; le hacía preciosos regalos y se reía de ella». Aunque a su llegada Mary Crawford tiene en cuenta los atractivos del hijo mayor, «hay que añadir en honor a la dama que, sin ser [Edmund] el primogénito ni hombre de mundo, ni poseer el arte del halago ni la viveza de la conversación, empezaba a resultarle agradable. Se daba cuenta, aunque no lo había previsto ni acababa de entenderlo; porque no era simpático en el sentido corriente, no gastaba bromas, no decía galanterías, sus opiniones eran inflexibles, y sus atenciones sencillas y serenas. Había encanto, quizás, en su sinceridad, en su formalidad, en su integridad, cualidades que la señorita Crawford era capaz de percibir, aunque no de analizar. Pero no pensaba mucho en la situación; de momento Edmund le caía bien; le gustaba tenerle cerca; eso era suficiente».

Este estilo no es invención de Jane Austen; ni siquiera una invención inglesa; sospecho que, en realidad, procede de la literatura francesa, donde está profusamente representado en el siglo XVIII y principios del XIX. Austen no leía el francés pero adoptó el ritmo epigramático del estilo animado, preciso y pulido que estaba de moda. No obstante, lo maneja a la perfección.

El estilo no es una herramienta, ni un método, ni una selección de palabras tan sólo. Mucho más que todo eso, el estilo constituye un componente intrínseco o característico de la personalidad del autor. De modo que, cuando hablamos de estilo, nos referimos al carácter peculiar de un artista individual, a su modo de expresarse en la producción artística. Es esencial recordar que aunque toda persona viviente puede tener su estilo, sólo merece la pena hablar del estilo peculiar de este o aquel escritor genial. Y el genio no puede expresarse en un estilo literario a menos que dicho estilo esté presente en su espíritu. Un autor puede perfeccionar su modo de expresión. No es raro que en el curso de la carrera literaria de un escritor, su estilo se vuelva cada vez más preciso e impresionante, como de hecho sucede con el de Jane Austen. Pero un escritor carente de talento no puede desarrollar un estilo literario de algún valor; en el mejor de los casos, será un mecanismo artificioso deliberadamente ordenado y carente de toda chispa divina.

Por eso no creo que se pueda enseñar a nadie a escribir, a menos que posea ya talento literario. Sólo en este último caso se puede enseñar a un joven autor a encontrarse a sí mismo, a librarse de sus clichés lingüísticos, a eliminar la chabacanería, a formarse el hábito de buscar con paciencia la palabra correcta, la única palabra correcta que transmitirá con precisión el matiz exacto y la intensidad del pensamiento. En estas cuestiones, hay peores maestros que Jane Austen.

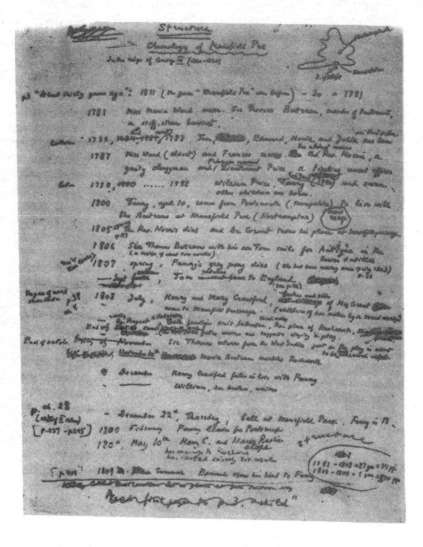

Relación cronológica de la acción de Mansfield Park,
hecha por Nabokov.

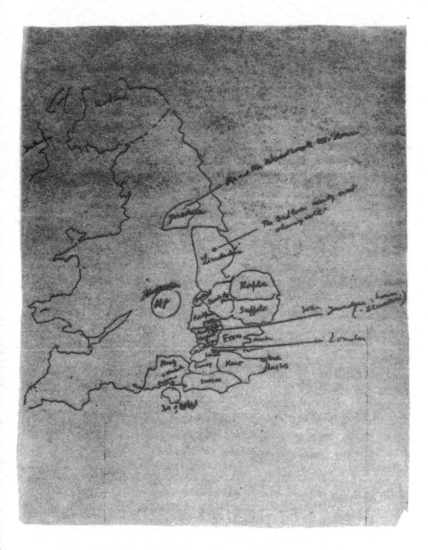

*Mapa de Gran Bretaña en el que Nabokov sitúa la acción
de* Casa Desolada.

CHARLES DICKENS
(1812-1870)

CASA DESOLADA
(1852-1853)

Ahora estamos en condiciones de abordar a Dickens. En condiciones de abrazar a Dickens. En nuestras relaciones con Jane Austen, hemos tenido que hacer cierto esfuerzo a fin de poder reunirnos con las señoras en el salón. En el caso de Dickens, nos demoramos en la mesa con nuestro oporto dorado. Hemos tenido que buscar una vía de acceso a Jane Austen y a su *Mansfield Park*. Creo que la hemos encontrado, y que, hasta cierto punto, nos hemos divertido con sus trazos delicados, con su colección de cascarones envueltos en algodón. Pero era una diversión forzada. Hemos tenido que sumirnos en cierto estado de ánimo; hemos tenido que concentrar nuestra mirada en determinada dirección. A mí, personalmente, no me gustan ni las artes menores ni la porcelana, aunque me he impuesto a veces contemplar alguna pieza de preciosa y traslúcida porcelana china a través de los ojos de un experto, y de este modo indirecto he descubierto cierta sensación de embeleso. No olvidemos que hay quien ha dedicado a Jane Austen su vida, su vida entera. Estoy seguro de que algunos lectores tienen mejor oído para Austen que yo. No obstante, he tratado de ser objetivo. Mi método ha consistido, entre otras cosas, en observarla a través del prisma de la cultura que sus jóvenes damas y caballeros habían bebido del frío manantial del siglo XVIII y principios del XIX. Hemos seguido también a Jane en su manera un tanto arácnida de componer: le recuerdo al lector el papel central que desempeña el ensayo de la obra de teatro en la telaraña de *Mansfield Park*.

Con Dickens nos ensanchamos. Me parece que la obra de Austen es una encantadora readaptación de valores anticuados. En el caso de Dickens, los valores son nuevos. Los autores modernos todavía se embriagan con su cosecha. Aquí no hay problemas de enfoque como en Austen, ni noviazgos, ni titubeos. Sencillamente, hemos de rendirnos ante la voz de Dickens: eso es todo. Me gustaría dedicar los cincuenta minutos de cada clase a la muda meditación, concentración y admiración de Dickens. Sin embargo, mi misión es dirigir y explicar esas meditaciones, esa admiración. Todo lo que tenéis que hacer al leer *Casa Desolada* es relajaros y dejar que sea vuestra espina dorsal la que domine. Aunque leáis con la mente, el centro de la fruición artística se encuentra entre vuestros omóplatos. Ese pequeño estremecimiento es la forma más elevada de emoción que la humanidad experimenta cuando alcanza el arte puro y la ciencia pura. Rindamos culto a la médula espinal y a su hormigueo. Enorgullezcámonos de ser vertebrados, pues somos unos vertebrados en cuya cabeza se posa la llama divina. El cerebro no es más que la prolongación de la médula: pero el pábilo recorre toda la vela de arriba abajo. Si no somos capaces de experimentar ese estremecimiento, si no podemos gozar de la literatura, entonces dejemos todo esto y limitémonos a los tebeos y a la televisión. Pero creo que Dickens demostrará ser más fuerte.

Al analizar *Casa Desolada*, observaremos enseguida que la trama romántica de la novela es una ilusión, y que no tiene demasiada importancia desde el punto de vista artístico. El libro tiene cosas mejores que el doloroso caso de lady

Dedlock. Necesitaremos algunas nociones sobre los pleitos de Inglaterra; lo demás va a ser un juego.

A primera vista, *Casa Desolada* puede parecer una sátira. Veamos. Si una sátira tiene acaso valor estético, no alcanzará su objetivo por valioso que sea. Por otra parte, si la sátira es la expresión de un genio artístico, entonces su objetivo carecerá de importancia y se desvanecerá su época mientras que ella misma perdurará a través del tiempo como obra de arte. Así que ¿para qué hablar de sátira?

El estudio del impacto sociológico o político de la literatura queda reservado, sobre todo, a quienes son insensibles, por temperamento y educación, a las vibraciones estéticas de la auténtica literatura, a los que no experimentan el cosquilleo revelador entre los omóplatos (insisto otra vez en que de nada sirve leer un libro si no se lee con la médula). Puede que se tenga razón al afirmar que Dickens pretende fustigar las iniquidades del Tribunal de Justicia. Casos como el de Jarndyce solían ocurrir a mediados del siglo pasado, aunque, como han demostrado los historiadores del derecho, la mayor parte de la información de nuestro autor sobre cuestiones legales se remonta a los decenios de 1820 y 1830, de manera que muchos de los blancos de su crítica habían dejado de existir en la época en que escribió *Casa Desolada*. Pero si el objetivo ha desaparecido, podemos gozar con la elaborada belleza de su arma. Además, como ataque a la aristocracia, la descripción de los Dedlock y su círculo carece de todo interés e importancia, ya que las nociones que al autor tiene de esta clase social son sumamente escasas y rudimentarias; como creaciones artísticas, los Dedlock están, siento decirlo, más muertos que las momias*. Así que

* Nabokov hace aquí un juego de palabras, llamándoles *Dead locks. The Dedlocks*, dice, *are as dead as doornails. (N. de la ed. española.)*

«agradezcamos la tela e ignoremos a la araña»; admiremos las cualidades estructurales del tema del crimen e ignoremos la debilidad de la sátira y sus gestos teatrales.

Por lo demás, un sociólogo podrá dedicar un libro entero, si quiere, a los abusos que sufrieron los niños en un período que el historiador llamará el oscuro alborear de la era industrial, época del trabajo infantil y demás. Pero para ser sinceros, estos niños pobres de *Casa Desolada* no están vinculados tanto a las circunstancias sociales del decenio de 1850 como a épocas y modelos anteriores. Desde el punto de vista de la técnica literaria, se relacionan más bien con los niños de las novelas precedentes, con los de la novela sentimental de finales del siglo xix. Me gustaría que releyeseis las páginas de *Mansfield Park* que se refieren a la familia Price, de Portsmouth, para ver por vosotros mismos la clara genealogía artística, la clara conexión entre los niños pobres de Jane Austen y los niños pobres de *Casa Desolada*; aunque por supuesto, hay otras fuentes literarias. Creo que con esto podemos concluir el análisis de los aspectos técnicos. En cuanto al punto de vista emocional, casi no se puede decir que estemos en el decenio de 1850 —nos encontramos en la niñez del propio Dickens—, por lo que se nos derrumba una vez más el marco histórico.

Como es evidente, me interesa más el encantador que el narrador o el maestro. En el caso de Dickens, esta actitud me parece el único modo de mantener vivo a Dickens, por encima del reformador, por encima de la novela barata, por encima de la pacotilla sentimental trillada, por encima de la teatralidad estúpida. Ahí es donde resplandece eternamente, en esas cumbres cuya altitud, perfil y formación conocemos exactamente, así como los senderos para llegar hasta ellas a través de la niebla. Es en su imaginación en donde es grande.

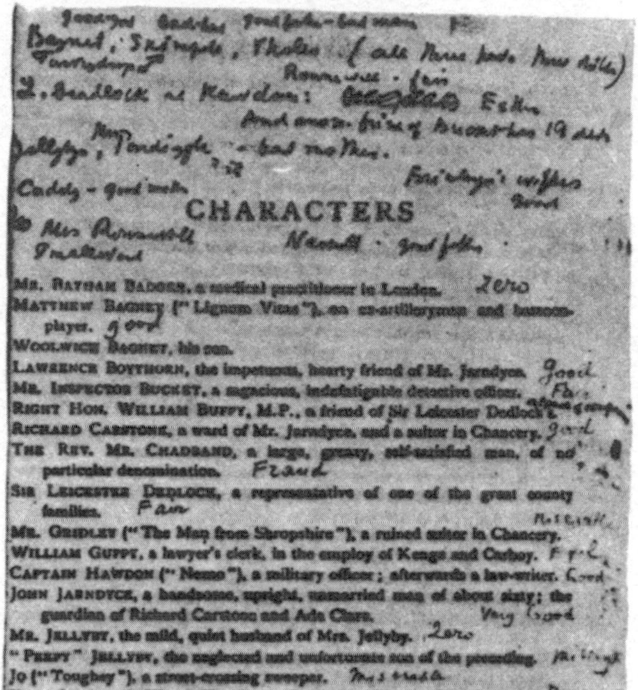

[handwritten annotations by Nabokov scattered across the top margin, largely illegible]

CHARACTERS

MR. BAYHAM BADGER, a medical practitioner in London. *Zero*

MATTHEW BAGNET ("Lignum Vitae"), an ex-artilleryman and bassoon-player. *good*

WOOLWICH BAGNET, his son.

LAWRENCE BOYTHORN, the impetuous, hearty friend of Mr. Jarndyce. *Good*

MR. INSPECTOR BUCKET, a sagacious, indefatigable detective officer. *Fair*

RIGHT HON. WILLIAM BUFFY, M.P., a friend of Sir Leicester Dedlock's.

RICHARD CARSTONE, a ward of Mr. Jarndyce, and a suitor in Chancery. *good*

THE REV. MR. CHADBAND, a large, greasy, self-satisfied man, of no particular denomination. *Fraud*

SIR LEICESTER DEDLOCK, a representative of one of the great county families. *Fair*

MR. GRIDLEY ("The Man from Shropshire"), a ruined suitor in Chancery.

WILLIAM GUPPY, a lawyer's clerk, in the employ of Kenge and Carboy.

CAPTAIN HAWDON ("Nemo"), a military officer; afterwards a law-writer. *Good*

JOHN JARNDYCE, a handsome, upright, unmarried man of about sixty; the guardian of Richard Carstone and Ada Clare. *Very Good*

MR. JELLYBY, the mild, quiet husband of Mrs. Jellyby. *Zero*

"PEEPY" JELLYBY, the neglected and unfortunate son of the preceding.

JO ("Toughey"), a street-crossing sweeper.

TONY JOBLING ("Weevle"), a law-writer, and a friend of Mr. Guppy's. *Zero*

MR. KENGE ("Conversation Kenge"), a portly, important-looking person; senior member of Kenge and Carboy, solicitors. *Zero*

MR. KROOK, a marine-store dealer; an old and eccentric man. *Evil*

MERCURY, a footman in the service of Sir Leicester Dedlock. *Zero*

MR. ROUNCEWELL, an ironmaster; the son of Sir Leicester Dedlock's housekeeper. *Good*

GEORGE ROUNCEWELL ("Mr. George"), sheep's son; a wild young lad, and soldier; afterwards keeper of a shooting-gallery. *Good*

WATT ROUNCEWELL, the grandson of Mrs. Rouncewell. *Good*

HAROLD SKIMPOLE, a brilliant, vivacious, sentimental, but thoroughly selfish man. *Fraud*

BARTHOLOMEW SMALLWEED, grandson of Mr. and Mrs. Smallweed. *Evil*

GRANDFATHER SMALLWEED, a superannuated old man. *Evil*

MR. SNAGSBY, a law-stationer; a mild, timid man. *Good*

PHIL SQUOD, a man employed in Mr. George's shooting-gallery.

LITTLE SWILLS, a red-faced comic vocalist.

Notas de Nabokov sobre los personajes de Casa Desolada, *escritas en su ejemplar.*

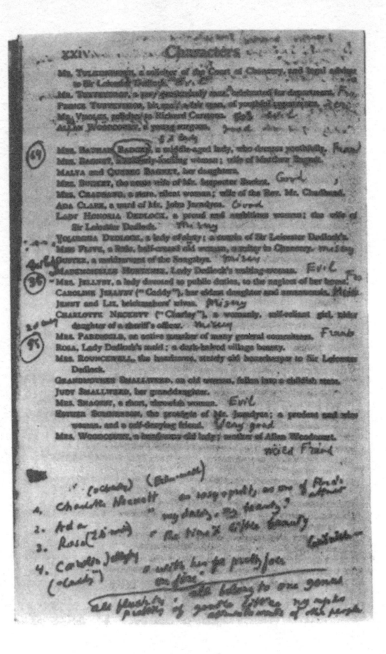

Mr. Tulkinghorn, a solicitor of the Court of Chancery, and legal adviser to Sir Leicester Dedlock.

Mr. Turveydrop, a gentleman noted for department.

Prince Turveydrop, his son, a dancing master, of graceful appearance.

Mr. Vholes, solicitor to Richard Carstone.

Allan Woodcourt, a young surgeon.

(69) Mrs. Bayham Badger, a middle-aged lady, who dresses youthfully.

Mrs. Bagnet, a soldierly-looking woman; wife of Matthew Bagnet.

Malta and Quebec Bagnet, her daughters.

Mrs. Bucket, the smart wife of Mr. Inspector Bucket.

Mrs. Chadband, a stern, silent woman; wife of the Rev. Mr. Chadband.

Ada Clare, a ward of Mr. John Jarndyce.

Lady Honoria Dedlock, a proud and ambitious woman; the wife of Sir Leicester Dedlock.

Volumnia Dedlock, a lady of sixty; a cousin of Sir Leicester Dedlock's.

Miss Flite, a little, half-crazed old woman, a suitor in Chancery.

Guster, a maidservant of the Snagsbys.

Mademoiselle Hortense, Lady Dedlock's waiting-woman.

(96) Mrs. Jellyby, a lady devoted to public duties, to the neglect of her home.

Caroline Jellyby ("Caddy"), her eldest daughter and amanuensis.

Jenny and Liz, brickmakers' wives.

Charlotte Neckett ("Charley"), a womanly, self-reliant girl, elder daughter of a sheriff's officer.

(95) Mrs. Pardiggle, an active member of many general committees.

Rosa, Lady Dedlock's maid; a dark-haired village beauty.

Mrs. Rouncewell, the handsome, stately old housekeeper to Sir Leicester Dedlock.

Grandmother Smallweed, an old woman, fallen into a childish state.

Judy Smallweed, her granddaughter.

Mrs. Snagsby, a short, shrewish woman.

Esther Summerson, the protégée of Mr. Jarndyce; a prudent and wise woman, and a self-denying friend.

Mrs. Woodcourt, a handsome old lady; mother of Allan Woodcourt.

He aquí algunas de las cuestiones que hemos de tener en cuenta al leer el libro.

1. Uno de los temas más notables de esta novela es el relativo a los niños: sus adversidades, su inseguridad, sus modestas alegrías, y el gozo que producen; pero sobre todo su infelicidad. «Yo, extraño y asustado en un mundo que no he creado», como dice Houseman. Son interesantes también las relaciones padre-hijo en las que, como es natural, se incluye el tema de los «huérfanos», ya sea el padre o el hijo el desaparecido. La madre bondadosa mece al hijo muerto, o es ella la que muere. Y los niños cuidan a otros niños. Siento cierto cariño por la anécdota de Dickens según la cual iba un día, durante su difícil juventud en Londres, detrás de un obrero que llevaba a un niño sobre el hombro. El hombre caminaba sin volverse, y Dickens marchaba detrás; el niño miraba a Dickens, y Dickens, que iba comiendo cerezas de un cucurucho mientras andaba, fue metiendo cereza tras cereza, en silencio, en la boca del niño sin que nadie se enterara.

2. Otro tema es el de la chancillería, la niebla, la locura.

3. Cada personaje tiene su atributo, una especie de sombra coloreada que aparece cada vez que aparece él.

4. La intervención de los objetos: los cuadros, las casas, los carruajes.

5. El aspecto sociológico —tan brillantemente puesto de relieve por Edmund Wilson en su colección de ensayos: *The Wound and the Bow*— no es ni interesante ni importante.

6. La trama policíaca (con una especie de investigación presherlockholmiana) de la segunda parte del libro.

7. El dualismo que impregna la obra entera; el mal es casi tan fuerte como el bien y se materializa en el Tribunal de la Chancillería —una especie de infierno—, con sus demonios emisarios: Tulkinghorn, Vholes, y una hueste de diablos menores, incluso con sus ropas negras y raídas. En

el lado del bien tenemos a Jarndyce, Esther, Woodcourt, Ada y la señora Bagnet; en medio están las víctimas de la tentación, a veces redimidas por el amor, como sir Leicester, en quien el amor triunfa, si bien de forma un poco artificial, sobre su vanidad y sus prejuicios. Richard también se salva porque aunque ha caído en el error, no ha dejado de ser bueno en su esencia. Lady Dedlock se redime por el sufrimiento, mientras Dostoyevski gesticula frenéticamente en el fondo. Incluso el más mínimo acto de bondad puede merecer la salvación. Skimpole y, por supuesto, los Smallweed y Krook, son decididos aliados del demonio. Están también los filántropos —la señora Jellyby, por ejemplo—, que siembran la desgracia a su alrededor, al tiempo que se engañan a sí mismos pensando que están haciendo el bien, aunque en realidad sólo satisfacen sus instintos egoístas. La idea es que esta gente —la señora Jellyby, la señora Pardiggle, etc.— dedica su tiempo y sus energías a toda clase de asuntos extravagantes (en correlación con el tema de la inutilidad de la Chancillería, institución perfecta para los abogados pero fuente de desdicha para las víctimas), mientras dejan a sus hijos en el abandono y el infortunio. Puede haber esperanza para Bucket y para «Coavinses» (los cuales cumplen con su obligación sin caer en crueldades innecesarias), pero no para los falsos misioneros, los Chadband, etc. Los «buenos» son a menudo víctimas de los «malos»; pero ahí reside la salvación de los primeros y la perdición de los segundos. Todas estas fuerzas y personas en conflicto (con frecuencia involucrados en el tema de la Chancillería) son símbolos de poderes más grandes y universales; incluso la muerte de Krook, causada por el fuego (autogenerado), instrumento natural del demonio. Estos conflictos constituyen el «esqueleto» del libro; pero Dickens es un artista demasiado grande para desarrollar todo esto de una manera llamativa o evidente. Sus personajes están vivos, no son meros conceptos o símbolos vestidos.

Casa Desolada consta de tres temas principales:

1. El del Tribunal de la Chancillería, que gira en torno al aburrido pleito de Jarndyce y Jarndyce, simbolizado por la niebla sucia de Londres y los pájaros enjaulados de la señorita Flite. Sus representantes son los abogados y los demandantes locos.

2. El de los niños desgraciados y sus relaciones con aquellos a quienes ayudan y con sus padres, la mayoría de los cuales son impostores o extraños monstruos. El niño más infeliz de todos es Jo, sin casa ni hogar, que vegeta a la sombra sucia de la Chancillería y es agente inconsciente de la trama policíaca.

3. El policíaco: maraña romántica de pistas seguidas alternativamente por tres detectives, Guppy, Tulkinghorn, Bucket y sus ayudantes, las cuales conducen a la desventurada lady Dedlock, madre de Esther —nacida fuera del matrimonio.

El truco mágico que Dickens trata de llevar a cabo requiere equilibrar estas tres esferas, hacer juegos malabares con ellas, conservándolas en un estado de unidad coherente y manteniéndolas en el aire sin que se le enreden las cuerdas.

He tratado de mostrar en mi diagrama, mediante líneas de conexión, las diversas formas en que se relacionan estos tres temas con sus agentes en el curso sinuoso de la narración. Sólo mencionaré aquí unos pocos personajes. Pero la lista es enorme: sólo contando a los niños llegamos a unos treinta. Quizá debía haber conectado a Rachael, antigua nodriza de Esther que conoce el secreto de su nacimiento, con uno de los impostores, el reverendo Chadband, marido de Rachael. Hawdon es el antiguo amante de lady Dedlock (también llamado Nemo en el libro), y padre de Esther. Tulkinghorn, abogado de sir Leicester Dedlock, y el detective Bucket son los investigadores que tratan de desentrañar, no sin éxito, este pequeño misterio, empujando con ello a lady Dedlock a la muerte. Dichos investigadores encuentran ayudas diversas, como la de Hortense, doncella francesa de la dama, o del viejo canalla Smallweed, cuñado de Krook, el personaje más siniestro y brumoso del libro.

Mi plan consiste en seguir cada uno de estos tres temas, empezando por el de la Chancillería-niebla-pájaros-demandante loca, y hablar, entre otros seres, de una viejecita loca, la señorita Flite, y del siniestro Krook, como representantes de dicho tema. Luego abordaré con detalle el tema de los niños y haré una descripción del pobre Jo, así como de un impostor repulsivo, de ese falso niño que es el señor Skimpole. Por último estudiaremos el tema detectivesco. Comprobaréis que Dickens es un encantador, un artista cuando hace surgir la niebla de la Chancillería, una mezcla de cruzado y artista cuando trata el tema de los niños, y un narrador inteligente cuando desarrolla el tema detectivesco que impulsa y dirige el relato. Es el artista el que más nos atrae; por tanto, después de esbozar a grandes rasgos los tres temas principales y la personalidad de algunos de sus agentes, analizaré el aspecto formal del libro: su estructura, su estilo, su imaginación, su magia verbal. Nos divertiremos mucho con Esther y sus pretendientes, con el buenísimo Woodcourt y con el quijotesco John Jarndyce así como con el respetable sir Leicester Dedlock y otros.

La situación básica de *Casa Desolada* en relación con el tema de la Chancillería es muy simple. Un pleito, el de Jarndyce y Jarndyce, se va arrastrando durante años y años. Numerosos demandantes esperan unas fortunas que no llegan nunca. Uno de los Jarndyce —John Jarndyce— es un hombre bueno que se toma todo este asunto con calma y no espera nada del pleito, ya que cree que aún no habrá concluido al final de su vida. Tiene a una joven pupila, Esther Summerson, a la que el asunto de la Chancillería no le afecta directamente, pero que es a la vez el agente tamizador del libro. John Jarndyce es también tutor de Ada y de Richard,

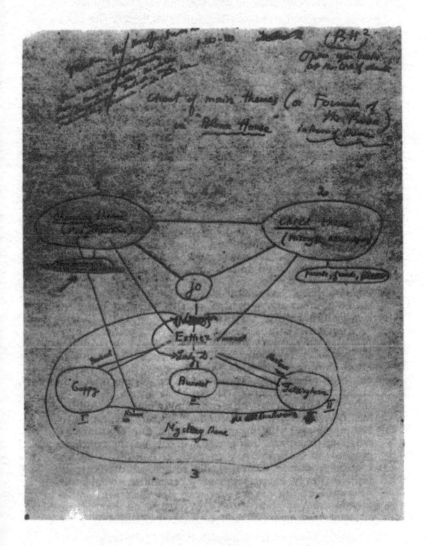

Diagrama de los temas principales de Casa Desolada
realizado por Nabokov.

que son primos y están en la parte contraria del pleito. Para Richard, el pleito supone una terrible carga psicológica, y pierde la razón. Otros dos demandantes, la señorita Flite y un tal señor Gridley, se han vuelto ya locos.

El tema de la Chancillería da comienzo al libro; pero antes de pasar a estudiarlo, permitidme que os llame la atención sobre una de las delicias del método dickensiano. La encontramos en el pasaje donde describe el interminable pleito y al lord canciller: «Sería un problema muy extenso averiguar cuánta gente ha metido sus sucias manos en el pleito de Jarndyce y Jarndyce para sobornar y corromper. Desde el magistrado, en cuyos ficheros empaladores se han ido retorciendo, adquiriendo diversas formas, las resmas de los polvorientos expedientes sobre el caso Jarndyce y Jarndyce, hasta el amanuense de la *Six Clerks' Office* que ha copiado decenas de millares de folios con el sempiterno encabezamiento; el caso no ha mejorado la naturaleza de ninguno de estos hombres. En el engaño, la evasiva, la dilación, la expoliación y las molestias con falsos pretextos de todo género, hay influencias que nunca pueden conducir al bien...

»Así pues, en medio del barro y en el corazón de la niebla, se encuentra sentado el lord canciller del Tribunal de la Chancillería.»

Ahora volvamos al primer párrafo del libro: «Londres. Acaba de terminar el período de sesiones de otoño, y el lord canciller se encuentra sentado en el salón de *Lincoln's Inn*. Hace un tiempo implacable de noviembre. Tanto barro en las calles; como si las aguas acabaran de retirarse de la faz de la tierra... Los perros no se distinguen en los lodazales. Los caballos, embadurnados hasta las anteojeras, apenas se distinguen algo más. Los peatones se empujan los paraguas unos a otros, en un contagio general de malhumor, y pierden el equilibrio en las esquinas, donde decenas de miles de otros transeúntes llevan escurriéndose y resbalando desde que despuntó el día (si es que ese día despuntó), añadiendo nuevos depósitos a la costra de barro que en esos lugares se adhiere tenazmente al pavimento, acumulándose a interés compuesto.» «Acumulándose a interés compuesto» es una metáfora que enlaza el barro y la niebla reales con el barro y la confusión de la Chancillería. El señor Tangle [*embrollo*], al dirigirse al Juez Supremo, sentado en medio de la niebla y el barro, le llama «Mlud». En el corazón del barro [*mud*] y de la niebla, el tratamiento de «milord» queda reducido a «*mud*», si suprimimos el leve balbuceo del abogado. El proceso será: *milord, mlud, mud*. Indiquemos aquí, en el principio mismo del análisis que éste es uno de los típicos métodos dickensianos: un juego de palabras en el que la palabra inanimada no sólo cobra vida sino que contiene sutilezas que trascienden su significado inmediato.

Hay otro ejemplo de vínculo verbal en estas primeras páginas. En el párrafo inicial, el humo que desciende de las chimeneas se compara a «una suave y negra llovizna». Mucho más adelante, Krook se disolverá en esta llovizna negra. Pero antes, en el párrafo que habla de la Chancillería y el pleito de Jarndyce y Jarndyce, encontramos abogados con apellidos simbólicos como «Chizzle», «Mizzle» «*llovizna*» y otros, quienes han adoptado la costumbre de prometerse vagamente a sí mismos revisar ese asuntillo pendiente, y ver qué puede hacerse por Drizzle (*llovizna*) —a quien no se ha tratado bien—, una vez que quede zanjado el asunto entre Jarndyce y Jarndyce. Chizzle, Mizzle, Drizzle es una mala aliteración. Y a continuación, «el engaño y la estafa [*shirking and sharking*] en todas sus múltiples variedades han sido sembrados al vuelo a todo lo largo del infortunado pleito...». Engañar y estafar (*shirking and sharking*) significa vivir a base de artimañas como viven esos abogados en el barro y la llovizna de la Chancillería. Y si retrocedemos otra vez al primer párrafo, encontramos que *shirking* y *sharking* es una aliteración concomitante, un eco del escurrirse y resbalarse, *slipping* y *sliding* de los peatones en el barro.

Sigámosle ahora el rastro a la loca señorita Flite, que desde el principio hace su aparición como una fantástica demandante y sólo se marcha cuando, vacío ya el edificio, lo cierran hasta el día siguiente. Muy poco después, los tres jóvenes de la novela, Richard (cuyo destino se va a unir de forma singular al de la loca), Ada (prima con la que se casará) y Esther, visitan al lord canciller y encuentran a la señorita Flite en la columnata: «Se nos acercó una curiosa viejecita con un sombrero chafado y un pequeño ridículo, haciendo una reverencia, sonriente y con aire de gran ceremonia.

»—¡Oh —dijo—, los pupilos de Jarndyce! ¡Me alegra infinito, por supuesto, tener el honor! ¡Buen presagio para la juventud, la esperanza y la belleza, encontrarse en este lugar, sin saber cuál va a ser el resultado!

»—¡Está loca! —susurró Richard, creyendo que no le oiría.

»—¡Exacto! Loca, caballerito —replicó ella con una rapidez tal que le dejó completamente avergonzado—. Yo también fui pupila. No estaba loca en aquel entonces —dijo haciendo una profunda reverencia y sonriendo a cada frase—. Tenía juventud y esperanza. Y belleza, si no me equivoco. Ahora todo eso ya no tiene gran importancia. Ninguna de las tres cosas me sirvió, ni me salvó. Tengo el honor de acudir al tribunal regularmente. Con mis documentos. Espero sentencia. En breve. El Día del Juicio... Les ruego que acepten mi bendición.»

«Como Ada estaba un poco asustada, le dije a la pobre anciana, para seguirle la corriente, que se lo agradecíamos mucho.

»—¡Sí-i! —dijo ella remilgadamente—. Supongo que sí. Y aquí está Kenge el Conversador. ¡Con *sus* documentos! ¿Cómo sigue vuestra merced?

»—¡Muy bien, muy bien! ¡Ahora no se ponga pesada, buena mujer! —dijo el señor Kenge, dando la vuelta.

»—Faltaría más —dijo la pobre anciana, siguiendo con

Ada y conmigo—. Todo menos eso, confío. Voy a dejarles propiedades a los dos... eso no es ser pesada, creo. Espero sentencia. En breve. El Día del Juicio. Buen augurio para ustedes. ¡Les ruego que acepten mi bendición!»

Las palabras que sigue repitiendo —*juventud, esperanza, belleza*— son muy importantes, como veremos después. Al día siguiente, durante un paseo por Londres, los tres jóvenes acompañados de una cuarta persona joven, vuelven a cruzarse con la señorita Flite. Poco a poco se introduce un nuevo tema en su conversación, el de los pájaros: canto, alas, vuelo. La señorita Flite se interesa por el vuelo y el canto de los melodiosos pájaros del jardín de *Lincoln's Inn*. Luego visitamos su alojamiento, situado encima del de Krook. Hay también otro inquilino, Nemo, de quien hablaremos más adelante y que se convertirá en otra de las figuras interesantes del libro. La señorita Flite muestra con orgullo unas veinte jaulas de pájaros.

«—Empecé a cuidar de estos animalitos —dijo—, con un fin que los pupilos comprenderán fácilmente. Con intención de devolverles la libertad. Cuando se pronunciase la sentencia de mi pleito. ¡Sí-i! Pero mueren en prisión. Sus vidas, pobres bichos estúpidos, son tan breves, comparadas con los trámites de la Chancillería que, una tras otra, se me han ido muriendo colecciones enteras. ¡Dudo que ninguno de éstos, por muy jóvenes que sean, viva lo bastante para conocer la libertad! ¡Es mortificante!, ¿verdad?»

Deja que entre la luz con objeto de que los pájaros canten para los visitantes; pero no les dice cómo se llaman. La frase: «En otra ocasión les diré sus nombres», es muy significativa: hay aquí un misterio patético. Una vez más, repite las palabras *juventud, esperanza, belleza*, pero esta vez en relación con los pájaros; y los alambres de las jaulas parecen proyectar su sombra y enjaular los símbolos de la juventud, la belleza y la esperanza. Para ver mejor la estrecha conexión que existe entre la señorita Flite y Esther, observad que Esther, cuando tiene algo más de diez años, sale camino de la escuela con un pájaro enjaulado por único compañero. En este punto quiero volver a llamaros la atención sobre otro pájaro enjaulado del que he hablado ya a propósito de *Mansfield Park*, cuando me referí al pasaje del *Viaje sentimental*, de Sterne, que trata del estornino, y de la libertad y la cautividad. Aquí nos encontramos otra vez con la misma línea temática: jaulas, jaulas de pájaros, sus barras, y las sombras de estas barras tachando, por así decir, toda felicidad. Los pájaros y jilgueros, y sus correspondencias son las siguientes: alondra-juventud, pardillo-esperanza, jilguero-belleza.

Al pasar por delante de la puerta de un extraño inquilino llamado Nemo, la señorita Flite había hecho callar a sus visitantes: «¡chist, chist!» Más tarde es este inquilino quien calla: muere por su propia mano; envían a la señorita Flite en busca de un médico, y después ésta se queda temblando detrás de la puerta. El inquilino muerto, como nos enteramos después, tiene que ver con Esther —es su padre— y con lady Dedlock —ha sido su amante—. Las líneas temáticas como la de la señorita Flite son en alto grado fascinantes e instructivas. Algo más adelante se habla de otra pobre criatura, una de las muchas criaturas cautivas del libro, la muchacha llamada Caddy Jellyby, quien se ve con su novio, Prince, en la habitación de la señorita Flite. Más tarde, en una nueva visita que hacen los jóvenes, acompañados por el señor Jarndyce, nos enteramos por boca de Krook de los nombres de los pájaros: Esperanza, Gozo, Paz, Descanso, Vida, Polvo, Ceniza, Desierto, Necesidad, Ruina, Desesperación, Locura, Muerte, Astucia, Disparate, Palabra, Peluca, Harapo, Badana, Pillaje, Precedente, Jerga, Mentira y Espinaca. Pero el viejo Krook se salta el de Belleza; belleza que, casualmente, Esther pierde en el curso de la novela, al caer enferma.

El vínculo temático entre Richard y la señorita Flite,

entre su locura y la de ella, empieza cuando él se obsesiona con el pleito. Se trata de un pasaje importante: «Ahora había llegado al corazón del misterio, nos dijo; según él, era evidente la necesidad de establecer definitivamente el testamento por el cual él y Ada debían recibir no sé cuántos miles de libras, si es que había algún sentido de la justicia en el Tribunal de la Chancillería... y que esta feliz conclusión no podía demorarse mucho más. Se probó a sí mismo tal suposición con todos los aburridos argumentos favorables que había leído, y cada uno de ellos le sumía aún más en su entusiasmo. Había empezado incluso a frecuentar el tribunal. Nos contó cómo veía allí a la señorita Flite a diario, cómo hablaban y cómo tenía con ella pequeñas atenciones; y cómo, pese a que se reía de ella, la compadecía de todo corazón. Pero jamás pensó —¡jamás, mi pobre, querido y optimista Richard, capaz de tanta felicidad entonces, y con tantas cosas buenas ante sí!— qué vínculo fatal se estaba consolidando entre su juventud lozana y la canosa vejez de ella; entre las esperanzas libres de él y los pájaros enjaulados, la buhardilla famélica y la mente extraviada de ella.»

La señorita Flite conoce a otro demandante loco, el señor Gridley, que también aparece al principio: «Otro demandante arruinado que viene periódicamente de Shropshire, que hace denodados esfuerzos por hablar con el Juez cuando éste finaliza su trabajo diario, y al que no hay modo de hacerle comprender que el Juez ignora legalmente su existencia después de amargársela durante un cuarto de siglo; se planta en un buen sitio y no le quita ojo al Juez, dispuesto a gritar ¡milord! con voz de sonora queja en el instante en que se levanta. Algunos ordenanzas y otros que conocen de vista a este demandante, se demoran ante la posibilidad de divertirse y de olvidar un poco el mal tiempo reinante.» Más tarde, este señor Gridley le dirige al señor Jarndyce una larga perorata sobre su situación. Se ha arruinado a causa de un pleito sobre una herencia cuyas costas han llegado a devorar el triple de su valor, y el pleito sigue sin concluir. Ha convertido su resentimiento en un principio que nunca abandonará: «—He estado en prisión por despreciar al Tribunal. He estado en prisión por amenazar al abogado. He tenido tal problema y tal otro, y los volveré a tener. Soy el de Shropshire, y a veces hago algo más que divertirles... aunque ellos encuentran divertido, también, que me detengan y me encierren y demás. Sería mejor para mí, me dicen, que me contuviese. Yo les digo que si me contuviese, me volvería imbécil. En otro tiempo, yo era un hombre de bastante buen carácter, creo. La gente de mi tierra dice que me recuerda así; pero ahora, tengo que dar rienda suelta a mi resentimiento, pues de lo contrario no podría conservar la razón... Además —añadió, prorrumpiendo con fiereza—, les avergonzaré. Me mostraré en ese Juzgado hasta el final para vergüenza suya.» Como comenta Esther, «su pasión era terrible. Jamás habría podido imaginar que hubiese tanta rabia en el mundo, si no le hubiera visto». Pero muere en la barraca de tiro del señor George, asistido por éste, por Bucket, por Esther, Richard y por la señorita Flite. Al morir: «—¡Oh, no, Gridley! —exclamó Esther al verle caer pesada y serenamente ante ella—, no sin mi bendición. ¡Después de tantos años!»

Es un pasaje bastante flojo, el autor utiliza a la señorita Flite para contarle a Esther la noble conducta del doctor Woodcourt durante un naufragio en los mares de la India. El pasaje no está bien logrado, aunque supone un valeroso esfuerzo por parte del autor por relacionar a la pequeña loca no sólo con la trágica enfermedad de Richard sino también con la futura felicidad de Esther. La relación entre la señorita Flite y Richard se vuelve cada vez más acusada hasta que al final, cuando Richard muere, Esther escribe que «cuando todo estuvo tranquilo, a avanzada hora, la pobre y chiflada señorita Flite vino llorando y me dijo que había puesto en libertad a todos sus pájaros».

Se introduce otro personaje en el tema de la Chancillería cuando Esther y sus amigos hacen una visita a la señorita Flite y se detienen un momento delante de la tienda de Krook; la señorita Flite vive arriba: «Una tienda; encima tenía escrito un cartel: KROOK. ALMACÉN DE TRAPOS Y BOTELLAS. También, con letras altas y finas: KROOK. COMERCIANTE EN EFECTOS NAVALES. En un lado del escaparate había un cuadro que representaba una fábrica de papel, un edificio de ladrillo rojo, delante de la cual un carro estaba descargando una gran cantidad de sacos con trapos viejos. En otro anunciaba una inscripción: SE COMPRAN HUESOS. En otro: SE COMPRAN ENSERES DE COCINA. En otro: SE COMPRA HIERRO VIEJO. En otro: SE COMPRAN PRENDAS DE SEÑORA Y CABALLERO. Al parecer, se compraba todo y no se vendía nada. El escaparate rebosaba de botellas sucias: botellas de betún, frascos de medicinas, botellas de cerveza y de agua de Seltz, botellas de conservas, botellas de vino, botellas de tinta; ahora que menciona esto último, recuerdo que, por múltiples y pequeños detalles, el establecimiento tenía toda la pinta de estar en la vecindad de la jurisprudencia, y de ser, por así decir, un pariente sucio y repudiado de la ley. Había gran cantidad de botellas de tinta. Había, fuera de la puerta, un pequeño banco desvencijado con volúmenes viejos y desencuadernados, con el letrero: LIBROS DE LEYES, TODOS A 9 PENIQUES.»

Aquí se establece una conexión entre Krook y el tema de la Chancillería con sus símbolos legales y sus leyes apostilladas. Yuxtaponed el cartel de SE COMPRAN HUESOS al de SE COMPRAN PRENDAS DE SEÑORA Y CABALLERO. Porque ¿qué otra cosa es un demandante en un pleito de la Chancillería, sino un montón de huesos y ropas andrajosas, junto a las togas andrajosas de la ley, los harapos de la ley, el papel usado de la ley que Krook también compra? De hecho, la propia Esther, con ayuda de Richard Carstone y Charles Dickens lo pone de manifiesto: «El montón de harapos caídos parte dentro y parte fuera de una balanza de madera de un solo plato que colgaba sin ningún contrapeso de una viga; podían haber sido las cenefas y togas desgarradas de los abogados. Para completar el cuadro, no teníamos más que imaginar, como nos sugirió Richard a Ada y a mí mientras observábamos el interior, que aquellos huesos del rincón, amontonados y limpios, eran huesos de clientes.» Richard, que sugiere esto, está destinado a ser víctima del Tribunal de la Chancillería cuando un defecto temperamental de su naturaleza le lleva a abandonar una tras otra las diversas profesiones que emprende, antes de embrollarse en el lío insensato y las venenosas visiones de la herencia en litigio que nunca llegará.

El propio Krook aparece emergiendo, por así decir, del mismo corazón de la niebla (recordad su broma de llamar al lord canciller hermano en el polvo y en el moho, en la locura y en el barro): «Era bajo, cadavérico y consumido, con la cabeza hundida de lado entre los hombros; el aliento le salía de la boca en forma de un humo visible, como si ardiese por dentro. Tenía el cuello, la barbilla y las cejas tan pobladas de pelos blancos, y tan nudosos de venas y piel arrugada, que de pecho para arriba parecía una vieja raíz en medio de una capa de nieve.» Es Krook... el retorcido Krook. Quizás habría que añadir el símil «raíz nudosa en medio de la nieve» al catálogo de comparaciones dickensianas que vamos a comentar más adelante. Otro pequeño tema que surge aquí, y que va a ir adquiriendo entidad es la alusión al fuego: «como si ardiese por dentro». *Como si*: nota presagiosa.

Ya he mencionado un pasaje posterior en el que Krook revela los nombres de los pájaros de la señorita Flite, símbolos de la Chancillería y de la infelicidad. Ahora, nos presenta a su horrible gata desgarrando un bulto de harapos con sus uñas felinas, haciendo un ruido que le produce dentera a Esther. A propósito, el viejo Smallweed, del grupo perteneciente al tema detectivesco, con sus grandes ojos verdes y sus uñas afiladas, no sólo es cuñado de Krook, sino también, por así decir, el equivalente humano de la gata de Krook. Gradualmente el tema de los pájaros se enlaza con el tema del gato: Krook y su tigresa de ojos verdes están a la espera de que los pájaros salgan de sus jaulas. Aquí el aspecto simbólico estriba en la idea de que sólo la muerte puede liberar a un demandante de la Chancillería. Gridley muere y se libera. Richard muere y también se libera. Krook horroriza a sus oyentes con el relato del suicidio de un tal Tom Jarndyce, demandante de la Chancillería de quien cita estas palabras: «Es como si poco a poco te fueran moliendo a trocitos, como si te tostaran a fuego lento.» Observad ese «a fuego lento». El propio Krook, a su manera retorcida y estrafalaria, también es víctima de la Chancillería... y también arderá. En efecto, tenemos una alusión concreta de su futuro destino. El hombre se pasaba el día atiborrado de ginebra, la cual, como nos dicen los diccionarios, es un licor fuerte hecho mediante la destilación de malta, en particular de la malta de centeno. Krook parece llevar consigo, allá adonde vaya, una especie de infierno portátil. Lo del infierno portátil es de Nabokov, no de Dickens.

Krook no sólo se relaciona con el tema de la Chancillería sino también con el detectivesco. Tras la muerte de Nemo, y a fin de obtener de Krook determinadas cartas relativas a la antigua aventura amorosa de lady Dedlock, Guppy, el pasante de un abogado, muy nervioso por este asunto y por el chantaje, visita a Krook con su amigo Tony Jobling (también llamado Weevle). Le han vuelto a llenar de ginebra la botella, que él acoge «en sus brazos como a una nietecita adorada». Sin duda, hubiera sido más acertado hablar de un parásito interno que de una nietecita. Y llegamos a las maravillosas páginas del capítulo XXXII que describen, con insuperable maestría, la muerte de Krook, símbolo tangible del fuego lento y de la niebla de la Chancillería. Recordad las imágenes de las primeras páginas de nuestro libro —el *smog*, la suave y negra llovizna, y los copos de hollín—; allí está la clave, el germen del espantoso tema que ahora será desarrollado hasta su lógico final, con el añadido de la ginebra.

Guppy y Weevle se dirigen al alojamiento de Weevle (alojamiento en el que se ha suicidado Hawdon, amante de lady Dedlock, y que se encuentra en la misma casa donde viven Krook y la señorita Flite) a esperar a que den las doce de la noche, hora en que Krook debe entregarles las cartas. En el trayecto se tropiezan con un tal señor Snagsby, dueño de una papelería especializada en impresos y material para documentos legales. Hay un extraño olor en la niebla.

«—¿Qué, tomando un poco el aire, como yo, antes de irse a dormir? —pregunta el papelero.

»—Bueno, no hay demasiado aire aquí; y el que hay no resulta muy refrescante —contesta Weevle, paseando la mirada por la plazoleta.

»—Muy cierto, señor. ¿No nota usted —dice el señor Snagsby, callando para oler y paladear un poco el aire—, no nota usted, señor Weevle, y no es que quiera darle mucha importancia, que huele mucho a grasa?

»—Vaya, ya había notado yo un olor extraño por aquí, esta noche —responde el señor Weevle—. Supongo que estarán asando chuletas en el *Sol's Arms*.

»—¿Chuletas cree usted? Conque chuletas, ¿eh? —el señor Snagsby olfatea y paladea otra vez—. Bueno, quizá sea eso. Pero creo que la cocinera del *Sol* tendría que vigilar un poco. ¡Se le están quemando! Además, me parece —el señor Snagsby olfatea y saborea una vez más, y luego escupe y se limpia la boca—, me parece, y no es que quiera afinar demasiado, que no estaban demasiado frescas cuando las echó a la parrilla.»

Los dos amigos suben al cuarto de Weevle y sostienen una discusión en torno al misterioso Krook y a los horrores que, según Weevle, palpitan en esa habitación y en esa casa. Weevle se queja a Guppy de la atmósfera —física y mental— que reina en dicho cuarto. Reparad en la vela ardiendo penosamente como «un enorme repollo en lo alto de una larga mortaja». Es inútil leer a Dickens si no se es capaz de visualizar esta imagen.

Guppy se mira la manga por casualidad.

«—¿Eh, Tony, qué demonios ocurre en la casa esta noche? ¿Se ha incendiado alguna chimenea?

»—¡Incendiarse una chimenea!

»—¡Ah! —replica el señor Guppy—. ¡Mira cómo cae el hollín! ¡Míralo aquí, en mi brazo! ¡Y mira la mesa! ¡Maldita porquería, no se quita soplando... pringa, es como sebo negro!»

Weevle inspecciona la escalera pero todo parece tranquilo, y repite el comentario que había hecho poco antes al señor Snagsby sobre las chuletas asándose en el *Sol's Arms*.

«—¿Y entonces —dice el señor Guppy, sin dejar de mirarse con evidente asco la manga de la chaqueta, reanudando la conversación ante el fuego, apoyados en la mesa el uno frente al otro, con las cabezas muy juntas—, te dijo que había cogido el paquete de cartas de la maleta de su inquilino?»

La conversación prosigue un rato; pero cuando Weevle remueve el fuego, Guppy da un respingo: «—¡Aj! Otra vez ese repugnante hollín —dice—. Abramos un poco la ventana, a ver si nos entra una bocanada de aire. Esto está demasiado cerrado.» Siguen hablando, apoyados en el antepecho de la ventana, mientras Guppy tamborilea distraído en el alféizar, hasta que de pronto retira la mano.

«—¡Qué demonios es esto! —dice—. ¡Mira mis dedos!

»Los tiene manchados de un líquido amarillento y espeso, desagradable al tacto y a la vista, y más desagradable aún al olfato. Es un aceite espeso, nauseabundo, dotado de una repugnancia natural que les hace estremecer a los dos.

»—¿Qué has estado haciendo aquí? ¿Qué has estado derramando en la ventana?

»—¿Yo, derramando en la ventana? Nada; te lo juro. ¡Jamás he derramado nada desde que estoy aquí! —exclama el inquilino.

»—Pues mira aquí... ¡y aquí! —al traer la vela, ven que del extremo del alféizar gotea lentamente, y corre a lo largo de los ladrillos, hacia abajo; luego se detiene y forma un charquito nauseabundo.

»—Esta casa es horrible —dice el señor Guppy, cerrando la ventana—. Dame un poco de agua, o me corto la mano.

»Se lava, se frota, se restriega, se huele, se lava; y no hace mucho rato que se ha tranquilizado con un vaso de coñac, de pie, en silencio delante del fuego, cuando la campana de San Pablo da las doce, así como todas las campanas que repican con sus variados tonos desde las diversas alturas de los campanarios que se alzan en el aire oscuro.»

Weevle baja en busca del puñado de documentos que le han prometido, pero regresa aterrado.

«—Como no me contestaba, he abierto la puerta suavemente y me he asomado. El olor a quemado sale de allí y el hollín, y el aceite... ¡pero él no está! —Tony termina con un gemido.

»El señor Guppy coge la luz. Bajan los dos, más muertos que vivos, agarrados el uno al otro; abren la puerta trasera de la tienda. La gata se ha retirado hasta la puerta, y está gruñendo; no a ellos, sino a algo que hay en el suelo, delante de la chimenea. Queda muy poco fuego, pero hay un vapor denso y sofocante en la habitación, y una capa grasienta y oscura ennegrece las paredes y el techo. La chaqueta y la gorra del viejo están colgadas en una silla. El cordón rojo que ataba las cartas se encuentra en el suelo; pero no se ve papel alguno, sino sólo una masa negra y deshecha en el suelo.

»—¿Qué le pasa a la gata? —dice el señor Guppy—. ¡Mírala!

»—Está loca, supongo. Y no me extraña, en este horrible lugar.

»Avanzan despacio, observando todos los objetos. La gata sigue donde la encontraron, gruñéndole a algo que hay en el suelo, delante de la chimenea, entre las dos sillas. ¿Qué es eso? Levanta la luz.

»Aquí, en el entarimado, hay un pequeño rodal quemado; aquí están las cenizas de un puñado de papeles, aunque menos livianas de lo normal; parecen impregnadas de algo; y aquí están... aquí están los residuos de un pequeño tronco carbonizado y hecho trozos, salpicado de cenizas blanquecinas; ¿o será carbón? ¡Horror; está aquí!, y aquello de lo que huimos, apagando la luz, derribándonos el uno al otro apresurándonos para salir a la calle, es cuanto queda de él.

»¡Socorro! ¡Socorro! ¡Socorro! ¡Acudid a esta casa, por el amor de Dios!

»Son muchos los que acuden, pero nadie puede hacer nada. El lord canciller de este Tribunal, fiel a su título en su último acto, ha tenido la muerte de todos los cancilleres de todos los tribunales, la de todas las autoridades de todos los lugares, cualesquiera que sean sus nombres, donde se cometen fraudes y se hacen injusticias. Llame su señoría a la muerte con el nombre que quiera, atribúyala a quien le apetezca, o diga que podía haberse evitado de alguna manera: es siempre la misma muerte; innata, congénita, generada en los humores corrompidos del mismo cuerpo depravado, y nada más. Es la Combustión Espontánea, y de ninguna otra muerte ha podido morir.»

De este modo, la metáfora se convierte en hecho físico; y el mal que hay en el interior del hombre destruye al hombre. El viejo Krook se volatiliza y se funde con la niebla de la que ha surgido: la niebla vuelve a la niebla, el barro al barro, la locura a la locura, a la negra llovizna y a los ungüentos grasientos de la brujería. Todo esto lo sentimos físicamente, y poco importa saber si un hombre ardiendo de esa forma, saturado de ginebra, es científicamente posible o no. Al presentarnos su libro (y también dentro del texto),

Dickens, con toda su elocuente ironía, cita casos reales de combustión espontánea, incluyendo los producidos por la ginebra y el pecado, en los que el hombre cae al suelo envuelto en llamas.

Hay aquí otra cuestión más importante que la posibilidad de la combustión espontánea, a saber: el contraste creado por los dos estilos que Dickens adopta en este extenso pasaje: el estilo rápido y coloquial de Guppy y Weevle, lleno de movimientos espasmódicos, y el estilo elocuente, apostrófico y sonoro del final. El término *apostrófico* viene de *apóstrofe*, que en retórica significa «actitud fingida en la que el orador se aparta de su auditorio para interpelar a una persona, cosa u objeto imaginario». Ahora bien, ¿qué estilo nos recuerda este acento apostrófico y resonante de Dickens? La respuesta es: el de Thomas Carlyle (1795-1881), y concretamente pienso en su *Historia de la Revolución francesa*, publicada en 1837. Es divertido hojear esta magnífica obra y encontrar en ella ese acento apostrófico, retumbante y campanudo en torno a las ideas de destino, futilidad y némesis. Basten dos ejemplos: «¡Serena Alteza que estáis ahí sentada redactando protocolos y manifiestos y consolando a la humanidad! ¿Qué pasaría si, por una vez en mil años, vuestros pergaminos, formularios y razones de estado se dispersaran a los cuatro vientos... y la Humanidad dijese por sí misma qué es lo que puede consolarla?» (capítulo IV, *La Marsellesa*).

«Desventurada Francia; desventurada por el rey, la reina y la constitución; uno no sabe cuál de ellos la habrá arruinado más. Fue éste y no otro el significado de nuestra gloriosa Revolución francesa: cuando la Impostura y las Ilusiones, durante tanto tiempo asesinas del alma, se convirtieron en asesinas del cuerpo..., levantóse un gran pueblo, etc.» (Capítulo IX, *Varennes*).

Estamos ahora en condiciones de resumir nuestro tema de la Chancillería. Empieza con una relación de la niebla mental y la niebla natural que envuelven las actividades de la Chancillería. En las primeras páginas, milord quedaba reducido a *mud* (barro) y hasta llegamos a oír el ruido mismo del barro, resbaladizo y engañoso, en los chanchullos de la Chancillería. Descubrimos su significado simbólico, su agobio simbólico, sus nombres simbólicos. La chiflada señorita Flite y sus pájaros están en relación con la situación apurada de otros dos demandantes que mueren en el curso del libro. A continuación llegamos a Krook, símbolo de la niebla lenta y del fuego lento de la Chancillería, de su barro y de su locura, símbolos que a su vez adquieren una cualidad tangible en el horror del destino prodigioso de Krook. Pero ¿cuál es el destino del pleito de Jarndyce y Jarndyce, que se va prolongando durante años y años, alimentando demonios y destruyendo ángeles? Bueno, pues del mismo modo que el final de Krook era lógico y razonable dentro del mundo mágico de Dickens, el pleito de la Chancillería tiene también un final lógico dentro de la lógica grotesca de ese mundo grotesco.

Un día en que, una vez más, el pleito va a reanudarse, Esther y sus amigos se retrasan, de forma que, cuando «llegamos a Westminster Hall, nos encontramos con que había empezado la sesión del día. Peor todavía, en la sala del tribunal, nos encontramos con una multitud que lo ocupaba todo hasta la puerta, de forma que no podíamos oír ni ver nada de lo que ocurría dentro. Por lo visto era algo divertido, ya que de vez en cuando sonaban risas, y un grito de "¡Silencio!" Parecía interesante, ya que todos empujaban y pugnaban por acercarse. Desde luego, el espectáculo ponía muy contentos a los caballeros profesionales, porque había varios abogados jóvenes con peluca y patillas en el exterior, y cada vez que uno de ellos informaba a los demás, se metían las manos en los bolsillos y se desternillaban de risa, dando patadas en el suelo.

»Preguntamos a un señor si sabía qué causa se estaba

viendo, y nos dijo que la de Jarndyce y Jarndyce. Le preguntamos si sabía qué hacían. Dijo que en realidad no, que nadie lo sabía; pero que por lo que él podía inferir, había terminado. ¿Por hoy?, le preguntamos. No, dijo, definitivamente.

»¡Definitivamente!

»Cuando oímos esta inexplicable respuesta, nos miramos unos a otros extrañados y perplejos. ¿Sería posible que el testamento hubiera quedado definitivamente resuelto, y que Richard y Ada fueran a ser ricos?* Parecía demasiado bueno para ser cierto. ¡Ay, y no lo era!

»Nuestra incertidumbre fue breve; porque poco después se dispersó la multitud, salió en tropel con el rostro encendido y acalorado, como sacando el mal aire que reinaba en el interior. Sin embargo, estaban extremadamente divertidos, y se parecían más a los que salen de ver una farsa o la exhibición de un prestidigitador, que de un tribunal. Nos apartamos, tratando de ver si descubríamos alguna cara conocida; y poco después empezaron a sacar grandes rimeros de documentos..., sacos de documentos, montones demasiado grandes para que cupiesen en los sacos, masas ingentes de documentos de todas las formas y tamaños bajo las cuales se tambaleaban los portadores a quienes se les desparramaban por el piso del vestíbulo, regresando después por más. Incluso estos pasantes se reían. Echamos una mirada a los documentos, y al ver Jarndyce y Jarndyce en todos ellos, preguntamos a una persona con pinta de funcionario que había allí en medio, si la causa había terminado. "Sí", dijo, "¡por fin ha terminado!", y se echó a reír también.»

Las costas habían consumido el caso entero, todas las

---

* Poco antes, a instancias del señor Bucket, el viejo Smallweed había sacado una copia del testamento de Jarndyce que había encontrado entre el cúmulo de documentos viejos y usados de Krook. Este testamento era posterior a los que estaban en litigio y cedía la parte más importante de la herencia a Ada y a Richard. Pareció entonces que este nuevo testamento pronto iba a poner fin al litigio. (N. de la ed. inglesa.)

fortunas implicadas. Y así, la fantástica niebla de la Chancillería se disipa... y sólo los muertos no se ríen.

Antes de llegar a los verdaderos niños del importante tema de la niñez echemos una ojeada al impostor Harold Skimpole. A Skimpole, individuo caracterizado por una falsa brillantez, nos lo presenta Jarndyce en el capítulo VI, con las siguientes palabras: «No hay nadie aquí [en mi casa], sino el ser más maravilloso de la tierra: un niño.» Esta definición del niño es fundamental para comprender la novela, ya que en esencia trata de la desgracia de los pequeños, del pathos de la niñez; y es aquí donde Dickens se encuentra a sus anchas. La definición formulada por el bondadoso y afable Jarndyce es, por tanto, muy acertada: el niño *era*, desde el punto de vista de Dickens, la criatura más maravillosa del mundo. Pero ahora viene una precisión interesante: la definición de «niño» no es aplicable en realidad al hombre llamado Skimpole. Skimpole engaña al mundo, e induce al señor Jarndyce a creer que él, Skimpole, es tan inocente, tan ingenuo, tan despreocupado como un niño. De hecho no es nada de eso; pero su falso infantilismo pone espléndidamente de relieve las virtudes de la auténtica infancia en otras partes del libro.

Jarndyce explica a Richard que Skimpole es una persona mayor, al menos tan mayor como él, Jarndyce: «Pero en sencillez, lozanía, entusiasmo y cándida ineptitud para todos los asuntos mundanos, es todo un niño.

»... Es músico; es un Aficionado, pero podía haber sido un Profesional. Es un Artista, también; Aficionado, aunque podía haber sido igualmente un Profesional. Es un hombre de conocimientos y modales cautivadores. Ha sido desafortunado en los negocios, desafortunado en sus objetivos, y desafortunado en su familia; pero no le importa... ¡es un niño!

»—¿Decía usted que tiene hijos, señor? —preguntó Richard.

»—¡Sí, Rick! Media docena. ¡Más! Casi una docena, me atrevería a decir. Pero nunca se ha ocupado de ellos. ¡No habría podido! Más bien, necesitaba que alguien cuidara de *él*. ¡Es completamente un niño!»

También se nos muestra al señor Skimpole a través de los ojos de Esther: «Era un ser bajito y vivaracho, con la cabeza más bien grande; pero de cara fina y voz dulce; y había en él un perfecto encanto. Todo lo que decía estaba tan exento de esfuerzo y era tan espontáneo, y lo decía con una alegría tan cautivadora, que resultaba fascinante oírle hablar. Dado que era más delgado que el señor Jarndyce, y tenía mejor color y el cabello más oscuro, parecía más joven. En verdad, tenía más el aspecto, en todos los sentidos, de un joven estropeado que de un hombre maduro bien conservado. Había un descuido natural en su actitud y hasta en su arreglo personal (con el cabello descuidadamente dispuesto y el pañuelo del cuello suelto y flotante, como he visto que se pintan los artistas en sus autorretratos), que me sugería irremediablemente la idea de un joven romántico que había sufrido un singular proceso de deterioro. No me parecía en absoluto que tuviera el ademán ni el aspecto del hombre que ha avanzado en la vida por el habitual camino de los años, las preocupaciones y las experiencias.» Había fracasado como médico al servicio de un príncipe alemán, ya que «siempre había sido un niño en lo que se refería a pesas y medidas, y jamás había conocido nada de ellas (salvo que le repugnaban)». Al requerírsele en aquel entonces para algún servicio, tal como asistir al príncipe o a su familia, «generalmente le encontraban tumbado de espaldas en la cama, leyendo el periódico o dibujando caprichosos bocetos a lápiz, y no podía acudir. El príncipe, por último, molesto ante tal actitud, y en ello, reconoció el señor Skimpole con la mayor franqueza, "tenía toda la razón", dio por terminado el contrato; y el señor Skimpole, dado que no tenía (como añadía él con delicioso regocijo) otra cosa de qué vivir que el amor, se enamoró, se casó, y se rodeó de mejillas sonrosadas. El señor Jarndyce y algún otro de sus buenos amigos le ayudaron entonces, en más rápida o más lenta sucesión, a abrirse diversos caminos en la vida; aunque en balde, ya que confesaba tener dos de las más viejas debilidades de este mundo: la una era carecer de toda noción del tiempo; y la otra, carecer de toda noción del dinero. En consecuencia, nunca fue capaz de acudir a una cita, nunca pudo ultimar un negocio, ¡y nunca supo el valor de nada...! Todo lo que él pedía a la sociedad era que le dejase vivir. No era mucho. Sus necesidades eran pocas. Que le diesen periódicos, conversación, música, cordero, café, paisaje, fruta del tiempo, unas cuantas hojas de cartulina, y un poco de clarete, y no pedía más. Era tan sólo un niño en el mundo; pero no lloraba pidiendo la luna. Decía al mundo: "¡Seguid en paz vuestros diversos caminos! Llevad casaca roja, casaca azul, mangas de linón, poneos plumas detrás de la oreja, llevad delantal; corred en pos de la gloria, de la santidad, del comercio, de la industria, de lo que prefiráis; pero... ¡dejad vivir a Harold Skimpole!"

»Todo esto, y muchísimas cosas más, nos decía, no sólo con la mayor animación y alegría, sino con cierto candor vivaracho..., hablando de sí mismo como si no se tratase en absoluto de él, como si Skimpole fuese otra persona, como si supiese que Skimpole tenía sus rarezas, pero también sus derechos, los cuales incumbían a la comunidad y no debían ser desestimados. Era completamente encantador»; aunque Esther, algo confundida, no entiende *por qué* él está libre de las obligaciones y responsabilidades de la vida.

A la mañana siguiente, durante el desayuno, Skimpole discursea simpáticamente sobre las Abejas y los Zánganos, y expone con toda franqueza la tesis de que el Zángano es encarnación de una idea más sabia y grata que la Abeja. Pero

Skimpole no es un zángano inofensivo, y ahí está el secreto de su personalidad: tiene un aguijón que permanece oculto mucho tiempo. Sus espontáneas protestas de niñez y despreocupación proporcionan gran placer al señor Jarndyce, que se siente aliviado de encontrar lo que, a su juicio, es un hombre cándido en un mundo falaz. Pero el cándido señor Skimpole utiliza el bondadoso corazón de Jarndyce para sus propios fines. Poco más tarde, en Londres, se hace cada vez más evidente cierta insensibilidad y malevolencia tras las bromas infantiles de Skimpole. Un oficial de la compañía de Coavinses llamado Neckett, que un día había llegado a detener a Skimpole por deudas, muere; y Skimpole hace un comentario que sorprende a Esther: «Al Coavinses le ha arrestado el alguacil mayor —dijo el señor Skimpole—. Ya no volverá a ultrajar la luz del sol.» El hombre deja hijos sin madre, sobre los que Skimpole bromea mientras toca alegremente el piano. «Y me dijo —añadió, tocando pequeños acordes [*dice la narradora*] donde yo pongo punto—, que el Coavinses había dejado [*punto*] Tres hijos [*punto*] Sin madre [*punto*] Y que siendo su profesión muy impopular [*punto*] Los pequeños Coavinses [*punto*] Estaban en situación muy apurada.» Observad el recurso empleado aquí: el alegre granuja tocando ociosamente acordes musicales tras cada uno de sus comentarios desdeñosos.

Ahora bien, Dickens recurre a un truco muy inteligente. Nos lleva a la casa de los huérfanos que deja este hombre, para mostrarnos su dramática situación; y a la luz de esta situación, el supuesto infantilismo del señor Skimpole se revelará falso. Nos lo cuenta Esther: «Llamé a la puerta, y una vocecita aguda dijo desde el interior: "Estamos encerrados. ¡La llave la tiene la señora Blinder!"

»Metí la llave al oír esto, y abrí la puerta. En una mísera habitación de techo inclinado y escasos muebles había un chiquillo de unos cinco o seis años meciendo y acallando a una pesada criatura de unos dieciocho meses [*me gusta el «pesado»; hace bascular la frase en el punto necesario*]. No había fuego, pese al frío reinante; los dos niños estaban envueltos en míseros chales y esclavinas a falta de nada mejor. Sin embargo, sus ropas no eran de mucho abrigo, de modo que tenían la nariz tiesa y colorada, y el cuerpecillo encogido. El chico iba y venía, meciendo y acallando al pequeño cuya cabeza descansaba en su hombro.

»—¿Quién os ha encerrado aquí solos? —preguntamos como es natural.

»—Charley —dijo el chico, deteniéndose para mirarnos.

»—¿Es Charley tu hermano?

»—No; es mi hermana, Charlotte. Papá la llamaba Charley...

»—¿Dónde está Charley ahora?

»—Ha ido a lavar —dijo el chico...

»Nos estábamos mirando uno al otro y mirando a estos dos niños, cuando entró en la habitación una chiquilla bastante pequeña, de figura aniñada, pero con una expresión sagaz y adulta. Su rostro era hermoso. Iba vestida como una mujer, con una especie de sombrero demasiado grande para ella, y secándose los brazos desnudos en un delantal de persona mayor. Tenía los dedos blancos y arrugados de lavar, y aún humeaba la espuma de jabón que se secaba de los brazos. Salvo esto, podía haber pasado por una niña pequeña que jugaba a lavar, e imitaba a una pobre lavandera con una viva observación de la realidad.» De modo que Skimpole es una vil parodia de niño, mientras que esta niña es una imitación patética de la mujer adulta.

«La criatura [el niño] al que mecían tendió los brazos, y lloró para que le cogiera Charley. La niña lo cogió, con un ademán adulto que se correspondía con el delantal y el sombrero, y se quedó mirándonos por encima del envoltorio que apretaba contra sí con el mayor cariño.

»—¿Es posible —susurró [*el señor Jarndyce*]— que esta

cría trabaje para los demás? ¡Mirad esto! ¡Por Dios bendito, mirad esto!

»Era digno de verse. Los tres niños juntos, y dos de ellos sin otro amparo que la niña; y ésta muy pequeña aún, aunque con una expresión de firmeza y de madurez que contrastaba con su figura minúscula.»

Ahora, por favor, fijaos en el tono compasivo, y en esa especie de tierno temor que hay en las palabras del señor Jarndyce:

«—¡Charley, Charley! —dijo mi tutor—. ¿Cuántos años tienes?

»—Trece cumplidos, señor —replicó la niña.

»—¡Ah, qué mayor! —dijo mi tutor—. ¡Qué mayor eres, Charley!

»No puedo describir la ternura con que le hablaba; medio en broma, pero por eso mismo tanto más compasivo y afligido.

»—¿Y vives aquí sola con estos pequeñines, Charley? —dijo mi tutor.

»—Sí, señor —contestó la niña, mirándole a la cara con absoluta confianza—, desde la muerte de papá.

»—¿Y cómo vivís, Charley? ¡Ah, Charley! —dijo mi tutor, desviando la cara un momento—, ¿cómo vivís?»

No quisiera que se tachara de sentimentalista esta vena que recorre todo el libro. Creo que quienes censuran lo sentimental ignoran la naturaleza del sentimiento. Sin duda, la historia del estudiante que se hace pastor por amor a una doncella, para citar un ejemplo, es sentimental, tonta, sosa y trillada. Pero cabe preguntarse si no existe una diferencia entre la técnica de Dickens y la de los escritores antiguos. Hay un abismo entre el mundo de Dickens y el de Homero o el de Cervantes, por ejemplo. ¿Siente verdaderamente un héroe el latido divino de la compasión? Horror sí... y una especie de piedad general y rutinaria... pero ¿existe ese hondo sentimiento de compasión concreta, tal como lo entendemos hoy, en el pasado dactílico? No abriguemos ninguna duda al respecto: a pesar de todos nuestros horrendos retrocesos al estado salvaje, el hombre moderno es, en términos generales, mejor que el hombre de Homero, que el *homo homericus*, y que el hombre medieval. En la batalla imaginaria *americus versus homericus*, es el primero el que gana el premio de humanidad. Desde luego, sé que hay oscuros latidos de pathos en la *Odisea*, que Odiseo y su anciano padre, cuando vuelven a encontrarse después de muchos años y tras ciertos comentarios casuales, levantan súbitamente la cabeza y se lamentan en una especie de aullido elemental, un aullido vago contra el destino, como si no tuvieran plena conciencia de su propio dolor. Esta compasión no es del todo consciente de sí; es, repito, una emoción general de ese viejo mundo con sus charcos de sangre y sus montones de excrementos sobre el mármol, cuya única redención, en definitiva, consiste en que nos deja una docena de magníficos cantos épicos, un inmortal horizonte poético. Pero ya me habéis oído hablar bastante de las espinas y los colmillos de ese mundo. Don Quijote intercede en la flagelación de un niño; pero don Quijote es un loco. Y Cervantes se toma el mundo cruel con tranquilidad, y siempre hay alguien apretándose las ijadas de risa detrás del menor asomo de compasión.

Ahora bien, aquí, en este pasaje sobre los pequeños Neckett, no hay que interpretar el arte de Dickens como una versión *cockney* del núcleo de la emoción: es la compasión concreta, verdadera, intensa y sutil, con una gradación de sombras que se funden y se mezclan, con un acento de profunda piedad en las palabras, que surgen como susurros, y con una elección artística de los epítetos más visibles, audibles y tangibles.

El tema de Skimpole chocará frontalmente con uno de los más trágicos del libro: el del niño llamado Jo. Este huérfano, este niño pequeño y enfermo, es llevado por Esther y la pequeña Charley, ahora su doncella*, a casa de Jarndyce, para darle cobijo una noche fría y tormentosa. Se nos muestra a Jo encogido en un ángulo del asiento junto a la ventana del salón, en casa de Jarndyce, observando con una indiferencia que apenas podría llamarse asombro, el confort y la suntuosidad que le rodea. Una vez más, Esther es la narradora.

«—Es un caso doloroso —dijo mi tutor, después de hacerle una pregunta o dos, y tocarle y examinarle los ojos—. ¿Qué dice usted, Harold?

»—Lo mejor sería echarlo —dijo el señor Skimpole.

»—¿Qué quiere decir? —preguntó mi tutor, casi con severidad.

»—Mi querido Jarndyce —dijo el señor Skimpole—, usted sabe que soy un niño. Enfádese conmigo si lo merezco. Pero le tengo una aversión constitutiva a este tipo de cosas. Siempre la tuve cuando era médico. No se encuentra bien. Tiene una clase de fiebre muy mala.

»El señor Skimpole había regresado del vestíbulo al salón otra vez, y dijo esto último en tono alegre, sentado en el taburete del piano, mientras nosotros estábamos de pie junto al niño.

»—Ustedes dirán que es una puerilidad —comentó el señor Skimpole, mirándonos con expresión risueña—. Bueno, quizá lo sea; *soy* un niño, y jamás pretenderé ser otra cosa. Si le devuelven al camino, no harán otra cosa que ponerle donde estaba. No se encontrará peor de lo que se encuentra. Que se vaya en mejores condiciones, si quieren. Denle seis peniques, o cinco chelines, o cinco libras, o diez; ustedes son los auténticos, no yo, pero líbrense de él.

---

* Entre los papales de Nabokov se conserva una nota suya en la que comenta que «Charley asistiendo a Esther como doncella es la dulce y pequeña sombra, en contraste con la sombra negra de Hortense», quien ha ido a ofrecer sus servicios a Esther tras ser despedida por lady Dedlock, y no ha sido aceptada. (*N. de la ed. inglesa.*)

»—¿Y qué hará entonces? —preguntó mi tutor.

»—Por mi vida —dijo el señor Skimpole, encogiéndose de hombros con su sonrisa encantadora— que no tengo ni la menor idea de lo que hará entonces. Pero no me cabe la menor duda de que lo hará.»

Desde luego esto supone que todo lo que tiene que hacer el pobre Jo es morirse como un animal enfermo en la cuneta. Sin embargo, Jo es acostado en la cama en una saludable habitación superior. Y, como el lector averiguará mucho después, Skimpole se deja sobornar fácilmente por un detective para que le muestre la habitación donde está Jo; se llevan a Jo, quien desaparece durante tiempo.

Seguidamente, el tema de Skimpole entra en relación con Richard. Skimpole empieza a vivir a costa suya, e incluso, después del soborno, se agencia un nuevo abogado para que prosiga el infructuoso pleito. El señor Jarndyce se lleva a Esther de visita a casa de Skimpole para ponerle sobre aviso, vencido todavía de su cándida inocencia. La casa «era bastante sórdida, y no estaba en absoluto limpia; pero su mobiliario era de un lujo extraño y andrajoso, con un gran escabel, un sofá, numerosos cojines, una butaca, cantidades de almohadas, un piano, libros, material de dibujo, música, periódicos y unos cuantos bocetos y cuadros. El cristal roto de una de las sucias ventanas estaba reparado con papel pegado; pero sobre la mesa había un platito con melocotones de invernadero, otro con uvas, otro con bizcochos, y una botella de vino clarete. El señor Skimpole estaba recostado en el sofá, en bata, tomando un aromático café de una vieja taza de porcelana —era alrededor de mediodía—, y contemplando una colección de alhelíes que adornaban el balcón.

»No se desconcertó lo más mínimo ante nuestra aparición, sino que se levantó y nos acogió con su habitual alegría.

»—¡Aquí me tienen! —dijo cuando nos sentamos, no sin cierta dificultad, ya que la mayoría de las sillas estaban rotas—. ¡Aquí me tienen! Éste es mi frugal desayuno. Hay quienes prefieren pierna de vaca o de cordero para desayunar; yo no. A mí que me den mi melocotón, mi taza de café y mi clarete; con esas cosas me conformo. Y no me gustan por sí mismas, sino porque me recuerdan el sol. No hay nada solar en una pierna de cordero o de vaca. ¡Sólo mera satisfacción animal!

»—Ésta es la consulta de nuestro amigo (o lo sería, si recibiera enfermos), su santuario, su estudio —nos dijo mi tutor [*lo de recibir enfermos es una parodia del tema médico que encontramos en el doctor Woodcourt*].

»—Sí —dijo el señor Skimpole, volviendo su rostro radiante—, ésta es la jaula del pájaro. Aquí es donde el pájaro vive y canta. De vez en cuando le arrancan plumas y le recortan las alas; pero canta, canta.

»Nos ofreció uvas, repitiendo a su manera radiante:

»—¡Canta! No con tono ambicioso; pero canta... Éste es un día —dijo sirviéndose alegremente un poco de clarete en un vaso— que aquí siempre será recordado. Lo llamaremos el día de santa Clare y santa Summerson. Quiero que vean a mis hijas. Tengo una hija de ojos azules que es mi hija Belleza [Arethusa], otra que es mi hija Sentimiento [Laura], y otra que es mi hija Comedia [Kitty]. Van a conocerlas. Ellas se sentirán encantadas.»

Algo importante está sucediendo desde el punto de vista temático. Del mismo modo que en una fuga musical un tema es parodiado por otro, nos encontramos aquí con una parodia del tema de los pájaros enjaulados de la señorita Flite, la viejecita chiflada. Skimpole no está enjaulado en realidad. Es un pájaro artificial con aparato de relojería para que cante mecánicamente. Su jaula es de imitación, igual que su infantilismo. Los nombres que da a sus hijas son también una parodia temática de los nombres de los pájaros de la señorita Flite. El niño Skimpole es en realidad Skimpole el impostor; y con gran maestría artística, Dickens nos revela la verdadera naturaleza de Skimpole. Si habéis comprendido hacia dónde he ido llevando el análisis, habremos dado un gran paso hacia la comprensión del misterio del arte literario; porque debe quedar claro que este curso, entre otras cosas, es una especie de investigación detectivesca en torno al misterio de las estructuras literarias. Pero tened en cuenta que el material que podemos abarcar en clase no es exhaustivo en absoluto. Hay muchas cosas —temas y facetas de temas— que debéis descubrir por vosotros mismos. Un libro es como un baúl repleto de objetos. En la aduana, la mano del funcionario se sumerge en él someramente; pero el que busca tesoros examina cada hebra.

Hacia el final del libro, Esther se alarma al ver que Skimpole está esquilmando a Richard y va a visitarle para pedirle que rompa toda relación con él, cosa a la que Skimpole accede alegremente al enterarse de que Richard se ha quedado sin dinero. En el curso de la conversación se descubre que fue él quien ayudó a que se llevaran a Jo después de que Jarndyce ordenara que le metieran en la cama; desaparición que había permanecido en el más absoluto misterio. Él se defiende de manera característica: «—Observe el caso, mi querida señorita Summerson. Tenemos a un niño al que recogen y meten en la cama en un estado al que pongo mis mayores reparos. Ya el niño en la cama, surge un hombre de la nada. Tenemos al hombre que reclama al niño recogido y metido en la cama en un estado al que pongo mis mayores reparos. Tenemos un billete de banco que saca el hombre que reclama al niño recogido y metido en la cama en un estado al que pongo mis mayores reparos. Tenemos a Skimpole que acepta el billete que saca el hombre que reclama al niño recogido y metido en la cama en un estado al que pongo mis mayores reparos. Esos son los hechos. Bien. ¿Tenía que haber rechazado Skimpole el billete de banco? ¿*Por qué* tenía que haber rechazado Skimpole el billete de banco? Skimpole objeta a Bucket: "¿Y esto para qué? No lo entiendo; a mí no me sirve para nada; lléveselo." Bucket sigue insistiéndole a Skimpole que lo acepte. ¿Hay razones para que Skimpole, que no se encuentra deformado por los prejuicios, deba aceptarlo? Sí. Skimpole las ve. ¿Cuáles son?»

Dichas razones se reducen a que, como oficial de policía encargado del cumplimiento de la justicia, Bucket tiene una fe inquebrantable en el dinero, fe que se derrumbaría si Skimpole rechazara el billete ofrecido, con el resultado de que Bucket no volvería a servir como detective. Además, si es censurable que Skimpole acepte dinero, más censurable es que Bucket se lo ofrezca: «Ahora bien, Skimpole quiere tener buena opinión de Bucket; Skimpole considera esencial, dentro del pequeño lugar que ocupa, pensar bien de Bucket para no quebrantar la cohesión general de las cosas. Y lo hace. ¡Y eso es todo lo que hace!»

Finalmente, Esther hace un claro resumen del destino de Skimpole: «Una frialdad surgió entre él y mi tutor, debida principalmente a las razones expuestas, y a haberse mostrado insensible a los ruegos de mi tutor (como más tarde nos enteramos por Ada) en relación con Richard. Su endeudamiento con mi tutor no tuvo nada que ver en este distanciamiento. El señor Skimpole murió unos cinco años después, dejando un diario —además de cartas y otros documentos relacionados con su vida— que fue publicado y en el cual se presentaba como víctima de una confabulación del género humano contra un niño amable. El diario ha sido considerado una lectura agradable, aunque yo no he llegado a leer de él más que una frase que descubrí cuando abrí el libro al azar. Es ésta: "Jarndyce, al igual que la mayoría de los hombres que he conocido, es la Encarnación del egoísmo".» En realidad, Jarndyce es uno de los seres más buenos y afables de la novela.

Resumiendo: en el método de contrapunto de nuestro libro, se nos muestra al señor Skimpole primero como una persona infantil, alegre y despreocupada, como un niño delicioso, como una criatura cándida e inocente. El buen John Jarndyce, en algunos aspectos la verdadera criatura del libro, es engañado y censurado por el pseudoniño Skimpole. Dickens hace que la descripción de Esther haga resaltar el ingenio superficial aunque agradable, el encanto fácil pero divertido de Skimpole; y muy pronto, a través de este encanto, empezamos a percibir la crueldad esencial, la vulgaridad y la completa falta de honradez de este hombre. Como parodia de niño, sirve además para dar realce a los verdaderos niños del libro, pequeños colaboradores que asumen responsabilidades propias de personas adultas, niños que son patéticos imitadores de los tutores y protectores. De suma importancia para el desarrollo interno de la historia es el encuentro de Skimpole y Jo: Skimpole traiciona a Jo, el falso niño traiciona al niño de verdad. Hay en el tema de Skimpole una parodia del tema de los pájaros enjaulados. Richard, demandante desafortunado, es en realidad el pájaro enjaulado. Skimpole, que se aprovecha de él, es a lo sumo un pájaro artificial; en el peor de los casos, un buitre. Por último, aunque este aspecto no pase de ser un esbozo, está el contraste entre el verdadero médico, Woodcourt, que utiliza sus conocimientos para ayudar a la humanidad, y Skimpole, que se niega a practicar la Medicina; y en la única ocasión en que es consultado, diagnostica correctamente la fiebre de Jo como peligrosa; pero recomienda que le echen a la calle, sin duda para enviarlo a la muerte.

Las páginas más conmovedoras del libro son las dedicadas al tema de los niños. Fijaos en el relato que hace Esther de su estoica niñez, con su madrina Barbary (en realidad, su tía) inculcándole constantemente un sentimiento de culpa en la conciencia. Luego están los hijos abandonados de la humanitaria señora Jellyby; los hijos de Neckett, que se quedan huérfanos de padre y madre y prestan ayuda como personas adultas, «las niñas sucias y endebles, con vestidos de gasa» (y el niño que baila solo en la cocina) y reciben lecciones de baile en la escuela de Turveydrop para aprender la profesión. Con la señora Pardigle, mujer de indiferente filantropía, visitamos a la familia de un ladrillero y vemos a un bebé muerto. Pero de todos estos pobres niños, vivos o muertos o moribundos, de todos estos «pobres, tristes niños sufrientes», la criaturita más infortunada es Jo, tan estrecha e inconscientemente mezclado en el tema detectivesco.

En la encuesta del forense sobre la muerte de Nemo se recuerda que éste había hablado con el niño que barría el cauce del callejón, y mandan llamar al niño.

«—¡Ah, aquí está el chico, señores!

»Aquí está, muy embarrado, muy ronco, muy harapiento. ¡Veamos, chico! Pero un momento. Cuidado. El chico debe cumplimentar los trámites preliminares.

»Nombre: Jo. Nada más que él sepa. No sabe que todo el mundo tiene nombre y apellido. Jamás ha oído hablar de cosa semejante. No sabe que Jo es diminutivo de un nombre más largo. Lo considera suficientemente largo para *él*. No le encuentra defecto. ¿Puede deletrearlo? No. No tiene padre; no tiene madre; no tiene amigos. No ha ido a la escuela. ¿Cuál es su domicilio? Sabe que una escoba es una escoba, y sabe que es malo decir mentiras. No recuerda quién le habló sobre las escobas, ni sobre las mentiras, pero sabe lo que son. No puede decir exactamente qué le ocurrirá cuando muera si dice una mentira a los señores aquí presentes, pero cree que será algún castigo muy grande, y se lo tendrá merecido... así que dirá la verdad.»

Después de la encuesta, en la que no se permite a Jo testificar, es interrogado en privado por el abogado señor Tulkinghorn. Jo sólo sabe que una fría noche de invierno, cuando él, el niño, estaba temblando en un portal cerca de su cruce el hombre se volvió para mirarle, retrocedió y, después de preguntarle y averiguar que no tenía amigos en el mundo, dijo: «¡Yo tampoco. Ninguno!» Y le dio dinero para una cena y el alojamiento de una noche. Desde entonces, aquel hombre había hablado a menudo con él, preguntándole si dormía bien, y cómo soportaba el frío y el hambre, y si a veces no deseaba morir; y preguntas extrañas por el estilo.

«—Fue muy bueno conmigo —dice el chico, enjugándose los ojos con su manga harapienta—. Cuando le veo tendido ahí, todo lo largo que es, quisiera que me oyese decir esto. ¡Fue muy bueno conmigo, muy bueno!»

Dickens escribe a la manera carlyleana, con repeticiones a modo de tañidos. Dice del cadáver del inquilino: «Se llevan el cuerpo de nuestro querido hermano ya fallecido a un cementerio cercado, inmundo, pestilente, del que emanan enfermedades malignas que se contagian a los cuerpos de nuestros queridos hermanos que no han fallecido aún... A ese trozo repugnante de tierra que un turco rechazaría como salvaje abominación, y ante el cual se estremecería un cafre, traen al querido hermano fallecido a darle cristiana sepultura.

»Y aquí, con las casas mirando desde todos lados, salvo allí donde el pequeño túnel maloliente de un patio da acceso a la verja de hierro —con todas las infamias de la vida ejerciendo su acción junto a la muerte, y cada elemento ponzoñoso de la muerte actuando sobre la vida—, aquí, bajan a nuestro querido hermano un pie o dos, aquí, lo siembran en la corrupción, para cultivarlo en la corrupción, y surgirá como espectro vengativo junto a muchos lechos enfermos, como testimonio vergonzoso para épocas futuras de cómo la civilización y la barbarie andaban juntas en esta isla jactanciosa.»

Y aquí está la confusa silueta de Jo en la niebla y la oscuridad de la noche. «Con la noche, viene andando, arrastrándose casi una figura por el túnel, y llega a la verja de hierro.

Coje la verja con las manos, mira por entre los barrotes y se queda un rato observando.

»Luego, con una vieja escoba que trae, barre suavemente el peldaño, limpia el arco. Lo hace con afán, con cuidado; observa otra vez durante un momento; y se va.

»Jo, ¿eres tú? [*de nuevo la elocuencia carlyleana*] ¡Bien, bien! Aunque eres un testigo rechazado que "no sabe decir con exactitud" qué le pasará en manos más grandes que las de los hombres, no estás del todo desterrado en las tinieblas más lejanas. Hay algo así como un lejano rayo de luz en la razón que has murmurado para esto:

»—¡Fue muy bueno conmigo, muy bueno!»

Al hacerle «circular» constantemente la policía, Jo se va de Londres y, en los primeros momentos de la viruela, es recogido por Esther y Charley, a quien contagia la enfermedad; desaparece luego misteriosamente, y no se sabe nada de él hasta que vuelve a aparecer en Londres, exhausto por la enfermedad y las privaciones, y agoniza en la barraca de tiro al blanco propiedad del señor George. Su corazón es comparado a un pesado carruaje. «El carruaje tan penoso de arrastrar está ya próximo al fin de su viaje, y avanza por terreno pedregoso. Anda las veinticuatro horas del día subiendo los rotos, gastados y destrozados peldaños. Ya no son muchas las veces que el sol saldrá a contemplarlo en su cansada y fatigosa carrera... También está el señor Jarndyce muchas veces; y Allan Woodcourt casi siempre; los dos meditan a menudo sobre la forma en que el Destino [*con la ayuda genial de Charles Dickens*] ha enredado de forma tan singular a este tosco desheredado en la telaraña de unas vidas tan dispares... Jo está hoy dormido, o sumido en un estupor; Allan Woodcourt, que acaba de llegar, permanece de pie junto a él, y contempla su cuerpo consumido. Un rato después, se sienta con suavidad en el borde de la cama, con el rostro vuelto hacia él... y le toca el pecho y el corazón. El carruaje casi se ha detenido, pero sigue pugnando un poco más...

«—¡Bueno, Jo! ¿Qué tal? No tengas miedo.

»—Creía —dice Jo sobresaltado, mirando en torno suyo—, creía que estaba otra vez en casa de Tom-All-Alone [*tugurio espantoso donde vivía*]. ¿No hay nadie más que usted, señor Woodcot? [*observad el simbolismo del giro especial que Jo da al nombre del doctor, convirtiéndolo en Woodcot, es decir pequeña casita de campo de madera, o ataúd*].

»—Nadie.

»—No tengo que volver a casa de Tom-all-Alone, ¿verdad, señor?

»—No.

»Jo cierra los ojos, y murmura:

»—Se lo agradezco mucho.

»Después de observarle atentamente durante un rato, Allan acerca la boca a su oído, y le dice en voz baja y clara:

»—¡Jo! ¿Aprendiste alguna vez alguna oración?

»—Nunca aprendí ninguna, señor.

»—¿Ni siquiera una muy breve?

»—No, señor. Ninguna... Nunca llegué a saber de qué se trataba...

»Tras una corta recaída en el sueño o el estupor, hace un súbito, un ímprobo esfuerzo por levantarse de la cama.

»—¡Estáte quieto, Jo! ¿Qué ocurre ahora?

»—Es hora de que me vaya al cementerio, señor —replica, con una mirada extraviada.

»—Échate ahí, y cuéntame. ¿Qué cementerio es ése, Jo?

»—Donde le pusieron a él será buen sitio para mí; muy bueno, desde luego. Es hora de que me vaya a ese cementerio, señor; y pida que me pongan con él. Quiero que me entierren allí...

»—Más tarde, Jo. Más tarde...

»—Gracias, señor. Gracias. Tendrán que ir a por la llave de la verja antes de que me metan; porque siempre está cerrado con llave. Tiene un escalón que yo solía barrer con mi escoba... Se ha vuelto muy oscuro, señor. ¿Van a traer alguna luz?

»—La traerán corriendo, Jo.

»Corriendo. El carruaje ha saltado en pedazos, y la accidentada carretera toca muy pronto a su fin.

»—¡Jo, mi pobre compañero!

»—Le oigo, señor, en la oscuridad; pero estoy a tientas, a tientas..., deje que me coja de su mano.

»—Jo, ¿puedes repetir lo que yo diga?

»—Repetiré lo que usted quiera, señor, porque sé que será bueno.

»—Padre nuestro.

»—¡Padre nuestro! Sí, es muy bueno, señor [*Padre es una palabra que él nunca había empleado*].

»—Que estás en los cielos.

»—Estás en los cielos..., ¿va a venir la luz, señor?

»—Está a punto. ¡Santificado sea tu nombre!

»—Santificado sea... tu...»

Y ahora escuchad el tañido del estilo apostrófico de Carlyle:

«Se ha hecho la luz sobre el camino oscurecido por la noche. ¡Ha muerto!

»Ha muerto, majestad. Ha muerto, milores y caballeros. Ha muerto, reverendísimos e irreverendísimos de todas las órdenes religiosas. Ha muerto, hombres y mujeres que habéis nacido con la divina compasión en vuestros corazones. Y que morís así, día tras día, a nuestro alrededor.»

Ésta es una lección de estilo, no de emoción compartida.

El tema detectivesco aporta a la novela la acción principal y constituye su espina dorsal, su fuerza cohesiva. Estructuralmente, es el más importante entre los temas de misterio y miseria, Chancillería y azar.

Una de las ramas de la familia Jarndyce consta de dos hermanas. De estas hermanas, la mayor ha estado prometida a Boyton, excéntrico amigo de John Jarndyce. La otra ha tenido una aventura con un tal capitán Hawdon, del que ha tenido una hija ilegítima. La hermana mayor hace creer a la joven madre que su hija ha nacido muerta. Luego, rompiendo toda relación con su prometido Boyton, con su familia y con sus amistades, esta hermana se retira a un pueblo con la niñita y la cría en la austeridad y las privaciones que se merece, a su juicio, por la forma pecaminosa en que ha venido al mundo. La joven madre, más tarde, se casa con sir Leicester Dedlock. Ésta, ahora lady Dedlock, tras muchos años de cómodo aunque apagado matrimonio, echa una ojeada a ciertas declaraciones juradas relativas al pleito de Jarndyce que le enseña Tulkinghorn, abogado de la familia, y se turba sobremanera al observar la letra en que está copiado uno de los documentos. Trata de achacar sus propias preguntas sobre el particular a la mera curiosidad, pero se desmaya casi a continuación. Esto basta para que el señor Tulkinghorn emprenda una investigación por cuenta propia. Localiza a la persona que lo había escrito, un hombre denominado Nemo (en latín «nadie»); pero lo encuentra muerto en una sórdida habitación de la casa de Krook a consecuencia de una sobredosis de opio, droga que entonces era mucho más fácil de conseguir que hoy en día. En dicha habitación no encuentra ni un solo papel escrito, ya que Krook ha retirado un paquete de cartas importantísimas, antes de hacer pasar a Tulkinghorn a la habitación del inquilino. En la investigación que se efectúa sobre Nemo se pone en claro que nadie sabe nada de él. El único testigo con quien Nemo solía intercambiar algunas palabras personales y amistosas, el pequeño barrendero Jo, es rechazado como testigo por las autoridades. Pero el señor Tulkinghorn le interroga en privado.

Por las noticias de los periódicos, lady Dedlock se entera

de la existencia de Jo y va a verle de incógnito, vestida con las ropas de su doncella francesa. Le da dinero cuando él le enseña lugares, etc., relacionados con Nemo, ya que ella sabe por la letra que se trata del capitán Hawdon; y Jo la lleva al pestilente cementerio con verja de hierro donde Nemo ha sido enterrado. La historia de Jo se propaga y llega a oídos de Tulkinghorn. Tulkinghorn confronta a Jo con Hortense, la doncella francesa, quien lleva puestas las ropas que había prestado a lady Dedlock para su visita secreta a Jo. Jo reconoce las ropas, pero está completamente seguro de que la voz, la mano y los anillos de la mujer que tiene ahora ante sí no corresponden a la otra. Así se confirma la idea de Tulkinghorn de que la misteriosa visitante de Jo es lady Dedlock. Tulkinghorn prosigue entonces su investigación, aunque se ocupa también de que la policía haga «circular» a Jo, ya que no quiere que los demás sepan demasiado de él (por esa razón se encuentra en Hertfordshire cuando cae enfermo, y por eso se lo lleva Bucket, con ayuda de Skimpole, de casa de Jarndyce). Poco a poco, Tulkinghorn averigua la identidad de Nemo: es el capitán Hawdon. Conseguir que el señor George le entregue una carta escrita por el capitán es parte de su trabajo. Cuando Tulkinghorn tiene a punto su informe, lo expone en presencia de lady Dedlock, como si lo refiriese a otras personas. Al verse descubierta y a merced de Tulkinghorn, lady Dedlock se retira a su habitación, en su mansión campestre de Chesney Wold, a deliberar con Tulkinghorn sobre las intenciones de éste. Ella se muestra dispuesta a abandonar al marido y la casa, y desaparecer. Tulkinghorn decide que debe quedarse y seguir desempeñando su papel de mujer elegante y de esposa de sir Leicester, hasta que él tome una decisión y elija el momento. Cuando más tarde le dice que va a revelarle su pasado a sir Leicester, ella sale de noche a dar un largo paseo; y esa misma noche Tulkinghorn es asesinado en su habitación. ¿Habrá sido ella la asesina?

Sir Leicester contrata al detective Bucket para que descubra al desconocido asesino de su abogado. Bucket sospecha primero de George, a quien han oído amenazar a Tulkinghorn, y le hace detener. Más tarde, diversos detalles parecen apuntar a lady Dedlock; pero todos son pistas falsas. La verdadera asesina es Hortense, la doncella francesa, quien había ayudado al señor Tulkinghorn a descubrir el secreto de su antigua señora, lady Dedlock, aunque se vuelve contra Tulkinghorn cuando éste deja de recompensar suficientemente sus servicios y la ofende amenazándola con mandarla a la cárcel y echándola prácticamente de su piso.

Pero un tal señor Guppy, pasante de abogado, ha seguido también su propia línea de investigación. Por motivos personales (está enamorado de Esther), trata de obtener de Krook algunas cartas que él sospecha que han caído en manos del viejo tras la muerte del capitán Hawdon. Está a punto de conseguirlo cuando, de manera inesperada, Krook muere de una muerte espontánea. De este modo las cartas, y con ellas el secreto de los amores del capitán y lady Dedlock y del nacimiento de Esther, caen en manos de una banda de chantajistas encabezada por el viejo Smallweed. Tulkinghorn había comprado las cartas a los Smallweed, pero aprovechando su muerte éstos tratan de sacarle dinero a sir Leicester. El detective Bucket, nuestro tercer investigador, hombre experimentado, intenta arreglar el asunto favoreciendo a los Dedlock; pero al hacerlo, tiene que contarle a sir Leicester el secreto de su esposa. Sir Leicester ama a su esposa demasiado para no perdonarla. Pero lady Dedlock, advertida por Guppy de lo ocurrido, ve en ello la mano del destino vengador, y abandona el hogar para siempre, ignorando la reacción de su marido ante el «secreto».

Sir Leicester envía a Bucket en su busca; Bucket se lleva a Esther, sabedor de que es su hija. En medio de una helada tormenta, siguen la pista de lady Dedlock hasta la cabaña del ladrillero de Hertfordshire, no lejos de Casa Desolada, adonde lady Dedlock ha ido a buscar a Esther aunque ésta, sin que su madre lo sepa, ha estado todo el tiempo en Londres. Bucket descubre que dos mujeres han abandonado la cabaña poco antes de que él llegara: una de ellas se ha dirigido hacia el norte, y la otra hacia el sur, en dirección a Londres. Bucket y Esther siguen la pista de la que va hacia el norte durante bastante rato, hasta que el astuto Bucket decide de repente regresar, en medio de la tormenta, y seguir el rastro de la otra. La que marcha hacia el norte se ha puesto las ropas de lady Dedlock, y la que se dirige a Londres va vestida como la esposa pobre del ladrillero. Acierta en su decisión; pero él y Esther llegan demasiado tarde. Lady Dedlock, vestida de pobre, está ya en Londres y ha ido a la tumba del capitán Hawdon. Muere de agotamiento y de frío, agarrada a los barrotes de la verja de hierro, después de caminar durante cien millas, en medio de una tormenta espantosa, prácticamente sin descanso.

Como puede verse en este resumen, la trama detectivesca no está a la altura de la poesía del libro.

Gustave Flaubert definió con claridad el ideal del novelista cuando dijo que, al igual que Dios en Su mundo, el autor, en su libro, debe estar en todas partes y en ninguna, invisible y omnipresente. Existen varias obras importantes donde la presencia del autor es tan discreta como Flaubert pretendía, aunque él mismo no alcanzó ese ideal en *Madame Bovary*. Pero incluso en las obras en las que el autor es idealmente discreto, se encuentra diseminado por todo el libro, de forma que su misma ausencia se convierte en una especie de radiante presencia. Como se dice en francés, *il brille par son absence*, brilla por su ausencia. En lo que atañe a *Casa Desolada*, nos enfrentamos con uno de esos autores que son, por así decir, no deidades supremas, difusas y distantes, sino distraídos, afables y simpáticos semidioses que descienden a sus libros bajo disfraces diversos o envían intermediarios, agentes, representantes, validos, espías y soplones.

En términos generales, estos representantes se dividen en tres tipos que examinaremos a continuación.

En primer lugar está el narrador que habla en primera persona, el yo del relato, eje de la narración. Este narrador puede aparecer bajo formas diversas: puede ser el propio escritor o un protagonista en primera persona; o el escritor puede inventar a un autor al que cita, como Cervantes a su historiador árabe; o tomar como narrador parcial a uno de los personajes terciopersonales del libro, después de lo cual vuelve a aparecer la voz del amo. Lo principal es que sea cual sea el método, hay un tal Yo que cuenta cierta historia.

En segundo lugar, hay un tipo de representante del autor al que yo llamo *agente tamizador*. Este agente tamizador puede coincidir o no con el narrador. De hecho, los agentes tamizadores más típicos que conozco, como Fanny Price en *Mansfield Park* o Emma Bovary en la escena del baile, no son narradores en primera persona, sino personajes terciopersonales. Además, pueden representar o no las ideas del propio autor; pero su característica más destacada es que, suceda lo que suceda en el libro, cada acontecimiento, cada imagen, cada paisaje y cada personaje está visto y percibido a través de los ojos y los sentidos de un personaje principal, de un «él» o un «ella» que criba la historia con el tamiz de sus propias ideas y emociones.

El tercer tipo es el llamado *perry*, palabra derivada posiblemente de periscopio, pese a la doble r, o quizá de *parry* («parada»), en vaga conexión con el florete de la esgrima. Pero esto tiene poca importancia, ya que de todos modos soy yo quien inventó ese término hace ya muchos años. Designa al esbirro más bajo del autor: al personaje que, a lo largo del libro, o al menos en ciertas partes, está, por así decir, de servicio, y cuyo único objetivo, cuya única razón de ser, es visitar los lugares que el autor quiere que el lector

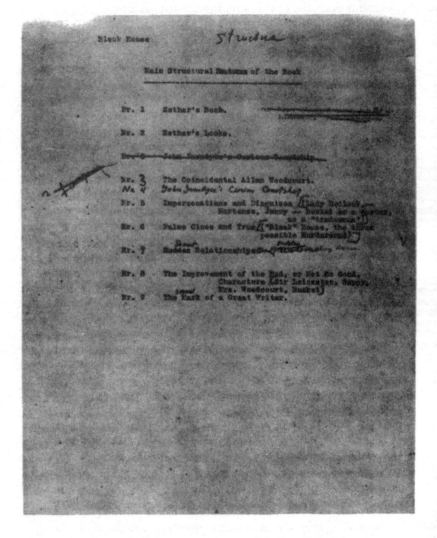

Bosquejo de la estructura general de Casa Desolada.

visite y ver a los personajes que el autor quiere que el lector conozca. En esos capítulos, el *perry* carece de identidad propia. No tiene voluntad, ni alma, ni corazón, ni nada: es un mero *perry* en peregrinación, aunque desde luego puede recuperar su identidad en alguna otra parte del libro. El *perry* visita una casa sólo porque el autor quiere describir a los personajes de esa casa. El *perry* es muy servicial. Sin el *perry*, la historia resulta a veces difícil de dirigir y de desarrollar; aunque es preferible cargarse el relato que tener a un *perry* arrastrando su hilo como arrastra un insecto lisiado un trozo de telaraña polvorienta.

Ahora bien, en *Casa Desolada*, Esther hace de todo: es narradora parcial, una especie de niñera que sustituye al autor, como explicaré más adelante. Es también, en algunos capítulos al menos, un agente tamizador que ve las cosas por sí mismo y a su manera, si bien la voz de su amo propende a ahogar la suya, aun cuando hable en primera persona; y en tercer lugar (¡ay!), el autor la utiliza a menudo como *perry* para desplazarse a tal o cual lugar donde tiene que describir a tal o cual personaje o suceso.

Ocho son las características estructurales dignas de resaltar en *Casa Desolada*:

1. El libro de Esther

En el capítulo III, Esther, educada por su madrina (hermana de lady Dedlock), aparece por primera vez como narradora; aquí Dickens comete un pequeño error que luego tendrá que pagar caro. Empieza el relato de Esther en un pretendido estilo aniñado, en un burbujeante lenguaje infantil (la expresión: «Mi vieja y querida muñeca» resulta un recurso fácil), pero enseguida se da cuenta de que esta forma no es la adecuada para contar una historia sólida, y no tardamos en comprobar que su propio estilo colorista y vigoroso irrumpe en esta charla artificial e infantil, como en el siguiente pasaje: «¡Mi vieja y querida muñeca! Era yo un ser tan pequeño y vergonzoso, que muy pocas veces me atrevía a abrir la boca, y ninguna a abrir mi corazón a nadie más. Casi me dan ganas de llorar al pensar en el alivio que representaba para mí, cuando volvía del colegio, subir corriendo a mi habitación y decirle: "¡Ah, mi querida y fiel muñeca, sabía que me estarías esperando!" Y luego me sentaba en el suelo, me apoyaba en el brazo de su gran sillón, y le contaba todo lo que había visto desde que nos separáramos. Yo siempre había sido observadora: no era una observación rápida, ¡por supuesto!; era más bien una manera callada de notar lo que ocurría ante mí, y pensar que me gustaría comprenderlo mejor. No tengo una rápida capacidad de comprensión, ni mucho menos. Aunque cuando quiero a una persona con ternura parece que esta capacidad se me aviva. Pero quizá no sea más que vanidad mía.» Observad que en las primeras páginas del relato de Esther no hay prácticamente figuras retóricas, ni comparaciones vigorosas, etc. Sin embargo, empiezan a desmoronarse ciertos aspectos del lenguaje infantil y se producen algunos cambios como en la aliteración dickensiana, *the clock ticked, the fire clicked* («el reloj latía, el fuego crepitaba»), cuando Esther y su madrina están sentadas junto al fuego, que no encajan con el estilo de colegiala de Esther.

Pero cuando su madrina la señorita Barbary (su tía en realidad) muere, y el abogado Kenge toma el asunto en sus manos, la narración de Esther vuelve a un estilo dickensiano general. Por ejemplo, al hablar de Renge: «—¿No de Jarndyce y Jarndyce? —dijo el señor Kenge, mirándome por encima de sus lentes y dando vueltas una y otra vez al estuche, como si acariciase algo.» Puede verse lo que está ocurriendo. Dickens empieza trazando el retrato delicioso de Kenge, del suave y redondo Kenge, del Kenge Conversador (como él le apoda), y se olvida por completo de que, supuestamente, una niña ingenua está escribiendo. Y unas páginas más adelante encontramos ya casos en que las imágenes dickensianas (comparaciones audaces, por ejemplo) se introducen de lleno en el relato de Esther. «Cuando ella [la señorita Rachael] me dio un beso frío de despedida en la frente, como una gota de deshielo del porche de piedra —el día era de un frío intensísimo—, me sentí muy desgraciada»; o: «Estaba sentada... observando los árboles cubiertos de blancura, que eran como hermosos palos de barco; y los prados todo suaves y blancos por la nieve de la noche anterior; y el sol, muy rojo, aunque transmitía muy poco calor; y el hielo, oscuro como el metal, del que los patinadores y los corredores habían quitado la nieve.» O las descripciones que hace Esther de la desastrosa indumentaria de la señora Jellyby: «No pudimos por menos de observar que su vestido casi no llegaba a cubrirle del todo la espalda, y que el espacio que quedaba abierto lo tenía cruzado por una labor de celosía de ballenas, como el cenador de una casa de verano.» El tono y la ironía con que describe la cabeza de Peepy Jellyby cogida entre los barrotes son completamente dickensianos: «Me abrí paso hasta el pobre niño, que era uno de los pequeños infelices más sucios que he visto en mi vida, y le encontré muy sofocado y asustado, llorando atrapado por el cuello entre dos barrotes de hierro, mientras el lechero y un alguacil, con la mejor de las intenciones posibles, trataban de sacarlo tirando de las piernas, con la idea general de que así su cráneo se comprimiría. Al ver (después de apaciguarle) que era un niño pequeño, con la cabeza naturalmente grande, pensé que quizá podía caberle el cuerpo por donde le había cabido la cabeza, y dije que la mejor manera de sacarlo sería empujándole hacia adelante. La sugerencia fue favorablemente acogida por el lechero y el alguacil, que al instante se habrían puesto a empujarle hacia adentro, de no haberle sujetado yo por el delantal, mientras Richard y el señor Guppy cruzaban corriendo por la cocina para cogerle cuando se liberase.»

La mágica elocuencia de Dickens descuella en pasajes como la descripción que hace Esther de su encuentro con lady Dedlock, su madre:

«Expliqué, lo mejor que pude entonces, o puedo recordar ahora —ya que mi agitación y mi angustia eran en aquel momento tan intensas que apenas me comprendía a mí misma, aunque cada palabra pronunciada con esa voz de madre, tan poco familiar y tan triste para mí, pues en mi niñez jamás había aprendido a quererla y a reconocerla, jamás me había dormido con sus canciones, jamás le había oído pronunciar una bendición, jamás me había infundido una esperanza, produjo una impresión perenne en mi memoria—, expliqué, digo, o traté de explicar, cómo sólo esperaba que el señor Jarndyce, que había sido el mejor de los padres para mí, pudiese darle algún consejo y apoyo. Pero mi madre contestó que no, que era imposible; que nadie podía ayudarla. Que debía recorrer sola el desierto que tenía ante sí.»

Escribiendo a través de Esther, Dickens puede imprimir al relato un estilo más fluido, flexible y convencional que cuando narra en su propio nombre. Esto, y la ausencia de detalles descriptivos como los esbozados con trazo vigoroso en los comienzos de los capítulos, son las únicas diferencias entre sus respectivos estilos. Esther y el autor acaban acostumbrándose más o menos a sus distintos puntos de vista, tal como se reflejan en sus estilos: Dickens con toda clase de efectos y cambios musicales, humorísticos, metafóricos, oratorios y retumbantes por un lado; y por otro, Esther empezando capítulos con frases fluidas y conservadoras. Pero en la descripción de Westminster Hall, al final del ya citado pleito de Jarndyce, cuando se descubre que toda la herencia se ha ido en las costas, Dickens se funde casi por completo con Esther. Estilísticamente, el libro entero representa un progresivo deslizamiento hacia la fusión de los dos. Y cuando inserta retratos literarios o transcribe conversaciones, no se aprecia diferencia entre el uno y la otra.

Siete años después del acontecimiento —como nos enteramos en el capítulo LXIV—, Esther escribe su libro, el cual equivale a treinta y tres capítulos, o sea la mitad de la novela; que consta de sesenta y siete. ¡Maravillosa memoria! Debo decir que a pesar del plan soberbio de la novela, el principal error está en haber dejado que Esther cuente parte de la historia. ¡Yo no habría permitido que la muchacha se acercara!

2. El semblante de Esther

Esther tenía un parecido tan grande con su madre que el señor Guppy se queda estupefacto ante lo familiar que le resulta el retrato de lady Dedlock al verlo en Cherney Wold, Lincolnshire, con motivo de una excursión; sin embargo, no consigue identificarlo al principio. El señor George también se queda perplejo ante el semblante de ella, sin darse cuenta de que está viendo un parecido con su difunto amigo el capitán Hawdon, padre de Esther. Y Jo, cuando le hacen «circular», y camina penosamente en medio de la tormenta hasta que encuentra cobijo en Casa Desolada, apenas puede convencerse, en su temor, de que Esther no es la señora desconocida a quien él enseñó la casa y la sepultura de Nemo. Pero la alcanza una tragedia. Retrospectivamente, ya que está escribiendo el capítulo XXXI, Esther refiere que había tenido un presentimiento el día en que Jo cayó enfermo; presentimiento de sobra justificado, porque Charley coge la viruela de Jo, y cuando Esther la cuida y la ayuda a recobrar la salud (la enfermedad no le ha afectado la cara), se contagia; pero no tiene tanta suerte, pues al final su rostro queda desfigurado a causa de las cicatrices. Al restablecerse, ve que han quitado todos los espejos de su habitación, y comprende el motivo. Pero cuando se encuentra en la casa de campo del señor Boythorn en Lincolnshire, cerca de Chesney Wold, se mira finalmente. «Pues aún no me había mirado en un espejo, ni había pedido que volviesen a poner los de mi habitación. Sabía que era una debilidad que debía vencer; pero siempre me había dicho a mí misma que me gustaría empezar de nuevo cuando llegase adonde ahora estaba. Así que había querido estar sola; y me dije, ahora sola en mi habitación: "Esther, si tienes que ser feliz, si quieres tener algún derecho a pedir sinceridad, tendrás que mantener tu palabra, querida." Estaba completamente decidida a mantenerla; pero primero permanecí sentada un momento, reflexionando en todas mis ventajas. Luego recé mis oraciones y medité un poco más.

»No me habían cortado el cabello, aunque había corrido ese peligro más de una vez. Lo tenía largo y abundante. Me lo solté y lo sacudí, y me acerqué al espejo del tocador. Lo cubría una cortinilla de muselina. La aparté: y me quedé de pie, durante un momento, mirando a través del velo de mi propio cabello, de forma que no podía ver nada más. Luego me retiré el pelo, y miré la imagen del espejo, animada por la placidez con que ella me miraba a mí. Estaba muy cambiada... ¡Oh, mucho, muchísimo! Al principio, mi cara me resultó tan extraña que creo que me la habría cubierto con las manos y habría retrocedido, de no ser por el estímulo al que me he referido. Casi enseguida se me hizo más familiar; y luego percibí mucho más que antes la magnitud de esta alteración. No era como yo había esperado; pero no había esperado nada en concreto, y quizá nada concreto me habría sorprendido.

»Nunca había sido una belleza, y nunca me habría considerado como tal; sin embargo, había sido muy distinta de como me veía ahora. Todo lo anterior había desaparecido. El cielo era tan bueno conmigo, que pude reducirlo todo a unas cuantas lágrimas sin amargura y seguir arreglándome el pelo para dormir, completamente agradecida.»

Se confiesa a sí misma que podía haber amado a Allan

Woodcourt y haberse consagrado a él, pero que ahora ya no era posible. Preocupada por algunas flores que él le había dado y que ella había secado, «llegué finalmente a la conclusión de que podía guardarlas; atesorarlas sólo con el recuerdo de lo que era un pasado irrevocable y había desaparecido para no volverlo a mirar nunca más, bajo ninguna otra luz. Espero que esto no parezca trivial. Lo creía muy en serio». Esto prepara al lector para el momento en que ella acepta la proposición matrimonial que le hace Jarndyce más tarde. Esther ha renunciado firmemente a todos sus sueños en relación con Woodcourt.

En esta escena, Dickens maneja el problema con astucia, ya que cierta ambigüedad debe velar sus facciones alteradas para no ofuscar la imaginación cuando al final del libro ella se convierte en esposa de Woodcourt, y cuando en las últimas páginas surge una duda, encantadoramente plasmada, en la pregunta de si, en realidad, ha perdido su belleza o no. De forma que aunque Esther se mira en el espejo, el lector no la ve, ni se le proporciona detalle ninguno más adelante. Cuando en el inevitable encuentro de madre e hija, lady Dedlock la estrecha contra su pecho, la besa, llora, etc., el tema de su semblante culmina con la curiosa reflexión que se hace Esther: «Sentí... una oleada de gratitud hacia la Providencia Divina, por haberme cambiado de tal modo que jamás podría perjudicarla con ninguna sombra de parecido; de forma que nadie podría mirarme ahora, y mirarla a ella, y pensar remotamente que hubiese un vínculo estrecho entre nosotras.» Todo esto es muy inverosímil (dentro de los límites de la novela), y uno se pregunta si, de hecho, era necesario desfigurar a la pobre muchacha para este fin bastante abstracto; en efecto, ¿*puede* la viruela hacer desaparecer un parecido familiar? Pero el lector sólo llega a aproximarse a la Esther cambiada cuando Ada acerca su encantadora mejilla a la «cara marcada» [por la viruela] de Esther.

Quizás el autor está un poco cansado de su invención del

semblante cambiado, ya que Esther no tarda en decir que no lo volverá a mencionar. Así que, cuando se encuentra con sus amigos otra vez, no se habla de su aspecto, aparte de alguna alusión al efecto que produce en otra gente, desde el asombro en un niño de pueblo hasta el comentario considerado de Richard: «¡Siempre la misma querida muchacha!», cuando ésta levanta el velo que al principio lleva en público. Más tarde, el tema desempeña un papel estructural en conexión con la renuncia del señor Guppy a su amor, después de verla; de manera que, en última instancia, puede que parezca sorprendentemente fea. Pero ¿quizá su aspecto mejora con el tiempo? ¿Quizá desaparecen las cicatrices? Dickens nos deja en la duda. Más tarde, cuando ella y Ada visitan a Richard en la escena que conduce a la revelación por parte de Ada de su matrimonio secreto, Richard dice de Esther que su cara compasiva es muy parecida a la de otro tiempo; y cuando ella sonríe y sacude la cabeza, y él repite: «... Exactamente la misma de otro tiempo», nos preguntamos si la belleza de su alma no ocultará sus cicatrices. Es aquí, creo, donde su aspecto empieza a mejorar..., al menos en la mente del lector. Hacia el final de esta escena, Esther contempla «su antigua cara sencilla»; sencilla, en definitiva, no significa desfigurada. Además, creo incluso que al final de la novela, después de transcurridos siete años, cuando tiene ella veintiocho, las cicatrices han desaparecido de forma solapada. Esther arregla afanosa la casa para recibir la visita de Ada, su pequeño hijo Richard y el señor Jarndyce, y luego se sienta tranquilamente en el porche. Cuando Allan regresa y pregunta qué está haciendo allí, ella replica que ha estado pensando:

«—Casi me da vergüenza decírtelo, pero lo haré. He estado pensando en mi cara..., en cómo era antes.

»—¿Y qué pensaba de su cara mi hacendosa abejita? —dijo Allan.

»—Pues pensaba que me parecía imposible que *pudieses* quererme más, aunque la conservase.

»—... ¿Cómo era antes? —dijo Allan, riendo.

»—Como era antes, naturalmente.

»—Mi querida Dama Durden —dijo Allan, pasando mi brazo por debajo del suyo—, ¿te miras alguna vez en el espejo?

»—Sabes que sí; me ves mirarme.

»—¿Y no sabes que eres más bonita de lo que has sido nunca?

»No lo sabía; no estoy segura de saberlo ahora. Pero sé que mis queridísimos seres son hermosísimos, y que mi querida Ada es muy bella, y que mi marido es muy guapo, y que mi tutor tiene el rostro más radiante y bondadoso que se haya visto jamás; y que ellos no echan de menos en mí la hermosura... aun suponiendo...»

3. El coincidente Allan Woodcourt

En el capítulo XI «un joven moreno», el cirujano, aparece por primera vez junto al lecho de muerte de Nemo (el capitán Hawdon, padre de Esther). Dos capítulos más tarde hay una escena muy tierna y seria en la que Richard y Ada se enamoran. Y además —para que las cosas queden bien trabadas— el joven y moreno cirujano Woodcourt aparece al final del capítulo, invitado a una cena; y Esther, al preguntársele si no le ha parecido «sensato y agradable», contesta que sí, un poco nostálgica quizá. Después, cuando se menciona el hecho de que Jarndyce, el Jarndyce de cabello gris, está enamorado de Esther pero guarda silencio sobre el particular, reaparece Woodcourt antes de marcharse a China. Estará ausente mucho tiempo. Le deja unas flores a Esther. Más tarde, la señorita Flite le enseña a Esther un recorte de periódico donde se habla del heroico comportamiento de Woodcourt durante un naufragio. Luego, la viruela desfigura la cara de Esther, de modo que ella renuncia a su amor por Woodcourt. Cuando Esther y Charley llegan al puerto de Deal para transmitirle a Richard la propuesta de Ada ofreciéndole su pequeña herencia, Esther se tropieza con Woodcourt, que acaba de regresar de la India. El encuentro va precedido de una deliciosa descripción del mar: pasaje de artística imaginación que, a mi juicio, hace que uno le perdone a Dickens la aterradora coincidencia. Dice la Esther de cara indescriptible: «Estaba tan apenado por mí que apenas podía hablar»; y al final del capítulo: «En su última mirada, mientras nos alejábamos, vi que me compadecía mucho. Me produjo alegría comprobarlo. Yo sentía por mi antigua identidad lo que pueden sentir los muertos si alguna vez vuelven a visitar estos escenarios. Me alegraba ver que me recordase con ternura, que me compadeciese afablemente, que no me olvidase por completo...» Hay aquí un precioso acorde lírico que recuerda un poco a Fanny Price.

Por una segunda coincidencia notable, Woodcourt se encuentra con la mujer del ladrillero durmiendo en casa de Tom-all-Alone, y por otra coincidencia se encuentra a Jo allí, junto a esta mujer que también se ha estado preguntando por el paradero de Jo. Woodcourt lleva a Jo enfermo a la barraca de tiro de George. Allí, la maravillosa escena de la muerte de Jo hace que el lector perdone otra vez la forma artificiosa de llevarnos junto al lecho de Jo recurriendo al *perry* Woodcourt. En el capítulo LI, Woodcourt visita al abogado Vholes, y luego a Richard. Hay aquí una argucia curiosa: aunque es Esther quien escribe este capítulo, ella no presencia las entrevistas de Woodcourt con Vholes y de Woodcourt con Richard, las dos consignadas con detalle. ¿Cómo sabe ella lo sucedido en ambos lugares? El lector avispado concluirá inevitablemente que Esther se entera de esos pormenores a través de Woodcourt, una vez casada con él: sin duda, no podría haber conocido todos los pormenores de esos sucesos, si no hubiese tenido Woodcourt con ella unas relaciones lo bastante estrechas como para contárselos.

En otras palabras, el buen lector debe adivinar que Esther, después de todo, se casará con Woodcourt, y que es él quien le cuenta todo.

4. Un curioso pretendiente: John Jarndyce

Cuando Esther se dirige a Londres en el coche, después de la muerte de Barbary, un señor desconocido trata de animarla. Da la impresión de saber algo sobre la señorita Rachael (la enfermera contratada por la señorita Barbary, que ha despedido a Esther con tan poco afecto), y que la desaprueba. Cuando ofrece a Esther un trozo de bizcocho muy azucarado y pastel de hígado de ganso, y ella rechaza el ofrecimiento alegando que es demasiado para ella, murmura: «¡A la calle otra vez!», y los arroja por la ventanilla con tanta ligereza como arrojará más tarde su propia felicidad. Más adelante nos enteramos de que es el afable, bondadoso y acaudalado John Jarndyce, imán para toda clase de gentes: niños desgraciados, granujas, impostores, tontos, mujeres falsamente humanitarias y tipos chiflados. Si don Quijote hubiese visitado el Londres dickensiano, imagino que su corazón noble y afable habría atraído a la gente de la misma manera.

Ya en el capítulo XVII se nos resumía por primera vez que Jarndyce, el canoso Jarndyce, está enamorado de una Esther de veintiún años, aunque se lo calla. El tema de don Quijote aparece explícitamente cuando lady Dedlock encuentra al grupo que está visitando al señor Boythorn, y le son presentados los jóvenes. Cuando le toca el turno a la adorable Ada: «—Perderá usted la parte desinteresada de su carácter quijotesco —dijo lady Dedlock al señor Jarndyce, por encima del hombro otra vez—, si endereza los entuertos de una belleza como ésta.» Se refiere a que a solicitud del propio Jarndyce, el lord canciller le ha designado tutor de Richard y de Ada, a pesar de que el principal punto de fricción del pleito consiste en la parte de herencia que debe corresponder a uno y a otros. Por tanto, calificándolo de quijotesco, a modo de cumplido, lady Dedlock se refiere a que cobija y mantiene a dos jóvenes que son legalmente la parte contraria. En cuanto a la tutela de Esther, es una decisión personal tomada por él tras recibir una carta de la señorita Barbary, hermana de lady Dedlock y, en realidad, tía de Esther.

Algún tiempo después de la enfermedad de Esther, John Jarndyce se decide a escribirle una carta declarándose. Sin embargo, se sugiere un importante detalle: este hombre, que sobrepasa lo menos treinta años a Esther, le propone el matrimonio para protegerla del mundo cruel; él no va a cambiar respecto a ella, seguirá siendo amigo suyo y no se convertirá en su amante. Si mi sospecha es cierta, no sólo esta actitud es quijotesca, sino también el plan entero de prepararla para recibir una carta, cuyo contenido puede adivinar, enviando a Charley a recogerla tras una semana de reflexión:

«—Has hecho que se operen cambios en mí, pequeña mujercita, desde aquel día de invierno en que íbamos en la diligencia. Sobre todo, me has hecho un inmenso bien desde entonces.

»—¡Ah, mi tutor, y lo que ha hecho usted por mí, desde entonces!

»—Pero —dijo él— eso no hay por qué recordarlo ahora.

»—Eso nunca se puede olvidar.

»—Sí, Esther —dijo él con afable seriedad—, debe olvidarse ahora; debe olvidarse por el momento. Ahora debes recordar solamente que nada puede hacerme cambiar de como me conoces. ¿Puedes tener la confianza de que es así?

»—Sí puedo, y la tendré —dije yo.

»—Eso es mucho —contestó él—. Eso lo es todo. Pero no debo tomarte la palabra. No escribiré lo que tengo en mente hasta que hayas decidido en tu interior que nada me cambiará de como me conoces. Si tienes la más mínima duda al respecto, no lo escribiré jamás. Si después de meditarlo seriamente estás segura, envíame a Charley dentro de siete noches... para que le dé la carta. Pero si tu convicción no es firme, no la mandes. Ten en cuenta que confío en tu sinceridad, en esto como en todo. Si no estás completamente segura sobre ese particular, no la mandes.

»—Tutor —dije yo—, esa seguridad la tengo ya. Nada puede hacer que cambie mi convicción, como no puede usted cambiar respecto a mí. Enviaré a Charley a recoger esa carta.

»Me estrechó la mano y no dijo nada más.»

Para un hombre maduro, profundamente enamorado de una joven, una proposición en tales condiciones es naturalmente un inmenso acto de renuncia, de autocontrol y de trágica tentación. Esther, por otra parte, lo acepta bajo la inocente sensación «de que su generosidad se elevaba por encima de mi rostro desfigurado y mi herencia de vergüenza»; desfiguración que Dickens reducirá al mínimo en los últimos capítulos. En realidad, da la impresión de que a ninguna de las tres partes implicadas —Esther Summerson, John Jarndyce y Charles Dickens— se les pasa por la cabeza que dicho matrimonio no iba a resultar tan favorable para Esther como parecía, pues la privaría de su natural maternidad al tratarse, según las insinuaciones, de un matrimonio blanco y, por otra parte, convertiría su amor por cualquier otro hombre en ilegal e inmoral. Quizá se evoque el tema del pájaro enjaulado cuando Esther, llorando, aunque feliz y agradecida, dice a su propia imagen en el espejo: «Cuando seas la dueña de la Casa Desolada, deberás ser alegre como un pájaro. En realidad, siempre deberás ser alegre; así que empecemos de una vez por todas.»

La interacción entre Jarndyce y Woodcourt empieza cuando Caddy Turveydrop está enferma. «Bueno —replicó mi tutor con rapidez—, está Woodcourt.» Me gusta la forma superficial de decirlo, ¿será una especie de vaga intuición por su parte? En este momento Woodcourt está planeando irse a América, adonde se marchan tan a menudo los enamorados rechazados de las novelas francesas e inglesas. Unos diez capítulos más adelante, nos enteramos de que la señora Woodcourt, madre de nuestro joven doctor, que había sospechado muy pronto los sentimientos de su hijo para con Esther y había tratado de neutralizarlos, ha mejorado, es menos grotesca, y habla menos de su genealogía. Dickens está preparando una suegra aceptable para sus lectores. Reparad en la nobleza de Jarndyce cuando sugiere que si la señora Woodcourt viene a quedarse con Esther, Woodcourt podrá visitarlas a las dos. Nos enteramos también de que al final Woodcourt no va a marcharse a América, sino que se quedará de médico rural en Inglaterra, donde trabajará entre los pobres.

Woodcourt hace saber entonces a Esther que la ama, que su «rostro marcado» sigue completamente inalterado para él. ¡Demasiado tarde! Esther se ha prometido a Jarndyce, y el matrimonio no se ha celebrado sólo porque ella aún está de luto por su madre. Pero Dickens y Jarndyce guardan un delicioso truco en la manga. La escena resulta bastante mediocre, aunque pueda ser del agrado de los lectores sentimentales. No queda muy claro si Woodcourt está al tanto del compromiso de Esther; porque, si lo conoce, quizá no debía haber terciado, por muy elegantemente que lo haya hecho. Sin embargo, Dickens y Esther (como narradora *a posteriori*) están haciendo trampa: saben en todo momento que Jarndyce efectuará un doble mutis por el foro. De modo que Esther y Dickens se divierten un poco a costa del lector. Ella asegura a Jarndyce que está dispuesta a convertirse en la «señora de Casa Desolada». Será «el mes que viene», dice Jarndyce. Esther y Dickens están preparados para proporcionar una pequeña sorpresa al lector. Jarndyce se marcha a Yorkshire con objeto de ayudar a Woodcourt a buscar casa. Luego hace llamar a Esther invitándola a ver la que ha encontrado. Y estalla la bomba. El nombre de la casa es, otra vez, Casa Desolada, y ella será la señora, ya que el noble Jarndyce deja que Woodcourt se lleve a Esther. Éste ha sido eficazmente preparado para ello; hay incluso un tardío tributo a la señora Woodcourt, quien estaba al corriente de todo, y ahora aprueba el matrimonio. Por último nos enteramos de que, cuando Woodcourt abrió su corazón a Esther, lo hizo con el consentimiento de Jarndyce. Después de la muerte de Richard hay una ligerísima alusión a que tal vez John Jarndyce llegue a encontrar aún una joven esposa en Ada, la viuda de Richard. Pero al menos, es el protector simbólico de toda la gente infortunada de la novela.

5. Fingimientos y disfraces

Con el fin de averiguar si es lady Dedlock quien ha interrogado a Jo sobre Nemo, Tulkinghorn hace que Jo vea a Hortense, su doncella francesa, velada; y Jo reconoce las ropas. Pero no es la misma mano enjoyada ni la misma voz. Más tarde, Dickens tendrá dificultades en ordenar de manera plausible el asesinato de Tulkinghorn por Hortense, aunque de todos modos la conexión queda establecida en este punto. Ahora bien, los detectives saben que es lady Dedlock quien ha tratado de averiguar cosas acerca de Nemo a través de Jo. Hay otra mascarada cuando la señora Flite, al visitar a Esther, que se está recuperando de la viruela, en Casa Desolada, le informa que la dama velada (lady Dedlock) ha preguntado por la salud de Esther en la cabaña del ladrillero (sabemos que lady Dedlock está enterada de que Esther es su hija; este conocimiento le suscita ternura). La dama velada se lleva, a modo de pequeña prenda, el pañuelo que Esther había dejado cuando cubrió con él al niño muerto, acción simbólica. No es la primera vez que Dickens utiliza a la señorita Flite para matar dos pájaros de un tiro: divertir e informar al lector; lo cual supone en ella una lucidez que no concuerda con su carácter.

El detective Bucket se disfraza varias veces. En una ocasión, por ejemplo, hace de tonto en casa de los Bagnet (su disfraz consiste en su extrema amabilidad) mientras vigila atentamente a George, y luego le detiene cuando se marchan los dos. Bucket, que es un experto en disfraces también, es capaz de descubrir los disfraces de los demás. Cuando Bucket y Esther encuentran a lady Dedlock muerta en la verja del cementerio, describe en su mejor estilo sherlock-holmiano cómo llegó a sospechar que lady Dedlock había intercambiado sus ropas con Jenny, la mujer del ladrillero, y había regresado a Londres. Esther no comprende hasta que levanta «la pesada cabeza»; «y era mi madre, fría y muerta». Melodramático, pero eficazmente escenificado.

6. *Pistas verdaderas y pistas falsas*

Podría parecer —en vista del crescendo del tema de la niebla en los capítulos precedentes— que Casa Desolada, la casa de John Jarndyce, va a ser el colmo de la desolación. Pero no: en un sesgo estructural de gran sentido artístico, giramos hacia el sol, y dejamos la niebla atrás por un tiempo. Casa Desolada es un edificio hermoso, inundado de luz. El buen lector recordará que en la Chancillería se había adelantado una pista a tal efecto: «El Jarndyce en cuestión —dijo el lord canciller sin dejar de pasar hojas— es el Jarndyce de Casa Desolada.

»—Jarndyce de Casa Desolada, milord —dijo el señor Kenge.

»—Lúgubre nombre —dijo el lord canciller.

»—Pero no una casa lúgubre, en realidad, milord —dijo el señor Kenge.»

Mientras los pupilos esperan en Londres a que los lleven a Casa Desolada, Richard le dice a Ada que recuerda vagamente a Jarndyce como un «tipo gordo y sonrosado». No obstante, el sol y la alegría de la casa llega como una espléndida sorpresa.

Las pistas que conducen a la persona que mató a Tulkinghorn están magistralmente entremezcladas. Con sumo cuidado, Dickens hace que el señor George comente de manera casual que una francesa suele ir a la barraca de tiro (Hortense necesitará estas lecciones de tiro, pero a la mayoría de los lectores se les pasará por alto dicha relación). ¿Y qué ocurre con lady Dedlock? «¡Ojalá fuese así!», piensa lady Dedlock después de espetarle su prima Volumnia que Tulkinghorn la tiene tan olvidada que «casi había concluido en mi interior que había muerto». Dickens hace que lady Dedlock se diga eso a sí misma para preparar el suspense y la sospecha cuando Tulkinghorn es asesinado. Puede inducir al lector a creer que es lady Dedlock quien le mata, pero al lector de relatos detectivescos le encanta que le engañen. Después de la entrevista con lady Dedlock, Tulkinghorn se va a dormir. Hay una alusión a la inminente muerte de Tulkinghorn («y de hecho, cuando se desvanecen las estrellas y el día pálido se asoma a la cámara del torreón, para encontrarle más avejentado que nunca, parece como si el cavador y la pala estuviesen a punto de ponerse a cavar»); y la mente engañada del lector puede establecer una estrecha relación entre su muerte y lady Dedlock; mientras que de Hortense, la verdadera asesina, hace algún tiempo que no se sabe nada.

Hortense visita ahora a Tulkinghorn y le expone sus quejas. La recompensa por su suplantación de lady Dedlock ante Jo no ha sido suficiente; odia a lady Dedlock; quiere un empleo de categoría similar. Todos estos argumentos son bastante flojos, y los intentos de Dickens por hacerla hablar en inglés como una francesa son ridículos. Sin embargo, es una tigresa, aun cuando ignoramos por el momento su reacción a las amenazas de Tulkinghorn de hacerla encarcelar si continúa importunándole.

Después de advertir a lady Dedlock que el haber despedido a la criada llamada Rosa supone una violación del acuerdo al que habían llegado con el fin de mantener el *statu quo*, y que ahora él se ve obligado a revelar a sir Leicester su secreto, Tulkinghorn regresa a su casa..., para morir, según nos da a entender Dickens. Lady Dedlock sale a dar un paseo a la luz de la luna, como si le siguiese. El lector pensará tal vez: ¡Ajá! Demasiada coincidencia. El autor me está engañando; el verdadero asesino es otro. ¿Quizás el señor George? Aunque sea una buena persona, tiene un temperamento violento. Además, en la fiesta de cumpleaños de los Bagnet, su amigo el señor George llega con la cara muy pálida (¡Ajá!, dice el lector). Él achaca su palidez a la impresión causada por la muerte de Jo; pero el lector recela. Luego es detenido, y Esther, Jarndyce y los Bagnet le visitan en la cárcel. Y aquí se produce un giro: George describe a la mujer con la que se cruzó en la escalera de Tulkinghorn hacia la misma hora en que este último era asesinado. Se parecía —en figura y estatura— a... Esther. Llevaba un manto holgado, negro, con flecos. Ahora el lector poco avispado pensará de inmediato: George es demasiado bueno para haberlo hecho; por supuesto, ha sido lady Dedlock, tan parecida a su hija. Pero el lector despierto replicará: ya nos hemos tropezado con otra mujer suplantando a lady Dedlock con cierto éxito.

Está a punto de resolverse un misterio secundario. La señora Bagnet sabe quién es la madre de George y sale en su busca, dirigiéndose a Chesney Wold (hay dos madres en el mismo lugar: paralelismo entre la situación de Esther y la de George).

El funeral de Tulkinghorn es un importante capítulo, una cresta que se alza tras los capítulos bastante aburridos que le preceden. El detective Bucket está en su coche cerrado, observando a su mujer y a su huésped (¿quién es su huésped? ¡Hortense!) en el funeral de Tulkinghorn. Bucket va aumentando de tamaño, desde un punto de vista estructural. Se divierte siguiendo hasta el final el tema detectivesco. Sir Leicester es un memo pomposo, aunque va a recibir un golpe que le transformará. Bucket sostiene una graciosa conversación tipo Sherlock Holmes con un mozo alto, en la que se trasluce que lady Dedlock, cuando se ausentó de su casa por un par de horas la noche del crimen, llevaba la misma capa que la dama con la que el señor George se cruza al bajar la escalera de Tulkinghorn, precisamente a la hora del crimen (dado que Bucket sabe que es Hortense y no lady Dedlock quien ha matado a Tulkinghorn, esta escena es un engaño deliberado al lector). Si el lector cree o no, a estas alturas, que lady Dedlock es la asesina, es una cuestión que depende de él. Sin embargo, ningún escritor de relatos detectivescos permitiría que el verdadero asesino se hiciera sospechoso enviando cartas anónimas (como averiguamos que hace Hortense) acusando a lady Dedlock del crimen. Por último, la red de Bucket atrapa a Hortense. Su mujer, que por instrucciones suyas la ha estado espiando, descubre en su habitación un plano de Chesney Wold al que le falta un trozo que encaja con el papel que envuelve la pistola, y la pistola misma es recuperada dragando y rastreando un estanque al que Hortense y la señora Bucket habían ido de excursión. Hay otro engaño deliberado cuando, en la entrevista con sir Leicester, después de librarse del chantajista Smallweed, declara Bucket dramáticamente: «—La persona a la que hay que detener está ahora en esta casa... y la voy a detener en su presencia.» Según el lector, la única mujer presente en la casa es lady Dedlock; pero Bucket se refiere a Hortense, a la que, sin saberlo el lector, ha traído consigo y que está aguardando ser llamada en la esperanza de recibir alguna recompensa. Lady Dedlock ignora la solución del crimen y huye, seguida por Esther y Bucket, quienes la descubren muerta en Londres, cogida a los barrotes tras los cuales está enterrado el capitán Hawdon.

7. Parentescos repentinos

Un hecho curioso que se repite a lo largo de toda la novela —y es característico de multitud de novelas de detectives— es el de los «parentescos repentinos». Así, tenemos que:

a) La señorita Barbary, que crió a Esther, resulta ser hermana de lady Dedlock y, más tarde, la mujer a la que Boythorn había amado.

b) Esther resulta ser la hija de lady Dedlock.

c) Nemo (el capitán Hawdon) resulta ser padre de Esther.

d) El señor George resulta ser el hijo de la señora Rouncewell, ama de llaves de los Dedlock. George, además, resulta ser amigo de Hawdon.

e) La señora Chadband resulta ser la señorita Rachael, antigua niñera de Esther.

f) Hortense resulta ser la misteriosa huésped de los Bucket.

g) Krook resulta ser hermano de la señora Smallweed.

8. Regeneración de los personajes malos y menos malos

Debe considerarse detalle estructural la petición que Esther hace a Guppy de que deje de «hacer prosperar mis intereses, y aumentar mis fortunas, haciendo descubrimientos que me atañen a mí directamente; estoy familiarizada con mi historia personal». Creo que la intención del autor es eliminar la línea Guppy (medio eliminada ya por la pérdida de las cartas), a fin de que no interfiera en el tema de Tulkinghorn. Él «parecía avergonzado...» no concuerda con el carácter de Guppy. Dickens, en este punto, hace de él un hombre mejor que el bribón que era. Es curioso que, aunque su estupor y su retraimiento al ver la cara desfigurada de Esther muestra que no sentía verdadero amor por ella (lo que supone la pérdida de un punto), su renuncia a casarse con una muchacha fea, aun cuando se trate de una rica aristócrata, es un punto a su favor. No obstante, el pasaje es flojo.

Al enterarse de la espantosa realidad por Bucket, «sir Leicester, que se ha cubierto la cara con las manos profiriendo un único gemido, le pide que guarde silencio un momento. Poco a poco, aparta las manos; y así preserva su dignidad y su calma exterior, aunque en su rostro hay tanto color como en sus cabellos blancos, hasta el punto de que el señor Bucket teme un poco por él». Aquí hay un giro decisivo, ya que sir Leicester, para bien o para mal, deja de ser un títere y se convierte en un ser humano sumido en el dolor. En realidad, ha sufrido un duro golpe. Después de su consternación, su indulgencia para con lady Dedlock le revela como un ser humano encantador que se comporta noblemente, y su escena con George es muy conmovedora, como lo es su espera del retorno de su esposa. «La pompa formalista de las palabras», cuando dice que no hay cambio alguno en su actitud respecto a ella, es ahora «grave y afectuosa». Está casi a punto de convertirse en otro John Jarndyce. ¡Ahora, el noble es tan bueno como el buen plebeyo!

¿A qué nos referimos cuando hablamos de la forma de una narración? Nos referimos en primer lugar a su estructura, es decir, al desarrollo de la historia; a la elección de una u otra línea, a la elección de los personajes y al empleo que el autor hace de ellos, a su interacción, a los diversos temas, a las líneas temáticas y su intersección, a los distintos giros que el autor introduce en la acción para producir este o aquel efecto directo o indirecto, así como la preparación de efectos e impresiones. En una palabra, nos referimos al esquema de la obra de arte. Eso es la estructura.

Otro aspecto de la forma es el estilo, es decir, el modo de funcionar de la estructura; a través del estilo, vemos las peculiaridades del autor, sus manierismos, sus numerosos y particulares trucos. Si su estilo es vívido, veremos la clase de imágenes que evoca, las descripciones que utiliza, el modo como procede; y si emplea comparaciones, veremos cómo emplea y varía los recursos retóricos de la metáfora y el símil, y sus distintas combinaciones. El efecto del estilo es clave para la literatura: es una clave mágica para comprender a Dickens, Gógol, Flaubert, Tolstoi y a todos los grandes maestros.

Forma (estructura y estilo) — Materia: el porqué y el cómo — el qué.

Lo primero que notamos del estilo de Dickens es la intensidad de sus imágenes sensuales, su arte de la evocación vívida y sensual.

1. *Evocación vívida, con o sin empleo de figuras retóricas*

Las explosiones de imágenes vívidas están espaciadas: hay tramos de narración en donde no aparecen y luego viene una acumulación de delicados detalles descriptivos. Cuando Dickens tiene alguna información que comunicar a su lector a través de la conversación o la reflexión, las imágenes en general no llaman la atención. Pero hay pasajes magníficos, como por ejemplo, la apoteosis del tema de la niebla en la descripción del tribunal de la Chancillería: «En una tarde como ésta, el gran canciller debe presidir aquí —como ahora—, con un halo de niebla en torno a la cabeza, suavemente cercado de paños y cortinajes escarlata, mientras le dirige la palabra un voluminoso abogado de grandes patillas, escasa voz y un informe interminable, poniendo exteriormente su atención en la lámpara del techo, donde no puede discernir otra cosa que niebla.»

«El pequeño demandante o demandado, a quien se le había prometido un nuevo caballito de balancín para cuando el caso Jarndyce y Jarndyce terminase, se hizo mayor, llegó a tener un caballo de verdad, y se fue trotando para el otro mundo.» El tribunal ordena que los dos pupilos queden bajo la tutela del tío. Éste es el resumen o resultado inflado con una prodigiosa aglomeración de niebla natural y artificial, del primer capítulo. Así nos son presentados los personajes principales (los dos pupilos y Jarndyce) anónimos y abstractos por el momento. Parecen surgir de la niebla; el autor los sujeta un instante antes de volver a sumergirlos, y concluye el capítulo.

La primera descripción de Chesney Wold y de su dueña, lady Dedlock, es un pasaje de puro genio: «Las aguas se han desbordado en Lincolnshire. Un arco del puente, en el parque, ha sido socavado y arrastrado. El terreno bajo adyacente, en media milla de extensión, es un río estancado, con árboles melancólicos por islas, y una superficie acribillada durante todo el día por la lluvia. La "residencia" de milady Dedlock es inmensamente lúgubre. El tiempo, desde hace muchos días y noches, viene siendo tan húmedo que los árboles parecen empapados, y los tajos y golpes del hacha del leñador no producen chasquido ni crujido cuando los hace caer. Los ciervos, calados, dejan tremedales por donde pasan. El disparo del rifle pierde violencia en el aire húmedo, y el humo que produce asciende como una nubecilla indolente hacia las verdes alturas del bosque que sirven de fondo a la lluvia que cae. La perspectiva desde las ventanas de milady Dedlock es ora una vista en color plomizo, ora una vista en tinta china. Los jarrones de la terraza de piedra, en primer término, van recogiendo la lluvia todo el día; y durante la noche, las pesadas gotas caen, ploc, ploc, ploc, en ese pavimento de anchas losas llamado, desde los viejos tiempos, Paseo del Fantasma. Los domingos, la pequeña iglesia del parque se ve mohosa; el púlpito de roble rezuma un sudor frío; y en general, se siente el olor y el sabor de los antiguos Dedlock yaciendo en sus tumbas. En el incipiente crepúsculo, milady Dedlock (que no tiene hijos) mira desde su tocador la vivienda de uno de los guardas, observa el resplandor de un fuego en los cristales romboidales de la ventana, el humo que se eleva de la chimenea, y a un niño que sale corriendo a la lluvia, seguido de una mujer, al encuentro de la figura reluciente y enfundada de un hombre que traspone la verja. Milady Dedlock, de mal humor, dice que se siente "mortalmente aburrida".» Esta lluvia de Chesney Wold es el equivalente campestre de la niebla de Londres, y el hijo del guarda forma parte del tema de los niños.

Hay también una imagen admirable de un pueblecito soleado, soñoliento, donde el señor Boythorn se encuentra con Esther y sus compañeros: «Avanzada la tarde, llegamos al pueblo del mercado donde debíamos apearnos del carruaje: un pueblecito deprimente, con un campanario, una plaza y una calle intensamente soleada, y un estanque con un viejo caballo refrescándose las patas, y unos cuantos hombres adormilados, tumbados o de pie, en las pequeñas zonas de sombra. Más allá del susurro de las hojas y de las ondulaciones del maíz, a lo largo de la carretera, parecía el pueblecito más quieto, más caliente, más inmóvil que Inglaterra haya sido capaz de producir.»

Esther tiene una experiencia terrible cuando está enferma de viruela: «¿Me atreveré a hablar de esa mala época en que, ensartado en algún inmenso espacio negro, había un collar inflamado, o anillo, o círculo de estrellas del que era *yo* una de las cuentas? ¿En que mi única súplica era ser separada del resto, y en que sentía una inexplicable angustia y miseria por el hecho de formar parte de aquel espanto?»

Cuando Esther envía a Charley a traerle la carta del

señor Jarndyce, la descripción de la casa tiene un efecto funcional: la casa *actúa*, por así decir: «Al llegar la noche acordada, le dije a Charley tan pronto como me quedé sola: "Ve a llamar a la puerta del señor Jarndyce, Charley, y dile que vas de parte mía... a buscar la carta." Charley subió la escalera, bajó la escalera, recorrió pasillos —el camino zigzagueante por la anticuada casa parecía muy largo a mis oídos atentos esa noche—, regresó tras recorrer pasillos, bajar escaleras y subir escaleras, y trajo la carta. "Déjala sobre la mesa, Charley", dije. Y Charley la dejó sobre la mesa y se fue a acostar; yo me quedé mirándola sin cogerla, pensando en muchas cosas.»

Con motivo de la visita de Esther al pueblo costero de Deal para ver a Richard, Dickens nos ofrece una descripción del puerto: «Entonces la niebla empezó a levantarse como un telón, y surgieron numerosos barcos, cuya existencia ignorábamos. No sé cuántas embarcaciones nos dijo el camarero que había fondeadas en los *Downs*. Algunas eran de gran tamaño: una era un enorme buque que acababa de regresar de la India; y cuando el sol traspasaba las nubes formando charcos plateados en el mar oscuro, el modo en que brillaban y se oscurecían y cambiaban estos barcos, en medio de un tráfago de botes que iban de tierra a ellos y de ellos a tierra, y la vida y movimiento general a bordo de ellos y por todos sus alrededores, me pareció de lo más maravilloso.»*

---

* En una hoja inserta, Nabokov compara (desfavorablemente para Austen) esta descripción con la que hace Jane Austen del mar en el puerto de Portsmouth cuando Fanny Price visita a su familia: «El día era muy hermoso. Era marzo en realidad; pero era abril en su aire dulce, en el viento suave y vivo, y en el sol brillante que de cuando en cuando se nublaba un minuto; y todo parecía muy hermoso [*y un poco repetitivo*] bajo la influencia de semejante cielo, con los efectos de las sombras persiguiéndose unas a otras sobre los barcos de Spithead y la isla de más allá, y los tonos continuamente cambiantes del mar, ahora en lo más alto de la marea, que danzaba gozoso y se estrellaba contra las murallas», etc. Los tonos no están representados; *gozoso* es un término de poesía menor; todo el pasaje resulta flojo y convencional. (*N. de la ed. inglesa.*)

Quizás algunos lectores supongan que tales evocaciones son menudencias en las que no vale la pena detenerse; pero la literatura consiste precisamente en esas menudencias. De hecho, la literatura se compone no de ideas generales, sino de revelaciones particulares; no de escuelas de pensamiento, sino de individuos geniales. La literatura no versa sobre algo; es ese algo mismo, es la quiddidad. Sin la obra maestra, la literatura no existe. El pasaje en que se describe el puerto de Deal se inserta en el momento en que Esther se dirige a la ciudad con objeto de ver a Richard, cuya actitud ante la vida, la tendencia caprichosa de su naturaleza, noble en el fondo, y el oscuro destino que se cierne sobre él, la turban y la impulsan a ayudarle. Como por encima de su hombro, Dickens nos muestra el puerto. Hay muchas naves allí, una multitud de embarcaciones que surgen como por arte de magia cuando la niebla empieza a levantar. Entre ellos, como he dicho, hay un gran buque que acaba de regresar de la India: «Cuando el sol traspasaba las nubes formando charcos plateados en el mar oscuro...» Detengámonos aquí: ¿podemos visualizar ese detalle? Por supuesto que sí; y lo hacemos con el más emocionado reconocimiento, porque en comparación con el convencional mar azul de la tradición literaria, estos charcos plateados sobre el mar oscuro ofrecen algo que Dickens observó por primera vez con los ojos inocentes y sensuales del auténtico artista, lo vio y no dudó en ponerlo en palabras. O más exactamente, sin las palabras, no habría habido visión; y si seguimos el ruido suave, siseante, ligeramente confuso de las sibilantes que contiene la descripción, comprenderemos que la imagen también precisaba una voz para poder vivir. Luego Dickens continúa describiéndonos cómo «estos barcos brillaban y se oscurecían y cambiaban...»; a mi juicio, es imposible escoger y combinar mejor las palabras para plasmar la delicada calidad de las tonalidades sombra y plata de esa maravillosa vista marina. Y permitidme advertir —a quienes crean que toda magia sólo es un juego que, aunque precioso, puede suprimirse sin dañar la historia— que la historia *es* ésta: el barco de la India anclado en este escenario incomparable ha devuelto al joven doctor Woodcourt a Esther; de hecho, se van a encontrar un momento después. De forma que la vista oscura y plateada, con esos trémulos charcos de luz y ese tráfago de botes centelleantes, adquiere retrospectivamente un aleteo de maravillosa emoción, una nota gloriosa de bienvenida, una especie de ovación distante. Y así es como quería Dickens que se apreciara su libro.

2. Listas bruscas de detalles descriptivos

Estas listas tienen el tono de cuaderno de notas, de apuntes tomados a vuelapluma; aunque algunas de ellas hayan sido desarrolladas después. Contienen también un rudimentario esbozo de la corriente de conciencia, consistente en la anotación inconexa de pensamientos fugaces.

La novela empieza con un pasaje ya citado: «Londres. Acaba de terminar el período de sesiones de otoño... Hace un tiempo implacable de noviembre... los perros no se distinguen en los lodazales. Los caballos, embadurnados hasta las anteojeras, apenas se distinguen algo más... Hay niebla en todas partes.» Cuando descubren a Nemo muerto: «El alguacil entra en varias tiendas y locales inspeccionando a los habitantes... Policía visto sonriendo al chico que sirve en las mesas. El público pierde interés y reacciona. Se burlan del alguacil con voces chillonas y juveniles... Al final, el policía juzga necesario apoyar a la ley [Carlyle utiliza también este tipo de narración brusca].»

«Aparece Snagsby: grasiento, caliente, herbáceo y masticando. Engulle un trozo de pan con mantequilla. Dice: "¡Válgame Dios! ¡El señor Tulkinghorn!" [aquí combina un estilo brusco, eficaz, con epítetos intensos, al igual que Carlyle].»

3. Figuras retóricas: símiles y metáforas

Los símiles son comparaciones directas en las que se emplean los nexos *como* o *igual que*: «Dieciocho de los doctos amigos del señor Tangle [el abogado], provistos cada uno de un pequeño sumario de mil ochocientos folios, se levantan saltando como dieciocho teclas de piano, hacen dieciocho inclinaciones de cabeza, y se dejan caer en sus dieciocho huecos de oscuridad.»

El carruaje que lleva a los jóvenes a pasar la noche a casa de la señora Jellyby se mete por «una calle estrecha de casas altas como una cisterna rectangular para recoger niebla».

En la boda de Caddy, el pelo desgreñado de la señora Jellyby es «como la crin del caballo de un barrendero».

Al amanecer, el farolero, «haciendo su ronda, corta como un verdugo a un rey despótico las cabecitas de fuego que pretendían reducir la oscuridad».

«El señor Vholes, tranquilo e impasible, como debe serlo un hombre de tanta respetabilidad, se quita sus ajustados guantes negros como si se despellejase las manos, se quita el sombrero ajustado como si se arrancase el cuero cabelludo, y se sienta ante su escritorio.»

La metáfora en cambio describe una cosa evocando otra sin el nexo del *como*; a veces Dickens la combina con el símil:

El traje del abogado Tulkinghorn es respetable, y en general, propio de un criado: «Revela, por así decir, al mayordomo de los misterios jurídicos, al encargado de la bodega legal de los Dedlock.»

«Los hijos [de Jellyby] andaban cayéndose a cada momento, y llevaban anotados sus accidentes en las piernas, que eran perfectos calendarios de calamidades.»

«La soledad, con sus alas oscuras, se ha posado taciturna sobre Chesney Wold.»

Cuando Esther acompaña al señor Jarndyce a la casa donde el demandante Tom Jarndyce se ha saltado la tapa de los sesos, escribe: «Es una calle de casas ruinosas y ciegas, con sus ojos apedreados, sin un cristal, sin siquiera un marco de ventana...»

Snagsby, al hacerse cargo del negocio de Peffer, coloca un cartel recién pintado, «eliminando sólo la venerable y no fácilmente descifrable leyenda de PEFFER. Porque el humo se había enredado de tal modo en torno al nombre de Peffer y adherido a su morada, que el afectuoso parásito dominaba por completo al árbol principal».

4. Repetición

Dickens utiliza a menudo una especie de conjunto, una fórmula verbal que recita repetidamente con énfasis creciente; se trata de un recurso retórico, forense. «En una tarde como ésta, el lord canciller debe presidir aquí... En una tarde como ésta, deben encontrarse allí —como se encuentran ahora— una veintena de miembros del Tribunal Supremo de la Chancillería, brumosamente ocupados en una de las diez mil fases de un pleito interminable, tropezando unos con otros en precedentes resbaladizos, andando a tientas, hundidos hasta la rodilla en un caudal de tecnicismos, golpeándose sus cabezas de pelo de cabra o de caballo contra muros de palabras, y fingiendo imparcialidad con cara grave como si de actores se tratara. En una tarde como ésta, los diversos abogados de la causa... estarían —¿y acaso no lo están?— alineados en fila en un foso largo y brumoso (aunque en vano trataríamos de descubrir la Verdad en su fondo), entre la mesa roja del secretario y las togas de seda... con montañas de costosas tonterías apiladas delante de ellos. Bien puede estar a oscuras el Tribunal, con las velas consumiéndose aquí y allá; bien puede la niebla remansarse en su atmósfera como si nunca fuera a disiparse, bien pueden las vidrieras de sucios cristales perder su color, e impedir que entre la menor claridad en la sala, bien puede el profano de la calle que se asoma por el cristal de la puerta desistir de entrar ante su ambiente de lechuzas y la salmodia que resuena lánguida hasta el techo, desde el estrado acolchado donde el lord canciller contempla la linterna sin luz, y donde las pelucas de los subalternos se encuentran todas adheridas a un banco de niebla.» Observad en este pasaje el efecto de los tres aldabonazos: «*En una tarde como ésta*», y los cuatro quejumbrosos: «Bien puede», así como la repetición frecuente de asonancias: «*engaged... stages... tripping... slipping... slippery*»; y la acusada aliteración: «*warded... walls of words... door... deterred... drawl... languidly... lord... looks... lantern... light*».

Poco antes de que sir Leicester y sus parientes se reúnan en Chesney Wold para las elecciones, unos *así* (*so*) sonoros y musicales hacen vibrar el aire: «Triste y solemne parece el viejo caserón, con tantas comodidades para habitarlo y sin otros moradores que las figuras pintadas de las paredes. Así vinieron y se fueron, pensaría quizá meditabundo un Dedlock al pasar; así vieron ellos esta galería, muda y sosegada, como yo la veo ahora; así pensaron, como pienso yo, en el vacío que dejarían en este dominio cuando no existieran ya; así les costó creer, como me cuesta a mí, que pudiese existir sin ellos; así se fueron de mi mundo, como yo me voy del de ellos, cerrando ahora esta puerta que retumba; así pasaron sin dejar vacío alguno que les recuerde, y así murieron.»

5. *Preguntas y respuestas retóricas*

Este recurso a menudo se combina con la repetición. «¿Quién está en la sala del Tribunal en esta tarde lóbrega, además del lord canciller, el defensor de la causa, dos o tres asesores que nunca están en ninguna causa, y la mesa de abogados ya citada? Está el secretario, debajo del lord canciller, con toga y peluca; y están dos o tres oficiales, o maceros, o recaudadores, o lo que sean, expertos en causas legales.»

Mientras Bucket espera a Jarndyce, quien debe traer a Esther para que le acompañe en la búsqueda de la fugitiva lady Dedlock, Dickens se imagina dentro de la mente de Bucket: «¿Dónde está? Viva o muerta, ¿dónde está? Si su mente, mientras él pliega el pañuelo y lo guarda cuidadosamente, fuese capaz, con un poder milagroso, de hacer aparecer ante sí el lugar donde ella lo encontró, y el paisaje nocturno próximo a la cabaña donde este pañuelo cubrió al niño, ¿la descubriría allí? En ese paraje desierto donde arden los hornos de ladrillos... atravesando aquel páramo desolado y estéril, surge una figura solitaria, afrontando ella sola toda la aflicción del mundo, azotada por la nieve y empujada por el viento, desprovista, al parecer, de toda compañía. Es la figura de una mujer; pero va miserablemente vestida, con unas ropas que jamás cruzaron el vestíbulo ni salieron por la puerta principal de la mansión de los Dedlock.»

En la respuesta que Dickens da a estas preguntas facilita al lector una alusión al intercambio de ropas que han hecho lady Dedlock y Jenny, que despistará durante un rato a Bucket, hasta que llega a sospechar la verdad.

6. *El empleo carlyleano del apóstrofe*

El apóstrofe puede dirigirse, por así decir, a un auditorio asombrado, a un grupo escultórico de grandes pecadores, a una fuerza elemental de la naturaleza, o a una víctima de la injusticia. Cuando Jo se dirige penosamente al cementerio para visitar la tumba de Nemo, Dickens apostrofa: «¡Ven, noche!, ¡ven, oscuridad!; pues no podréis llegar demasiado pronto, ni permanecer demasiado tiempo en semejante lugar. ¡Acudid, luces rezagadas, a las ventanas de estas horribles casas; y vosotros que cometéis iniquidades en su interior, cometedlas al menos con la cortina echada ante esta escena espantosa! ¡Ven, luz de gas, a arder lúgubremente sobre la verja de hierro en la que el aire emponzoñado deposita ungüentos brujeriles de viscoso tacto!» Recordad también el apóstrofe ya citado ante la muerte de Jo; y antes, aquel en que Guppy y Weevle salen precipitadamente en busca de ayuda, tras descubrir el fin extraordinario de Krook.

7. Epítetos

En la obra de Dickens, el adjetivo, el verbo y el nombre, llenos de alusiones, son utilizados a modo de epíteto, requisito fundamental a la hora de evocar imágenes intensas; es la semilla exuberante de la que nace la frondosa metáfora. Al principio, la gente apoyada en la baranda que da al Támesis observa el río, «inmersa en un cielo bajo, de niebla». Los escribanos de la Chancillería «ceban su ingenio» en un pleito ridículo. Ada describe los ojos saltones de la señora Pardiggle como «ojos sofocados». Cuando Guppy trata de convencer a Weevle de que permanezca en su piso de la casa de Krook, «se muerde el pulgar con el apetito del enojo». Cuando sir Leicester aguarda el regreso de lady Dedlock, no se oye en las calles, a medianoche, ningún ruido tardío, salvo un hombre, «tan nómadamente borracho» como para andar dando berridos.

Como ocurre con todos los grandes escritores dotados de una gran percepción visual de las cosas, un epíteto ordinario puede adquirir a veces una inusitada vida y frescura a causa del fondo sobre el que se sitúa. «La deseada luz no tarda en brillar sobre la pared, cuando Krook [que había bajado en busca de una vela y vuelve ahora con ella encendida] sube lentamente, con su gato de ojos verdes pisándole los talones.» Todos los gatos tienen los ojos verdes..., pero observad qué verdes los tiene éste, debido a la vela encendida que sube lentamente la escalera. A menudo es la posición del epíteto, y el reflejo que proyectan en él las palabras adyacentes, la que le confiere un intenso encanto.

8. Nombres evocadores

Tenemos, naturalmente, el de «Krook»; luego están los de Blaze («llamaradas») y Sparkle («centelleo»), joyeros; el señor Blower («soplador») y el señor Tangle («enredo»), abogados; así como los políticos «Bodle», «Coodle», «Doodle», etc. Se trata de un recurso empleado en las viejas comedias.

9. Aliteración y asonancia

Ya hemos comentado este recurso al hablar de la repetición. Pero podemos citar como ejemplo las palabras del señor Smallweed, cuando llama a su mujer «cotorra» (*dancing, prancing, srambling*); o cuando dice del arco del puente de Lincolnshire, donde vive lady Dedlock, que ha sido *sapped and sopped away* («socavado y arrastrado»). *Jarndyce y Jarndyce* es, en cierto modo, la aliteración absoluta reducida al absurdo.

10. El recurso y... y... y...

Aparece como una característica de la situación emocional de Esther, como cuando describe la vida en común con Ada y Richard en Casa Desolada: «Estoy segura de que, sentada con ellos, y paseando con ellos, y charlando con ellos, y observando de día en día cómo ellos se comportaban, y se enamoraban cada vez más, y callaban sobre el particular, y creían tímidamente, cada uno para sí, que su amor era el mayor de los secretos...» Otro ejemplo lo tenemos cuando Esther acepta a Jarndyce: «Le rodeé el cuello con mis brazos y le besé; y él preguntó si era ésta la dueña de Casa Desolada; y yo dije que sí; y luego no importaba, y salimos todos juntos, y no dije nada al respecto a mi preciosa Ada.»

11. La nota humorística, chocante, alusiva y original

«Su familia es tan vieja como los montes, e infinitamente más respetable»; o «el pavo del corral siempre preocupado por una injusticia de clases (probablemente por la Navidad)»; o «el canto del gallo sanguíneo en el sótano de la pequeña lechería de Cusitor Street, cuya idea de la luz diurna sería curioso averiguar, ya que no sabe por observación personal casi nada de ella»; o «una sobrina baja y astuta, un poco demasiado violentamente oprimida en la cintura, y con una nariz afilada como una noche de otoño, que tiende a quedarse helada hacia el final».

12. Juegos de palabras

Algunos ejemplos: «*Inquest* (encuesta)-*Inkwhich* (atado por la niebla)»; o «*Hospital-Horsepittle*»; o cuando el dueño de la papelería cuenta su *Joful** y *woful* (triste) experiencia; o «*Ill fo manger, you know*» (Jobling pronuncia esta frase como si aludiese a determinada instalación necesaria en un establo**). Todavía estamos muy lejos del *Finnegans Wake* de Joyce, ese superjuego de palabras petrificado, pero Dickens ya se halla en esa dirección.

---

* Aunque la palabra sería evidentemente «*joyful*» (alegre), aquí se refiere a Jo, el personaje de más trágico destino de la novela.
** Pretende decir «comer» en francés; pero al darle pronunciación inglesa en realidad dice «pesebre».

13. *Descripción indirecta del discurso*

Se trata de un nuevo desarrollo del modo narrativo de Samuel Johnson y de Jane Austen, con mayor número de casos de discurso dentro de las partes descriptivas. Dickens hace uso de la narración indirecta cuando la señora Piper testifica en la encuesta sobre la muerte de Nemo. «Bueno, pues la señora Piper tiene mucho que decir, sobre todo entre paréntesis y sin signos de puntuación, y poco que contar. La señora Piper vive en la plazoleta (donde su marido es ebanista), y hace mucho que es sabido entre los vecinos (desde dos días antes del semibautizo de Alexander James Piper, de dieciocho meses y cuatro días, quien nadie esperaba que viviese, tanto era señores lo que a este niño le dolían las encías) que el Querellante (así insiste la señora Piper en llamar al difunto) se había vendido a sí mismo. Cree que fue el aspecto del Querellante el que dio origen a ese rumor. Veía al Querellante a menudo y su aspecto le parecía feroz y no se le debía haber permitido andar por la calle con tantos niños tímidos sueltos (y si alguien lo duda que llamen a la señora Perkins, que está aquí dispuesta a dejar en buen lugar a su marido y a ella y a su familia). Ha visto cómo los chicos vejaban y molestaban al Querellante (porque los chicos son siempre chicos y no se puede esperar de ellos, sobre todo si son de carácter travieso, que se porten con el comedimiento que nosotros mismos no tuvimos)», etc., etc.

La exposición indirecta del discurso se utiliza a menudo en personajes menos excéntricos con el fin de acelerar o concentrar un estado de ánimo, y a veces va acompañada, como en el siguiente ejemplo, de una repetición lírica: Esther trata de convencer a Ada, que se ha casado en secreto, de que vaya con ella a visitar a Richard:

«—Cariño —le dije—; tú no has tenido ninguna diferencia con Richard mientras he estado tanto tiempo lejos, ¿verdad?

»—No, Esther.

»—¿No has sabido de él, quizá? —dije.

»—Sí; he sabido de él —dijo Ada.

»Tenía lágrimas en los ojos, y amor en el rostro. No conseguía entender a mi amiga querida. ¿Debía ir yo sola a casa de Richard?, dije. No, Ada creía que era mejor que no fuese sola. ¿Quería venir ella conmigo? Sí, Ada pensaba que era mejor que viniera conmigo. ¿Vamos ahora? Sí, vamos ahora. ¡Bien, pero no acababa de comprender a mi amiga, con lágrimas en los ojos y amor en el rostro!»

El escritor puede ser un buen narrador o un buen moralista; pero a menos que sea un encantador, un artista, no será un gran escritor. Dickens es un buen moralista, un buen narrador y un encantador espléndido, pero su capacidad narrativa no está a la altura de sus otras cualidades. En otras palabras, es excepcional describiendo a los personajes y su entorno en una situación dada, pero en el momento de establecer diversos vínculos entre estos personajes, dentro del esquema de la acción, aparecen grietas en su obra.

¿Cuál es la impresión global que una gran obra de arte produce en nosotros? (por nosotros entiendo al buen lector). La de Precisión poética y Emoción científica. Y éste es el impacto de *Casa Desolada*. En primer lugar está el Dickens encantador, el Dickens artista. En segundo lugar, descuella el profesor moralista cuyo sentido se manifiesta en numerosas ocasiones. En sus peores momentos, *Casa Desolada* nos revela a un narrador que tropieza de vez en cuando, aunque su estructura general sea excelente.

Pese a ciertos defectos al contar su historia, Dickens sigue siendo un gran escritor. El dominio de toda una constelación de personajes y temas, la táctica de mantener agrupados a estos personajes y temas, o de evocar personajes ausentes por medio del diálogo —en otras palabras, el arte no sólo de crear personas sino de mantenerlas vivas en la mente del lector a lo largo de toda la novela—, es, desde luego, signo evidente de grandeza. Cuando transportan al abuelo Smallweed en su silla a la barraca de tiro al blanco de George, en un esfuerzo por obtener una muestra de la letra del capitán Hawdon, el conductor del coche y otra persona hacen de porteadores. «Hemos contratado a esta persona [dice refiriéndose al otro porteador] en la calle por una pinta de cerveza. Lo que equivale a dos peniques... Judy, hija mía [prosigue, dirigiéndose a su hija], dale a esta persona sus dos peniques. Es mucho, para lo que ha hecho.

»La persona, uno de esos extraordinarios ejemplares de hongos humanos que brotan espontáneamente en las calles del oeste de Londres ya provistos de una vieja chaqueta color rojo, con la "misión" de sujetar caballos y llamar coches, recibe sus dos peniques con todo menos con entusiasmo, lanza la moneda al aire, la coge al vuelo, y se larga.» Este gesto, este único gesto, con el epíteto «al vuelo», es trivial; pero el hombre queda vivo para siempre en la mente de un buen lector.

El mundo de un gran escritor es, en efecto, una democracia mágica donde incluso el personaje más secundario, el más efímero, como la persona que lanza al aire la moneda de dos peniques, tiene derecho a vivir y a evolucionar.

Las dos primeras páginas del ejemplar de Madame Bovary *utilizado por Nabokov para sus clases.*

GUSTAVE FLAUBERT
(1821-1880)

MADAME BOVARY
(1856)

Vamos a disfrutar ahora con otra obra maestra, con otro cuento de hadas. De todos los cuentos incluidos en este curso, la novela de Flaubert *Madame Bovary* es el más romántico. Estilísticamente, es prosa ejerciendo la función que cumple la poesía.*

El niño a quien leemos un cuento puede preguntarnos si es cierto ese cuento, y si no lo es, nos pedirá que le contemos uno que lo sea. Pero no hay que obstinarse en esa actitud infantil con respecto a los libros que leemos. Desde luego, si alguien nos comenta que don Fulano ha visto pasar como un rayo un platillo volante de color azul con un piloto verde, le preguntaremos si es cierto, porque de una u otra forma, el que sea verdad afectará a nuestra vida entera, será de infinita importancia práctica para nosotros. Pero es preferible no preguntarse si un poema o una novela son verídicos. No nos engañemos; recordemos que la literatura no tiene ningún valor práctico, salvo en el caso muy especial de que alguien

---

* Para algunos de los aspectos estilísticos de Flaubert, véanse las notas al final de este capítulo.

se proponga ser nada más y nada menos que profesor de literatura. La joven Emma Bovary no ha existido jamás; la novela *Madame Bovary* existirá siempre. La vida de una novela es más larga que la de una joven.

Esta obra trata del adulterio y contiene situaciones y alusiones que escandalizaron al gobierno mojigato y filisteo de Napoleón III. Efectivamente, fue incluso llevada a los tribunales por obscena. Figuraos. Como si la obra de un artista pudiese ser obscena. Me alegra poder decir que Flaubert ganó el juicio. Eso ocurrió hace exactamente cien años. Hoy, en nuestros tiempos... Pero sigamos con nuestro tema.

Abordaremos *Madame Bovary* tal como Flaubert quería que se abordase: como un conjunto de estructuras (o *mouvements*, como dice él), líneas temáticas, estilo, poesía y personajes. La novela consta de treinta y cinco capítulos, de unas diez páginas cada uno, y está dividida en tres partes, situadas respectivamente en Rouen y Tostes, en Yonville, y en Yonville, Rouen y Yonville; son todos lugares inventados excepto Rouen, ciudad episcopal del norte de Francia.

La acción principal transcurre entre el cuarto y quinto decenio del siglo pasado, bajo el reinado de Luis Felipe (1830-1848). El capítulo I empieza en el invierno de 1827, y en una especie de epílogo se sigue la vida de algunos de los personajes hasta 1856, ya en el reinado de Napoleón III, por cierto el año en que Flaubert concluye el libro. *Madame Bovary* fue empezada en Croisset, cerca de Rouen, el 19 de septiembre de 1851, y terminada en abril de 1856; su autor la envió en junio, y se publicó seriada a finales del mismo año en la *Revue de Paris*. Unas cien millas al norte de Rouen, en Boulogne, Charles Dickens terminaba su *Casa Desolada* en el verano de 1853, cuando Flaubert había llegado a la segunda parte de su novela; un año antes, en Rusia, Gógol había muerto y Tolstoi había publicado su primera obra importante, *Niñez*.

Tres son las fuerzas que conforman y moldean al ser humano: la herencia, el ambiente y el desconocido factor X. De estos elementos, el segundo es sin duda el menos importante, mientras que el último, el factor X, es con mucho el que más influye. En el caso de los personajes de las novelas, es desde luego el autor quien controla, dirige y aplica esas tres fuerzas. La sociedad que rodea a madame Bovary ha sido fabricada por Flaubert con la misma intencionalidad que la propia madame Bovary; y decir que tal sociedad flaubertiana influye en tal personaje flaubertiano es entrar en un círculo vicioso. Todo lo que ocurre en el libro ocurre exclusivamente en la mente de Flaubert, con independencia de cuál haya podido ser el insignificante impulso inicial y de cuáles hayan podido ser las circunstancias que existieron, o existían según él, en la Francia de aquella época. Por tanto, discrepo de quienes insisten en la influencia de las circunstancias sociales objetivas sobre la heroína Emma Bovary. La novela de Flaubert trata del delicado cálculo del destino humano, no de la aritmética de los condicionamientos sociales.

Se nos ha dicho que la mayoría de los personajes de *Madame Bovary* son burgueses. Pero una cosa que debemos dejar muy clara de una vez por todas es el significado que Flaubert da al término *bourgeois*. Salvo cuando significa simplemente *ciudadano*, como sucede a menudo en francés, el término *bourgeois* utilizado por Flaubert equivale a «filisteo», personas preocupadas por el aspecto material de la vida y que sólo creen en los valores convencionales. Nunca emplea la palabra *bourgeois* con connotaciones político-económicas marxistas de ningún género. Burgués, para Flaubert, es un estado del espíritu, no un estado del bolsillo. En una famosa escena de nuestro libro en la que una vieja obrera, a la que se concede una medalla por haberse dejado la piel trabajando para su patrono, es presentada ante un comité de sosegados burgueses que se sonríen —en realidad, en esa escena ambas partes son filisteas, la campesina supersticiosa y los políticos sonrientes—, tanto la una como los otros son burgueses en el sentido flaubertiano. Para dejar completamente claro dicho término diré que, por ejemplo, la literatura soviética, las artes soviéticas, la música soviética y las aspiraciones soviéticas de la Rusia comunista de hoy son fundamentalmente burguesas y fariseas. Es la cortina de encaje detrás del telón de acero. El funcionario soviético, cualquiera que sea su grado, es la encarnación perfecta del espíritu burgués, del filisteo. La clave del término de Flaubert está en el filisteísmo de su monsieur Homais. Añadamos por último que Marx habría llamado a Flaubert burgués en el sentido económico-político, y Flaubert habría llamado a Marx burgués en el sentido espiritual; y los dos habrían tenido razón, ya que Flaubert era un señor acomodado en la vida material, y Marx era un filisteo en su actitud respecto a las artes.

El reinado de Luis Felipe, el rey ciudadano (*le roi bourgeois*), de 1830 a 1848, fue una época placentera y anodina comparada con el estruendo armado por Napoleón a principios de siglo y con nuestros tiempos tan cambiantes. Durante el decenio de 1840, «los anales de Francia fueron tranquilos bajo el frío gobierno de Guizot». Pero «1847 se inició con un sombrío panorama para el gobierno francés: descontento, privaciones, deseo de una administración más popular y quizá más brillante... El engaño y el subterfugio parecían imperar en las altas esferas». En febrero de 1848 estalla una revolución. Luis Felipe, «adoptando el nombre de Mr. William Smith, concluye su vergonzoso reinado con una huida vergonzosa en un coche de alquiler» (*Encyclopaedia Britannica*, 9.ª ed., 1879). He citado este fragmento de historia porque el buen Luis Felipe, con su coche de alquiler y su paraguas, resulta un personaje muy flaubertiano. Otro personaje, Charles Bovary, nace según mis cálculos en 1815; entra en la escuela en 1828; llega a «funcionario de Sanidad» (grado por debajo del de doctor) en 1835. El mismo año se casa con su primera mujer, la viuda Dubuc, en Tostes, donde empieza a ejercer. Tras la muerte de ésta, se casa por segunda vez con Emma Rouault (la heroína de la obra) en 1838; se traslada a otra localidad, Yonville, en 1840; y después de perder a su segunda esposa en 1846, muere en 1847 a la edad de treinta y dos años.

Ésta es, en síntesis, la cronología del libro.

En el primer capítulo encontramos nuestro hilo temático inicial: el tema de las *capas* o de la *superposición de capas*. Corre el otoño de 1828; Charles Bovary tiene trece años, y en su primer día de escuela, durante la clase, sostiene aún su gorra sobre las rodillas. «Era una de esas gorras de tipo poco definido en las que se pueden descubrir elementos del gorro de piel de oso o de nutria, del chascás de lancero [*lancero de casco plano*], del sombrero redondo de fieltro, y del gorro de dormir; en fin, una de esas prendas lastimosas cuya muda fealdad llega a ser tan profunda como el semblante de un imbécil. Ovoide, abombada con ballenas, empezaba con una especie de triple salchicha circular; luego, más arriba, seguían dos filas de rombos, unos de terciopelo y otros de piel de conejo, separados por una franja roja; a continuación había una especie de bolsa terminada en un polígono de cartón cubierto de un complicadísimo bordado, del que colgaba, en el extremo de un cordón largo y demasiado fino, una borla trenzada con hilo de oro. La gorra era nueva: la visera estaba reluciente» (podemos comparar este pasaje con la descripción que hace Gógol en *Las almas muertas* de la maleta de Chichikov y del carruaje de Korobochka; también el tema de las capas).

Aquí, como en los otros tres ejemplos que vamos a comentar, la imagen se desarrolla estrato por estrato, capa por capa, habitación por habitación, ataúd por ataúd. La gorra, una prenda lastimosa y de mal gusto, simboliza toda la vida futura del pobre Charles, igualmente lamentable y desacertada.

Charles pierde a su primera mujer. En junio de 1838, a los veintitrés años, se casa con Emma, celebrándose una gran boda campesina. Un pastelero nuevo en la comarca, y que por tanto quiere esmerarse, prepara una tarta de varios pisos, otro detalle patético en su mal gusto. «En la base tenía un cuadrado de cartón azul [*de modo que empieza, por así decir, donde terminaba la gorra, en un polígono de cartón*]; dicho cuadrado sostenía un templo con pórticos, columnatas y estatuillas de estuco en hornacinas tachonadas de estrellas de papel dorado; a continuación venía, en el segundo piso, un castillo de merengue rodeado de diminutas fortificaciones hechas con fruta escarchada, almendras, uvas y cuartos de naranja; finalmente, en la plataforma superior, que representaba un prado verde con rocas, lagos de mermelada y barcas de cáscara de nuez; un pequeño Cupido ocupaba un columpio de chocolate cuyos dos soportes tenían en lo alto, a manera de bolas, dos auténticos capullos de rosa.»

El lago de mermelada, aquí, es una especie de símbolo premonitorio de los románticos lagos suizos por los que, a la cadencia del verso lírico y elegante de Lamartine, Emma Bovary, adúltera en ciernes, vagará en sueños; en cuanto al pequeño Cupido, nos lo encontraremos otra vez en un reloj de bronce, en medio del sórdido esplendor de la habitación del hotel de Rouen donde tiene sus citas con Léon, su segundo amante.

Estamos todavía en junio de 1838, pero en Tostes. Charles vive en esa casa desde el invierno de 1835-1836 con su primera mujer, que muere en febrero de 1837, y después solo. Él y su nueva esposa, Emma, pasarán dos años en Tostes (hasta marzo de 1840), antes de mudarse a Yonville. *Primera capa*: «La fachada de ladrillo seguía la alineación de la calle, o más bien carretera. [*Segunda capa*:] Detrás de la puerta colgaba una capa con esclavina, una brida y una gorra de cuero negro; y en el suelo, en un rincón, había un par de polainas con barro pegado todavía. [*Tercera capa*:] A la derecha estaba la sala que servía también de comedor. El empapelado amarillo canario, rematado por una cenefa de flores pálidas, temblaba a todo lo largo sobre su mal extendido soporte de lienzo; las ventanas tenían cortinas de percal blanco cruzadas, y sobre el estrecho revellín de la chimenea resplandecía un reloj con la cabeza de Hipócrates, entre dos candelabros plateados y de pantalla ovalada. [*Cuarta capa*:] Al otro lado del pasillo estaba la consulta de Charles, pequeña habitación de unos seis pasos de ancho, con una mesa, tres sillas y un sillón de escritorio. Los volúmenes del *Diccionario de ciencias médicas*, con las hojas sin abrir, pero con la encuadernación bastante estropeada por las sucesivas ventas que había padecido, casi ocupaban por sí solos los seis estantes de una librería de pino. [*Quinta capa*:] El olor a fritura con mantequilla llegaba a través de las paredes durante las horas de consulta, lo mismo que desde la cocina podía oírse toser a los pacientes, y contar sus dolencias. [*Sexta capa*:] Luego venía [*«venait ensuite»; Flaubert repite aquí exactamente la fórmula de la gorra*] una habitación grande y destartalada, con una estufa. Daba directamente a la cuadra y se empleaba ahora como leñero, bodega y almacén.»

En marzo de 1846, después de ocho años de matrimonio, con dos tempestuosas aventuras amorosas de las que su marido no se entera, Emma Bovary contrae un espantoso cúmulo de deudas que no puede satisfacer, y se suicida. El pobre Charles, en su único momento de romántica fantasía, proyecta lo siguiente para su entierro: «Se encerró en su consulta, cogió la pluma, y tras algunos sollozos, escribió:

»Es mi voluntad que sea enterrada con su traje de novia, zapatos blancos y una corona. El pelo se le dispondrá suelto sobre los hombros. [*Y aparecen las capas*:] Se le harán

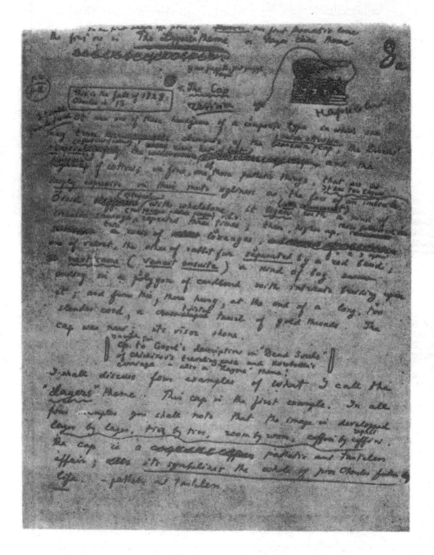

Apuntes de Nabokov sobre el tema de la estratificación
en Madame Bovary *con el dibujo de la gorra de Charles.*

tres ataúdes: uno de roble, otro de caoba y otro de plomo...,
cubriéndolo todo con un gran paño de terciopelo verde.»

Aquí confluyen todos los temas de las capas del libro.
Evocamos con la. mayor claridad la enumeración de las partes de la deplorable gorra que Charles lleva en su primer día
de colegio, y de la tarta nupcial.

La primera madame Bovary es viuda de un escribano.
Se trata, por así decir, de una falsa madame Bovary. En el
capítulo II, todavía viva la primera, asoma ya la segunda.
Del mismo modo que Charles se establece como sucesor del
viejo médico, así la futura madame Bovary aparece antes de
que muera la primera. Flaubert no puede describir su boda
con Charles porque eso habría estropeado el banquete nupcial de la segunda madame Bovary. Flaubert llama a la primera esposa madame Dubuc (apellido del primer marido);
luego, madame Bovary, madame Bovary segunda (segunda
en relación a la madre de Charles), después, Héloïse; pero
más tarde pasa a llamarse viuda Dubuc, cuando el notario
se fuga con el dinero de ella que tenía bajo su custodia; y
finalmente madame Dubuc.

En otras palabras: vista a través de la mentalidad simple
de Charles, Héloïse retorna a su condición inicial, a medida
que Charles se enamora de Emma Rouault, recorriendo las
mismas etapas, pero al revés. Después de su muerte, cuando
Charles Bovary se casa con Emma, la pobre difunta Héloïse
vuelve a ser, sin más ni más, la madame Dubuc del principio.
Es Charles quien se queda viudo, pero su viudedad se transfiere en cierto modo a la traicionada y ya difunta Héloïse.
Emma no parece apiadarse nunca del destino patético de
Héloïse Bovary. Casualmente, un descalabro económico
contribuye a causar la muerte de las dos damas.

El término *romántico* encierra diversos significados. Al
hablar de *Madame Bovary* —del libro y de la dama misma—,

lo utilizaré con la siguiente acepción: «Hábito soñador e imaginativo de la mente, por el que ésta tiende a recrearse en posibilidades pintorescas derivadas sobre todo de la literatura (por tanto, *romanesque*, más que *romántico*).» Una persona romántica, que vive mental y emocionalmente en un mundo irreal, puede ser profunda o superficial según la calidad de su espíritu. Emma Bovary es inteligente, sensible, relativamente culta, pero tiene un espíritu superficial: su encanto, belleza y refinamiento no anulan el fatal talante de filisteísmo que hay en ella. Sus exóticas ensoñaciones no le impiden ser en el fondo una burguesa provinciana, aferrarse a ideas convencionales o violar este o aquel convencionalismo, siendo el adulterio la forma más convencional de elevarse por encima de lo convencional; su pasión por el lujo no le impide revelar un par de veces lo que Flaubert llama una dureza campesina, una vena de rústico sentido práctico. Sin embargo, su extraordinario encanto físico, su gracia excepcional, su vivacidad de colibrí... todo eso ejerce una atracción y un encanto irresistibles para los tres hombres del libro, el marido y los dos amantes sucesivos, los dos unos sinvergüenzas: Rodolphe, que encuentra en ella una ternura soñadora e infantil en grato contraste con las rameras con las que se ha estado relacionando; y Léon, hombre ambicioso y mediocre que se siente halagado por tener a toda una dama por amante.

¿Y su marido, Charles Bovary? Ése es un cargante, un pesado sin atractivo, inteligencia, ni cultura, y con toda una serie de ideas y hábitos convencionales. Es un filisteo; pero es también un ser humano patético. Hay dos aspectos de suma importancia: lo que le sucede con Emma, y lo que encuentra en ella, es exactamente aquello que la propia Emma busca y no encuentra en sus románticas ensoñaciones. Vaga, aunque profundamente, Charles percibe en la personalidad de Emma un encanto iridiscente, lujo, lejanía soñadora, poesía, fantasía. Éste es uno de los aspectos, y dentro de un instante ofreceré algunos ejemplos. El segundo es que el amor por Emma, que nace en Charles casi de manera inconsciente, es un sentimiento real, profundo y verdadero, en absoluto contraste con las emociones frívolas o brutales que experimentan Rodolphe y Léon, sus engreídos y vulgares amantes. De modo que tenemos aquí la grata paradoja del cuento de hadas de Flaubert: la persona más insulsa e inepta del libro es la única a quien redime ese algo divino que hay en el amor omnipotente, misericordioso e inquebrantable que profesa a Emma, tanto viva como muerta. Hay además un cuarto personaje en la obra que está enamorado de Emma, aunque se trata meramente de una criatura dickensiana: Justin. No obstante, os recomiendo que le prestéis simpática atención.

Volvamos a la época en que Charles estaba casado todavía con Héloïse Dubuc. En el capítulo II, el caballo —los caballos desempeñan un importantísimo papel en este libro, de manera que constituyen un pequeño tema aparte*— lleva a Bovary, con trote soñoliento, a casa de Emma, hija de un granjero paciente suyo. Emma, no obstante, no es una hija vulgar y corriente de granjero: es una joven graciosa, una «demoiselle», educada en un buen internado junto a señoritas de la burguesía. De modo que ahí tenemos a Charles Bovary, sacado de su frío lecho conyugal (jamás amó a esa inafortunada primera mujer suya, entrada en años, de pecho liso y con tantos granos como brotes tiene la primavera; la viuda de otro hombre, como Flaubert hace pensar a Charles en su fuero interno); ahí tenemos a Charles, el joven médico rural, sacado de su sombrío lecho por un mensajero, y camino de la granja de Les Bertaux para entablillarle la pierna a un granjero. Al acercarse a la granja, su manso caballo, de

* Para el tema de los caballos, véanse las notas al final de este capítulo.

repente, se espanta de forma violenta, sutil premonición de que la pacífica vida del joven va a desbaratarse.

Vemos la granja y luego a Emma con los ojos de él, al llegar aquí por vez primera, todavía casado con esa desventurada viuda. La media docena de pavos reales del patio parece una vaga promesa, una lección de iridiscencia. Detengámonos un momento en el pequeño tema de la sombrilla de Emma hacia el final del capítulo: días más tarde, durante el deshielo, cuando la corteza de los árboles está reluciente de humedad y la nieve de los tejados se va derritiendo, Emma se encuentra en el umbral; a continuación, entra en busca de su sombrilla, y la abre. La sombrilla es de seda tornasolada, y a través de ella el sol tiñe de cambiantes colores su blanco cutis. Emma sonríe bajo el calor tibio, y se oyen caer las gotas de agua con acompasado tamborileo, una a una, sobre el tenso moaré, sobre la seda lisa.

Varios detalles de la gracia sensual de Emma se nos revelan a través de los ojos de Bovary: su vestido azul con tres volantes, sus uñas elegantes y su peinado. Ha sido tan mal traducida la descripción de su peinado en todas las versiones inglesas, que es necesario hacerlo una vez más, a fin de que podamos visualizar a Emma con cierta precisión: «Su cabello formaba dos negras crenchas u ondas, que por lo compactas parecían de una sola pieza, con una raya fina en medio que se hundía ligeramente siguiendo la curva del cráneo [*es un joven médico quien lo observa*]; y las crenchas sólo dejaban al descubierto los lóbulos de las orejas [*no la punta superior de las orejas, como ponen los traductores ingleses: la parte superior de las orejas está naturalmente cubierta por esas negras y lisas crenchas*], y luego se anudaban detrás formando un grueso moño. Tenía los pómulos sonrosados.»

La impresión sensual que Emma produce en nuestro joven queda subrayada aún más en la descripción de un día de verano visto desde el salón de la casa: «... Las contraventanas estaban cerradas. Por las rendijas de la madera, el sol proyectaba en el suelo de piedra largas y finas rayas que se quebraban en los ángulos de los muebles y temblaban en el techo. En la mesa, las moscas subían por los vasos usados y zumbaban al ahogarse en los restos de sidra. La luz del día que entraba por la chimenea convertía en terciopelo el hollín del fondo del hogar, y daba un leve matiz azulado a las cenizas frías. Entre la ventana y el hogar, Emma estaba sentada cosiendo: no llevaba toquilla; y Charles vio los hombros desnudos cubiertos de gotitas de sudor.» Reparad en los finos y largos rayos de sol que se cuelan por las rendijas de las contraventanas cerradas, en las moscas subiendo (y no «arrastrándose» como ponen los traductores; las moscas no se arrastran, sino que caminan y se frotan las patas) por los vasos y ahogándose en los restos de sidra. Reparad también en la solapada luz del día que aterciopela el hollín del fondo de la chimenea y tiñe de lívido azul las cenizas frías. Y fijaos en las gotitas de sudor que puntean los hombros de Emma (llevaba un vestido escotado). Estos detalles denotan una incomparable imaginación plástica.

El cortejo nupcial serpeando por el campo puede compararse al cortejo fúnebre que acompaña a Emma muerta, serpeando por los campos, al final del libro. En la boda: «El cortejo, compacto al principio como una larga banda de colores evolucionando por los campos a lo largo del sendero estrecho y sinuoso entre verdes trigales, no tardó en alargarse y fragmentarse en grupos diferentes que se paraban a hablar. El músico marchaba en cabeza tocando su violín, de cuya voluta colgaban vistosas cintas. A continuación iban los recién casados, los familiares, los amigos, todos en confuso montón; los niños se rezagaban, divirtiéndose en arrancar espigas de avena o en jugar a escondidas. El vestido de Emma, demasiado largo, arrastraba un poco; de cuando en cuando se detenía a levantar el borde; entonces, delicadamente, con dedos enguantados, le quitaba los abrojos y pequeños cardos; entretanto, Charles, con las manos vacías, esperaba que ella hubiera terminado. El viejo Rouault, con un nuevo sombrero de seda y las bocamangas de su levita negra cubriéndole las manos hasta las uñas, daba el brazo a madame Bovary madre. En cuanto a monsieur Bovary padre, que en realidad despreciaba a toda aquella gente, había venido con una levita sencilla, de corte militar, con una sola fila de botones; dirigía piropos tabernarios a una joven campesina rubia. La muchacha asentía, se ruborizaba, y no sabía qué replicar. Los otros invitados hablaban de sus asuntos o se hacían burla por la espalda, poniéndose a tono para el jolgorio. Si se prestaba atención, podía oírse el chirriar del violinista, que seguía tocando por los campos.»

En el entierro de Emma: «Los seis hombres, tres a cada lado, marchaban despacio, un poco jadeantes. Los sacerdotes, los cantores, dos niños del coro, recitaban el *De profundis*, y sus voces resonaban por los campos elevándose y disminuyendo. A veces desaparecían en las curvas del sendero; pero la gran cruz de plata seguía sobresaliendo entre los árboles [*comparadla con el violinista de la boda*].

»Las mujeres seguían detrás, envueltas en mantos negros y con la capucha echada; cada una llevaba un cirio encendido, y Charles se sentía cada vez más débil a causa de aquella continua repetición de plegarias y de olor opresivo a cera y a sotanas. Soplaba una brisa fresca; el centeno y la colza estaban verdes; gotitas de rocío temblaban en las cunetas y en los setos de espino. El aire estaba lleno de toda clase de sonidos alegres: el chirrido de un carro que traqueteaba a lo lejos en las roderas, el canto de un gallo repetido una y otra vez, los saltos de un potro que huía bajo los manzanos. El cielo puro estaba rizado de nubes luminosas; una neblina azulada descansaba sobre las chozas bañadas por el iris. Charles, al pasar, iba reconociendo los patios. Recordaba mañanas como ésta, cuando, después de visitar a algún paciente, los atravesaba para volver a su lado [*curiosamente, Charles no recuerda su boda; el lector está en mejor situación que él*].

»El viento levantaba de cuando en cuando el paño negro salpicado de cuentas blancas, descubriendo el ataúd. Los porteadores, cansados, acortaban el paso, avanzando a tirones continuos, como el bote que cabecea a cada ola.»

Después de la boda, la dicha de nuestro joven doctor en su vida diaria queda plasmada en otro párrafo de sutil sensualidad: «En la cama, por las mañanas, junto a ella, con el codo en la almohada, observaba cómo el sol rozaba el dorado rubor de sus mejillas semiocultas por los festones del gorro de dormir. De cerca, sus ojos parecían extrañamente grandes, sobre todo cuando parpadeaba al despertar. Negros en la sombra, azul oscuro a la luz del día, tenían algo así como capas sucesivas de colores que, más densas en el fondo, se volvían tenues a medida que se acercaban a la superficie de la córnea» (un pequeño eco del tema de las capas).

En el capítulo VI se nos muestra retrospectivamente la niñez de Emma y su cultura novelesca y superficial, con los libros que leía y lo que extraía de ellos. Emma es una gran lectora de novelas de amor, de relatos más o menos exóticos y de poesía romántica. Algunos de los autores que conoce son de primera fila, como Walter Scott o Victor Hugo; otros no llegan a tanto, como Bernardin de Saint-Pierre o Lamartine. Pero, buenos o malos, no es ésta la cuestión. Lo importante es que ella es una mala lectora. Lee los libros emocionalmente, a la manera superficial de los jóvenes, poniéndose en lugar de esta o aquella heroína. Flaubert procede de forma muy sutil. En varios pasajes, enumera todos los clichés románticos gratos a Emma: pero la astuta selección de estas imágenes vulgares y su ordenación cadenciada a lo largo de la frase producen un efecto de armonía y arte. En el convento, las novelas que ella leía «eran de amor, de

Apuntes de Nabokov sobre las lecturas de Emma,
hechos en el volumen que utilizaba en sus lecciones.

amantes y amadas, de damas perseguidas que desfallecían en pabellones solitarios, de postillones asesinados en cada relevo, de caballos reventados en cada página, de bosques umbríos, de congojas, promesas, sollozos, lágrimas y besos, de pequeñas barquichuelas bajo la luna y ruiseñores en frondosas arboledas, caballeros valientes como leones, mansos como corderos, virtuosos como nadie lo ha sido nunca, siempre bien vestidos y de lágrima fácil. En esa época, y durante seis meses, Emma, a sus quince años, se manchó las manos en el polvo de los libros de las viejas bibliotecas de préstamo. Más tarde, con Walter Scott, se entusiasmó con los temas históricos, soñó con viejos cofres, prisiones militares y trovadores. Le habría gustado vivir en alguna casa solariega, como aquellas castellanas de talle escurrido que, bajo las ojivas lobuladas y los arcos apuntados, pasaban los días acodadas en la piedra, con la barbilla en la mano, esperando la aparición de un caballero de blanco penacho galopando sobre su caballo negro por los campos lejanos».

El mismo recurso artístico es utilizado cuando enumera las vulgaridades de Homais. Puede que el tema sea crudo y repulsivo. Sin embargo, su expresión está artísticamente modulada y equilibrada. Eso es estilo. Eso es arte. Eso es lo único que verdaderamente importa en los libros.

El tema de los ensueños de Emma guarda cierta relación con el lebrel, regalo de un guardabosque, que ella «sacaba a pasear [en Tostes], pues a veces salía a fin de estar sola un rato, y no tener delante de los ojos aquel sempiterno jardín y la carretera polvorienta... Sus pensamientos, sin rumbo al principio, vagaban de aquí para allá como el lebrel, que correteaba por el campo ladrando tras las mariposas amarillas, persiguiendo musarañas o mordisqueando amapolas en la orilla de un pequeño trigal. Luego, gradualmente, sus ideas iban cobrando forma definida; y sentada en la yerba, en la que hurgaba con golpecitos de sombrilla, se repetía: "¡Dios mío, por qué me habré casado!"»

«Se preguntaba si, por alguna otra disposición del azar, no habría sido posible encontrar a otro hombre; y trataba de imaginar esos acontecimientos que no habían llegado a tener realidad, aquella vida distinta, aquel marido desconocido. No todos, sin duda, serían como el suyo. Puede que aquel otro hubiera sido guapo, ingenioso, distinguido, seductor, como sin duda lo eran los hombres con quienes se habían casado sus compañeras de colegio. ¿Qué harían ahora? En la ciudad, con el bullicio de las calles, el rumor de los teatros, las luces de los bailes, vivirían una vida que ensanchaba el corazón y despertaba los sentidos. En cambio su existencia era fría como una buhardilla cuya ventana mira hacia el norte, y el hastío, araña silenciosa, tejía oscuramente su tela en los rincones de su corazón.»

La pérdida de este lebrel en el viaje de Tostes a Yonville simboliza el fin de sus sueños benignamente románticos y elegíacos en Tostes, y el inicio de sensaciones más apasionadas en la Yonville fatal.

Pero aun antes de Yonville, la imagen romántica que Emma se hacía de París emerge de la petaca de seda que recoge de esa carretera desierta, al regresar de Vaubyessard,* muy a la manera en que en la novela de Proust *En busca del tiempo perdido*, la más grande de la primera mitad de nuestro siglo, la pequeña ciudad de Combray, con todos sus jardines (una evocación), emerge de una taza de té. Esta visión de París es uno de los muchos ensueños de Emma que aparecen a lo largo del libro. Uno de esos sueños, que se viene abajo rápidamente, es el poder hacer famoso el apellido

---

* Nabokov comenta que Emma encuentra la petaca, que se convierte en símbolo de la vida parisina romántica y elegante, cuando Charles se detiene para arreglar los arreos del caballo. Más tarde, Rodolphe también atará una brida rota después de la seducción que da comienzo a las románticas relaciones entre Emma y él. *(N. de la ed. inglesa.)*

Bovary por medio de Charles: «¿Por qué no era su marido, al menos, uno de esos hombres de serias y apasionadas ocupaciones que se pasan las noches sumergidos en sus libros, y finalmente, a los sesenta años, cuando les llega la edad del reuma, ostentan una condecoración prendida en su levita mal confeccionada? Le habría gustado que el apellido Bovary, que era el suyo, hubiera sido ilustre, verlo exhibido en las librerías, repetido en los periódicos, conocido en toda Francia. Pero Charles no tenía ambición.»

El tema de los ensueños se enlaza con toda naturalidad al tema del engaño. Emma esconde la petaca que le hace soñar, engaña a Charles desde el principio, a fin de que la lleve a vivir a otro lugar. Fingiendo estar enferma, consigue que se trasladen a Yonville, que pasa por tener mejor clima: «¿Durará eternamente esta infelicidad? ¿Nunca podría salir de ella? Sin embargo, valía tanto como cualquiera de las mujeres que vivían dichosas. En Vaubyessard había visto duquesas de talle más basto y modales más vulgares, y maldecía la injusticia divina. Apoyando la cabeza en las paredes, lloraba; envidiaba las vidas agitadas, anhelaba los bailes de disfraces, los placeres violentos con todo el desenfreno que ella no conocía, pero que sin duda debían de proporcionar.

»Empezó a perder color y a sufrir palpitaciones. Charles le prescribió valeriana y baños de alcanfor. Pero todo lo que probaba no parecía sino irritarla aún más...

»Como se estaba quejando constantemente de Tostes, Charles imaginó que su enfermedad se debía sin duda a alguna causa local, y convencido de esta idea, empezó a pensar seriamente en establecerse en otra parte.

»Desde ese momento, Emma empezó a beber vinagre para adelgazar; cogió una tosecilla seca, y perdió completamente el apetito.»

Es en Yonville en donde la abatirá el destino. La suerte que corre su ramo de novia es una especie de premonición o símbolo de su suicidio de unos años después. Se había preguntado, al encontrar las flores de novia de la primera mujer de Bovary, qué ocurriría con las suyas. Ahora, al marcharse de Tostes, ella misma las arroja al fuego en un pasaje maravilloso: «Un día en que, con vistas a la mudanza, estaba ordenando un cajón, se pinchó el dedo con algo. Era el alambre de su ramo de novia. Las flores de azahar estaban amarillas de polvo y las cintas de raso con borde de plata tenían los extremos deshilachados. Lo arrojó al fuego. Se inflamó con más rapidez que si fuese paja seca. Luego se convirtió en una especie de zarza roja entre las cenizas. Se quedó mirando cómo ardía. Reventaron las pequeñas bayas de cartón, se retorció el alambre, se derritió el cordón de oro; y los retorcidos pétalos de papel, aleteando como mariposas negras en el fondo del hogar, volaron finalmente chimenea arriba.» En una carta del 22 de julio de 1852, Flaubert dice algo que podría aplicarse a este pasaje: «Una frase verdaderamente buena en prosa debe ser como un verso logrado en poesía, algo que no se puede cambiar, e igual de rítmico y sonoro.»

El tema de los ensueños aflora otra vez en los nombres románticos que Emma piensa para su hija: «Primero repasó todos los de terminación italiana, como Clara, Louisa, Amanda, Atala; le gustaba bastante el de Galsuinde, y más aún los de Yseult o Léocadie.» Los otros personajes son más fieles a sí mismos en los nombres que proponen. «Charles quería que se le pusiera el nombre de su madre; Emma se opuso a ello.» «Monsieur Léon —dice Homais— se pregunta por qué no eligen ustedes el de Madeleine. Está muy de moda ahora.

»Pero la madre de Charles puso el grito en el cielo ante este nombre de pecadora. En cuanto a monsieur Homais, sentía preferencia por los nombres que recordaban a algún gran hombre, un hecho ilustre o una idea humanista...» Uno se pregunta por qué Emma elige finalmente el de Berthe. «Por último, Emma recordó que en el castillo de Vaubyessard había oído a la marquesa llamar Berthe a una joven; a partir de ese momento, quedó decidido el nombre...»

Las consideraciones románticas al ponerle nombre a la niña contrastan con las condiciones en las que la dan a criar fuera, costumbre rara en aquel entonces. Emma va con Léon a visitar a la niña. «Reconocieron la casa por un viejo nogal que le daba sombra. Baja y cubierta con tejas pardas, tenía colgada una ristra de cebollas en el exterior, bajo la ventana de la buhardilla. Unos haces de leña, apoyados de pie en un seto de espino, cercaban un bancal de lechugas, unos metros cuadrados de espliego y unas matas de guisantes enroscadas en palos. Por la hierba corría agua sucia, y alrededor se veían varios trapos indescriptibles, medias de punto, una chaquetilla roja de percal y una sábana grande de tosco lienzo tendida sobre el seto. Al ruido de la verja, apareció la nodriza con un niño en brazos al que estaba dando el pecho. Con la otra mano tiraba de un pobre chiquillo encanijado con la cara llena de pupas, hijo de un calcetero de Rouen, cuyos padres, demasiado ocupados en su negocio, habían llevado al campo.»

Los altibajos de las emociones de Emma —sus anhelos, pasiones, frustraciones, amores y desengaños—, toda una gama variada de sentimientos, terminan en la muerte violenta y repugnante que ella misma se inflige. Sin embargo, antes de separarnos de Emma, fijémonos en la insensibilidad esencial de su naturaleza, en cierto modo simbolizada en un ligero defecto físico: la dura y seca angulosidad de sus manos; tenía unas manos cuidadas, delicadas y blancas, quizá graciosas, pero no bellas.

Emma es falsa, mentirosa por naturaleza: engaña a Charles desde un principio, antes de cometer materialmente adulterio. Vive entre gente filistea, y es filistea ella misma. Su vulgaridad intelectual no es tan evidente como la de Ho-

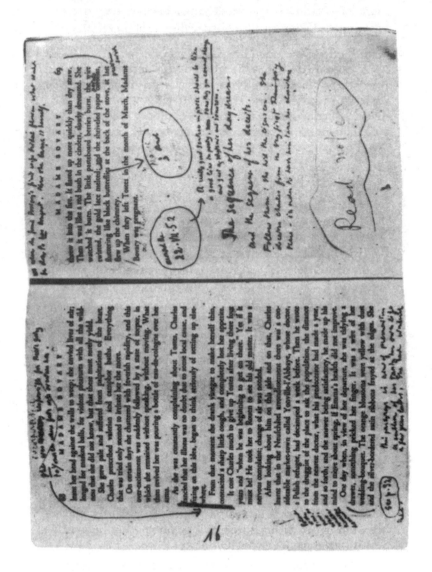

Notas de Nabokov sobre el tema de la ensoñación,
escritas en el ejemplar que utilizaba para sus clases.

mais. Sería tratarla con demasiada severidad decir que los aspectos trillados pseudoprogresistas que observamos en el carácter de Homais tienen su duplicado pseudorromántico y femenino en Emma; pero uno no puede por menos de percibir que Homais y Emma son no sólo eco fonético el uno del otro, sino que tienen algo en común, y ese algo es la crueldad vulgar de sus caracteres. En Emma, la vulgaridad y el filisteísmo quedan velados por su gracia, su astucia, su belleza, su inteligencia sinuosa, su poder de idealización, sus momentos de ternura y comprensión, y por el hecho de que su breve vida de avecilla termina en tragedia humana.

No ocurre así con Homais. Él es el filisteo que sale triunfante. Y hasta el final, cuando ya yace muerta, la pobre Emma está acompañada por él, el entrometido Homais, y por el prosaico sacerdote Bournisien. Hay una escena deliciosa en que estos dos —el creyente en los fármacos y el creyente en Dios— se quedan dormidos en sendas butacas, cerca del cadáver, el uno enfrente del otro, roncando mano a mano, con sus barrigas abultadas y las mandíbulas caídas, hermanados por el sueño, unidos al fin por la misma debilidad humana del sueño. ¡Y qué insulto para el destino de la pobre Emma, el epitafio que Homais idea para su tumba! Tiene la cabeza atiborrada de latinajos, pero al principio no es capaz de encontrar otra cosa que *sta viator*, «detente, viajero». ¿Detente dónde? El final de esta cita latina es *heroam calcas*, «pisas el polvo de un héroe». Pero finalmente, Homais, con su atrevimiento habitual, sustituye «el polvo de un héroe» por «el polvo de tu esposa bienamada». «Detente, viajero; estás pisando el polvo de tu esposa bienamada»; lo último que se podría decir del pobre Charles, quien, a pesar de toda su estupidez, amaba a Emma con una adoración profunda, patética, de la que ella toma conciencia durante un instante fugaz, antes de morir. ¿Y dónde muere él? En el mismo cenador donde Rodolphe y Emma solían amarse.

(A propósito, en la última página de la vida de él, no son

abejorros lo que visitan las lilas de ese jardín, sino cantáridas de vivo color verde. ¡Ah, traductores innobles, traidores y filisteos! Cabría pensar que monsieur Homais, que sabía un poco de inglés, fue quien tradujo a Flaubert al inglés.) Homais presenta varios puntos débiles:

1. Su ciencia procede de los folletos; su cultura general, de los periódicos; sus gustos literarios son pésimos, sobre todo por la mezcla de autores que cita. En su ignorancia, llega a comentar: «*That is the question*, como decía un periódico que leí hace poco», ignorando que cita a Shakespeare y no a un periodista de Rouen..., aunque probablemente, lo ignoraba también el autor del artículo político.

2. Siente aún, de vez en cuando, aquel miedo espantoso que experimentó cuando estuvo a punto de ir a la cárcel por practicar la Medicina.

3. Es un traidor, un sinvergüenza, un asqueroso, y no le importa sacrificar su dignidad a los intereses más importantes de su negocio o para conseguir una condecoración.

4. Es cobarde, y a pesar de sus valientes palabras, le da miedo la sangre, la muerte, los cadáveres.

5. Es despiadado y venenosamente vengativo.

6. Es un asno pomposo, un farsante fatuo, un magnífico filisteo, un pilar de la sociedad, como lo son tantos filisteos.

7. Consigue su condecoración al final de la novela, en 1856. Flaubert considera que su época es la del filisteísmo, que él llama *muflisme*. Sin embargo, éste no es característico de ningún gobierno o régimen en particular; en todo caso, el filisteísmo se manifiesta con más ahínco durante las revoluciones y en los estados policiales que en los regímenes más tradicionales. El filisteo entregado a la violencia es siempre más peligroso que el filisteo que se instala tranquilamente delante de su televisor.

Recapitulemos, por un instante, los amores de Emma, platónicos y no platónicos:

1. De colegiala, puede que estuviera loca perdida por el profesor de música, que aparece con su violín metido en el estuche, en uno de los párrafos retrospectivos del libro.

2. Al principio de su matrimonio con Charles (de quien no está inicialmente enamorada), tiene una amorosa amistad, perfectamente platónica desde el punto de vista técnico, con Léon Dupuis, pasante de notario.

3. Su primera «aventura» es con Rodolphe Boulanger, el hacendado de la localidad.

4. En mitad de esta aventura, dado que Rodolphe se revela más brutal que el ideal romántico que ella anhelaba, Emma trata de descubrir un ideal en su marido; trata de ver en él un gran médico y comienza una breve fase de ternura y de orgullo indeciso.

5. Después de fracasar completamente el pobre Charles en la operación del pie zopo del mozo de cuadra —uno de los episodios más logrados del libro—, Emma vuelve a Rodolphe con más pasión que nunca.

6. Cuando Rodolphe destruye el último sueño romántico de Emma de fugarse los dos y marcharse a vivir a Italia, Emma encuentra, tras una grave enfermedad, un motivo de adoración romántica en Dios.

7. Tiene unos minutos de ensoñación inspirada por el cantante de ópera Lagardy.

8. Su aventura con el insulso y cobarde Léon, cuando se encuentran otra vez, es la materialización patética y grotesca de todos sus sueños románticos.

9. De Charles, poco antes de morir, descubre el lado humano y divino, el amor perfecto que siente por ella..., todo lo que había pasado inadvertido para ella.

10. El Cristo de marfil de la cruz que ella besa minutos antes de expirar; este amor puede decirse que termina de

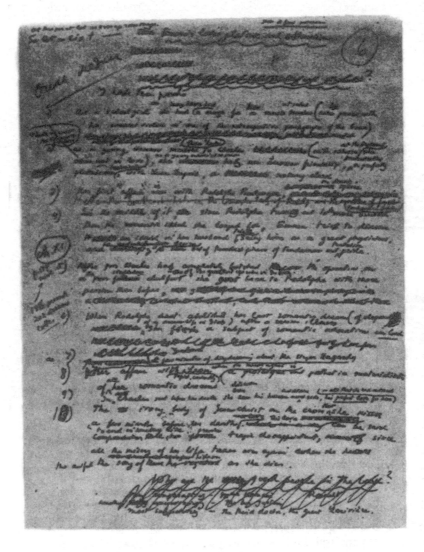

Anotaciones de Nabokov sobre los amores de Emma.

manera un poco parecida a su trágico desencanto anterior, dado que todas las miserias de su vida se vuelven a imponer cuando oye la espantosa canción del horrendo vagabundo en el momento de morir.

¿Quiénes son los «buenos» en este libro? Evidentemente, el malo es Lheureux; pero ¿quiénes, aparte del pobre Charles, son los personajes buenos? Con bastante claridad, el viejo Rouault, padre de Emma; de forma menos convincente, Justin, el muchacho a quien vemos llorar en la tumba de Emma, el cual constituye una nota desolada; y hablando de notas dickensianas, no debemos olvidar a otros dos niños infortunados: la hijita de Emma y, naturalmente, esa otra chiquilla de trece años, pequeña doncella jorobadita, ninfa sórdida que sirve a Lheureux de ayudante, estampa digna de meditación. ¿Qué otros personajes bondadosos encontramos en la obra? El mejor es el tercer doctor, el gran Larivière; aunque siempre he detestado esa lágrima transparente que derrama por Emma moribunda. Alguien podría decir incluso: el padre de Flaubert había sido doctor, y éste es el Flaubert padre derramando una lágrima sobre las desventuras del personaje que ha creado su hijo.

Una pregunta: ¿podemos calificar la novela *Madame Bovary* de *realista* o *naturalista*? No lo sé.

Una novela en la que un marido joven y sano no se despierta jamás, noche tras noche, para encontrar vacía la mejor mitad de su cama, ni oye nunca la arena y los guijarros que el amante arroja a la contraventana, ni recibe una carta anónima de algún entrometido de la localidad;

una novela en la que el más entrometido de todos ellos, Homais, monsieur Homais, a quien cabía imaginar siguiendo con ojo estadístico a todos los cornudos de su Yonville bienamada, no nota nunca nada, ni se entera de las aventuras amorosas de Emma;

una novela en la que el pequeño Justin —un muchacho nervioso de catorce años que se desmaya al ver sangre y rompe la loza de puro nerviosismo— debe ir a llorar en plena noche (¿adónde?) a un cementerio, sobre la tumba de una mujer cuyo espectro podría venir a reprocharle el no haberle negado la llave que le daría acceso a su muerte;

una novela en la que una joven que no ha cabalgado durante años —si es que había montado a caballo alguna vez, en la granja de su padre—, de pronto galopa en dirección al bosque con perfecta soltura, sin sentir después la menor rigidez en las articulaciones;

una novela en la que abundan los detalles inverosímiles —tales como la nada convincente ingenuidad de cierto cochero—; una novela así, ha llegado a ser considerada el hito del llamado realismo, sea eso lo que sea.

En realidad, toda ficción es ficción. Todo arte es engaño. El mundo de Flaubert, como todos los mundos de los grandes escritores, es un mundo de imaginación con su lógica propia, sus convencionalismos propios, sus coincidencias propias. Las curiosas imposibilidades que he enumerado no chocan con la pauta del libro... y de hecho, sólo las descubren los aburridos profesores o los estudiantes despiertos. Y tened presente que los cuentos de hadas que hemos estudiado con amor, a partir de *Mansfield Park*, están más o menos encuadrados en ciertos marcos históricos. Toda realidad es una realidad relativa, ya que cualquier realidad dada, la ventana que veis, los olores que percibís, los ruidos que oís, no dependen sólo del crudo toma y daca de los sentidos, sino también de diversos niveles de información. Puede que Flaubert pareciera realista o naturalista hace un centenar de años a los lectores que se formaron en las lecturas de aquellas damas y caballeros sentimentales a quienes Emma admiraba. Pero el realismo, el naturalismo, son sólo conceptos relativos. Lo que determinada generación toma por naturalismo en un escritor, a la generación posterior le parece una exageración de detalles monótonos, y a la generación anterior una monótona falta de detalles. Los *ismos* pasan, el *ista* muere; el arte permanece.

Pensad detenidamente en lo siguiente: un maestro con el poder artístico de Flaubert consigue transformar lo que él ha concebido como un mundo sórdido habitado por impostores, filisteos, mediocridades, brutos y damas descarriadas en una de las piezas más perfectas de ficción poética que se conocen, y lo consigue armonizando todas las partes mediante la fuerza interior del estilo, mediante métodos formales como el contrapunto creado por transición de un tema a otro, por las prefiguraciones y los ecos. Sin Flaubert, no habría habido un Marcel Proust en Francia, ni un James Joyce en Irlanda. Chéjov, en Rusia, no habría sido del todo Chéjov. Eso en cuanto a la influencia literaria de Flaubert.

Flaubert utiliza un mecanismo que podría llamarse método del *contrapunto*, o método de interlineados e interrupciones paralelas de dos o más conversaciones o corrientes de pensamiento. El primer ejemplo surge tras ser presentado Léon Dupuis. Léon, joven pasante de notario, nos es presentado mediante el recurso de describir a Emma tal como él la ve, en la posada, iluminada por el resplandor rojo de la chimenea, que parece brillar a través de ella. Más tarde, cuando otro hombre, Rodolphe Boulanger, se presenta ante ella, Emma es vista también con sus ojos; pero vista con los ojos de Rodolphe, Emma tiene una cualidad más sensual que la imagen pura que Léon percibe. A propósito, el cabello de Léon se describe más tarde como castaño (*châtain*); aquí, es rubio, o así le parece a Flaubert, debido al resplandor del fuego especialmente encendido para iluminar a Emma.

El tema del contrapunto surge en la conversación de la posada, cuando Emma y Charles llegan a Yonville. Exactamente un año después de empezar a componer el libro (ochenta o noventa páginas en un año: ésa es la clase de sujeto que a mí me gusta), Flaubert escribió a su amante Louise Colet el 19 de setiembre de 1852: «¡Qué pesadez es mi Bovary...! Esta escena de la posada puede llevarme tres meses. A veces me siento al borde de las lágrimas, tan profundamente siento mi impotencia. Pero prefiero que me estalle el cerebro, antes que prescindir de esa escena. Tengo que situar simultáneamente, en la misma conversación, a cinco o seis personajes (hablando), a varios otros (de quienes se habla), a toda la región, descripciones de personas y cosas... y en medio de todo eso, mostrar a un caballero y a una dama que empiezan a enamorarse el uno del otro porque tienen gustos comunes. ¡Y si por lo menos tuviese espacio suficiente! Pero la verdad es que la escena tiene que ser rápida sin que resulte seca, y amplia sin que resulte farragosa.»

Así, en la gran estancia de la posada, se inicia una conversación. Intervienen cuatro personas. Por un lado, un diálogo entre Emma y Léon, a quien ella acaba de conocer, interrumpido por los monólogos y las diversas observaciones de Homais, que conversa sobre todo con Charles Bovary, ya que Homais está deseoso de entablar buenas relaciones con el nuevo médico.

En esta escena, el primer movimiento consiste en una viva alternancia entre los cuatro: «Homais pidió que le permitiesen dejarse puesta la gorra, por temor a coger frío en la cabeza; luego, volviéndose a su vecina:

»—Sin duda la señora estará un poco cansada; uno acaba molido en nuestra *Hirondelle*.

»—Es verdad —replicó Emma—; pero me divierte viajar. Me gusta cambiar de sitio.

»—Es tan aburrido —suspiró el pasante de notario— estar siempre clavado en el mismo sitio.

»—Si fuera usted como yo —dijo Charles—, que no me despego de la silla de montar...

»—Pues —prosiguió Léon, dirigiéndose a madame Bovary—, para mí no hay nada más agradable [que montar a caballo]... cuando se puede —añadió» (el tema de los caballos se desliza una y otra vez aquí).

El segundo movimiento consiste en un largo discurso de Homais, que termina dando a Charles algunas informaciones útiles sobre la casa que debe comprar:

«—Además —dijo el boticario—, el ejercicio de la Medicina no es un trabajo muy duro en esta parte del mundo... Porque la gente aún recurre a las novenas, las reliquias, al cura, antes que acudir directamente al médico o al boticario. Pero el clima no es malo, a decir verdad, y tenemos en la comarca algunos hombres que han alcanzado ya los noventa. El termómetro (porque he hecho mis observaciones) baja en invierno a cuatro grados, y en lo peor del calor, sube a veinticinco o a treinta grados centígrados en el exterior, lo cual nos da una máxima de veinticuatro grados Réamur o cincuenta y cuatro grados Fahrenheit (según la escala inglesa), no más. Y es que, de hecho, estamos protegidos de los vientos del norte por el bosque de Arguell por un lado, y de los vientos de poniente por los montes Saint-Jean por otro; y además, este calor que, debido a los vapores acuosos que desprende el río y a la abundancia de ganado en los prados, que como usted sabe exhala gran cantidad de amoníaco, es decir, nitrógeno, hidrógeno y oxígeno (no, nitrógeno e hidrógeno nada más), hincha el humus de la tierra y mezcla todas esas diferentes emanaciones, las junta en un solo haz, por así decir, y las combina con la electricidad que contiene la atmósfera, cuando la contiene, pudiendo, a la larga, generar miasmas insalubres, como en el caso de los países tropicales... este calor, como digo, se atempera perfectamente por el lado de donde viene, o mejor, de donde debería venir, o sea del sur, a causa de los vientos del sudeste, que habiéndose enfriado al pasar por el Sena, nos llegan a veces de repente como brisas de Rusia.»

En mitad de su discurso comete una equivocación: siempre encontramos un fallo en los filisteos. Su termómetro debería marcar ochenta y seis grados Fahrenheit, no cincuenta y cuatro; Homais olvida sumar treinta y dos al pasar de un sistema a otro. Y casi comete otra torpeza al hablar de los vapores exhalados, aunque consigue recuperar el balón. Trata de meter todos sus conocimientos de física y química en una frase elefantiásica; tiene buena memoria para los retazos de información que lee en los periódicos y folletos, pero nada más.

Del mismo modo que el discurso de Homais es una mescolanza de pseudociencia y jerga periodística, el tercer movimiento, la conversación entre Emma y Léon, es un discurso de poesía trillada:

«—En todo caso, se podrán hacer excursiones por los alrededores, ¿no? —prosiguió madame Bovary, dirigiéndose al joven.

»—Bueno, muy pocas —contestó él—. Hay un sitio que llaman La Patûre, en lo alto de un cerro que hay en el lindero del bosque. A veces, los domingos me voy allí con un libro y me quedo contemplando la puesta de sol.

»—Para mí, no existe nada más admirable que las puestas de sol —dijo ella—; sobre todo en el mar.

»—¡Ah, me entusiasma el mar! —dijo monsieur Léon.

»—Además, ¿no le parece —continuó madame Bovary— que el espíritu viaja más libremente por esa extensión ilimitada, y que su contemplación eleva el alma, sugiere ideas de infinitud, de ideal?

»—Lo mismo que los paisajes montañosos —dijo Léon.»

Observemos, ya que es muy importante, que el dúo Léon-Emma resulta tan trivial, tan trillado y tan vulgar en sus emociones pseudoartísticas como lo es el pomposo y fundamentalmente ignorante Homais en lo que respecta a la ciencia. Aquí confluyen el falso arte y la falsa ciencia. En una carta a su amante (9 de octubre de 1852), Flaubert alude a la sutil esencia de esta escena: «Estoy componiendo una conversación entre un hombre y una mujer jóvenes sobre literatura, el mar, las montañas, la música, y todos esos pretendidos temas poéticos. El propósito es que al lector corriente le parezca seria, pero es a lo grotesco a lo que en realidad apunto. Será el primer caso, creo, de novela en que se hace burla de la heroína y de su galán. Pero la ironía no perjudica al pathos; al contrario, la ironía subraya el aspecto patético.»

Léon revela su ineptitud, la grieta de *su* armadura, cuando menciona al pianista: «Un primo mío que estuvo en Suiza el año pasado me contó que no se puede uno hacer idea de la poesía de los lagos, el encanto de las cascadas, el efecto inmenso de los glaciares. Se ven pinos gigantescos cruzados en los torrentes, cabañas de troncos suspendidas en lo alto de precipicios; y a mil pies por debajo de uno, valles enteros, cuando las nubes se abren. Esos espectáculos despiertan el entusiasmo, inclinan a la oración, al éxtasis; y no me extraña que ese célebre músico, para inspirar mejor su imaginación, acostumbrara tocar el piano delante de un panorama impresionante.» ¡Cómo deben inclinar los paisajes de Suiza a la oración, al éxtasis! No es extraño que un famoso músico acostumbrase tocar el piano delante de algún magnífico escenario, a fin de estimular su imaginación. ¡Es soberbio!

Poco después, descubrimos el decálogo del mal lector, todo lo que un buen lector no hace: «A mi esposa le tiene eso sin cuidado [la jardinería] —dijo Charles—; aunque se le ha aconsejado que haga ejercicio, ella prefiere quedarse en su habitación leyendo.

»—Como a mí —replicó Léon—. En efecto, ¿hay algo mejor que pasarse la tarde junto al fuego con un libro, mientras el viento sacude la ventana y la lámpara se consume?

»—¿Verdad que sí? —dijo ella, clavando sus grandes ojos negros en él.

»—Uno no piensa en nada —prosiguió él—; las horas pasan. Sin movernos, recorremos países que imaginamos ver; y el pensamiento, mezclándose con la ficción, disfruta con los detalles o sigue las peripecias de la aventura. Se funde con los personajes y parece como si uno mismo palpitase bajo sus ropas.

»—¡Es verdad! ¡Es verdad! —decía ella.»

Los libros no se escriben para los aficionados a esa poesía que hace llorar o para quienes gustan de los nobles personajes en prosa, como creen Léon y Emma. Sólo puede excusarse a los niños de que se identifiquen con los personajes de un libro o que disfruten con los relatos de aventuras mal escritas; sin embargo, esto es lo que hacen Emma y Léon:

«—¿No le ha ocurrido a veces —continuó Léon— tropezarse en un libro con una idea vaga que ya había tenido usted, con una imagen difusa que vuelve a usted desde muy lejos, y que encarna la más completa expresión de sus sentimientos más sutiles?

»—Sí que me ha pasado —replicó ella.

»—Por eso —dijo él— me gustan sobre todo los poetas. Creo que el verso tiene más ternura que la prosa, y que inclina mucho más a las lágrimas.

»—Sin embargo, a la larga, cansa —prosiguió Emma—. A mí, en cambio, me entusiasman las historias que hay que leer de un tirón, que sobrecogen. Detesto a los héroes vulgares y los sentimientos moderados, como se dan en la vida real.

»—Sí, es verdad —comentó el pasante de notario—; las obras que no conmueven, se apartan, a mi parecer, del verdadero fin del arte. ¡Es tan dulce, en medio de los desencantos de la vida, poder demorarse en el pensamiento de los nobles personajes, en los sentimientos puros y las escenas de felicidad!»

Flaubert se impuso la tarea de dar a su libro una estructura en alto grado artística. Además del contrapunto, uno de sus recursos consiste en hacer las transiciones de un tema a otro dentro de los capítulos, de la manera más suave y elegante posible. En *Casa Desolada*, la transición de un tema a otro se efectúa, por lo general, cambiando de capítulo: del tema de la Chancillería al de los Dedlock, etc. Pero en *Madame Bovary* hay un movimiento continuo *dentro* de los capítulos. A este mecanismo lo llamo yo *transición estructural*. Estudiaremos algunos ejemplos. Si las transiciones en *Casa Desolada* pueden compararse a peldaños, que avanzan en un proceso *en escalier*, aquí en *Madame Bovary* el proceso es un fluido sistema de ondas.

La primera transición, bastante sencilla, tiene lugar al principio mismo del libro. La historia empieza con la suposición de que el autor, de siete años de edad, y un tal Charles Bovary, de trece años, fueron compañeros de colegio en Rouen en 1828. El tono adoptado es el del relato subjetivo, en primera persona del plural; desde luego, sólo se trata de un recurso literario, puesto que Flaubert inventa a Charles Bovary de pies a cabeza. El relato discurre de esta forma pseudosubjetiva durante unas tres páginas, y luego pasa a la forma de narración objetiva; se desplaza de una impresión directa del presente a una relación novelada normal que cuenta el pasado de Bovary. La transición está regida por la frase: «Fue el cura de su pueblo quien le había enseñado los primeros rudimentos de latín.» Retrocedemos para ser informados sobre sus padres y sobre su nacimiento, y a continuación volvemos a abrirnos camino, a través de su niñez, hasta el presente, donde dos párrafos, en un retorno a la primera persona, describen su tercer año en la escuela. Después de esto, el narrador desaparece para siempre, y nosotros recorremos de paso la época universitaria y los estudios de medicina de Bovary.

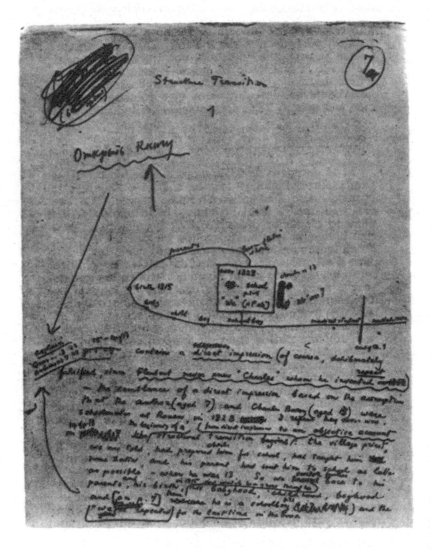

*Notas de Nabokov sobre la transición en la estructura temática
de* Madame Bovary.

En Yonville, poco antes de que Léon se marche a París, acontece la transición estructural más compleja: de Emma y su estado de ánimo a Léon y el suyo, y de éste a su despedida. Al efectuar esta transición, Flaubert, como hace varias veces en el libro, aprovecha las sinuosidades estructurales de la transición para examinar a alguno de sus personajes, tomando y analizando rápidamente, por así decir, algunos de sus rasgos. Empezamos con Emma en el momento en que regresa a casa tras una entrevista decepcionante con el cura (intentaba apaciguar la fiebre que Léon había despertado en ella), molesta de que todo esté tranquilo en casa mientras ella siente un torbellino en su interior. Aparta con impaciencia a su pequeña hijita Berthe, que cae y se corta la mejilla. Charles acude corriendo a Homais, el boticario, en busca de esparadrapo, y le cubre la herida. Le asegura a Emma que la cortadura no es grave, pero ella decide no bajar a cenar, y se queda con Berthe hasta que la niña se duerme. Después de cenar, Charles va a devolver el esparadrapo, y se entretiene en la farmacia hablando con Homais y su mujer sobre los peligros que corren los niños. Charles lleva aparte a Léon y le pide que pregunte en Rouen el precio de un daguerrotipo que, con patética presuntuosidad tiene intención de regalarle a Emma. Homais sospecha que Léon tiene algún lío amoroso en Rouen, y la posadera madame Lefrançois pregunta al recaudador Binet si sabe algo. La conversación de Léon con Binet contribuye, quizás, a que cristalice su aburrimiento por el hecho de amar a Emma sin ningún resultado. Se alude a su miedo a cambiar de localidad, pero decide irse a París. Flaubert consigue lo que se proponía, y efectúa una transición impecable desde el estado de ánimo de Emma al estado de ánimo de Léon y su decisión de marcharse de Yonville. Más tarde, descubriremos otra cuidadosa transición con motivo de la presentación de Rodolphe Boulanger.

El 15 de enero de 1853, a punto de empezar la segunda parte, Flaubert escribe a Louise Colet: «He tardado cinco días en escribir una página... Lo que me preocupa de esta novela es la insuficiencia del llamado elemento divertido. Hay poca acción. Pero sigo opinando que las imágenes son acción. Es más difícil mantener el interés de un libro por este medio; pero si se fracasa, es por culpa del estilo. Tengo cinco capítulos seguidos de mi segunda parte en los que no sucede nada. Es un cuadro continuo de la vida de una pequeña ciudad y de una aventura amorosa inactiva, una aventura que resulta particularmente difícil de plasmar pues es a la vez tímida y profunda; pero, ¡ay!, sin una pasión interior tempestuosa. Léon, mi joven amante, es de naturaleza sobria. Ya en la primera parte del libro me he enfrentado con algo parecido: el marido ama a su esposa un poco a la manera de este amante. Los dos son mediocridades en el mismo ambiente, y aun así es preciso diferenciarlos. Si lo consigo, será toda una proeza, porque supone pintar un color sobre otro color, sin contrastes definidos.» Todo es cuestión de estilo, dice Flaubert, o más exactamente del sesgo y del aspecto particulares que se da a las cosas.

La vaga promesa de felicidad de Emma derivada de sus sentimientos respecto a Léon conduce inocentemente a Lheureux («el feliz», nombre irónico y bien elegido, para designar al diabólico ejecutor del destino). Lheureux, comerciante de paños y prestamista, llega con los aderezos de la felicidad. Sin ambages ni rodeos le comunica a Emma, de manera confidencial, que presta dinero; pregunta por la salud del dueño de un café, Tellier, a quien supone que está tratando su marido y dice que él también quiere consultar al doctor a propósito de un dolor que tiene en la espalda. Todo esto son premoniciones, artísticamente hablando. Flaubert lo planeará de forma que Lheureux le preste dinero a Emma, como se lo ha prestado a Tellier, y la arruine como arruina al pobre viejo antes de su muerte; además, irá a incordiar con sus dolencias al famoso doctor que ha sido llamado en un intento desesperado para atender a Emma después de que ella hubiera tomado el veneno. Éste es el plan de una obra de arte.

Desesperada a causa de su amor por Léon, «la mediocridad doméstica la empujó a las extravagancias del lujo, y la ternura conyugal a los deseos adúlteros». Soñando con sus días escolares en el convento, «se sintió confusa y muy abandonada, como un plumón de pájaro a merced de la tormenta, y casi inconscientemente se dirigió a la iglesia, dispuesta a cualquier devoción con tal de dejarse absorber el alma y con ella, toda su existencia». Flaubert escribe a Louise Colet a mediados de abril de 1853, a propósito de la escena con el cura: «Por fin empiezo a vislumbrar el parpadeo de una luz en este condenado diálogo de la escena con el párroco... Quiero plasmar la siguiente situación: mi mujercita, en un acceso de emoción religiosa, va a la iglesia del pueblo; en la puerta se encuentra con el párroco. Aunque estúpido y vulgar, este cura mío es un tipo bueno y hasta excelente; pero todo su interés se cifra en cuestiones físicas (en los problemas de los pobres, en la falta de comida o de leña) y no percibe los tormentos morales, las vagas aspiraciones místicas; es muy casto y cumple con todos sus deberes. El episodio debe abarcar de seis a siete páginas todo lo más, sin una sola reflexión o explicación por parte del autor (todo diálogo directo).» Observaremos que dicho episodio está compuesto de acuerdo con el método del contrapunto: el cura contesta a lo que cree que Emma está diciendo, o más bien a imaginarias preguntas estereotipadas de una conversación vulgar con una feligresa, mientras ella da expresión a una especie de queja interior a la que él no presta oídos... Entretanto, los niños incordian y desvían la atención del buen sacerdote de lo poco que le tiene que decir.

La aparente virtud de Emma ahuyenta a Léon, de manera que, cuando éste emprende el viaje a París, deja el camino expedito para otro amante más lanzado. Ahora la transición va a ser de la enfermedad de Emma, después de la marcha de Léon, a su encuentro con Rodolphe y a la escena de la feria comarcal. Este encuentro es un magnífico ejemplo de transición estructural, cuya composición costó a Flaubert muchos días de trabajo. Su propósito es presentar a Rodolphe Boulanger, caballero de la comarca; en el fondo, exactamente el mismo tipo de persona baja y vulgar que su predecesor, aunque con un atractivo fogoso y brutal. La transición acontece de la manera siguiente: Charles había invitado a su madre a Yonville con objeto de decidir las medidas a tomar respecto al estado de Emma, ya que está cada vez más consumida. Llega la madre, decide que Emma lee demasiados libros, malas novelas, y se propone dar de baja a Emma en la biblioteca de préstamo al pasar por Rouen. La madre se marcha un miércoles, día de mercado en Yonville. Al asomarse a la ventana para observar la multitud que acude al mercado, Emma ve a un señor con una casaca de terciopelo verde (terciopelo verde es la tela que Charles elegirá para el paño mortuorio de ella) que avanza en dirección a la casa de Bovary, con un chico campesino al que se le ha de practicar una sangría. Ya en la consulta, al desmayarse el paciente, Charles grita pidiendo a Emma que baje (observad el papel instrumental de Charles, realmente presenta a Emma a sus amantes o contribuye a que siga viéndose con ellos). Rodolphe (junto con el lector) observa la encantadora escena siguiente: «Madame Bovary empezó a quitarle el lazo del cuello. Los cordones de la camisa se habían hecho un nudo, y durante unos minutos sus dedos ligeros estuvieron hurgando en el cuello del chico. Luego echó un poco de vinagre en su pañuelo de batista; le humedeció las sienes con pequeños toques y sopló después suavemente. El muchacho volvió en sí...

»Madame Bovary recogió la palangana y la puso debajo de la mesa. Al hacerlo, se agachó con una flexión, de forma que su vestido (un vestido de verano con cuatro volantes, amarillo, de talle largo y falda amplia) se infló alrededor suyo sobre el piso enlosado de la habitación; y al inclinarse, y bascular un poco las caderas para extender los brazos, la tela de la falda se desinfló a causa de las flexiones del cuerpo.»

El episodio de la feria es instrumental en el sentido de que reúne a Emma y a Rodolphe. El 15 de julio de 1853 escribe Flaubert: «Esta noche he trazado un borrador de mi gran escena de la feria comarcal. Mientras describo ese espectáculo rural (donde aparecen, hablan y actúan todos los personajes secundarios) se desarrollará... entre sus detalles y en primer término un diálogo continuo entre la dama y un caballero que ejerce gran atractivo sobre ella. Además, hay en medio un discurso solemne de un concejal, y al final algo que tengo completamente terminado, a saber: un artículo de periódico redactado por Homais, informando sobre los actos celebrados en su mejor estilo filosófico y poético.» Las treinta páginas del episodio le llevaron tres meses. En otra carta, fechada el 7 de septiembre, Flaubert escribe: «¡Qué difícil es...! Este capítulo me resulta penoso. Contiene a todos los personajes de mi libro entremezclados, en acción y dialogando, con un gran paisaje que los envuelve. Si lo consigo, va a ser de lo más sinfónico.» El 12 de octubre: «Si alguna vez se han trasladado los valores de una sinfonía a la literatura, habrá sido en este capítulo de mi novela. Tiene que ser una vibrante totalidad de sonidos. Deberá oírse simultáneamente el mugido de los bueyes, el murmullo del amor y los discursos de los políticos. El sol lo ilumina todo, y hay ráfagas de viento que agitan las tocas blancas... Consigo el movimiento dramático meramente a través de la interacción de los diálogos y el contraste de los personajes.»

Como si fuese esto un espectáculo en honor del joven amor, Flaubert reúne a todos los personajes en el mercado, en una exhibición de estilo: éste es el objetivo de dicho capítulo. La pareja, Rodolphe (símbolo de la pasión fingida) y Emma (la víctima), están vinculados a Homais, falso guardián del veneno que causará la muerte de ella, Lheureux (que representa la ruina económica y la vergüenza que la empujará a coger el bote de arsénico) y Charles (el consuelo conyugal).

Al agrupar a los personajes al inicio de la feria, Flaubert hace algo muy significativo respecto a la relación entre el prestamista Lheureux y Emma. Recordaréis que poco antes, cuando Lheureux le ofrece a Emma sus servicios —prendas de vestir y dinero, si lo necesita—, se mostró curiosamente preocupado por la enfermedad de Tellier, propietario del café que hay enfrente de la posada. Ahora la posadera le dice a Homais, no sin cierta satisfacción, que va a cerrarse el café de enfrente. Está claro que Lheureux ha descubierto que la salud del propietario va de mal en peor, y considera que es hora de reclamar las elevadas cantidades que le ha prestado, precipitando al pobre Tellier a la bancarrota. «¡Qué tremendo desastre!», exclama Homais, quien, como señala Flaubert con ironía, encuentra el comentario adecuado en todas las circunstancias. Pero hay algo detrás de esta ironía. Pues precisamente cuando Homais exclama: «¡Qué tremendo desastre!» a su manera exagerada y pomposa, la posadera señala hacia el otro lado de la plaza, diciendo: «Y ahí viene Lheureux; saluda a madame Bovary; ella va del brazo de monsieur Boulanger.» La belleza de esta línea estructural reside en que Lheureux, que ha arruinado al dueño del café, está aquí temáticamente ligado a Emma, quien morirá tanto por culpa de él como de sus amantes, y su muerte será en realidad un «tremendo desastre». Lo irónico y lo patético se entrelazan de forma maravillosa en la novela de Flaubert.

En la feria comarcal se vuelve a utilizar la *interrupción paralela* o *método del contrapunto*. Rodolphe encuentra tres taburetes, los junta para formar un banco, y él y Emma se sientan allí en el balcón del ayuntamiento, a contemplar el espectáculo del estrado, escuchar a los oradores, y entregarse a una conversación galante. Técnicamente, no son amantes todavía. En el primer movimiento del contrapunto, el concejal habla, ensartando horribles metáforas en el discurso y contradiciéndose llevado por el automatismo verbal: «¡Señores! Permítanme en primer lugar (antes de exponerles el objeto de este acto, y estoy seguro de que todos ustedes compartirán mis sentimientos), permítanme, digo, rendir tributo a la Administración superior, al Gobierno, al Monarca, señores, a nuestro soberano, a nuestro amado rey, a quien ninguna parcela de la prosperidad pública o privada le es indiferente, y el cual dirige con mano a la vez firme y prudente al carro del Estado en medio de los incesantes peligros de un mar proceloso, sabiendo, además, hacer respetar la paz, así como la guerra, la industria, el comercio, la agricultura y las bellas artes.»

En la primera fase, la conversación de Rodolphe y Emma se alterna con fragmentos del discurso oficial:

«—Debería —dijo Rodolphe— ponerme un poco más atrás.

»—¿Por qué? —dijo Emma.

»Pero en este momento, la voz del concejal se elevó tremendamente. Y declamó:

»—Han pasado aquellos tiempos, señores, en que las discordias civiles manchaban de sangre nuestras plazas públicas; en que el hacendado, el hombre de negocios, el mismo trabajador, al retirarse pacíficamente a dormir, temblaba pensando que podía despertarle de pronto el fuego y las campanas dando la alarma; en que las más subversivas doctrinas socavaban los cimientos.

»—Podrían verme desde abajo —prosiguió Rodolphe—,

y tendría que andar inventando excusas durante quince días; y con la mala reputación que yo tengo...

»—¡Oh, no se calumnie usted! —dijo Emma.

»—¡No!, es espantosa, se lo aseguro.

»—Pero, señores —continuaba el concejal—, si, apartando de mi memoria el recuerdo de esos cuadros sombríos, vuelvo los ojos a la actual situación de nuestra querida patria, ¿qué es lo que veo?»

Flaubert recoge todos los clichés de los discursos periodísticos y políticos; sin embargo, es muy importante reparar en que, si los discursos oficiales son «lenguaje periodístico» trillado, la conversación romántica entre Rodolphe y Emma es «lenguaje romántico» trillado. Toda la belleza de la escena está en que no es el bien y el mal interrumpiéndose mutuamente, sino una clase de mal entremezclándose con otra clase de mal. Como comenta Flaubert, pinta color sobre color.

El segundo movimiento empieza cuando el concejal Lieuvain se sienta y toma la palabra monsieur Derozerays. «Quizá no fue el suyo un discurso tan florido como el del concejal, pero se avalaba por sí mismo, con un estilo más directo, por el hecho de recurrir a conocimientos más especializados y a consideraciones más elevadas. Así, dedicó menos espacio a ensalzar al Gobierno, y más a la agricultura y a la religión. Puso de relieve las relaciones entre ambas, y cómo habían contribuido siempre a la civilización. Rodolphe y madame Bovary hablaban de sueños, presentimientos, magnetismo.» En contraste con el movimiento anterior, al principio, la conversación de los dos y el discurso del estrado están presentados de forma descriptiva; hasta que, en un tercer movimiento, se reanuda la cita directa, y los retazos de exclamaciones, provenientes del estrado donde se reparten los premios arrastrados por el viento, se alternan con rapidez, sin comentarios ni descripciones: «Del magnetismo, poco a poco, Rodolphe había pasado a las afinidades; y mientras el señor presidente citaba a Cincinato y su arado, a Dioclceiano plantando sus coles, y al emperador de China inaugurando el año sembrando semillas, el joven explicaba a la joven que estas irresistibles atracciones tienen su origen en una existencia anterior.

«—Así que —decía—, ¿por qué hemos llegado a conocernos? ¿Qué azar lo ha querido? Ha sido porque a través del infinito, como dos ríos que corren a juntarse, nuestra inclinación especial nos ha atraído mutuamente.

»Y Rodolphe le cogió la mano; ella no la retiró.

»—¡Premio por los mejores cultivos! —gritaba el presidente.

»—Por ejemplo, cuando entré en su casa...

»—A monsieur Bizet de Quincampoix.

»—... ¡quién me iba a decir que iba a acompañarla!

»—Setenta francos.

»—Cien veces he deseado marcharme; y sin embargo, la he seguido... me he quedado.

»—¡Por los estiércoles!

»—¡Y me quedaré esta noche, y mañana, y pasado, y todos los días de mi vida!

»—¡A monsieur Caron de Argueil, medalla de oro!

»—Porque jamás he conocido a una persona tan llena de encanto como usted.

»—A monsieur Bain de Givry-Saint-Martin.

»—Y llevaré conmigo su recuerdo.

»—¡Por un carnero de raza merina!

»—Pero me olvidará; habré pasado como una sombra.

»—A monsieur Belot de Notre-Dame.

»—¡Pero no! Seré algo en su pensamiento, en su vida, ¿verdad que sí?

»—Por la raza porcina; premio *ex aequo* a los señores Lehérissé y Cullembourg, ¡sesenta francos!

»Rodolphe le presionaba la mano, y la sentía cálida y temblorosa como una paloma cautiva que quiere alzar el vuelo; pero ya porque tratara de retirarla, o de responder a su presión, hizo un movimiento con los dedos. Rodolphe exclamó:

»—¡Oh, gracias! ¡Veo que no me rechaza! ¡Qué buena es usted! ¡Comprende que soy enteramente suyo! ¡Deje que la mire, que la contemple!

»Una ráfaga de viento que entró por la ventana agitó el tapete de la mesa; y en la plaza, abajo, se levantaron todas las grandes cofias de las campesinas como alas de blancas mariposas aleteantes.

»—Por el empleo del orujo —proseguía el presidente. Y cada vez más deprisa—: abono flamenco, cultivo de lino, drenajes, arriendos a largo plazo, servicio doméstico.»

El cuarto movimiento empieza cuando enmudecen los dos, y desde el estrado donde se está concediendo ahora un premio especial se oyen con claridad las palabras que Flaubert transmite con comentarios: «Rodolphe ya no hablaba. Se miraban el uno al otro. Un deseo irresistible hacía temblar sus labios secos; y suavemente, sin esfuerzo, se entrelazaron sus dedos.

»—A Catherine Nicasie Elizabeth Leroux, de Sazzetot-la-Guerrière, por sus cincuenta y cuatro años de servicio en la misma granja, medalla de plata... ¡valorada en veinticinco francos!

»Entonces avanzó hacia el estrado una viejecita de aspecto apocado que parecía encogerse dentro de sus pobres ropas... con cierta rigidez monacal que proporcionaba dignidad a su rostro. No había la menor tristeza ni emoción que suavizara aquella pálida mirada. Por la constante proximidad al ganado, se le había contagiado su mutismo y su calma... Así se presentó este medio siglo de servidumbre ante los radiantes burgueses...

»—¡Acérquese, acérquese!

»—¿Es usted sorda? —dijo Tuvache, agitándose en su asiento; y empezó a gritarle en el oído—: ¡Cincuenta y cuatro años de servicio! ¡Una medalla de plata! ¡Veinticinco francos! ¡Para usted!

»Entonces la viejecita cogió la medalla, la miró, y una sonrisa de beatitud iluminó su semblante; y cuando se alejaba, pudieron oírla murmurar:

»—¡Se la daré al cura de nuestra parroquia, para que diga unas misas por mí!

»—¡Qué fanatismo! —exclamó el boticario, inclinándose hacia el notario.»

La apoteosis del contrapunto de este capítulo es la crónica que publica Homais en el periódico de Rouen sobre el acto y el banquete:

«"¿Por qué estos festones, estas flores, estas guirnaldas? ¿Adónde corre esta muchedumbre como olas de un mar furioso bajo los raudales de un sol tropical que derrama su calor sobre nuestros sembrados?"

»Se citaba a sí mismo entre los primeros miembros del jurado, y hasta llamaba la atención, en una nota, al hecho de que monsieur Homais, farmacéutico, había enviado una memoria sobre la sidra a la Sociedad Agrícola. Al llegar al reparto de los premios, describía la alegría de los ganadores con grandes ditirambos. El padre abrazaba al hijo, el hermano al hermano, el marido a la mujer. Más de uno mostraba su humilde medalla con orgullo, y sin duda, al regresar al lado de la esposa, la colgaría con lágrimas en los ojos en la pared modesta de su chozuela.

»Hacia las seis, un banquete dispuesto en el prado de monsieur Liegeard reunió a las principales personalidades de la celebración. Aquí reinaba la mayor cordialidad. Se hicieron toda clase de brindis: monsieur Lieuvain pidió un brindis por el Rey; monsieur Tuvache, por el Prefecto; monsieur Derozerays, por la Agricultura; monsieur Homais, por la Industria y las Bellas Artes, hermanas gemelas; monsieur Leplichey, por los Mejoramientos. Por la noche, de repente, los fuegos artificiales iluminaron el aire. Parecía un auténtico caleidoscopio, un verdadero escenario operístico; y durante unos instantes, nuestra pequeña localidad pareció transportada a un ensueño de *Las mil y una noches*.»

En cierto modo, la Industria y las Bellas Artes, hermanas gemelas, simbolizan a los ganaderos de cerdos y a la tierna pareja en una especie de síntesis ridícula. Es un capítulo maravilloso. Tuvo una gran influencia en James Joyce; y no creo que, a pesar de las innovaciones superficiales, Joyce haya podido llegar más lejos que Flaubert.

«Hoy... he cabalgado como hombre y como mujer, como amante y amada en una pieza [en el pensamiento], por el bosque, una tarde de otoño, bajo las hojas amarillas, y me he sentido como si fuese al mismo tiempo los caballos, las hojas, el viento, las palabras intercambiadas, el sol rojo... y mis dos amantes.» Así le comentaba Flaubert a Louise Colet, el 23 de diciembre de 1853, el capítulo IX de la segunda parte, en el que Rodolphe seduce a Emma.

Dentro del marco y esquema característicos de la novela decimonónica, este tipo de escena se conocía técnicamente como la caída de la mujer, la caída de la virtud. En el curso de esta escena, descrita con trazos deliciosos, es de destacar la función del largo velo azul —personaje ondulante por derecho propio— de Emma.* Desmontan de sus caballos y empiezan a caminar. «Luego, unos cien pasos más allá, Emma se detuvo otra vez; y a través del velo que le caía sesgado de su sombrero masculino sobre las caderas, su rostro adquiría una transparencia azulada, como inmerso en olas de azul.» Y a su regreso, cuando sueña con la aventura en su habitación: «Se miró en el espejo y se quedó sorprendida

* Al hablar de los detalles del tema del caballo (véanse las notas del final de este capítulo), Nabokov comenta: «Puede que esta escena esté vista a través del largo velo azul del vestido de la amazona.» *(N. de la ed. inglesa.)*

ante el cambio de su rostro. Nunca había tenido los ojos tan grandes, tan negros, tan profundos. Había algo sutil en ella que la transfiguraba. Se repetía: "¡Tengo un amante!, ¡un amante!", y se recreaba en este pensamiento como si sintiera nacer una segunda pubertad. ¡Por fin iba a conocer aquellos goces del amor, aquella fiebre de la dicha de la que ya había desesperado! Entraba en un reino maravilloso donde todo sería pasión, éxtasis, delirio. Un azul infinito la envolvía, las cumbres del sentimiento resplandecían en su imaginación y la existencia ordinaria quedaba muy lejos, allá, en la oscuridad de los espacios que mediaban entre esas alturas.» No debemos olvidar que, más tarde, el venenoso arsénico está en un bote azul... y que una neblina azulenca flota en el campo durante su funeral.

El suceso que da origen a sus ensoñaciones está descrito con brevedad, aunque con un detalle enormemente significativo: «La tela de su vestido se adhería al terciopelo de la casaca de él. Echó hacia atrás su cuello blanco que hinchó un suspiro y, desfallecida, con lágrimas en los ojos, con un hondo estremecimiento, y ocultando la cara, se entregó a él.

»Caían las sombras del atardecer; el sol, que traspasaba las ramas horizontalmente, la deslumbraba. A su alrededor, en las hojas o en el suelo, temblaban unas manchas luminosas como si una bandada de colibríes hubiese esparcido sus plumas al alzar el vuelo.* El silencio reinaba en todas partes; una sensación dulce parecía emanar de los árboles; sintió que el corazón le había empezado a latir otra vez con violencia, y que la sangre le recorría la carne como un río de leche. Luego, a lo lejos, más allá del bosque, en las otras colinas, oyó un grito confuso y prolongado, una voz que duraba y duraba; y en el silencio, la sintió entremezclarse

* Este símil se le ocurre a Emma, al parecer. No existen colibríes en Europa; tal vez lo haya sacado de Chateaubriand. (*N. del A. en su ejemplar anotado.*)

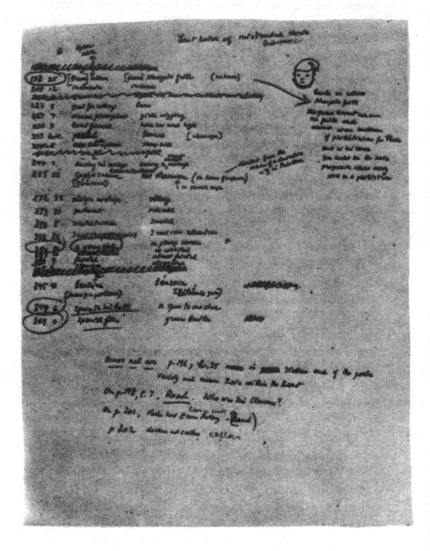

*Lista elaborada por Nabokov de las palabras mal traducidas
en la versión de Aveling de* Madame Bovary.

como una música con las últimas vibraciones de sus nervios palpitantes. Rodolphe, con un cigarrillo entre los dientes, estaba arreglando con su navaja una de las bridas que se había roto.»

Ved cómo, cuando Emma se recobra de su desvanecimiento amoroso, le llega esa nota remota desde el otro lado del bosque silencioso —un gemido musical en la lejanía—; porque su encanto no es más que el eco sublimado de la canción ronca de un repugnante vagabundo. Luego, Emma y Rodolphe regresan de su paseo a caballo... con una sonrisa en el rostro del autor. Porque esa canción ronca, aquí y en Rouen, se mezclará espantosamente con los estertores agónicos de Emma menos de cinco años después.

Tras el fin de la aventura amorosa de Emma con Rodolphe —él la deja plantada en el momento mismo en que ella le espera para huir juntos a la bruma azulenca de sus sueños románticos—, vienen dos escenas relacionadas en las que Flaubert utiliza su estructura preferida: la del contrapunto. La primera tiene lugar en la noche de la representación de la ópera *Lucia di Lammermoor*, cuando Emma vuelve a encontrar a Léon después de su regreso de París. Los jóvenes elegantes que ella observa exhibiéndose en el patio de butacas, con la palma de sus enguantadas manos apoyadas en el pomo brillante de sus bastones, constituyen una introducción a la algarabía preliminar de los diversos instrumentos, preparándose para empezar.

En el primer movimiento de esta escena Emma se siente embargada por las melodiosas lamentaciones del tenor, que le recuerdan su amor hace tiempo apagado por Rodolphe. Charles interrumpe la música de su estado de ánimo con sus prosaicos comentarios. Éste ve la ópera como una mezcolanza de gestos idiotas; pero ella comprende la trama porque ha leído la novela en francés. En el segundo movimiento, Emma sigue el destino de Lucia en el escenario, mientras que su pensamiento se sume en el suyo propio. Se identifica con la joven Lucia y se siente dispuesta a dejarse amar por cualquiera que se identifique con el tenor. Pero en el tercer movimiento se invierten los papeles. Es la ópera, el canto, lo que produce las inoportunas interrupciones, y es su conversación con Léon lo que constituye la realidad, y cuando Charles empezaba a disfrutar, es arrastrado a un café. En cuarto lugar, Léon le sugiere que vuelva el domingo siguiente para ver la última escena que se pierden. La ecuación es auténticamente esquemática: para Emma, al principio, la ópera equivale a la realidad; el cantante es inicialmente Rodolphe, y luego él mismo, Lagardy, pasa a ser un posible amante; el posible amante se convierte en Léon; y por último, Léon equivale a la realidad, y Emma pierde interés en la ópera, a fin de irse con él a un café para escapar del calor de la ópera.

Otro ejemplo del tema del contrapunto es el episodio de la catedral. Hay cierta discusión previa cuando Léon va a ver a Emma a la posada, antes de llegar a su cita en la catedral. Esta conversación previa recuerda el diálogo con Rodolphe en la feria comarcal; pero esta vez Emma está mucho más maleada. En el primer movimiento de la escena de la catedral, Léon entra en la iglesia para esperar a Emma. La interacción se produce ahora entre el pertiguero con su uniforme de suizo (el guía perpetuo a la espera de turistas) por un lado y Léon que no quiere hacer visitas turísticas. Su visión de la catedral —la luz iridiscente moteando el suelo, por ejemplo— está ligada a su concentración en Emma, a quien visualiza como esas damas españolas celosamente guardadas, cantadas por Musset, que van a la iglesia a pasar mensajes a sus galantes caballeros. El guía hierve de irritación al ver al turista en potencia tomándose la libertad de admirar la iglesia sin su ayuda.

El segundo movimiento se inicia cuando aparece Emma, le pasa con un gesto brusco un papel a Léon (una carta de negativa) y entra en la capilla de la Virgen a rezar. «Se levantó; y estaban a punto de marcharse, cuando se acercó el guía y dijo atropelladamente:

»—Sin duda la señora no es de aquí, ¿verdad? ¿Desearía ver las cosas de interés que guarda la iglesia?

»—¡No, por favor! —exclamó el pasante.

»—¿Por qué no? —dijo ella; ya que, sintiendo su virtud a punto de naufragar, se aferraba a la Virgen, a las esculturas, a los sepulcros, a cualquier cosa.»

Ahora, el torrente de elocuencia descriptiva del guía fluye paralelo a la impaciente tempestad que agita el ánimo de Léon. El guía está a punto de enseñarles la torre, cuando Léon saca a Emma precipitadamente de la iglesia. Pero, en un tercer movimiento, cuando ya han salido, el guía consigue interferir una vez más sacando un montón de librotes encuadernados para vender, todos sobre la catedral. Por último, el frenético Léon se pone a buscar un coche, para luego introducir en él a Emma. Así se hace en París, replica cuando Emma vacila —para ella, el París de la petaca de seda—; y este comentario, argumento irresistible, la decide. «El coche aún no había llegado. Léon tenía miedo de que ella volviera a meterse en la iglesia. Por último, apareció el coche.

»—Al menos podían haber salido por el pórtico del norte —gritó el guía que se quedó solo en la entrada—; así habrían visto la Resurrección, el Juicio Final, el Paraíso, el rey David y los Condenados en el Infierno.

»—¿Adónde vamos, señor? preguntó el cochero.

»—Adonde le parezca —dijo Léon, obligando a Emma a subir.

»Y el pesado vehículo se puso en marcha.»

Al igual que los temas agrícolas (los cerdos y el abono) de la feria prefiguran el barro que Justin quita a los zapatos de Emma tras sus idas y venidas a casa de su amante Rodolphe, la última ráfaga de parloteo del guía prefigura las llamas del infierno de las que Emma aún podía haber escapado, de no haber subido al coche con Léon.

Así finaliza el contrapunto de la catedral que aún resuena en la escena siguiente del coche cerrado.* Aquí, una vez más, lo primero que se le ocurre al cochero es mostrarle a la pareja —a la que su mentalidad simple y uniformada toma por turistas— los monumentos de Rouen, la estatua de un poeta, por ejemplo. Luego hace un intento maquinal de llevarles a la estación, y alguno más por el estilo. Pero cada vez, una voz desde el misterioso interior le dice que siga. No hace falta entrar en los detalles de este paseo en coche notablemente entretenido, ya que con sólo citarlo nos podremos hacer una idea clara de la escena. Sin embargo, hay que destacar que ese coche de alquiler grotesco, con las cortinillas echadas, y circulando a la vista de todos los ciudadanos de Rouen, está muy lejos de aquel paseo a caballo con Rodolphe por el bosque rojizo sobre el púrpura de los brezos. El adulterio de Emma se va abaratando. «Y el pesado vehículo se puso en marcha. Bajó por la rue Grand Pont, cruzó la Place des Arts, el Quai Napoleon, el Pont Neuf, y se detuvo ante la estatua de Pierre Corneille.

»—¡Siga! —gritó una voz desde el interior.

»El coche reemprendió la marcha, y tan pronto como llegó al Carrefour Lafayette, siguió cuesta abajo, y entró en la estación al galope.

»—No, ¡siga recto! —gritó la misma voz.

»El coche salió por la verja; y una vez en el paseo, continuó al trote tranquilamente bajo los olmos. El cochero se secó la frente, se puso el sombrero de cuero sobre las rodillas y guió el coche más allá del callejón, hacia la orilla herbosa del río...

»Y de repente, echó a correr por Quatremares, Sotteville, La Grande-Chaussée, la rue d'Elbeuf, y se detuvo por tercera vez dentro del Jardin des Plantes.

* El pasaje entero del coche, desde las palabras del cochero: «¿Adónde vamos?», hasta el final del capítulo, fue suprimido por los editores de la revista *Revue de Paris*, donde apareció seriada *Madame Bovary*. En el número 1 de diciembre de 1856, donde debía salir dicho pasaje, hay una nota informando al lector de esta omisión. *(N. del A.)*

»—Siga, ¿quiere? —gritó la voz más furiosamente.

»Y reanudando inmediatamente la marcha, pasó por Saint-Sever..., subió por el Boulevard Bouvreuil, recorrió el Boulevard Cauchoise, y luego todo el Mont-Riboudet, hasta lo alto de Deville.

»Dio la vuelta; y sin una dirección fija, vagó al azar. El coche fue visto en Saint Pol, en Lescure, en Mont Gargan, en La Rougue-Marc y en Place du Gaillardbois; en la rue Maladrerie, en la rue Dinanderie, delante de Saint-Romain, de Saint-Vivien, de Saint-Maclou, de Saint-Nicasie, y de la Aduana, en la "Veille Tour", en "Trois Pipes" y en el cementerio Monumental. De vez en cuando, el cochero lanzaba desde el pescante miradas desesperadas a las tabernas. No comprendía qué furioso deseo de locomoción le había acometido a esta pareja que no quería parar. Cada vez que intentaba hacerlo estallaban inmediatamente exclamaciones de ira detrás de él. Entonces fustigaba de nuevo a sus jamelgos sudorosos, y seguía la marcha, indiferente a los traqueteos y a los baches, desmoralizado, sin importarle nada, y casi al borde de las lágrimas a causa de la sed, el cansancio y la depresión.

»Y en el puerto, entre carretas y barriles, y en las calles y las esquinas, las gentes abrían unos ojos desmesurados ante la visión, tan extraordinaria en provincias, de un coche con las cortinillas echadas que reaparecía constantemente, más cerrado que una tumba, y dando bandazos como un barco.

»Ya por mediodía, y en pleno campo, precisamente cuando el sol daba implacable contra los viejos faros plateados, asomó una mano desnuda por entre las cortinillas de tela amarilla, y arrojó unos trozos de papel que se esparcieron al viento y fueron a posarse a lo lejos, como mariposas blancas, en el campo de trébol rojo completamente en flor [*era la carta de negativa que Emma le había entregado a Léon en la catedral*].

»Hacia las seis, el coche se detuvo en un callejón apartado del barrio de Beauvoisine, y se apeó una mujer que echó a andar, cubierta con su velo, sin volver la cabeza.»

A su regreso a Yonville, Emma se encuentra a su doncella con el recado de que debe presentarse en casa de monsieur Homais. Nota un extraño ambiente de desastre cuando entra en la farmacia —por ejemplo, lo primero que ve es el voluminoso sillón volcado hacia atrás—; sin embargo, el desorden se debe sólo al hecho de que la familia Homais está enloquecida haciendo mermelada. Emma siente una vaga inquietud a causa del recado. Pero Homais ha olvidado completamente lo que quería decirle. Después nos enteramos de que Charles le había pedido que informase a Emma, con toda clase de precauciones, de la muerte de su suegro, noticia que ella recibe con la mayor indiferencia cuando Homais se la suelta al final de un furioso monólogo dirigido contra el pequeño Justin, quien habiéndosele dicho que trajese un cacharro más para la mermelada, había ido al cuarto trastero y había cogido uno que estaba junto al frasco azul con el arsénico. El papel sutil que desempeña esta maravillosa escena es que el verdadero mensaje, la verdadera información que Emma recibe y que se le queda grabada en la mente, es el hecho de la existencia de ese frasco de veneno, del lugar donde está, de que la llave de ese cuarto la tiene el pequeño Justin; y aunque en este momento ella se siente sumida en el delicioso aturdimiento de su adulterio y no piensa en la muerte, esa información quedará en su memoria entremezclada con las noticias de la muerte del viejo Bovary.

No hace falta seguir con detalle las argucias que Emma utiliza para que su pobre marido la deje ir a Rouen para verse con Léon en la habitación de su hotel favorito, que pronto llega a parecerles a ambos su propio hogar. En esos momentos, Emma alcanza el más alto grado de felicidad con Léon: sus sueños del lago sentimental, sus fantaseos de adolescente entre lamentaciones de Lamartine, todo se cumple: hay agua, una barca, un amante, un barquero. Una cinta de seda aparece en la barca. El barquero menciona a alguien —Adolphe, Rodolphe—, a un tipo frívolo al que ha paseado recientemente en esta barca, junto con un grupo de amigos y mujeres. Emma se estremece.

Pero poco a poco, como los viejos decorados de escenario, su vida empieza a tambalearse y desintegrarse. A partir del capítulo IV de la tercera parte, el destino, con la complicidad de Flaubert, empieza a destruirla con maravillosa precisión. Desde el punto de vista técnico de composición, éste es el punto de intersección donde confluyen el arte y la ciencia. Emma se las arregla en cierto modo para apuntalar la vacilante falsedad de sus lecciones de piano en Rouen: durante un tiempo, hace frente a las demoledoras facturas de Lheureux con nuevas facturas. En lo que puede considerarse una nueva escena de contrapunto, Homais interviene empeñándose en concertar una cita con Léon en Rouen precisamente a la misma hora en que Emma le espera en la habitación del hotel, escena grotesca y divertida que recuerda el episodio de la catedral, con Homais haciendo el papel del guía. Un baile de disfraces libertino en Rouen no supone ningún éxito para la pobre Emma, consciente de la sórdida compañía en que está. Finalmente, empieza a desmoronarse su propia casa. Un día, al volver de la ciudad, se encuentra con la notificación del embargo de sus muebles, a menos que satisfaga su deuda, que asciende a 8.000 francos, en el plazo de veinticuatro horas. Aquí empieza su último peregrinaje de una persona a otra, en busca de dinero. En este clímax trágico desfilan todos los personajes. Primero, Emma intenta ganar tiempo: «—¡Se lo suplico, monsieur Lheureux; concédame unos días más!

»Estaba sollozando.

»—¡Vaya! ¡Ahora las lágrimas!

»—¡Me está empujando usted a la desesperación!

»—¡Eso me tiene sin cuidado! —dijo él, cerrándole la puerta.»

De casa de Lheureux va a Rouen; pero Léon ya está deseoso de librarse de ella. Emma llega incluso a sugerirle que robe dinero de su oficina: «Una infernal osadía asomaba a sus ojos llameantes, y sus párpados se cerraron con una mirada sensual e invitadora, de forma que el joven sintió que le flaqueaban las fuerzas bajo la muda voluntad de esta mujer que le invitaba al crimen.» Las promesas de Léon resultan falsas, y no acude a la cita de esa tarde. «Le estrechó la mano, pero la sintió completamente sin vida. A Emma no le quedaban fuerzas para ningún sentimiento.

»Dieron las cuatro; Emma se levantó para regresar a Yonville, obedeciendo maquinalmente al impulso de viejos hábitos.»

Al salir de Rouen, se ve obligada a dejar paso al vizconde Vaubyessard —o quien fuera—, que cruza en un tílburi tirado por un caballo negro y nervioso. Emma regresa en la misma diligencia que Homais, tras un encuentro sobrecogedor con el abominable mendigo ciego. En Yonville recurre al notario, monsieur Guillaumin, quien trata de hacerle el amor. «Se arrastró hacia ella de rodillas, sin importarle su bata.

»—¡Por favor, quédese! ¡La amo!

»La cogió por la cintura. El rostro de madame Bovary se volvió de un rojo púrpura. Retrocedió con una expresión terrible y gritó:

»—¡Se está usted aprovechando de manera indecente de mi situación, señor! ¡Merezco compasión, no que me vendan!

»Y se marchó.»

Seguidamente acude a Binet, y Flaubert cambia de ángulo de visión: nosotros y dos mujeres observamos la escena desde la ventana, aunque no podemos oír nada. «El recaudador parecía escuchar con los ojos muy abiertos, como si no comprendiera. Ella seguía hablándole con una actitud tierna, suplicante. Se acercó a él con el pecho agitado; había dejado de hablar.

»—¿Le estará haciendo proposiciones? —dijo madame Tuvache.

»Binet se había puesto colorado hasta las orejas. Ella le cogió las manos.

»—¡Oh, esto es demasiado!

»Y sin duda le debía de estar proponiendo algo abominable; porque el recaudador —aunque era un valiente que había luchado en Bautzen y en Lutzen, había hecho la campaña de Francia y había sido propuesto para la cruz—, de súbito, como ante la visión de una serpiente, retrocedió cuando pudo, gritando:

»—¡Señora!, ¿por quién me toma?

»—¡A las mujeres así habría que azotarlas! —dijo madame Tuvache.»

A continuación va a casa de su vieja nodriza Rollet para descansar unos minutos, y se imagina que Léon ha llegado con el dinero. «De pronto, se dio una palmada en la frente, y profirió un grito; porque el pensamiento de Rodolphe, como un relámpago en la noche oscura, había cruzado por su alma. ¡Era tan bueno, tan delicado, tan generoso! Y además, si vacilaba en hacerle este favor, ella sabría obligarle volviendo a despertar en él, en un instante, su antiguo amor. Así que emprendió el camino de La Huchette, sin darse cuenta de que corría a exponerse a lo que un rato antes la había indignado, sin la menor conciencia de su prostitución.» La falsa historia que cuenta al vulgar y vanidoso Rodolphe enlaza con el episodio del principio del libro en el que un auténtico notario huye y ocasiona la muerte de la anterior madame Bovary, antecesora de Emma. Las caricias de Rodolphe se interrumpen súbitamente al suplicarle ella que le preste tres mil francos: "¡Ah!", pensó Rodolphe, poniéndose muy pálido de repente, "por eso ha venido". Luego dijo con tranquilidad:

»—Lo siento, pero no los tengo, mi querida señora.

»No era mentira. De haberlos tenido, sin duda se los habría dado, aunque, por lo general, no es agradable hacer este tipo de buenas obras: pedir dinero es, de todos los vientos que soplan sobre el amor, el más frío y el más destructivo.

»Ella se le quedó mirando unos momentos.

»—¡No los tienes! —repitió varias veces—. ¡No los tienes! Podía haberme ahorrado esta última vergüenza. No me has querido nunca. No eres mejor que los demás...

»—No los tengo —replicó Rodolphe, con esa calma que oculta una rabia contenida como si fuese un escudo.

»Emma se marchó..., la tierra bajo sus pies era más blanda que las aguas del mar, y los surcos le parecían inmensas olas pardas que estallaban deshaciéndose en espuma. Todos sus recuerdos y pensamientos se agolpaban en su mente como mil efectos de fuegos artificiales. Vio a su padre, el despacho de Lheureux, la habitación que ellos tenían en casa, otro paisaje. La locura se estaba apoderando de ella; sintió miedo, y consiguió recobrarse; confusamente, es cierto, ya que había perdido conciencia de lo terrible de su situación, es decir, de su necesidad perentoria de dinero. Solamente sufría su amor, y sentía que el alma se le iba por este recuerdo, como sienten los heridos en la agonía que se les escapa la vida por la herida abierta.

»Luego, en un transporte de heroísmo que casi la llenó de gozo, echó a correr cuesta abajo, cruzó los establos, el sendero, la calle, el mercado, y llegó a la farmacia.» Allí consigue sacarle a Justin la llave del cuarto trastero. «Giró la llave en la cerradura, y Emma fue directa al tercer estante, guiada de forma infalible por su memoria, cogió el bote azul, lo destapó, metió la mano, y sacándola llena de un polvo blanco, empezó a comérselo.

»—¡Qué hace! —exclamó [Justin], abalanzándose sobre ella.

»—¡Chist!, puede venir alguien.

»El niño se sintió desesperado, se empeñaba en llamar.

»—No digas nada, o toda la culpa recaerá sobre tu amo.

»Luego regresó a casa, súbitamente apaciguada, con esa serenidad del que acaba de cumplir con su deber.»

La progresiva agonía de Emma está descrita hasta el final con un detalle implacable: «Empezó a agitársele el pecho con rapidez; se le salió toda la lengua fuera de la boca; le giraban los ojos; y se le volvieron más pálidos, como los globos de una lámpara a punto de apagarse, de forma que podía habérsela tenido por muerta, de no ser por el espantoso esfuerzo de las costillas, agitadas por la violenta respiración como si su alma estuviera saltando por liberarse... Bournisien había reanudado sus rezos, con el rostro inclinado contra el borde de la cama, y su larga sotana extendida en el suelo tras él. Charles estaba a su lado, de rodillas, con los brazos tendidos hacia Emma. Le tenía cogidas las manos y se las apretaba, estremeciéndose a cada latido del corazón de ella, como ante las sacudidas de unas ruinas que se derrumbaran. A medida que el estertor se hacía más violento, el sacerdote rezaba más deprisa; sus oraciones se mezclaban con los sollozos secos de Bovary, y a veces todo parecía perderse en un murmullo ahogado de sílabas latinas que sonaban como tañidos.

»De repente, se oyó en la acera el ruido acompasado de unos zuecos y los golpes de un bastón; y se elevó una voz, una voz ronca, que cantó:

>*Cuando brilla el cielo y hace calor*
>*la niña sueña con el amor*

»Emma se incorporó como un cadáver galvanizado, con el cabello desgreñido, los ojos inmóviles, la mirada fija.

>>*Para coger con cuidado*
las espigas de trigo
Nannette se va inclinando
al suelo donde nacieron.

»—¡El ciego! —exclamó. Y se echó a reír con unas carcajadas atroces, frenéticas, desesperadas, creyendo ver surgir de la noche eterna, como una amenaza espantosa, la cara horrenda del desdichado.

>>*Ese día el viento soplaba*
y la falda corta se levantaba.

»Emma cayó hacia atrás, sobre el colchón, presa de una sacudida. Se acercaron todos. Había dejado de existir.»

NOTAS

Estilo

Gógol definió su obra *Las almas muertas* como un poema en prosa; la novela de Flaubert también es un poema en prosa; pero mejor compuesta, con una textura más firme y bella. A fin de entrar inmediatamente en materia, quiero llamar la atención en primer lugar sobre el empleo que hace Flaubert de la conjunción *y* precedida del punto y coma (en las traducciones inglesas, el punto y coma es sustituido a veces sin fuerza alguna por una coma, pero nosotros volvemos a poner el punto y coma). Dicho *punto y coma* más la conjunción *y* viene después de una enumeración de acciones, estados u objetos; el punto y coma crea entonces una pausa y la *y* lo que hace es redondear el párrafo, introducir una imagen culminante, o un detalle vívido, descriptivo, poético, melancólico, o divertido. Se trata de un rasgo peculiar del estilo de Flaubert.

Al principio del matrimonio «[Charles] no podía dejar de manosear constantemente su peine, sus anillos, su toca; a veces le daba grandes besos en las mejillas, o besitos minúsculos a lo largo de su brazo desnudo, desde la punta de los dedos hasta el hombro; y ella le rechazaba, medio sonriente, medio molesta, como se hace con los niños cuando se cuelgan del cuello».

Al final de la primera parte, Emma está harta de su matrimonio: «Escuchaba, en una especie de aturdida concentración, cada tañido cascado de la campana de la iglesia. Por algún tejado pasaba un gato arqueando el lomo bajo el sol pálido. El viento, en la carretera, levantaba jirones de polvo. De vez en cuando aullaba un perro a lo lejos; y la campana, a compás, seguía difundiendo su toque monótono por los campos.»

Tras la marcha de Léon a París, Emma abre la ventana y observa las nubes: «Se acumulaban hacia poniente, hacia el lado de Rouen, y desenrollaban rápidamente sus negras volutas, de detrás de las cuales asomaban los rayos largos del sol como flechas doradas de un trofeo suspendido, mientras que el resto del cielo estaba blanco como la porcelana. Pero una ráfaga de viento inclinó los álamos, y de repente empezó a llover; las gotas tamborilearon sobre las hojas verdes. Luego volvió a aparecer el sol, cacarearon las gallinas, los gorriones sacudieron sus alas sobre unos arbustos empapados; y los regueros de lluvia, en la grava, arrastraban los rosados pétalos de una acacia.»

Emma yace muerta: «La cabeza de Emma estaba vuelta hacia su hombro derecho, la comisura de la boca, abierta, parecía un agujero negro en la parte inferior de la cara; tenía los dos pulgares doblados hacia las palmas de las manos; había una especie de polvo blancuzco en sus pestañas, y sus ojos empezaban a desaparecer en una palidez viscosa semejante a una tenue telaraña, como si hubiesen estado las arañas trabajando allí. La sábana se le hundía del pecho a las rodillas, y luego se levantaba en los dedos de los pies; y a Charles le parecía que una masa infinita, un peso enorme, gravitaba sobre ella.»

Otro aspecto de su estilo, cuyos rudimentos se pueden observar en algunos ejemplos sobre su utilización de la *y*, es su afición a lo que podríamos llamar método de despliegue; es decir, al desarrollo sucesivo de los detalles visuales, uno tras otro, con acumulación de tal o cual emoción. Un buen ejemplo lo encontramos al principio de la segunda parte, donde parece como si se desplazara una cámara cinematográfica, llevándonos a Yonville a lo largo de un paisaje que se despliega ante nosotros gradualmente: «Dejamos la carretera en La Boisère y seguimos recto hasta lo alto de la cuesta de Leux, desde donde se ve el valle. El río que cruza el valle crea, por así decir, dos regiones de distinta fisonomía. Toda la parte de la izquierda es tierra de pasto; toda la de la derecha es de labor. Los prados se extienden al pie de un conjunto de colinas que se unen por detrás con los pastos de la región de Bray, mientras que en la parte de levante, la llanura, elevándose suavemente, se ensancha mostrando hasta donde alcanza la vista los rubios trigales. La franja blanca del río separa el color de los prados de la tierra arada, y la comarca es como un gran manto desplegado con una esclavina de terciopelo orillada de plata. »Ante nosotros, en el borde del horizonte, se alzan las encinas del bosque de Argueil en los empinados cerros de Saint-Jean con sus cicatrices rojas y desiguales que los recorren de arriba abajo; son las huellas de las lluvias, y los tonos ladrillo, en estrías estrechas sobre el gris de la falda, se deben a la cantidad de fuentes ferruginosas que manan más allá del campo vecino.»

Una tercera característica —que pertenece más a la poesía que a la prosa— es su modo de presentar las emociones o estados de ánimo mediante un intercambio de palabras sin sentido. Charles acaba de perder a su mujer, y Homais le está haciendo compañía. «Homais, por hacer algo, cogió una garrafa de uno de los estantes para regar los geranios.

»—¡Ah!, gracias —dijo Charles—; es usted muy...

»No terminó la frase, ahogado por la profusión de recuerdos que le trajo el gesto de Homais [*Emma solía regar esas flores*].

»Entonces, para distraerle, Homais creyó oportuno hablar un poco de horticultura: las plantas, dijo, necesitaban humedad. Charles asintió con la cabeza.

»—Además —prosiguió Homais—, el buen tiempo no tardará en llegar.

»—¡Oh! —dijo Bovary.

»Agotado su repertorio de temas, Homais aparta un poco el visillo de la ventana.

»—¡Hum! Por ahí pasa monsieur Tuvache.

»—Monsieur Tuvache... —repitió Charles maquinalmente.»

Son palabras incoherentes, pero enormemente sugestivas.

Otra cuestión importante, al analizar el estilo Flaubert, es la que se refiere al uso del pretérito imperfecto, que expresa una acción o estado en continuidad, algo que sucede de forma habitual. En inglés se traduciría por *used to* o *would*: en los días de lluvia, Emma hacía (*used to*) esto o aquello, etc. Proust dice en alguna parte que la maestría de Flaubert en lo que se refiere al tiempo, al fluir del tiempo, encuentra expresión en su empleo del pretérito imperfecto, del *imparfait*. Este imperfecto, dice Proust, permite a Flaubert expresar la continuidad del tiempo y su unidad.

Los traductores ingleses no se han preocupado lo más mínimo de este aspecto. Por ello, en numerosos pasajes no llegan a reflejar adecuadamente la sensación de repetición, de monotonía, que domina la vida de Emma, por ejemplo, en el capítulo en que refiere su vida en Tostes, debido a que el traductor inglés no se molesta en introducir el *would* o el *used to*.*

Flaubert no utiliza demasiadas metáforas; pero cuando lo hace, éstas expresan emociones en unos términos que guardan relación con el carácter de los personajes:

Emma, tras la marcha de Léon: «... Y la tristeza irrumpía en su alma vacía aullando de forma lastimera como un viento de invierno en las mansiones abandonadas» (naturalmente, es la forma en que Emma habría descrito su propia tristeza si hubiese estado dotada de genio artístico).

Rodolphe se cansa de las protestas apasionadas de Emma: «Debido a que los labios libertinos y venales le habían murmurado palabras como ésas, creía muy poco en el candor de las que ella pronunciaba; pensaba que no había que hacer caso de frases exageradas que no ocultaban sino afectos mediocres; como si la plenitud del alma no se derramase a veces en las metáforas más vacías, ya que nadie puede expresar jamás la medida exacta de sus anhelos, sus concepciones, o sus angustias; porque la palabra humana es como un caldero cascado que golpeamos para hacer bailar a los osos, cuando lo que queremos es conmover a las estrellas» (aquí oigo a Flaubert lamentándose de las dificultades de la composición).

Rodolphe hojea las viejas cartas de amor antes de escribirle a Emma despidiéndose, la víspera de la fecha concerta-

---

* En castellano no hay riesgo de incurrir en este defecto, dado que contamos con el tiempo de imperfecto también.

da para su fuga: «Por último, aburrido y cansado, Rodolphe volvió a guardar la caja en el armario, diciéndose a sí mismo: "¡Cuánta tontería!" Comentario que resumía su opinión; porque los placeres, como los escolares en el patio de recreo, habían pisoteado tanto su corazón que no crecía ninguna yerba; y lo que pasaba por él, más indiferente que los niños, ni siquiera dejaba, como dejan ellos, su nombre escrito en la pared» (imagino a Flaubert visitando su vieja escuela de Rouen).

Imágenes

He aquí unos cuantos pasajes descriptivos que revelan la genialidad de Flaubert para tratar con sentido datos seleccionados, cargados de sentido y agrupados con la visión de un artista.

Un paisaje invernal por el que cabalga Charles, cuando va a entablillarle la pierna al viejo Rouault: «El campo llano se extendía hasta perderse de vista, y los grupos de árboles, alzándose a intervalos alrededor de las granjas, formaban manchas purpúreas en el gris inmenso que se fundía, en el horizonte, con el tono lúgubre del cielo.»

Emma y Rodolphe se ven para hacer el amor: «Las estrellas brillaban entre las ramas deshojadas del jazmín. Detrás de ellos se oía el murmullo del río, y de cuando en cuando, el crujido de las cañas secas. Las masas de sombras asomaban aquí y allá en la oscuridad y temblaban a veces a un tiempo, y se alzaban y se cimbreaban como olas inmensas que se precipitaban para sumergirles. El frío de la noche les hacía abrazarse aún más, los suspiros de sus bocas se hacían más hondos y se agrandaban sus ojos apenas perceptibles; y en medio del silencio, se susurraban palabras que caían en sus almas sonoras y cristalinas, y reverberaban en múltiples vibraciones.»

Emma, tal como la vio Léon en la habitación de la fonda, el día después de la ópera: «Emma, en un pequeño salto de cama, apoyó el moño contra el respaldo del viejo sillón; el papel rojizo de la pared formaba, por así decir, un fondo dorado detrás de ella, y el espejo reflejaba su cabeza descubierta con la raya blanca en medio y los dos lóbulos de las orejas asomando bajo las ondas de cabello.»

El tema de los caballos

Entresacar los pasajes en que aparece el tema de los caballos significa dar una sinopsis de toda la novela. Los caballos desempeñan un papel especialmente importante en toda la vertiente amorosa del relato.

El tema empieza con: «Una noche les despertó [a Charles y a su primera mujer] el ruido de un caballo que se detuvo ante la puerta.» Llega un recadero de parte del viejo Rouault, que se ha roto una pierna.

Al llegar Charles a las proximidades de la granja donde minutos después conocerá a Emma, su caballo se encabrita violentamente, como ante la sombra del destino que los aguarda a él y a ella.

Al buscar su fusta, Charles se inclina por encima de Emma con un movimiento torpe para ayudarla a cogerla de detrás de un saco de harina (Freud, curandero medieval, podía haber sacado bastante partido de esta escena [los caballos son símbolo de la sexualidad para él. Nota de la edición inglesa]).

Cuando los invitados, ebrios, regresan de la boda a la luz de la luna, los carruajes incontrolados caen en las acequias.

El padre de ella, viendo marcharse a la pareja, recuerda cómo se llevó él a su esposa hace años, a caballo, sobre un cojín instalado detrás de la silla.

Recordad la flor que Emma deja caer de su boca al asomarse a la ventana, cuyo pétalo va a parar sobre la crin del caballo de su marido.

Las bondadosas monjas, en uno de los recuerdos de Emma, le habían dado tan buenos consejos sobre la modestia del cuerpo y la salvación del alma, que «le pasó lo que a los caballos con la rienda demasiado tirante: se paró en seco, y el bocado se salió de su sitio».

Su anfitrión, en Vaubyessard, le enseña a Emma sus caballos.

Cuando ella y su marido se marchan del castillo, el vizconde y otros jinetes pasan al galope.

Charles pone al trote su viejo caballo para ir a ver a sus pacientes.

La primera conversación de Emma con Léon en la posada de Yonville empieza con el tema de los caballos. «—Si fuese usted como yo —dice Charles—, constantemente obligado a montar a caballo...» «—Pero —dice Léon dirigiéndose a Emma—, qué agradable es montar por placer...» Mucho, desde luego.

Rodolphe sugiere a Charles que a Emma le sentaría maravillosamente cabalgar.

La famosa escena del paseo amoroso de Rodolphe y Emma por el bosque puede decirse que está vista a través del largo velo azul de su vestido de amazona. Reparad en cómo levanta ella la fusta para responder al beso que su hija le manda desde la ventana, cuando ella va a emprender ese paseo.

Más tarde, cuando lee la carta que su padre le escribe desde la granja, recuerda la granja, los potros que relinchaban y galopaban, galopaban.

Podemos encontrar un giro grotesco hacia el mismo tema en la variedad equina (pezuña de caballo) de pie zopo del mozo de cuadra que Bovary intenta curar.

Emma regala a Rodolphe una preciosa fusta (el viejo Freud ríe entre dientes en la sombra).

El proyecto de Emma de una nueva vida con Rodolphe empieza con un sueño: «Se la llevaba al galope de cuatro caballos» a Italia.

Un tílburi azul se lleva a Rodolphe al trote rápido, lejos de la vida de ella.

Otra famosa escena: Emma y Léon en el coche cerrado. El tema equino se vuelve sensiblemente más vulgar.

En los últimos capítulos, la *Hirondelle*, diligencia que hace el trayecto de Yonville a Rouen, empieza a desempeñar un papel importante en la vida de ella.

En Rouen, ve fugazmente el caballo negro del vizconde: un recuerdo.

Durante su última y trágica visita a Rodolphe, que responde a su petición de dinero diciéndole que no le puede prestar nada porque no tiene, ella señala sarcásticamente los caros adornos de una fusta (la risa en la sombra es ahora diabólica).

Después de su muerte, un día en que Charles ha ido a vender su viejo caballo —su último recurso—, se encuentra con Rodolphe. Ahora sabe que Rodolphe ha sido amante de su mujer. Éste es el final del tema equino. Por lo que se refiere a su simbolismo, no es quizá más simbólico de lo que podría ser hoy un descapotable.

Cronología de Madame Bovary *según Nabokov.*

ROBERT LOUIS STEVENSON
(1850-1894)

EL EXTRAÑO CASO DEL DR. JEKYLL
Y MR. HYDE
(1885)

El Dr. Jekyll y Mr. Hyde fue escrita en la cama, en Bournemouth, a orillas del Canal de la Mancha, en 1885, entre hemorragias pulmonares. Se publicó en enero de 1886. El doctor Jekyll es un médico gordo y afable, no carente de debilidades humanas, que a veces, por medio de una poción, se proyecta, concentra o precipita en una persona malvada de temperamento brutal y animal que adopta el nombre de Hyde, bajo cuya personalidad lleva una especie de inestable vida criminal. Durante algún tiempo, es capaz de recobrar su personalidad Jekyll —tiene una droga que le transforma en Hyde y otra que le hace volver a ser Jekyll—; pero poco a poco, se va debilitando su naturaleza bondadosa, la poción para retornar a Jekyll deja de surtir efecto, y finalmente el personaje se envenena cuando está al borde del escándalo. Ésta es, en pocas palabras, la trama del relato.

Antes que nada: si tenéis la misma edición de bolsillo que yo, tapad la monstruosa, abominable, atroz, criminal, inmunda, vil y depravada sobrecubierta que más bien parece una camisa de fuerza. Quiero que ignoréis también que unos

Cubierta, realizada por Nabokov, para El doctor Jekyll
y Mr. Hyde.

comicastros han ejecutado, bajo la dirección de unos por-
querizos, una parodia del libro; parodia que en su día fue
filmada y exhibida en lugares llamados teatros; llamar teatro
a un cine me produce la misma impresión que llamar fune-
rario al director de una empresa de pompas fúnebres.

Y ahora mi recomendación principal: por favor, de-
saprended, borrad de vuestra memoria, relegad completamente al olvido cualquier idea que hayáis podido haceros
de que *El Dr. Jekyll y Mr. Hyde* es una especie de novela o
película detectivesca. Por supuesto, es muy cierto que el relato de Stevenson, escrito en 1885, es uno de los antepasados
de la moderna novela de detectives. Pero la actual novela de
detectives es la negación misma del estilo. Todo lo más, es
literatura convencional. No soy de esos profesores que, con
cierto pudor, se jactan de disfrutar con las novelas de detectives; las encuentro muy mal escritas para mi gusto y me
aburren soberanamente. En cambio, el relato de Stevenson
es —mirad por dónde— bastante flojo desde el punto de
vista detectivesco. Tampoco es una parábola, ni una alegoría; como tales, resultaría de mal gusto. Sin embargo, tiene
su encanto especial si lo consideramos como fenómeno de
estilo. No es sólo un buen «relato espectral», como Stevenson exclamó al despertar de un sueño en el que lo vio, tal
como supongo que el mágico cerebro de Coleridge concedió
a éste la visión del más famoso de los poemas inacabados.
Es también, y de manera más importante, «una fábula que
se sitúa más cerca de la poesía que de la ordinaria ficción en
prosa»,* y por tanto pertenece al mismo orden artístico que,
por ejemplo, *Madame Bovary* o *Las almas muertas*.

Hay un delicioso sabor a vino en este libro; de hecho,
a lo largo de toda la historia se bebe gran cantidad de vino
añoso: recordemos el que paladea confortablemente Utter-

---

* Nabokov señala que las citas críticas incluidas en este ensayo han sido
sacadas de Stephen Gwynn, *Robert Louis Stevenson*, Londres, 1939. (*N. de
la ed. inglesa*.)

son. Este sorbo centelleante y confortador es muy distinto de las frías punzadas causadas por el licor maléfico, el reactivo mágico que Jekyll prepara en su polvoriento laboratorio. Todo está expuesto de manera apetitosa. Gabriel John Utterson, de Gaunt Street, saborea sus palabras disfrutándolas; hay un gustillo sabroso en la fría mañana londinense, y hay incluso cierta riqueza de tonos en la descripción de las horribles sensaciones que Jekyll experimenta durante sus transformaciones. Stevenson tuvo que fiar mucho en el estilo a la hora de llevar a cabo el truco y de vencer las dos grandes dificultades con que se enfrentaba: 1) hacer de la poción mágica una droga plausible basada en ingredientes químicos; y 2) hacer del lado malo de Jekyll, antes y después de su «hydiación», una maldad creíble.* «Estaba yo inmerso en mis reflexiones cuando, como he dicho, una luz indirecta empezó a iluminar el sujeto de la mesa del laboratorio. Comencé a percibir con mayor claridad que nunca la tem-

---

* En la carpeta sobre Stevenson, Nabokov guardaba cuatro páginas de citas de los *Essays in the Art of Writing* (Londres; Chatto Windus, 1920), de Stevenson. Entre estas citas está la siguiente, que parece oportuna aquí: «La transformación de las sucesivas informaciones superficiales del viejo cronista en el denso y luminoso fluir de una narración en alto grado sintética implica mucha filosofía e ingenio. Vemos claramente la filosofía cuando reconocemos en el escritor sintético una concepción de la vida muchísimo más honda y estimulante, y un sentido más agudo de la generación y la afinidad de los acontecimientos. En cuanto al ingenio, podríamos imaginar que ha desaparecido; pero no es así, porque es justamente el ingenio, esas perpetuas y preciosas maquinaciones, esas dificultades vencidas, ese doble objetivo alcanzado, esas dos naranjas mantenidas a la vez en el aire lo que, conscientemente o no, hace disfrutar al lector. Además, este ingenio, tan poco reconocido, es el órgano necesario de esa filosofía que tanto admiramos. Por tanto, el estilo más perfecto no es, como dicen los necios, el más natural, porque el más natural es el parloteo inconexo del cronista, sino el que alcanza de una forma discreta el más alto grado de elegante y fecunda implicación: o si lo hace sin discreción, llamativamente, lo hace con el máximo provecho para el sentido común y el vigor. Incluso el desorden de las frases en relación con un supuesto orden natural es luminoso para la mente; y por medio de tal inversión intencionada, pueden ordenarse más oportunamente los elementos de un juicio o fundirse sagazmente en una sola las fases de una acción compleja.

»Una telaraña, una pauta a la vez sensorial y lógica, una trama elegante y fecunda: eso es el estilo, ése es el fundamento del arte de la literatura.» *(N. de la ed. inglesa.)*

blorosa inmaterialidad, la brumosa transitoriedad de este cuerpo aparentemente sólido con que andamos revestidos. Descubrí que ciertos agentes tenían el poder de sacudir y volver del revés la vestidura de la carne, del mismo modo que el viento podía agitar las cortinas de un pabellón... No sólo llegué a comprender que mi cuerpo natural no era más que el aura y resplandor de ciertas potencias que componían mi espíritu, sino que conseguí confeccionar una droga capaz de destronar estas potencias de su supremacía, y de sustituirlas por una segunda forma y apariencia, igualmente natural en mí, pues eran expresión y reflejo de los elementos inferiores de mi alma.*

»Vacilé mucho tiempo, antes de poner a prueba esta teoría. Yo sabía muy bien que corría peligro de muerte; porque una droga capaz de someter y eliminar tan poderosamente el mismo fundamento de la identidad podía, con la más pequeña sobredosis o la mínima inoportunidad en el instante del experimento, suprimir por entero el tabernáculo inmaterial que yo trataba de transformar por su mediación. Pero la tentación de un descubrimiento tan singular y profundo prevaleció, a fin de cuentas, sobre todo asomo de alarma. Hacía tiempo que tenía preparada mi tintura, enseguida compré, en un almacén de productos químicos, una gran cantidad de determinadas sales que, según sabía por mis experimentos, era el último ingrediente necesario; y una infausta noche, tarde ya, combiné los elementos, observé cómo hervían y humeaban en el matraz, y cuando cesó la ebullición, con gran alarde de valor, me bebí la pócima de un trago.

»Me acometieron los dolores más desgarradores: un crujir de huesos, una náusea mortal, un horror del espíritu no superables en la hora del nacimiento o de la muerte. Luego empezaron a ceder rápidamente estas angustias, y volví en mí

* Aquí, el dualismo no es, pues, el de «cuerpo y alma», sino el de «bien y mal». (*N. de Nabokov en su ejemplar anotado.*)

como si saliese de una grave enfermedad. Noté algo extraño en mis sensaciones, algo nuevo e inefable y, por su novedad, de increíble dulzura. Me sentía más joven, más ligero, más feliz físicamente; notaba dentro de mí una impetuosa osadía, una turbulenta corriente de imágenes sensuales que se sucedían vertiginosas en mi imaginación, como el agua en el canal de un molino, una disolución de las ataduras del deber, una desconocida, aunque no inocente, libertad del alma. Me di cuenta, en el primer aliento de esta nueva vida, de que era más perverso, diez veces más perverso, esclavo vendido a mi mal original; y tal pensamiento, en ese instante, me reconfortó y me deleitó como el vino. Estiré las manos, exultante ante la novedad de estas sensaciones; y al hacerlo, observé de pronto que había menguado mi estatura... Mientras el bien resplandecía en el rostro de uno, el mal estaba grabado con toda claridad en el semblante del otro. El mal, además (al que aún debo considerar como la parte mortal del ser humano), había impreso en ese cuerpo una huella de deformidad y de ruina. Y no obstante, al contemplar la fealdad de aquel ídolo en el espejo, no experimenté repugnancia, sino más bien una oleada de alegría. Éste, también, era yo. Parecía natural y humano. Ante mis ojos tenía una imagen más viva del espíritu, más clara y pura que aquel semblante imperfecto y dividido que hasta entonces solía llamar mío. Y en eso tenía indudablemente razón. He dicho ya que cuando adoptaba la apariencia de Edward Hyde, nadie podía acercarse a mí al principio sin una visible aprensión carnal. Esto, supongo, se debía a que los seres humanos, tal como los conocemos, son un compuesto del bien y del mal; mientras que Edward Hyde era el único representante del mal puro en las filas de la humanidad.»

Los nombres de Jekyll y Hyde son de origen escandinavo, y sospecho que Stevenson los sacó de la misma página de un viejo libro sobre apellidos donde los he encontrado yo también. Hyde viene del anglosajón *hyd*, que es el danés *hide*, «puerto, abra». Y Jekyll procede del danés *Jökulle*, y quiere decir «carámbano». Si se desconocen estas sencillas etimologías, uno se siente inclinado a buscarles toda clase de significados simbólicos, especialmente al de Hyde, entre los que el más evidente sería el de una especie de escondite (*hide*) del doctor Jekyll, combinación de doctor chistoso y de asesino.

Hay tres ideas importantes sobre este libro escasamente leído que la opinión popular olvida por completo.

1. ¿Es bueno Jekyll? No; es un ser compuesto, una mezcla de bien y de mal, un preparado consistente en un noventa y nueve por ciento de «jekyllina» y un uno por ciento de Hyde (o *hydatida*; de agua en griego, que en zoología designaría una bolsa minúscula en el interior del cuerpo del hombre y demás animales, la cual contiene un fluido límpido con tenias en estado larvario; delicioso receptáculo, para las pequeñas tenias al menos; así, en cierto modo, Mr. Hyde sería un parásito del doctor Jekyll... pero debo advertir que Stevenson no sabía nada de esto cuando eligió tal nombre). La moral de Jekyll es escasa desde el punto de vista Victoriano. Se trata de un ser hipócrita que oculta con esmero sus pequeños pecados. Es vengativo, pues no perdona al doctor Lanyon, con quien disiente en cuestiones científicas. Es temerario. Tiene a Hyde mezclado con él, dentro de él. De este doctor Jekyll, mezcla de bien y de mal, el mal puede ser separado en forma de Hyde, que es un precipitado de mal puro; precipitado en el sentido químico, dado que algo del componente Jekyll permanece en estado latente, para horrorizarse de Hyde cuando Hyde entra en acción.

2. En realidad, Jekyll no se transforma en Hyde, sino que proyecta un concentrado de mal puro que se convierte en Hyde, el cual es más pequeño que Jekyll —hombre corpulento—, poniendo de relieve que Jekyll posee una mayor cantidad de bien.

3. En realidad, hay tres personalidades: la de Jekyll, la

de Hyde, y una tercera: la de un Jekyll residual cuando predomina Hyde.

La situación puede representarse visualmente de la siguiente manera:

Henry Jekyll
(grande)

Edward Hyde
(pequeño)

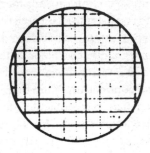

Pero si miráis atentamente, veréis que dentro de este Jekyll grande, luminoso, agradable, hay elementos dispersos de mal.

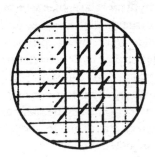

Cuando la droga mágica empieza a actuar, se forma una concentración oscura

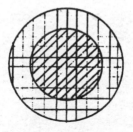

que es proyectada o expulsada como

Sin embargo, si miráis con atención a Hyde, observaréis que por encima de él flota, aterrado pero dominante, un Jekyll residual, una especie de anillo de humo o halo, como si este mal concentrado, negro, se hubiese desprendido del anillo del bien. Pero este anillo del bien sigue subsistiendo: Hyde todavía quiere volver a convertirse en Jekyll. Esto es lo importante.

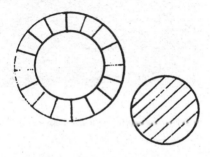

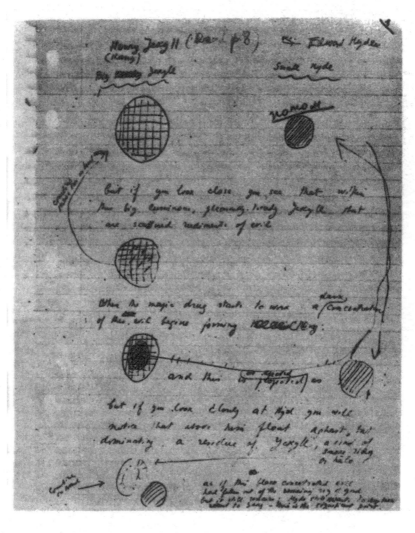

Diagramas realizados por Nabokov sobre las relaciones
entre Jekyll y Hyde.

Por tanto, la transformación de Jekyll, más que una completa metamorfosis, implica una concentración del mal preexistente en él. Jekyll no es bien puro, y Hyde (pese a las aseveraciones de Jekyll) no es puro mal; porque del mismo modo que los componentes del inaceptable Hyde moran en el interior del aceptable Jekyll, así, sobre Hyde flota un halo de Jekyll que se horroriza ante la iniquidad de su otra mitad.

Las relaciones de los dos se encuentran simbolizadas en la casa de Jekyll, que es mitad Jekyll y mitad Hyde. Un domingo, Utterson y su amigo Enfield, deambulando por las calles de Londres, llegan a un callejón de un barrio muy concurrido que, aunque pequeño y tranquilo, desarrolla un próspero comercio los días laborables. «Incluso los domingos, cuando quedaba casi desierta y ocultaba sus más floridos encantos, la calle contrastaba con su sórdida vecindad como una hoguera en medio del bosque; y con sus contraventanas recién pintadas, sus bronces bruñidos, y una limpieza y alegría generales, cautivaba y deleitaba al instante la mirada del transeúnte.

»A dos portales de la esquina, a mano izquierda yendo en dirección este, la hilera de casas se interrumpía en la entrada de un patio; y allí, precisamente, un siniestro edificio proyectaba su alero sobre la calle. Tenía dos plantas; no tenía ninguna ventana, sino tan sólo una puerta en la planta baja, con una pared descolorida en la parte superior. Cada detalle revelaba la huella de un prolongado y sórdido abandono. La puerta, desprovista de campanilla o aldaba, estaba hinchada y deslustrada. Los pordioseros se resguardaban en el hueco y encendían fósforos en los cuarterones; los niños paraban tienda en los escalones; el escolar había probado su cortaplumas en las molduras; y durante casi una generación, nadie parecía haberse ocupado de echar a estos visitantes casuales ni de reparar sus estragos.»

Ésta es la puerta que Enfield señala a Utterson con el

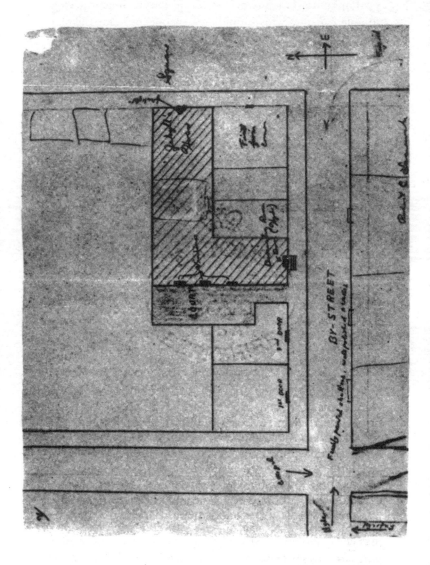

Plano de la casa del doctor Jekyll, dibujado por un estudiante y retocado por Nabokov.

bastón como la utilizada por un ser repugnante y malvado que había atropellado intencionadamente a una niña y que, al ser sujetado del cuello por Enfield, había accedido a indemnizar a los padres de la criatura con cien libras. Tras abrir la puerta con una llave, había vuelto a salir portando diez libras en oro y un cheque firmado por el doctor Jekyll que completaba la cantidad; cheque que resultó ser válido. Chantaje, piensa Enfield. Y sigue contándole a Utterson: «Apenas parece una casa. No tiene ninguna otra puerta, y nadie entra ni sale de ella salvo, muy de tarde en tarde, el caballero de mi aventura. Hay tres ventanas en el primer piso que dan al patio; abajo no hay ninguna; las ventanas están siempre cerradas, aunque se ven limpias. Luego hay una chimenea de la que suele salir humo; de modo que debe de vivir alguien ahí. Aunque no parece seguro, porque los edificios están tan apiñados alrededor de este patio que resulta difícil decir dónde termina uno y empieza otro.»

A la vuelta de esta calleja hay una plaza con edificios antiguos y elegantes, algo descuidados, divididos en pisos y aposentos. «Una de estas casas, sin embargo, la segunda empezando por la esquina, aún estaba ocupada enteramente, y a su puerta, que ostentaba signos manifiestos de suntuosidad y riqueza», llama Utterson para preguntar por su amigo el doctor Jekyll. Utterson sabe que la puerta que ha utilizado Mr. Hyde es la de la vieja sala de disección del cirujano propietario de la casa antes de comprarla el doctor Jekyll, y que pertenece a la elegante mansión que se alza frente a la plaza. El doctor Jekyll ha modificado la sala de disección a fin de poder llevar a cabo sus experimentos químicos; y es allí (según nos enteramos más tarde) donde se transforma en Hyde, por lo que en tales ocasiones Hyde vive en esa parte del edificio.

Del mismo modo que Jekyll es una mezcla de bien y de mal, su vivienda también es una mezcla, y simboliza de manera muy clara la relación entre Jekyll y Hyde. El dibujo muestra el lugar donde la distante y digna fachada principal de la residencia de Jekyll da a la plaza mirando al este. Pero en un callejón lateral que flanquea otro lado del mismo bloque de edificios, con una geografía curiosamente retorcida y oculta por la aglomeración de edificios y patios de esa zona particular, está la misteriosa puerta lateral de Hyde. Así, en el complejo edificio de Jekyll, con su vestíbulo suntuoso y agradable, hay corredores que conducen a Hyde, al viejo escenario quirúrgico convertido en laboratorio de Jekyll, donde el doctor ya no practica tanto la disección como los experimentos químicos. Stevenson recurre a todos los medios, a imágenes, tonos, expresiones y a falsos olores, construye su mundo gradualmente, a fin de que la extraña transformación que va a descubrir el propio Jekyll produzca el efecto de una realidad satisfactoria y artística en el lector... o más bien le conduzca a un estado de conciencia en el que no se pregunte si tal transformación es posible o no. Algo por el estilo hace Dickens en *Casa Desolada* cuando, por el milagro de su enfoque sutil y su prosa jaspeada, consigue hacer real y satisfactorio el caso del viejo anegado de ginebra que se inflama literalmente por dentro y se desploma en el suelo consumido por el fuego.

El objetivo artístico de Stevenson era hacer «desfilar ante hombres sencillos y sensibles un drama fantástico» en un ambiente familiar a los lectores de Dickens: un ambiente de fría niebla londinense, de señores maduros y ceremoniosos aficionados al viejo oporto, de casas de fea fachada, de abogados de familia y fieles mayordomos, de vicios anónimos practicados en algún lugar recóndito detrás de la solemne plaza donde vive Jekyll, de frías mañanas y de elegantes coches de alquiler. Mr. Utterson, abogado de Jekyll, es «un señor honrado, reservado, agradable, animoso e impulsivo; y si un hombre como él acepta algo como "real", es de suponer que los lectores lo aceptarán también como tal». A Enfield, el amigo de Utterson, se le califica de «poco impresionable»; es un hombre de negocios joven y sano, representante característico del tipo obtuso (en realidad, esa cualidad obtusa, saludable, es la que le une a Utterson). Y este Enfield obtuso, este hombre de escasa imaginación, incapaz de reparar en detalles, es el personaje elegido por Stevenson para relatar el principio de la historia. Enfield no se da cuenta de que la puerta que da al callejón, y que Hyde utiliza para traer el cheque firmado por Jekyll, corresponde al laboratorio de la casa de Jekyll. Sin embargo, Utterson la relaciona inmediatamente con la casa, y se inicia la historia.

Aunque para Utterson lo extravagante es indecoroso, una vez en casa, el relato de Enfield le impulsa a sacar de la caja fuerte el testamento ológrafo de Jekyll (ya que Utterson se ha negado a prestarle ayuda en la redacción) y leer una vez más sus disposiciones, las cuales determinaban «no sólo que en caso de fallecimiento de Henry Jekyll, doctor en Medicina, Derecho Civil, Leyes, Miembro de la Royal Society, etc., todas sus propiedades fueran a parar a manos de su "amigo y benefactor Edward Hyde", sino que en caso de su "desaparición o ausencia inexplicable durante un período superior a tres meses", el citado Edward Hyde debía entrar en posesión de sus bienes sin demora, libre de toda carga u obligación, exceptuando el pago de una pequeña cantidad a los miembros de la servidumbre del doctor». Hacía tiempo que le disgustaba a Utterson este testamento, y sentía aumentar su indignación por el hecho de ignorar quién era Mr. Hyde: «En cambio, con este sesgo repentino, le disgustaba por el hecho de conocerle [al contarle Enfield el incidente del individuo pequeño y malvado con la niña]. Ya le había parecido malo cuando tan sólo era un nombre del que no había logrado averiguar nada. Pero ahora que este nombre empezaba a revestirse de atributos execrables, le parecía peor; y de las brumas inconsistentes y mudables que durante tanto tiempo habían confundido su mirada, surgió la imagen súbita y concreta de un demonio.

»"Creí que era locura", se dijo mientras devolvía el detestable documento a la caja fuerte; "pero ahora empiezo a temer que sea una infamia".»

Al acostarse, Utterson empieza a darle vueltas a la historia de Enfield. Éste había empezado: «Volvía yo a casa, desde un lugar casi en el fin del mundo, hacia las tres de una oscura madrugada de invierno, cuando crucé en mi trayecto por un lugar de la ciudad donde literalmente no se veía más que farolas. Recorrí calle tras calle, y todo el mundo dormía; y todas las calles, una tras otra, estaban iluminadas como para una procesión, y vacías como una iglesia...» (Enfield es un joven imperturbable y pragmático; pero Stevenson, el artista, no puede evitar el prestarle esa descripción de todas las calles encendidas, con las gentes durmiendo, y vacías como una iglesia.) La frase empieza a crecer, a resonar, a multiplicar reflejos en la cabeza de Utterson: «La historia de Mr. Enfield se desarrollaba ante su mente como una sucesión de imágenes iluminadas. Percibió la inmensa extensión de luces en una ciudad nocturna; luego, la figura de un hombre andando deprisa; luego, la de una niña que salía corriendo de casa del doctor; a continuación, el encuentro de las dos figuras, y a aquel *juggernaut* humano atropellando a la criatura y siguiendo su marcha sin hacer caso de sus gritos. O veía la habitación de una casa suntuosa y a su amigo durmiendo, soñando y sonriendo; y de pronto se abría la puerta, se apartaban las cortinas del lecho, despertaba el durmiente, y he aquí que junto a él había una figura a cuyo poder estaba sometido; y a esas horas de la noche, incluso, debía levantarse y obedecer a su mandato. El protagonista de estas dos escenas tuvo obsesionado al abogado toda la noche; y si en algún momento se amodorraba, no era sino para verle recorrer furtivo las casas dormidas o caminar cada vez más deprisa, a una velocidad vertiginosa, por los inmensos laberintos de la ciudad iluminada, y atropellar en cada esquina a una criatura y dejarla llorando. Y no obstante, la figura carecía de un rostro por el que pudiera conocerla; aun en sus sueños, carecía de rostro.»

Utterson decide averiguar quién es Mr. Hyde. A ratos, cuando está libre, se aposta cerca de la puerta, y finalmente le ve. «Era bajo y llevaba un traje sencillo; y su aspecto, incluso a aquella distancia, despertó una enorme aversión en quien le vigilaba.» (Enfield había comentado: «Pero hubo un curioso detalle. Nada más verle, el caballero me inspiró repugnancia.») Utterson le aborda y, con uno u otro pretexto, le pide a Hyde que le permita verle la cara, aunque Stevenson tiene el cuidado de no describirla. Utterson, no obstante, cuenta al lector otras cosas: «Mr. Hyde era pálido y bajo; daba la impresión de deformidad sin que se le notase ninguna malformación definida; tenía una sonrisa desagradable, se había vuelto hacia el abogado con una mezcla de timidez y de osadía homicida, y había hablado con una voz ronca, susurrante y algo cascada; eran todos detalles que iban en contra de él, pero no explicaban la repugnancia, el desagrado y el miedo con que Mr. Utterson le miraba... ¡Ah, mi pobre Harry Jekyll, si alguna vez he visto grabada la huella de Satanás en una cara, ha sido en la de tu nuevo amigo!»

Utterson se dirige a la plaza, llama al timbre, y pregunta a Poole, el mayordomo, por el doctor Jekyll; pero Poole le informa que ha salido. Utterson quiere saber si es cierto que Hyde tiene permiso para entrar por la puerta de la antigua sala de disección en ausencia del doctor, y el mayordomo le confirma que Hyde posee una llave, cedida por el propio doctor, y que los criados tienen orden de obedecerle.

«—No creo haber encontrado nunca a Mr. Hyde aquí, ¿verdad? —preguntó Utterson.

»—¡Oh, no señor! Nunca come aquí —replicó el mayordomo—. De hecho le vemos muy poco en esta parte de la casa; casi siempre anda por el laboratorio.»

Utterson sospecha que se trata de un chantajista y decide ayudar a Jekyll, si éste se lo permite. Poco después se le presenta la ocasión; pero Jekyll no quiere que le ayuden:

«—No comprendes mi situación —replicó el doctor con cierta incoherencia en su actitud—. Me encuentro en un trance difícil, Utterson; en una situación muy extraña... muy extraña. Es uno de esos problemas que no se solucionan hablando.» Sin embargo, añade: «—... Para tranquilizarte, te diré una cosa: en el momento en que yo quiera, me puedo librar de Mr. Hyde. Te doy mi palabra.» Y la entrevista concluye accediendo Utterson de mala gana a los ruegos de Jekyll de que vele por los derechos de Hyde «cuando yo ya no esté».

El suceso que empieza a centrar el relato es el asesinato de Carew. Una criada muy propensa a ensueños románticos se encuentra absorta en sus pensamientos a la luz de la luna, cuando observa que un anciano de aspecto afable y distinguido pregunta algo a un tal Mr. Hyde, el cual había visitado una vez a su señor y había despertado en ella una honda antipatía. «Llevaba en la mano un pesado bastón con el que jugueteaba; sin embargo, no contestaba a ninguna pregunta, y parecía escuchar con mal contenida impaciencia. Luego, de repente, estalló en una gran explosión de ira, dando patadas en el suelo, enarbolando el bastón, y comportándose (según la descripción de la doncella) como un enajenado. El anciano dio un paso atrás un tanto sorprendido e indignado; entonces Mr. Hyde perdió todo control, y le apaleó hasta derribarle al suelo. Acto seguido, con furia simiesca, le pateó y le descargó tantos golpes que se oía el crujido de los huesos, hasta que el cuerpo rodó a la calzada. Incapaz de soportar el horror de lo que veía y oía, la doncella se desmayó.»

El anciano llevaba una carta dirigida a Utterson, quien es llamado por el inspector de policía, e identifica el cadáver como el de sir Danvers Carew. Reconoce los restos del bastón como el que hace años regaló él mismo al doctor Jekyll, y se ofrece al policía para llevarle a la dirección de Mr. Hyde en Soho, uno de los peores barrios de Londres. Hay en el párrafo preciosos efectos verbales, sobre todo de aliteración.*

Hyde no está en casa; el piso ha sido registrado; reina un gran desorden, y es evidente que el asesino ha huido. Esa tarde Utterson va a ver a Jekyll y es recibido en el laboratorio: «El fuego ardía en la chimenea; había una lámpara encendida sobre la repisa, pues incluso en el interior de las casas la niebla empezaba a espesar; y allí, pegado al calor, encontró sentado al doctor Jekyll con aspecto de estar mortalmente enfermo. No se levantó para recibir a su visitante, sólo le tendió la mano fría y le dio la bienvenida con voz cambiada.» A la pregunta de Utterson de si se oculta allí Hyde: «—Utterson, te juro por Dios —exclamó el doctor—, te juro por Dios, jamás volveré a verle. Te doy mi palabra de honor de que he terminado con él en este mundo. Se acabó. Y desde luego, no necesita mi ayuda; no lo conoces como le conozco yo; está a salvo, completamente a salvo; y además, ten presente lo que te digo: no se volverá a saber nada de él.» Le enseña a Utterson una carta firmada «Edward Hyde», en

---

* Entre las citas mecanografiadas de los *Essays in the Art of Writing* de Stevenson encontradas en la carpeta de Nabokov, tenemos la siguiente: «Solía ser buen consejo para los jóvenes el que evitaran la aliteración; consejo razonable, ya que de este modo se eludía el exceso de adorno. No obstante, es una solemne estupidez, y sólo entusiasma al más ciego de los ciegos. La belleza del contenido de una frase, o de un párrafo, depende implícitamente de la aliteración y de la asonancia. La vocal exige repetición; la consonante exige repetición; y las dos piden a voces variar perpetuamente. Se pueden seguir las aventuras de una letra a lo largo de un pasaje que a uno le gusta de manera especial; descubrirla, quizá, suprimida durante un rato para hacerla más deseable al oído; recibirla de repente como una andanada en el oído, o transformada en sonidos afines, fundiéndose una líquida o una labial en otra. Y se puede encontrar una circunstancia mucho más extraña. La literatura se escribe por y para dos sentidos: para una especie de oído interior, capaz de percibir "melodías inaudibles"; y para el ojo que dirige la pluma y descifra la frase impresa.» A esto Nabokov añade: «Y permítaseme añadir, como lector, que el ojo interior visualiza su color y su significado.» *(N. de la ed. inglesa.)*

la que informa que su benefactor no tiene por qué preocuparse, ya que cuenta con medios de absoluta confianza para escapar. A preguntas de Utterson, Jekyll admite que fue Hyde quien había impuesto las condiciones del testamento, y Utterson le felicita por haberse librado de que le asesinara a él también.

«—He sufrido algo que va mucho más allá de lo que yo suponía —replicó el doctor con solemnidad—: he sufrido una lección... ¡Dios mío, Utterson, y qué lección! —y por un instante se cubrió la cara con las manos.» Sin embargo, Utterson se entera por un pasante suyo de que la letra de la carta de Hyde, aunque inclinada en dirección opuesta, es muy parecida a la de Jekyll. «¡Cómo!, pensó. ¡Una falsificación de Henry Jekyll para salvar al asesino!, y se le heló la sangre en las venas.»

Stevenson se plantea un difícil problema artístico, y nos preguntamos si es bastante fuerte para resolverlo. Descompongámoslo en los siguientes términos:

1. A fin de que resulte plausible la fantasía, quiere hacerla aprobar por la mentalidad de dos personajes pragmáticos, Utterson y Enfield, quienes, aun a pesar de su lógica vulgar, deben sentirse afectados por cierta cualidad singular y pesadillesca que perciben en Hyde.

2. Estas dos almas imperturbables deben transmitir al lector algo del horror de Hyde; pero al mismo tiempo, el autor no consiente que ellos, que no son artistas ni científicos (a diferencia del doctor Lanyon), se den cuenta de los detalles.

3. Ahora bien, si Stevenson hace a Enfield y a Utterson demasiado simples y vulgares, no podrán expresar siquiera el vago malestar que les produce Hyde. Por otra parte, el lector siente curiosidad no sólo por las reacciones de ellos dos, sino por ver también el rostro de Hyde por sí mismo.

4. Pero el autor mismo tampoco ve el rostro de Hyde con bastante claridad, y sólo puede recurrir a las descripciones indirectas, imaginativas, y sugestivas de Enfield o Utterson, lo cual, no obstante, no es la forma apropiada de expresarse de estas dos almas impasibles.

Sugiero que, teniendo en cuenta la situación y los personajes, la única forma de resolver el problema es hacer que el aspecto de Hyde provoque en Enfield y en Utterson no sólo un estremecimiento de repulsión sino también algo más. Creo que el impacto producido por la presencia de Hyde pone de manifiesto al artista latente que hay en Enfield y al artista latente que hay en Utterson. De lo contrario, las vivas impresiones que iluminan el relato de Enfield acerca de su recorrido a través de las calles iluminadas y vacías antes de presenciar cómo Mr. Hyde atropella a la niña, y las intensas imágenes de los sueños de Utterson tras escuchar ese relato, sólo pueden explicarse como una brusca intromisión del autor con sus valoraciones artísticas personales y su propia dicción y entonación. Curioso problema, en verdad.

Pero hay otro problema. Stevenson nos da una descripción concreta y realista de los hechos a través de dos aburridos señores londinenses; pero en contraste con esto, están las vagas, indefinidas pero siniestras alusiones a ciertos espantosos placeres y vicios practicados detrás de los escenarios. Por un lado está la «realidad»; por otro, «un mundo de pesadilla». Si el autor pretende verdaderamente hacernos ver la existencia de un agudo contraste entre los dos, entonces la narración nos parece un poco decepcionante. Si lo que nos está diciendo es: «No importa de qué mal se trata; sólo tenéis que creer en que es algo muy malo», entonces hasta podríamos llegar a sentirnos engañados y estafados. Nos sentiríamos estafados por la vaguedad con que se nos presenta el aspecto más interesante de la historia, precisamente por su ambientación tan realista y pragmática. Deberíamos preguntarnos si Utterson y la niebla y los coches de alquiler y

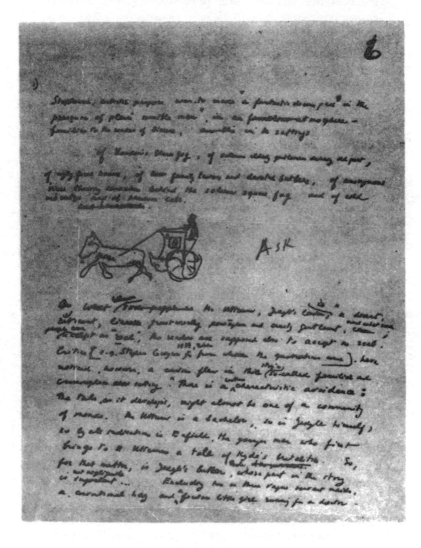

Anotaciones de Nabokov sobre la ambientación de
El doctor Jekyll y Mr. Hyde.

el pálido mayordomo son más «reales» que los siniestros experimentos y las inconfesables aventuras de Jekyll y Hyde.

Algunos críticos, como Stephen Gwynn, por ejemplo, han observado un curioso fallo en la ambientación supuestamente familiar y vulgar de la historia. «Existe cierta omisión característica: el relato, tal como se desarrolla, podría referirse casi a una comunidad de monjes. Mr. Utterson es un solterón, al igual que Jekyll y (según todos los indicios) Enfield, el joven que relata a Utterson la historia de las atrocidades de Hyde. Y también lo es el mayordomo de Jekyll, Poole, cuyo papel en la narración no es nada desdeñable. Aparte de dos o tres brumosas doncellas, una vieja convencional, y una niña anónima que corre en busca del médico, el sexo débil no participa en la acción. Se ha dicho que Stevenson, "trabajando como trabaja bajo las restricciones victorianas", y no deseando introducir en la narración colores extraños a su esquema monacal, se abstuvo deliberadamente de poner una máscara femenina a los placeres secretos a los que Jekyll se entregaba.»

Si Stevenson hubiese llegado tan lejos como Tolstoi, por ejemplo —quien era un Victoriano también y tampoco fue demasiado lejos—, si Stevenson hubiese llegado hasta donde llegó Tolstoi en su descripción de los amoríos de Oblonski, la joven francesa, la cantante, la pequeña bailarina, etc., le habría resultado difícil hacer que el Jekyll-Oblonski exudase un Hyde. Le habría resultado difícil conciliar la corriente amable, jovial y despreocupada que discurre entre los placeres del juerguista con esa aparición medieval, como un negro espantapájaros recortado contra el cielo lívido, en forma de Hyde. Era más seguro para el artista no ser concreto y dejar sin describir los placeres de Jekyll. Pero ¿no denota esta comodidad, esta solución fácil, una cierta debilidad en el artista? Yo creo que sí.

En primer lugar, esta reserva victoriana mueve al lector moderno a buscar a tientas conclusiones que quizá Stevenson jamás pretendió que se buscasen. Por ejemplo, a Hyde se le califica de protegido y benefactor de Jekyll; pero nos puede desconcertar la connotación de otro epíteto que se le aplica: el de favorito de Henry Jekyll, cosa que suena casi a privado. El casi absoluto exclusivismo de los varones en la historia al que alude Gwynn puede hacer pensar, equivocadamente, que las aventuras secretas de Jekyll eran prácticas homosexuales, tan frecuentes en Londres tras el velo Victoriano. La primera suposición de Utterson es que Hyde chantajea al buen doctor; y es difícil imaginar qué motivos especiales habría habido para el chantaje en las relaciones de un soltero con mujeres de moral liviana. ¿O sospechaban Utterson y Enfield que Hyde era hijo ilegítimo de Jekyll? «Está pagando los devaneos de su juventud», sugiere Enfield. Pero la diferencia de edad deducible de la diferencia de aspecto no parece suficiente para suponer a Hyde hijo de Jekyll. Además, en su testamento, Jekyll llama a Hyde su «amigo y benefactor»; extrañas palabras, quizá no carentes de amarga ironía, pero difícilmente aplicables a un hijo.

En cualquier caso, el buen lector puede no quedar del todo satisfecho de las brumas que envuelven las aventuras de Jekyll. Lo cual resulta especialmente irritante, puesto que se supone que las aventuras de Hyde, igualmente anónimas, son monstruosas exageraciones de los caprichos descarriados de Jekyll. En realidad, lo único que podemos suponer con cierta certeza sobre los placeres de Hyde es que son de carácter sádico: disfruta infligiendo dolor. «Lo que Stevenson quería transmitir con el personaje de Hyde era la presencia del mal enteramente divorciado del bien. De todos los males del mundo, el que más odiaba Stevenson era la crueldad; y el bruto inhumano al que imagina nos lo presenta no inmerso en sus placeres bestiales sean cuales sean, sino en su "salvaje indiferencia"» frente a los seres humanos a los que hiere o mata.

En su ensayo *A Gossip on Romance*, Stevenson dice lo siguiente sobre la estructura narrativa: «Cada cosa debe ir en su lugar correspondiente, seguida del elemento adecuado; y... en una narración, todos los detalles deben corresponderse mutuamente como las notas de una música. Los hilos de una historia se unen de cuando en cuando formando un cuadro en el tejido; los personajes, frente a los demás o frente a la naturaleza, adoptan actitudes que fijan la historia como una ilustración. Crusoe retrocediendo ante la huella [*Emma sonriendo bajo su sombrilla iridiscente, Ana leyendo los carteles de las tiendas en el camino que la lleva a la muerte*], son momentos culminantes de la leyenda, y cada uno de ellos queda impreso para siempre en la mente del lector. Hay otras cosas que podemos olvidar... podemos olvidar el comentario del autor, aunque sea ingenioso o veraz; pero estas escenas culminantes que ponen el sello último de la autenticidad [artística] en un relato y colman, de una sola vez, nuestra capacidad de fruición [estética], las adoptamos en lo más hondo de nuestro ser de tal modo que el tiempo puede borrar o debilitar su imagen. Ésta es, pues, la [más alta] función plástica de la literatura: plasmar el personaje, el pensamiento o la emoción en un gesto o actitud especialmente impresionante a los ojos de la mente.»

El Dr. Jekyll y Mr. Hyde han pasado al lenguaje como expresión acuñada, precisamente por su escena trascendental, que se queda grabada en nuestra memoria. Dicha escena es, desde luego, la de la transformación de Jekyll en Mr. Hyde, la cual, curiosamente, posee tanto más impacto cuanto que aparece como explicación contenida en dos cartas una vez concluida la narración cronológica. Ésta finaliza cuando Utterson —alertado por Poole, quien le anuncia que hay alguien que lleva días encerrado en el laboratorio— derriba la puerta y encuentra a Hyde vestido con las ropas de Jekyll, demasiado grandes para él, muerto en el suelo y con un olor a cianuro procedente de la cápsula que ha triturado con los dientes. El breve pasaje entre el asesinato de sir Danvers y este descubrimiento sólo sirve para preparar la explicación. Pasaba el tiempo pero Hyde no había vuelto a aparecer. Jekyll volvía a ser el mismo; y el 8 de enero celebra una pequeña cena a la que asisten Utterson y su ahora reconciliado amigo el doctor Lanyon. Pero cuatro días más tarde Jekyll no está en casa para Utterson, pese a que llevan viéndose a diario durante más de dos meses. Al sexto día de negársele la entrada va a ver al doctor Lanyon para pedirle consejo, y le encuentra con una expresión mortal en la cara; éste le dice que no quiere oír mencionar siquiera el nombre de Jekyll. El doctor Lanyon se ve obligado a guardar cama y muere en el plazo de una semana. Utterson recibe una carta escrita por el doctor con la indicación de que no la abra antes de la muerte o desaparición de Henry Jekyll. Un día o dos más tarde, Utterson va de paseo con Enfield, que interviene una vez más en el relato, y al pasar por delante del patio del callejón, entran y entablan una breve conversación con Jekyll, sentado en la ventana de su laboratorio; conversación que termina súbitamente: «desapareció la sonrisa de su rostro [de Jekyll] y se transformó en una expresión de tan abyecto terror y desesperación que les heló la sangre a los dos caballeros de abajo. Fue una visión fugaz, ya que la ventana se cerró instantáneamente; pero fue suficiente; dieron media vuelta y salieron del patio sin pronunciar una sola palabra».

Poco después de este episodio. Poole acude a ver a Mr. Utterson, iniciándose entonces la acción que llevará a forzar la entrada. «—¡Utterson! —dijo la voz—, ¡ten piedad, por el amor de Dios!

«—¡Ah, ésa no es la voz de Jekyll; es Hyde! —exclamó Utterson—. ¡Derribe la puerta, Poole!

»Poole alzó el hacha por encima del hombro; el golpe hizo estremecer el edificio, y la puerta tapizada de rojo tembló pese a la cerradura y los goznes. Un alarido siniestro, de animal aterrado, se oyó en el gabinete. Se elevó el hacha otra vez, y una vez más se astillaron las tablas y se estremeció el marco; cuatro veces descargó el golpe; pero la madera era resistente y el herraje de buena calidad; sólo al quinto hachazo saltó la cerradura y cayó la destrozada puerta hacia dentro, sobre la alfombra.»

Al principio Utterson cree que Hyde ha asesinado a Jekyll y ha ocultado el cadáver, pero su búsqueda es infructuosa. No obstante, encuentra una nota de Jekyll sobre el escritorio pidiéndole que lea la carta del doctor Lanyon y luego, si aún se siente con ánimo, su confesión. Utterson la encuentra contenida en un voluminoso sobre lacrado. El relato propiamente dicho termina cuando Utterson, de nuevo en su despacho, rompe los sellos y empieza a leer. La explicación conexa contenida en el relato-dentro-de-otro-relato de las dos cartas pone fin a la historia.

En pocas palabras, la carta del doctor Lanyon cuenta cómo recibió una carta certificada urgente de Jekyll instándole a acudir al laboratorio a fin de retirar cierto cajón que contenía diversos productos químicos y entregarlo a un mensajero que llegaría a medianoche. Recoge el cajón (Poole también había recibido una carta certificada) y a su regreso examina el contenido: «Cuando abrí uno de los sobrecitos encontré lo que me pareció una simple sal cristalina de color blanco. El frasco, al que presté atención seguidamente, estaba lleno hasta la mitad de un líquido de color rojo sangre, muy acre al olfato, en cuya composición había, a mi parecer, fósforo y un éter volátil. En cuanto a los demás componentes, no se me ocurría cuáles podían ser.» A medianoche llega el mensajero: «Era bajo, como he dicho; me sorprendió además la extraña expresión de su cara con esa notable combinación de gran actividad muscular y aparente debilidad de constitución, y (por último, aunque no menos importante) la singular turbación subjetiva que producía su proximidad. Era algo así como una incipiente rigidez acompañada de un acusado descenso del pulso.» El hombre va vestido con ropas desproporcionadamente grandes para él. Cuando el doctor Lanyon le muestra el cajón, «saltó sobre él; se detuvo a continuación, y se llevó la mano al corazón; pude oír cómo le rechinaban los dientes con el movimiento convulsivo de las mandíbulas; el rostro se le puso tan lívido que temí por su vida y su razón.

»—Serénese —dije.

»Me dirigió una sonrisa espantosa, y como con la decisión de un ser desesperado, arrancó la envoltura. Al ver el contenido, profirió un sollozo de alivio tan intenso que me dejó petrificado. Y un instante después, con voz bastante controlada ya, me preguntó:

»—¿Tiene un vaso graduado?

»Me levanté de mi asiento con cierto esfuerzo y le facilité lo que me pedía. Me dio las gracias asintiendo con la cabeza y sonriendo, midió unas cuantas gotas de tintura roja y añadió cierta cantidad de polvos. La mezcla, al principio de una tonalidad rojiza, empezó a adquirir un color más brillante a medida que se incorporaban los polvos, a bullir audiblemente, y a exhalar pequeñas nubecillas de vapor. De repente, la efervescencia cesó y la mezcla se volvió de un color púrpura oscuro que gradualmente se apagó en un verde desleído. Mi visitante, que había estado observando estas metamorfosis con ojo atento, sonrió, y dejó el vaso sobre la mesa».

Lanyon es invitado a retirarse, o a quedarse si siente curiosidad, con tal que guarde secreto sobre el particular «bajo el sello de la profesión». Lanyon se queda. «—Está bien —replicó mi visitante—. Lanyon, recuerde su juramento... Y ahora, usted que durante tanto tiempo ha mantenido las opiniones más estrechas y materialistas, usted que ha negado las virtudes de la Medicina trascendental, usted que se ha reído de quienes le superaban... ¡mire!

»Se llevó el vaso a los labios y se bebió el contenido de un trago. Profirió un grito; vaciló, se tambaleó, se agarró a la mesa y se mantuvo asido a ella, mirando con ojos inyectados, jadeando con la boca abierta; mientras le observaba le sobrevino, creo, un cambio: pareció hincharse; de repente se le puso la cara negra y parecieron derretirse y alterarse sus facciones... un instante después me puse de pie y de un salto retrocedí hasta la pared, con el brazo levantado para defenderme de aquel prodigio, con mi razón sumida en el terror.

»—¡Dios mío! —exclamé—; ¡Dios mío! —repetí una y otra vez; porque ante mis ojos, pálido, convulso, medio desfallecido y tanteando ante sí con las manos como un resucitado... ¡estaba Henry Jekyll!

»No me atrevo a consignar en el papel lo que me contó durante la hora siguiente. Vi lo que vi, oí lo que oí, y sentí mi alma enferma ante todo aquello; sin embargo, ahora que esa visión se ha borrado de mis ojos, me pregunto si creo en su realidad, y no sé qué contestar... En cuanto a la ruindad moral que ese hombre desveló ante mí, aun con lágrimas de penitencia, no puedo recordarla sin un estremecimiento de horror. Sólo diré una cosa, Utterson, y será más que suficiente (si es usted capaz de llegar a creerla). El ser que penetró esa noche en mi casa, según confesión del propio Jekyll, era conocido con el nombre de Hyde, buscado en todos los rincones del país por el asesinato de Carew.»

La carta del doctor Lanyon deja toda una laguna que ha de llenar la «Relación completa del caso, hecha por Henry Jekyll», que Utterson lee a continuación y con la que concluye la historia. Jekyll cuenta cómo sus placeres juveniles, que él mantenía ocultos, le acostumbraron a llevar una doble vida. «De modo que fue más la naturaleza exigente de mis aspiraciones que una degradación de mis faltas la que hizo de mí lo que era, y la que separó en mí, con una zanja más profunda que en la mayoría de los hombres, aquellas provincias del bien y del mal que componen la doble naturaleza del hombre.» Sus estudios científicos le empujaron hacia la mística y lo trascendental y le arrastraron de manera inexorable hacia esa verdad según la cual «el hombre no es verdaderamente uno, sino verdaderamente dos». E incluso antes de que sus experimentos científicos «comenzaran a sugerir la más remota posibilidad de tal milagro, ya había aprendido yo a recrearme con placer, como en un sueño dorado, en la idea de la separación de estos elementos. Si cada uno de ellos, me decía, pudiese ser alojado en identidades distintas, la vida quedaría liberada de todo lo que es insoportable; el injusto podría seguir su camino, libre de las aspiraciones y remordimientos de su gemelo más recto; y el justo podría marchar firme y seguro por su sendero, practicando aquellas buenas obras en las que encuentra placer, sin exponerse más a la vergüenza y a la penitencia a causa de un mal ajeno a él. La maldición del hombre era, precisamente, la unión de estas ramas opuestas, la lucha continua de estos dos índoles polares en las agonizantes entrañas de la conciencia.

»¿Cómo, pues, podían disociarse?» Tenemos pues la viva descripción de su descubrimiento del brebaje y, al probarlo, de la aparición de Mr. Hyde, «el único representante del mal puro en las filas de la humanidad». «Me demoré un momento en el festejo: faltaba intentar el segundo y decisivo experimento. Quedaba por ver si había perdido mi identidad de manera irremisible y debía huir, antes de que amaneciese, de una casa que ya no era la mía; y regresando a toda prisa a mi gabinete, preparé otra vez la pócima, me la bebí, sufrí otra vez los dolores de la disolución, y otra vez volví a mi ser, recobrando el carácter, la estatura y el semblante de Henry Jekyll.»

Por el momento, todo está bien. «Yo era el primero que podía caminar ante la mirada de las gentes dando la impresión de afable respetabilidad, y en un instante, como un escolar, despojarme de esos disfraces postizos y zambullirme en el mar de la libertad. Envuelto en un manto impenetrable, mi seguridad era completa. Imagínese. ¡Ni siquiera existía! Sólo el tiempo de introducirme por la puerta de mi laboratorio, un segundo o dos para mezclar y tomarme el bebedizo que siempre tendría preparado, y, fuera lo que fuese lo que hubiera hecho, Edward Hyde desaparecería como el vaho del aliento sobre el espejo; y en su lugar, avivando sosegadamente la lámpara de su cuarto de trabajo a media noche, riéndose de toda sospecha, estaría Henry Jekyll.» Se pasan sin detallar los placeres a los que se entrega Jekyll transformado en Mr. Hyde mientras su propia conciencia duerme. Únicamente comenta que lo que en Jekyll había sido «indigno; no me atrevería a emplear un término más severo», en la persona de Hyde «empezó a tender hacia lo monstruoso... Este familiar surgido por obra mía de mi propia alma, a quien había soltado para que hiciese cuanto se le antojara, era un ser de una infamia y de una maldad inherentes; cada acción y cada pensamiento se centraba en el yo; bebía con avidez bestial el placer que le producía cualquier tortura infligida al prójimo; era despiadado como un hombre de piedra». De este modo queda establecido el sadismo de Hyde.

Luego las cosas empiezan a ir mal. Cada vez se le hace más difícil retornar de la personalidad de Hyde a la de Jekyll. A veces necesita una doble dosis de elixir y, en una ocasión, a riesgo de su vida, debe tomar una triple dosis. En otra, fracasa por completo. Luego, una mañana, Jekyll se despierta en su cama de la casa de la plaza, y tiene la sensación de que, de alguna forma, se encuentra en la casa de Hyde en Soho. «Seguía inmerso en estos pensamientos cuando, en uno de los momentos que estaba más despabilado, mi mirada reparó en una de mis manos. Las de Henry Jekyll (como has observado a menudo) son típicas de un profesional: grandes, fuertes, blancas y agradables. Pero la mano que veía ahora con toda claridad a la luz amarillenta de una mañana londinense, medio cerrada sobre el embozo de la cama, era flaca, nervuda y nudosa, de una palidez aceitunada, y estaba cubierta por un vello espeso y oscuro. Era la mano de Edward Hyde... Sí, me había acostado como Henry Jekyll, y me había despertado como Edward Hyde.» Consigue regresar al laboratorio y recobrar la figura de Jekyll; pero la impresión que le produce esta transformación inconsciente le afecta de manera profunda, y decide abandonar su doble existencia. «Sí, elegí al doctor descontento y maduro, rodeado de amigos y lleno de honradas esperanzas; y me despedí con decisión de la libertad, de la relativa juventud, de la vida alegre, de los impulsos repentinos y de los placeres secretos de los que había gozado bajo el disfraz de Hyde.»

Durante dos meses persevera en su resolución, aunque no se deshace de su casa de Soho ni de las ropas de Hyde, más pequeñas, que conserva todavía en el laboratorio. Pero su voluntad flaquea. «Mi demonio llevaba mucho tiempo enjaulado y salió rugiendo. Incluso mientras me tomaba el brebaje tuve conciencia de una inclinación más desbocada, más furiosa al mal.» Sumido en este estado de furor, asesina a sir Danvers Carew, irritado por los modales corteses del anciano. Tras sus transportes de júbilo mientras apalea el cadáver, un escalofrío de terror le disipa estas brumas. «Vi mi vida sentenciada; y huí del escenario de estos excesos, a la vez exultante y tembloroso, con mis ansias de mal satisfechas y estimuladas, y mi amor a la vida exaltado al máximo grado. Corrí a mi casa de Soho, y (a fin de doblar mi seguridad) destruí mis documentos; salí con el mismo éxtasis escindido a las calles iluminadas, jubiloso por mi crimen, tramando despreocupadamente otros para el futuro, y a la vez receloso y atento por si oía detrás de mí las pisadas del vengador. Hyde tenía una canción en los labios mientras confeccionaba el bebedizo, y al tomárselo brindó por el hombre muerto. Aún no se habían disipado los dolores de la transformación, cuando Henry Jekyll, con lágrimas de gratitud y de remordimiento, cayó de rodillas y alzó las manos hacia Dios.»

Jekyll comprueba con alegría que se ha resuelto su problema, y no se atreve a adoptar más la personalidad de Hyde, asesino y perseguido. Durante varios meses vive una vida ejemplar consagrada a las buenas obras; pero todavía se encuentra bajo la maldición de la dualidad de sus propósitos, y «mi mitad más baja, durante tanto tiempo consentida y tan recientemente encadenada, empezó a rugir pidiendo la liberación». Con su propia personalidad, ya que no puede arriesgarse a asumir la de Hyde, empieza a frecuentar sus vicios secretos. Esta breve excursión al mal trastoca finalmente el equilibrio de su alma. Un día, sentado en Regent's Park, «me sobrevino un mareo, una náusea espantosa y unos escalofríos mortales. Los síntomas desaparecieron, pero quedé exhausto; luego se fue disipando esa debilidad, y empecé a tener conciencia de un cambio en el carácter de mis pensamientos. Me sentía con una mayor audacia, despreciaba el peligro, percibía una disolución de las ataduras del deber. Me miré; mis ropas colgaban fláccidas sobre mis miembros encogidos; la mano que reposaba sobre mi rodilla se había vuelto nudosa y peluda. Me había convertido de nuevo en Edward Hyde. Un momento antes era digno del respeto de los hombres, rico, estimado... y la mesa me esperaba preparada en el comedor de mi casa; ahora, en cambio, era el ser acosado y buscado por la humanidad, perseguido, sin hogar, un asesino público candidato a la horca». No puede regresar a su casa como Hyde, de modo que se ve obligado a pedir ayuda al doctor Lanyon, tal como se describe en la carta de éste.

El final sobreviene ahora con rapidez. A la mañana siguiente, cruzando el patio de su propia casa, le acomete el vértigo del cambio y se toma doble dosis para recobrar su personalidad. Seis horas más tarde le vuelven los dolores, y tiene que tomar de nuevo la poción. A partir de ese momento ya no está seguro, y necesita el estímulo constante de la droga a fin de conservar la personalidad Jekyll (es en uno de esos momentos cuando Utterson y Enfield conversan con él en la ventana del patio, conversación que termina súbitamente al notar Jekyll la inminencia de la transformación). «A todas las horas del día y de la noche me asaltaba el estremecimiento premonitorio; si me dormía, o incluso si me amodorraba un momento en la butaca, era para despertarme siempre como Hyde. Bajo la tensión de esta maldición constante, y a causa del insomnio al que yo mismo me condenaba, superior a la capacidad de resistencia que yo imaginaba en el hombre, me convertí, aun en mi propia personalidad, en un ser devorado y agotado por la fiebre, débil y enfermizo de cuerpo y alma, dominado por una sola idea: el horror a mi otro yo. Pero tan pronto como me dormía, o se disipaba el efecto del brebaje, sin apenas transición (pues los dolores de la transformación eran cada vez menos acusados), se apoderaba de mí una multitud de imágenes aterradoras, un alma hirviente de odios inmotivados, y un cuerpo que no parecía lo bastante fuerte como para contener esas enloquecidas energías vitales. Los poderes de Hyde parecían haber aumentado con el debilitamiento de Jekyll. Sin duda, el odio que ahora los dividía era igual en ambos lados. En Jekyll, se trataba del instinto vital. Había visto ahora toda la deformidad del ser que compartía con él algunos de los fenómenos de conciencia y era su coheredero hasta de la muerte; y más allá de estos lazos de comunidad, que en sí mismos constituían la parte más intensa de su sufrimiento, consideraba a Hyde, pese a toda su energía vital, algo no sólo infernal sino inorgánico. Esto era lo más espantoso; que el limo del abismo parecía proferir gritos y voces; que el polvo amorfo gesticulaba y pecaba; que lo muerto y carente de forma usurpaba el oficio de la vida. Y, además, que aquel ser honroso y rebelde se hallaba unido a él más estrechamente que una esposa, más íntimamente que el ojo; lo tenía enjaulado en su carne donde lo oía gruñir y pugnar por renacer; y en cada hora de debilidad, en cada instante de confianza causado por el sopor, se le imponía y le desposeía de la vida. En cuanto al odio de Hyde hacia Jekyll, era de un orden diferente. Su terror a la horca le empujaba continuamente a suicidarse de manera temporal, y volver a su condición de parte subordinada y no de persona; pero detestaba la necesidad, detestaba el desaliento en que Jekyll había caído ahora, y le ofendía la aversión con que era considerado. De ahí las simiescas jugarretas que me hacía, garabateando blasfemias con mi letra en las páginas de los libros, quemando cartas y destruyendo el retrato de mi padre; y en efecto, de no haber sido por ese temor a la muerte, hace tiempo que habría buscado su propia ruina con tal de arrastrarme a mí en ella. Pero su amor a la vida es prodigioso, y aún diría más: yo, que me estremezco y me aterro sólo de pensar en él, cuando recuerdo la abyección y la pasión de este apego a la vida, veo cómo teme mi poder de eliminarle mediante el suicidio, siento que en el fondo le compadezco.»

La última calamidad le sobreviene cuando empieza a escasear la provisión de sales necesarias para su brebaje; una vez en posesión de un nuevo pedido, en el líquido se opera el primer cambio de color, pero no el segundo; y no se realiza la transformación. Poole le ha contado a Utterson la búsqueda desesperada de una nueva provisión. «—Toda esta semana pasada (debo informarle), ese hombre o ese ser, sea quien sea el que vive en ese gabinete, ha estado pidiendo día y noche cierta medicina que no puede conseguir a su gusto. A veces, él (o sea mi señor) solía escribir sus órdenes en una hoja de papel y dejarla en la escalera. Hace una semana no teníamos otra cosa: sólo notas, y una puerta cerrada; y hasta las comidas se dejaban allí para que él las entrase cuando nadie le veía. A diario, señor, y hasta dos y tres veces al día, hemos estado recibiendo órdenes y quejas, y he tenido que ir corriendo a todos los almacenes de productos químicos de la ciudad. Cada vez que le traía un producto aparecía otro papel en el que me ordenaba que lo devolviese porque no era puro, con otra nota para un establecimiento diferente. Necesita esa droga con suma urgencia, señor, sea para lo que sea.

»—¿Tiene alguno de esos papeles? —preguntó Utterson.

»Poole se palpó los bolsillos y sacó una hoja arrugada que el abogado, acercándose a la vela, examinó con toda atención. Su contenido rezaba así: "El Dr. Jekyll saluda a los Sres. Maw y les comunica que su último pedido no es puro y por tanto no sirve en absoluto para sus actuales propósitos. En el año 18..., el Dr. Jekyll compró a los Sres. M. un importante pedido. Hoy les ruega que busquen con la mayor diligencia e interés, y en caso de que les quede algún remanente de esa calidad, se lo envíen sin demora. No se reparará en el precio. Es difícil exagerar la importancia que esto tiene para el Dr. J." Hasta aquí la carta discurría en un tono mesurado; pero a partir de este punto, con un súbito garabateo de la pluma, se desataban las emociones del autor: "¡Por el amor de Dios", añadía, "encuéntrenme algo de la antigua remesa!"

»—Esta nota es muy extraña —dijo Mr. Utterson; y añadió con severidad—: ¿Cómo es que está abierta?

»—El dependiente de Maw se enfadó mucho, señor; y me la arrojó como si fuese basura —replicó Poole.»

Convencido finalmente de que su primer pedido no era puro, de que era precisamente esa impureza la que daba eficacia al bebedizo, y de que nunca más podría conseguirlo, Jekyll empieza a redactar su confesión, y una semana más tarde la termina bajo el efecto de la última dosis de los primitivos polvos. «Ésta es, pues, la última vez, a menos que ocurra un milagro, que Henry Jekyll puede tener sus propios pensamientos y ver su propia cara (¡ahora tan dolorosamente alterada!) en el espejo.» Se apresura a terminar, no sea que Hyde le suplante de repente y destruya todo lo escrito. «Dentro de media hora, cuando vuelva a adoptar, ya para siempre, esa odiosa personalidad, sé que permaneceré en mi butaca temblando y llorando, o paseando por la habitación (mi último refugio terrenal), atento, en un éxtasis de tensión y de pavor, a cualquier ruido que suponga amenaza. ¿Morirá Hyde en el patíbulo? ¿O encontrará valor suficiente para liberarse en el último momento? Sólo Dios lo sabe; no me preocupa: éste es el verdadero instante de mi muerte, y lo que venga después concierne a otro, no a mí. Aquí, pues, al dejar la pluma y lacrar mi confesión, pongo fin a la vida de ese infortunado Henry Jekyll.»

Quisiera decir unas palabras sobre los últimos momentos de Stevenson. Como ya sabéis, no soy de los que andan buscando material de interés humano al hablar de libros. El interés humano no es mi especialidad, como solía decir Vronski. Pero los libros tienen su destino, según la cita latina, y a veces el destino de los autores sigue al de sus libros. Ahí tenemos el del viejo Tolstoi, que abandona en 1910 a su familia para vagar y morir en la habitación de un jefe de estación en medio del estrépito de los trenes que mataron a Ana Karénina. Y hay algo en la muerte de Stevenson en Samoa (1894) que imita de manera singular el tema del vino y el tema de la transformación, tan atractivos para su fantasía. Bajó a la bodega a subir una botella de su borgoña favorito, la descorchó en la cocina, y de repente llamó a gritos a su mujer: ¿Qué me pasa, qué es esto tan extraño, me ha cambiado la cara?... y cayó al suelo. Se le había reventado un vaso sanguíneo en el cerebro, y falleció un par de horas después.

¡Cómo, me ha cambiado la cara! Hay una extraña relación temática entre este último episodio de la vida de Stevenson y las fatales transformaciones de su maravilloso libro.

Apuntes acerca de los lepidópteros, que no fueron incluidos en la conferencia de Nabokov sobre El doctor Jekyll y Mr. Hyde.

MARCEL PROUST
(1871-1922)

POR EL CAMINO DE SWANN
(1913)

Las siete partes de la gran novela de Proust *En busca del tiempo perdido* son:

> *Por el camino de Swann*
> *A la sombra de las muchachas en flor*
> *El mundo de Guermantes*
> *Sodoma y Gomorra*
> *La prisionera*
> *Albertina ha desaparecido*
> *El tiempo recobrado*

Moncrieff emprendió la traducción al inglés, pero murió antes de haberla completado, lo que no es de extrañar, y el último volumen corrió a cargo de un hombre llamado Blossom, que lo hizo bastante bien. Estas siete partes, publicadas en francés en quince volúmenes entre 1913 y 1927, equivalen a unas 4.000 páginas en inglés, o alrededor de millón y medio de palabras. La obra abarca un período de más de medio siglo, de 1840 a 1915, ya en la Primera Guerra Mundial, y tiene un reparto de más de doscientos persona-

Primera página de los apuntes de Nabokov para su conferencia sobre
Por el camino de Swann.

jes. En términos generales, la sociedad que Proust inventa pertenece a los comienzos del decenio de 1890.

Proust empezó la obra en el otoño de 1906, en París, y completó su primer borrador en 1912; luego rehízo la mayor parte, y siguió rehaciendo y corrigiendo hasta su muerte en 1922. El conjunto es la búsqueda de un tesoro: el tesoro del tiempo, oculto en el pasado; éste es el significado íntimo del título *En busca del tiempo perdido*. La transmutación de la sensación en sentimiento, el flujo y el reflujo de la memoria, las oleadas de emociones tales como el deseo o los celos, y la euforia artística... todo esto constituye el material de esta obra enorme aunque excepcionalmente clara y transparente.

En su juventud, Proust había estudiado la filosofía de Henri Bergson. Las ideas fundamentales de Proust acerca del fluir del tiempo giran en torno a la evolución constante de la personalidad en términos de duración, la riqueza insospechada de nuestra mente subliminal que sólo podemos recuperar mediante un acto de intuición, de memoria, de asociaciones involuntarias, así como con la subordinación de la mera razón al genio de la inspiración interior y la consideración del arte como única realidad del mundo; estas ideas proustianas no son sino una versión coloreada del pensamiento de Bergson. Jean Cocteau ha caracterizado esta obra como «una gigantesca miniatura llena de espejismos, de jardines superpuestos, de juegos que se despliegan entre el espacio y el tiempo».

Una cosa debéis grabaros firmemente en la cabeza: la obra no es una autobiografía; el narrador no es Proust en persona, y los personajes no han existido jamás, salvo en el cerebro de su autor. Por tanto, no vamos a entrar en los detalles de su vida. Carece de importancia en el caso que nos ocupa, y no serviría más que para oscurecer la cuestión, sobre todo porque el narrador y el autor se parecen en varios aspectos y se mueven en un ambiente muy parecido.

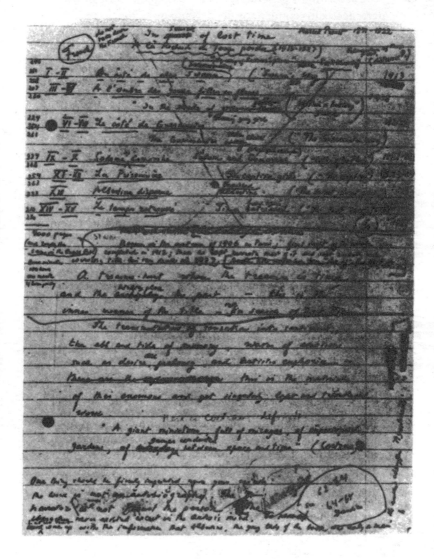

Anotaciones de Nabokov sobre la estructura de
En busca del tiempo perdido.

Proust es un prisma. Su único objetivo es refractar, y crear mediante esta refracción un mundo retrospectivo. El mundo propiamente dicho, los habitantes de ese mundo, carece por completo de importancia social o histórica. Son lo que las revistas llaman gente de sociedad, mujeres y hombres desocupados, ricos ociosos. Las únicas profesiones que aparecen —y que vemos a través de sus actividades y sus obras— son las artísticas y las intelectuales. La gente prismática de Proust no tiene oficio; su trabajo es divertir al autor. Disfrutan de entera libertad para entregarse a la conversación y a los placeres, como esos personajes de la antigüedad legendaria que vemos reclinados en torno a mesas cargadas de frutas o paseando enfrascados en disertaciones por unos suelos pintados, pero a los que nunca vemos en la oficina o en el astillero.

Como ha dicho Arnadu Dandieu, crítico francés, *En busca del tiempo perdido* es una evocación, no una descripción del pasado. Esta evocación del pasado, dice, se hace posible sacando a la luz diversos momentos escogidos con un sentido exquisito, consistentes en una sucesión de ilustraciones o imágenes. A decir verdad, toda esta enorme obra es una larga comparación que gira en torno al *como si.* * La clave del problema de restablecer el pasado resulta ser la clave del arte. La búsqueda del tesoro concluye felizmente en una caverna rebosante de música, en un templo lleno de vitrales. Los dioses de las religiones convencionales están ausentes o, para ser quizá más precisos, se han disuelto en el arte.

Para un lector superficial de la obra de Proust —cosa más bien contradictoria, porque un lector superficial se aburrirá tanto, se ahogará tanto en sus propios bostezos, que no terminará el libro—, para un lector inexperto, digamos

* Middleton Murry decía que cuando uno intenta ser preciso, necesariamente acaba siendo metafórico. *(N. del A.)*

mejor, puede parecer que el narrador sólo se preocupa de explorar las ramificaciones y alianzas entre diversas casas de la nobleza y que experimenta una extraña complacencia al descubrir que un personaje al que ha estado considerando un modesto hombre de negocios resulta pertenecer al *grand monde*, o que un importante matrimonio emparenta a dos familias de una forma que él no imaginaba posible. El lector realista acabará pensando probablemente que la acción principal del libro consiste en una serie de reuniones; por ejemplo, una cena ocupa ciento cincuenta páginas; una velada, medio volumen. En la primera parte de la obra nos tropezamos con el salón filisteo de Mme. Verdurin en la época en que es frecuentado por Swann, y con la reunión en casa de Mme. de Saint Euverte, cuando Swann comprende que su pasión por Odette no tiene esperanza; luego, en los libros siguientes, aparecen otros salones, otras recepciones, una cena en casa de Mme. de Guermantes, un concierto en casa de Mme. Verdurin, y la recepción final en el palacio de la misma dama, convertida, en virtud de su matrimonio, en princesa de Guermantes; con esta recepción concluye el último volumen, *El tiempo recobrado*, y en el transcurso de ella el narrador se da cuenta de los cambios que el tiempo ha producido en todos sus amigos y experimenta un shock inspirador —o más bien una serie de shocks— que le impulsa a ponerse a trabajar sin demora en su libro, en la reconstrucción del pasado.

Al llegar aquí, uno podría sentirse tentado de decir que el narrador, ojo y oído del libro, *es* Proust. Pero una vez más la respuesta es negativa. El supuesto libro es un libro-dentro-de-otro-libro, y no es estrictamente *En busca del tiempo perdido*, del mismo modo que el narrador no es exactamente Proust. Hay aquí un cambio de foco que produce un borde irisado: es el cristal proustiano a través del cual leemos el libro. No es un espejo de costumbres, ni una autobiografía, ni una narración histórica. Es pura obra de la fantasía de

Proust. *Ana Karénina* o *La metamorfosis* de Kafka también son fantasías... y lo será la Cornell University, si algún día me pongo a escribir sobre ella retrospectivamente.

El narrador de la obra es uno de sus personajes, su nombre es Marcel. Dentro de la novela, en el último volumen, el narrador piensa la novela ideal que va a escribir. La obra de Proust es sólo una copia de esa novela ideal... ¡pero qué copia!

Por el camino de Swann debe contemplarse desde el ángulo adecuado: debe verse en relación con la obra en su totalidad, tal como quería Proust. A fin de comprender plenamente el volumen inicial debemos acompañar primero al narrador a la recepción del último volumen. Después volveremos a abordarla con más detalle, pero ahora sólo escucharemos las palabras de Marcel cuando empieza a comprender los shocks que experimenta: «Lo que llamamos realidad es cierta relación entre las sensaciones y recuerdos que nos rodean a un tiempo; es la única relación verdadera y el escritor debe recapturarla para unir definitivamente en su frase los dos términos diferentes. Se puede hacer una lista interminable de los objetos que figuran en el lugar descrito, pero la verdad empezará sólo cuando el escritor tome dos objetos distintos, establezca su relación... y los encierre en los anillos necesarios de su estilo (arte), o incluso cuando, como en la vida misma, al comparar las cualidades semejantes de dos sensaciones, haga destacar claramente su naturaleza esencial uniéndolas en una metáfora, con objeto de separarlas de las contingencias (los accidentes) del tiempo por medio de palabras temporales. Desde este punto de vista relativo al verdadero camino del arte [se pregunta Marcel], ¿no era un principio del arte la misma naturaleza, que a menudo me había permitido conocer la belleza de algo sólo mucho tiempo después y sólo a través de algo distinto... el mediodía en

Combray a través del sonido de sus campanas y la fragancia de sus flores en el recuerdo?»

Esta mención de Combray nos introduce al importante tema de los dos caminos. A lo largo de las siete partes de la novela (siete partes que son como los siete días de una inicial semana creadora en la que no hay descanso el domingo), el narrador conserva en su campo visual los dos caminos que solía recorrer de pequeño en el pueblecito de Combray: el que va en dirección a Méséglise y pasa junto a Tansonville, la propiedad de Swann, y el otro, en dirección a la residencia de los Guermantes. La historia entera, a lo largo de los quince volúmenes de que consta la edición francesa, es una investigación sobre las personas relacionadas de una u otra forma con estos dos caminos de la niñez. Por ejemplo, la aflicción del narrador en relación con el beso de su madre es una premonición de la aflicción y el amor de Swann; del mismo modo que el amor del niño por Gilberte y luego su aventura amorosa con una joven llamada Albertine son ampliaciones de la aventura de Swann con Odette. Pero esos dos caminos tienen otra significación. Como escribe Derrick Léon en su *Introducción a Proust* (1940), «Marcel no se da cuenta, hasta que ve los dos caminos de su niñez unidos en la nieta de Swann (hija de Gilberte), de que los segmentos con los que ensamblamos la vida son puramente arbitrarios, y que no se corresponden con ningún aspecto de la vida misma, sino sólo con la visión deficiente a través de la cual la percibimos. Los mundos independientes de Mme. Verdurin, de Mme. Swann y de Mme. de Guermantes son esencialmente el mismo, y sólo los separa el esnobismo o algún accidente de las costumbres sociales. Son el mismo mundo, no porque Mme. Verdurin se case finalmente con el príncipe de Guermantes, no porque la hija de Swann acabe casándose con el sobrino de Mme. de Guermantes, ni porque la propia Odette corone su carrera convirtiéndose en la querida de M. de Guermantes, sino porque cada uno de ellos gira en una órbita constituida por elementos semejantes... y ésta es la característica automática, superficial y mecánica de la existencia» que ya conocemos por las obras de Tolstoi.

El estilo, como recordaréis, es el modo de hacer del autor, su forma particular que le distingue de cualquier otro autor. Si someto a vuestro examen tres pasajes de tres autores distintos cuyas obras conocéis, pero seleccionados de tal forma que nada de lo que digan pueda proporcionar una clave, y no obstante sois capaces de exclamar con alborozada seguridad: «¡Es de Gógol! ¡Es de Stevenson!, ¡caramba, eso es de Proust!», estaréis basando vuestra opinión en acusadas diferencias de estilo. El estilo de Proust contiene tres elementos muy característicos:

1. Gran abundancia de imágenes metafóricas o comparaciones que se superponen capa sobre capa. Es a través de este prisma como percibimos la belleza de la obra de Proust. Proust a menudo utiliza el término *metáfora* en sentido amplio, como sinónimo de forma híbrida,* o de comparación en general, dado que para él el símil se forma constantemente en metáfora —aunque el aspecto metafórico predomina— y viceversa.

2. Una tendencia a llenar y dilatar la frase al máximo de su capacidad, a meter en el calcetín de la frase un número prodigioso de cláusulas, frases entre paréntesis, oraciones subordinadas y subordinadas de subordinadas. En cuanto a generosidad verbal es un auténtico Papá Noel.

3. Entre los novelistas solía hacerse una distinción muy clara entre la parte descriptiva y la dialogada: a un pasaje descriptivo seguía un trozo dialogado, y así sucesivamente.

---

* Nabokov pone, como ejemplo de símil, «la niebla era como un velo»; de metáfora simple, «había un velo de niebla»; y de símil híbrido, «el velo de la niebla era como un sueño de silencio», en el que se combinan el símil y la metáfora. (*N. de la ed. inglesa.*)

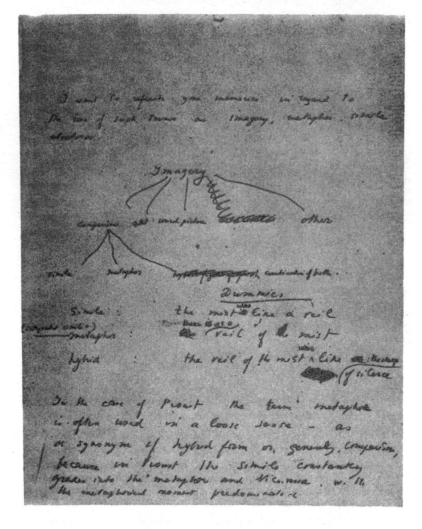

*Notas de Nabokov sobre las imágenes metafóricas,
para su conferencia sobre* Por el camino de Swann.

Desde luego, este método se emplea todavía en la literatura convencional, en la literatura de grados B y C, que se expende en botellas, y en la literatura sin graduación, que viene en cubos. Pero las conversaciones y descripciones en Proust se amalgaman unas con otras, creando una nueva unidad en la que la flor, la hoja y el insecto pertenecen a un mismo árbol florido.

«Durante mucho tiempo solía acostarme temprano.» Esta frase inicial de la obra es clave para el tema, con su centro en el dormitorio de un niño sensible. El niño, trata de dormir. «Oía el silbido de los trenes que, más o menos lejano, subrayando la distancia como el canto de un pájaro en un bosque, me revelaba la extensión de los campos desiertos por los que el viajero apretaría el paso hacia la estación más cercana; y el sendero recorrido se le quedaría grabado en la memoria para siempre a causa de la excitación general provocada por el paraje extraño, los actos desacostumbrados, la conversación reciente, los adioses intercambiados bajo una farola desconocida, que aún resonarían en sus oídos en medio del silencio de la noche y la próxima dulzura del retorno.» El silbido del tren subrayando la distancia como el canto de un pájaro en el viento, símil adicional, comparación interior, es un recurso típicamente proustiano destinado a añadir todo el color y la fuerza posibles a un cuadro. Luego viene el desarrollo lógico de la idea del tren, la descripción de un viajero y de sus sensaciones. Este despliegue de una imagen es característico. Se diferencia de las comparaciones laberínticas de Gógol por su lógica y su poesía. La comparación en Gógol es siempre grotesca, una parodia de Homero; y sus metáforas son pesadillas, mientras que las de Proust son sueños.

Un poco más adelante asistimos a la creación metafórica de una mujer durante el sueño del niño. «A veces, a la manera como nació Eva de una costilla de Adán, así nacía una mujer durante mi sueño, creada por el dolor de una mala postura de mi muslo... Mi cuerpo, consciente de que su propio calor impregnaba el de la mujer, pugnaba por fundirse con ella, y me despertaba. El resto de los mortales me parecía muy remoto en comparación con esta mujer cuya compañía acababa de dejar: aún conservaba mi mejilla el calor de sus caricias, y mi cuerpo, el agobio de su peso. Si, como sucedía a veces, tenía el semblante de una mujer a la que había conocido en la vida real, me entregaba por completo a la misión única de encontrarla, como esas personas que emprenden un viaje para ver con sus propios ojos una ciudad que siempre han deseado visitar, creyendo que puedan encontrar en la realidad el encanto de lo imaginado. Poco a poco, el recuerdo de ella se desvanecía, y olvidaba a esta hija de mis sueños.» Otra vez tenemos aquí el recurso del despliegue: la búsqueda de la mujer se compara a las gentes que viajan para visitar lugares y demás. Las búsquedas, visitas y desencantos constituirán uno de los principales temas de la obra.

El despliegue puede abarcar años enteros en un simple pasaje. Del niño que sueña, se despierta y se duerme otra vez, pasamos imperceptiblemente a sus hábitos de dormir y despertarse en su madurez, época a la que corresponde su narración. «El hombre que duerme tiene en un círculo a su alrededor el hilo de las horas, el orden de los años y de los mundos. Al despertar, los consulta instintivamente, y en un instante lee su propia posición en la superficie de la tierra, y la cantidad de tiempo transcurrido mientras dormía... Pero a mí [ya adulto] me bastaba si, en mi propia cama, el sueño era profundo y relajaba por completo la tensión de mi espíritu, ya que entonces perdía toda noción del lugar donde me había dormido, y cuando me despertaba en mitad de la noche, no sabiendo dónde me encontraba, ignoraba también al principio quién era; tenía tan sólo una impresión muy rudimentaria de la existencia, como la que puede albergarse y vibrar en las profundidades de la conciencia de un animal;

me encontraba más desvalido que un hombre de las cavernas; pero luego me venía el recuerdo, todavía no del lugar en que estaba, sino de diversos otros lugares donde había vivido y donde tal vez me encontraba, el cual descendía a mí como una cuerda para sacarme del abismo de la nada, de donde jamás habría podido salir por mí mismo...»

A continuación aparece la memoria del cuerpo, que «se esforzaba en determinar primero, por la forma del cansancio, la posición de sus miembros, e inferir de ahí la dirección de la pared, la situación de los muebles, a fin de reconstruir y dar nombre a la morada donde se encontraba. La memoria del cuerpo, esa memoria compuesta de sus costillas, de sus rodillas y de sus hombros, iba ofreciendo sucesivamente varias imágenes de alcobas en las que había dormido, mientras que, a su alrededor, las invisibles paredes seguían cambiando, adaptándose a la forma de cada habitación sucesiva que recordaba, girando en medio de las tinieblas. Y antes de que mi cerebro, vacilando en el umbral del tiempo y de las formas, hubiese reunido impresiones suficientes para identificar la habitación, él, mi cuerpo, recordaba cómo era la cama de cada habitación, dónde estaban las puertas, cómo entraba la luz por las ventanas, si había pasillo en el exterior, y cuáles eran mis pensamientos en el momento de dormirme, pensamientos que al despertarme volvía a encontrar». Recorremos una serie de habitaciones y sus metáforas. Por un momento, es otra vez un niño metido en una enorme cama con dosel: «Y me decía a continuación: "Vaya, debo haberme dormido; ¡aunque mamá no ha venido a darme las buenas noches!"» En ese momento, estaba otra vez en el campo con su abuelo, muerto hace años. Después está en casa de Gilberte (ahora Mme. Saint-Loup), en la antigua casa de Swann en Tansonville, y en una serie de habitaciones, en invierno y en verano. Por último, despierta a la realidad, a su época actual (como adulto) en su casa de París, aunque su memoria se ha puesto en marcha: «Por lo general no intentaba volverme a dormir enseguida, sino que solía pasar la mayor parte de la noche recordando nuestra vida en Combray en casa de mi tía abuela, en Balbec, en París, en Doncières, en Venecia, y demás, acordándome de los lugares, de las personas que había conocido, lo que había visto por mí mismo, lo que me habían contado.»

Luego, al hablar de Combray, vuelve a situarse en su niñez, retrocediendo una vez más la época de la narración: «En Combray, todos los días, cuando terminaba la tarde, y mucho antes de que llegase la hora de acostarme y permanecer en la cama sin dormir, lejos de mi madre y de mi abuela, mi alcoba se convertía en el punto fijo de mis melancólicas y dolorosas preocupaciones.» Cuando se sentía especialmente deprimido, el rato antes de cenar, se entretenía con una linterna mágica que contaba un cuento medieval sobre el perverso Gógol y la buena Genoveva de Brabante (antepasada de la duquesa de Guermantes). Este «movimiento» o «acontecimiento» de la linterna mágica viene a relacionarse, por la lámpara del comedor, con la salita de estar donde se refugiaba la familia en las tardes húmedas; y la lluvia sirve para introducir a su abuela —el personaje más noble y patético del libro—, quien insistía en pasear por el jardín mojado. Nos es presentado Swann: «Oímos, desde el fondo del jardín, no el profuso y estridente campanilleo que salpicaba y aturdía con su sonido herrumbroso, frío e interminable a cualquier miembro de la casa que lo pusiera en movimiento al entrar "sin llamar", sino el doble tañido, tímido, oval y dorado, de la campanilla que anunciaba a alguien de fuera... y seguidamente, a mi abuelo que decía: "Me parece la voz de Swann..." Aunque mucho más joven, M. Swann le tenía mucho afecto a mi abuelo, que en sus tiempos había sido íntimo amigo del padre de Swann, hombre excelente aunque excéntrico, a quien la más pequeña insignificancia le interrumpía al parecer los impulsos del corazón y desviaba el curso de sus pensamientos.» Swann es un hombre elegante, experto en arte, un exquisito parisino muy popular en la alta sociedad; pero sus amigos de Combray —la familia del narrador— ignoran su posición y le consideran meramente el hijo de un viejo amigo agente de bolsa. Una de las características del libro es la variedad de formas con que una persona es vista por distintos ojos; por ejemplo, Swann a través del prisma de las impresiones de la tía abuela de Marcel: «Un día, estando en París, vino a vernos después de cenar, pidiendo excusas por presentarse de frac; cuando se hubo marchado, Françoise [la cocinera] nos dijo que su cochero le había contado que había estado cenando "con una princesa". "Sí, con una princesa del *demi-monde*, con una cortesana", comentó mi tía; y se encogió de hombros sin levantar la vista de su labor, con irónica serenidad.»

Hay una diferencia fundamental entre el método proustiano y el joyceano de abordar a los personajes. Joyce presenta primero a un personaje completo y absoluto, sin secretos para Dios ni para Joyce; a continuación lo fragmenta en trocitos, y esparce esos trocitos por toda la extensión espaciotemporal del libro. El buen «relector» reúne estas piezas del rompecabezas y las ensambla poco a poco. En cambio, Proust sostiene que un personaje, un carácter, no es nunca conocido como algo absoluto sino siempre como algo relativo. No lo trocea, sino que lo muestra tal como le ven los demás personajes. Y tras ofrecer una serie de prismas y sombras, espera combinarlos en una realidad artística.

La introducción termina con la descripción que hace Marcel de su desesperación, cuando las visitas le obligan a despedirse, y su madre no sube a darle un beso. Y la historia propiamente dicha empieza con cierta visita de Swann: «Estábamos todos en el jardín cuando sonó tímidamente el doble tañido de la campanilla de la entrada. Todos sabían que era Swann; sin embargo, se miraron inquisitivamente, y mandaron a mi abuela a explorar.» La metáfora del beso es compleja y va a recorrer toda la obra. «Yo nunca apartaba los ojos de mi madre. Sabía que cuando estuviésemos en la mesa no me permitirían quedarme durante toda la cena, y que mamá, para no contrariar a mi padre, no me dejaría que le diese en público un montón de besos como si estuviésemos en mi habitación. De modo que me prometí que, en el comedor, cuando empezasen todos a comer, y viese acercarse la hora, sacaría anticipadamente de ese beso, breve y furtivo, sin duda, todo lo que pudiera sacar: escogería con la mirada el lugar exacto que besaría en la mejilla, y prepararía mi pensamiento para, mediante esa introducción mental al beso, consagrar el minuto entero que mamá me dejase a la sensación de su mejilla contra mis labios, como un pintor que sólo puede trabajar en sesiones cortas prepara de antemano la paleta y hace todo lo que puede anticipadamente con ayuda de la memoria y de bocetos, en ausencia de la modelo. Pero esa noche, antes de que avisaran para cenar, mi abuelo dijo con inconsciente crueldad: "El niño parece cansado; debería subir a acostarse. Además, vamos a cenar tarde esta noche..." Quise besar a mamá, pero en ese instante sonó la campana para la cena. "No, no, deja a tu madre; bastante os habéis despedido ya. Esas manifestaciones son ridículas. Anda, sube."»

El dolor del joven Marcel, la nota que le escribe a su madre, su expectación, y sus lágrimas cuando ella no aparece, prefiguran el tema de los celos desesperados que sufrirá más adelante, de forma que se establece una conexión directa entre sus emociones y las de Swann. Imagina que Swann se habría reído de buena gana, de haber leído el contenido de la misiva de su madre, pero «por el contrario, como supe más tarde, una angustia semejante fue el tormento de su vida durante muchos años, y quizá nadie habría comprendido mis sentimientos mejor que él; para él, esa angustia que consiste en saber que el ser al que amamos está divirtiéndose en un lugar adonde nosotros no podemos llegar, provenía del amor, al que en cierto modo está predestinada esa aflicción, y el cual la acaparará y se especializará en ella... Y la alegría con que hice mi primer aprendizaje cuando Françoise regresó para decirme que entregaría mi carta, Swann la conocía también; esa falsa alegría que nos da algún amigo o pariente de la mujer que amamos cuando, al llegar al palacio o al teatro donde ella se encuentra, para ir al baile, a la fiesta o al estreno donde la verá, nos encuentra vagando por el exterior, esperando ansiosos que se presente una ocasión para comunicarnos con ella. Nos reconoce, nos saluda con familiaridad, nos pregunta qué hacemos allí. Y al inventarnos un recado urgente que debemos transmitirle a su pariente o amiga, nos asegura que nada es más sencillo, nos invita a pasar al vestíbulo, y promete enviárnosla antes de cinco minutos... ¡Ah!, Swann sabía por experiencia que las buenas intenciones de un tercero no tienen ningún poder sobre una mujer molesta de verse perseguida hasta en una fiesta por un hombre al que no ama. Con demasiada frecuencia, el amigo vuelve a bajar solo.

»Mi madre no apareció, sino que, sin la menor consideración a mi amor propio (confiado en que ella respaldaría la fábula de que me había pedido que le buscara una cosa), mandó decirme por medio de Françoise estas palabras: "No hay contestación", palabras que, más tarde, tantas veces he oído pronunciadas por los porteros de los salones de baile o los lacayos de las casas de juego ante una pobre muchacha que contestaba extrañada: "¡Cómo!, ¿no ha dicho nada? ¡No es posible! ¿Y dice usted que le ha dado mi carta? Bueno, esperaré un poco." Y del mismo modo que la joven asegura que no necesita esa otra luz que el portero ofrece encender, y se sienta allí... así decliné yo el ofrecimiento de Françoise de hacerme una tisana o permanecer a mi lado, y la dejé que volviese a la cocina, me acosté y cerré los ojos, tratando de no oír las voces de mi familia tomando café en el jardín».

A este episodio le sigue una descripción de la claridad de la luna y el silencio, que ilustra a la perfección el manejo que hace Proust de las metáforas dentro de otras metáforas.

El niño abre la ventana y se sienta a los pies de la cama, sin atreverse a hacer ruido para no ser oído por los de abajo. 1) «Afuera, las cosas también parecían inmóviles y en muda expectación.» 2) «Parecían no querer turbar la claridad de la luna.» 3) Ahora bien, ¿qué hacía la claridad de la luna? Duplicaba cada objeto y parecía alejarlo, extendiendo ante él una sombra. ¿Qué clase de sombra? Una sombra que parecía «más densa y más concreta que el objeto» mismo. 4) Con ello, la luz de la luna «adelgazaba y agrandaba el paisaje como [símil adicional] un mapa que se va desdoblando y desplegando». 5) Había cierto movimiento: «Se movía lo que debía moverse —el follaje de algún castaño, por ejemplo—. Pero su temblor minucioso [¿qué clase de temblor?], completo, acabado hasta en su más pequeño matiz, hasta en el detalle más delicado [este quisquilloso temblor] no invadía el resto del escenario, no se fundía con él, sino que permanecía claramente delimitado»... dado que estaba iluminado por la luna, mientras que el resto quedaba en la sombra. 6) El silencio y los rumores distantes. Los rumores lejanos se comportaban respecto a la superficie del silencio del mismo modo que el follaje temblando en una mancha de luz en relación con el terciopelo de la oscuridad. El rumor más distante, procedente de los «jardines del otro extremo del pueblo, se percibía con tal nitidez que la impresión de lejanía [sigue un símil adicional] parecía deberse tan sólo a su "pianissimo" [sigue otro símil], como esos compases que se ejecutan con sordina» en los conciertos del conservatorio. A continuación describe el efecto de la sordina: «aunque no perdamos una sola nota», creemos oírlas «en el exterior, lejos de la sala de conciertos, de forma que [y ahora estamos en la sala de conciertos] los viejos abonados, y las hermanas de mi abuela cuando Swann les regalaba las entradas, tenían que aguzar el oído como si [símil final] oyesen el avance de un ejército en marcha que aún no hubiese doblado la esquina».

Los efectos pictóricos de la luz de la luna cambian con la época y el autor. Existe un parecido entre Gógol, que escribe *Las almas muertas* en 1840, y Proust, que compone esta descripción hacia 1910. Pero en la descripción de Proust, el sistema de metáforas se vuelve más complejo, y su efecto es poético, no grotesco. Al describir un jardín iluminado por la luna, Gógol utiliza también gran riqueza de imágenes; pero sus peregrinas comparaciones tienden a la exageración grotesca y a cierta belleza irracional y disparatada. Por ejemplo, puede comparar la luz de la luna a la ropa blanca caída de la cuerda de tender, como hace en *Las almas muertas*; pero a continuación puede ponerse a divagar, y decir que la luz de la luna en el suelo es como las sábanas y las camisas que el viento ha esparcido mientras la lavandera dormita apaciblemente, soñando con la espuma de jabón y el almidón y el precioso vestido que su cuñada se ha comprado. En el caso de Proust, en cambio, lo característico es la transición de la idea de la luz pálida a la de una música remota, el hecho de que la sensación visual se funde con la sensación auditiva.

Pero Proust tiene un precursor. En el capítulo II de la sexta parte de *Guerra y paz*, de Tolstoi (1864-1869), el príncipe Andrei se aloja en la residencia campestre de un conocido, el conde Rostov. No puede dormir. «El príncipe Andrei abandonó la cama, fue a la ventana y la abrió. Tan pronto como apartó los postigos, la luz de la luna irrumpió en la habitación como si hubiese estado aguardando mucho tiempo afuera, a la espera de una ocasión como ésta. Abrió la ventana. La noche era fría, de una luminosidad inmóvil. Los cuidados árboles que trazaban una línea frente a la ventana eran negros por un lado y plateados por el otro... Más allá, había un [a especie de] tejado todo brillante de rocío; a la derecha, un árbol de espeso follaje, con su tronco y sus ramas de un blanco reluciente; y en lo alto, la luna casi llena recorría un cielo primaveral y sin estrellas.

»Poco después, en la ventana del piso de arriba, oyó dos

voces femeninas —una de ellas era de Natacha Rostov— que cantaban y repetían una frase musical... Luego, Natacha se asoma a la ventana y el príncipe oye el crujido de su vestido y el ruido de su respiración», y «los sonidos se apagaron como la luna y las sombras».

Tres son los elementos que pueden señalarse como precursores de Proust:

1. La expectación de la luz de la luna que permanece al acecho (lo que constituye una falacia patética), belleza dispuesta a entrar impetuosamente, criatura dócil y querida en el momento de ser percibida por la mente humana.

2. La nitidez de la descripción, el paisaje claramente grabado en negro y plata, sin frases convencionales ni lunas de segunda mano. Todo se ve de una manera real, auténtica, sensual.

3. La estrecha relación de lo visible y lo audible; relación entre luz y sombras, sonido y sombras, entre la vista y el oído.

Comparad estos elementos con la evolución de la imagen en Proust. Observad el comportamiento de la luz de la luna en Proust, las sombras que salen de la luz como los cajones de una cómoda, la lejanía, la música.

La diversidad de capas y niveles de sensaciones en las metáforas de Proust se encuentra perfectamente ilustrada en la descripción del método de su abuela para elegir regalos: [*Primera capa*] «A ella le habría gustado que yo tuviese en mi habitación fotografías de los monumentos o los paisajes más hermosos. Pero a la hora de ir a comprarlas, y a pesar del valor estético del motivo representado en la fotografía, encontraba que la vulgaridad y la utilidad eran demasiado evidentes en ellas debido al carácter mecánico de su representación. [*Segunda capa*] Mediante un subterfugio, trataba de minimizar la banalidad comercial, puesto que no la podía eliminar del todo, sustituyéndola por algo más artístico, por así decir, varias "capas" de arte; en vez de fotografías

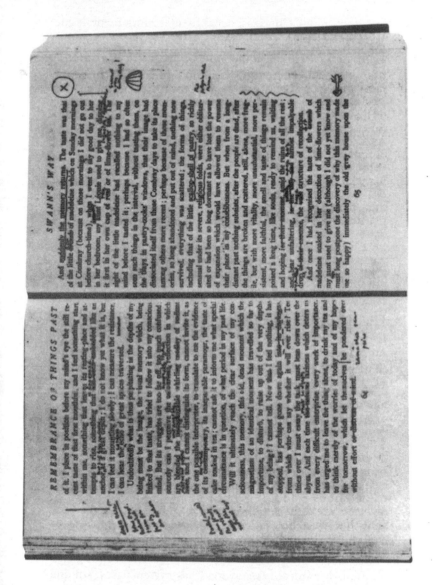

Anotaciones de Nabokov en el pasaje en que Marcel recuerda la magdalena.

de la catedral de Chartres, de las fuentes monumentales de Saint-Cloud o del Vesubio, preguntaba a Swann si no había algún gran artista que hubiese pintado estas cosas, y prefería regalarme fotografías de "La catedral de Chartres" de Corot, las "Fuentes de Saint-Cloud" de Hubert Robert y "El Vesubio" de Turner, con lo que el regalo lograba elevarse un grado más en la escala artística. [*Tercera capa*] Pero aunque el fotógrafo quedase eliminado de la reproducción de la obra maestra o de las bellezas naturales, y fuera sustituido por un gran artista, sin embargo, volvía a entrar en posesión de sus derechos al reproducir la interpretación del artista. Y obligada a tener que contar otra vez con la vulgaridad, aún trataba de hacerla retroceder lo más posible. Le preguntaba a Swann si no se encontraba la obra reproducida en grabado [*cuarta capa*], prefiriendo, siempre que era posible, los antiguos grabados que tenían algún interés aparte del suyo propio, por ejemplo, los que reproducen la obra maestra en un estado que ya no podemos contemplar hoy, como el grabado que hizo Morghen de "La última cena" de Leonardo antes de que la destruyesen con una mala restauración.» La abuela utilizaba el mismo método cuando regalaba algún mueble antiguo o cuando daba a Marcel viejas novelas de George Sand (1804-1876), escritas cincuenta años antes.

El primer tema del momento de acostarse termina con su madre leyéndole pasajes de novelas de George Sand. Estas primeras cincuenta páginas forman una unidad completa y contienen casi todos los elementos estilísticos que se utilizarán a lo largo de la obra. Como subraya Derrick Léon: «Enriquecido por su notable y amplia cultura, por su profundo amor y comprensión de la literatura clásica, la música y la pintura, la obra entera hace gala de una riqueza de símiles extraídos con igual pertinencia y facilidad de la biología, la física, la botánica, la medicina o las matemáticas, sin que dejen nunca de causar asombro y deleite.»

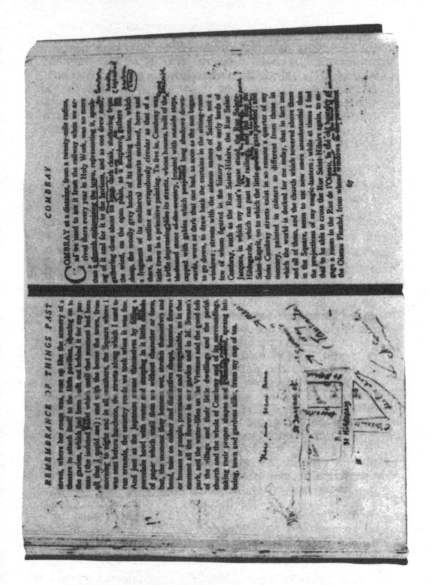

Plano de las calles de Combray, dibujado por Nabokov en el ejemplar que utilizaba para sus clases.

Las seis páginas siguientes también contienen un episodio o tema completo que, en realidad, sirve de prefacio a la parte de Combray de la novela. Este episodio, que podría titularse «El milagro del té», es el famoso recuerdo de la magdalena. Empiezan estas páginas con un resumen metafórico de las primeras, o tema de la hora de acostarse. «Así que durante mucho tiempo, cuando me desvelaba por la noche y revivía los recuerdos de Combray, no veía más que esta especie de lienzo luminoso que se destacaba nítidamente sobre un fondo vago y nebuloso, como esos triángulos claros que una bengala o una señal luminosa hacen resaltar y resplandecer en la fachada de un edificio dejando el resto sumergido en tinieblas: en la base ancha estaba el saloncito, el comedor, el arranque del oscuro paseo por el que venía M. Swann, causante inconsciente de mis sufrimientos, el vestíbulo por el que me dirigía yo al primer peldaño de la escalera, tan dura de subir, que constituía por sí misma el tronco afilado de la pirámide irregular; y en la cima, mi dormitorio, con el pasillito a través de cuya puerta acristalada entraba mamá...»

Es preciso reconocer que, en aquel momento, el narrador no tiene conciencia de la importancia de estos recuerdos, aunque se vayan almacenando. «Es trabajo en vano tratar de revivirlo [*el pasado*]; todos los esfuerzos de nuestro intelecto son inútiles. El pasado se oculta fuera de los dominios y del alcance del intelecto, en algún objeto material (en la sensación que nos daría ese objeto material) que no sospechamos. Y el que nos tropecemos con ese objeto antes de que nos llegue la muerte, depende del azar.» Sólo en la última recepción, al final del último volumen de la obra, recibe el narrador, que cuenta ya cincuenta años, tres impresiones sucesivas, tres revelaciones (tres *epifanías*, dirían los críticos de hoy), mezcla de sensaciones del presente y de recuerdos del pasado: las baldosas irregulares, el tintineo de una cuchara y la rigidez de una servilleta. Y por primera vez percibe la *importancia artística* de dicha experiencia.

En el curso de su vida, el narrador había recibido varias impresiones de este género, aunque sin reconocer entonces su importancia. La primera de estas impresiones es la magdalena. Un día de invierno, cuando tenía alrededor de treinta años, muy lejos ya de los tiempos de su niñez pasada en Combray, «al regresar a casa, mi madre, viendo que llegaba con frío, me ofreció un té, cosa que yo no solía tomar. Al principio decliné el ofrecimiento; pero después, sin ningún motivo particular, cambié de parecer. Mi madre mandó que trajesen uno de esos bollos rechonchos y abultados llamados magdalenas que parecen hechos en una concha de peregrino. Un momento después, deprimido por el día triste que había pasado y la perspectiva de otro día melancólico, me llevé a los labios una cucharada de té, en la que había dejado que se ablandara un trozo de magdalena. Tan pronto como el líquido caliente mezclado con la miga del bollo me rozó el paladar, me estremecí, concentrado en los cambios extraordinarios que ocurrían en mi interior. Un delicioso placer había invadido mis sentidos, pero un placer individual, aislado, sin que yo tuviese la menor noción de su causa. E instantáneamente, las vicisitudes de la vida se me volvieron indiferentes, los desastres inofensivos, su brevedad ilusoria, y la nueva sensación tuvo en mí el efecto del amor, colmándome de una preciosa esencia; o mejor, dicha esencia no estaba en mí, sino que era yo mismo. Dejé de sentirme mediocre, contingente, mortal. ¿De dónde había podido llegarme este gozo tan intenso? Yo me daba cuenta de que iba unido al sabor del té y del bollo, pero lo trascendía infinitamente, no podía, sin duda, ser de la misma naturaleza. ¿De dónde provenía? ¿Qué significaba? ¿Dónde podría aprehenderlo?»

Los sorbos siguientes empiezan a perder su magia. Marcel deja la taza y se impone a sí mismo la tarea de analizar la sensación, hasta que se siente cansado. Tras un descanso, reanuda la concentración de todas sus energías. «Vuelvo a situar ante los ojos de mi mente el sabor aún reciente de ese primer sorbo de té, y siento agitarse algo en mi interior, algo que se desplaza de su lugar oculto y trata de emerger, algo que se suelta del ancla a gran profundidad; todavía no sé qué es, pero siento que se eleva lentamente; puedo percibir la resistencia, y oigo el eco confuso de los grandes espacios que atraviesa.» Hace un nuevo esfuerzo por extraer de la sensación del gusto el recuerdo visual del momento del pasado que dio origen a dicha experiencia. «Y de repente, surge el recuerdo. Era el sabor del trozo de magdalena que mi tía Léonie me daba los domingos por la mañana en Combray (porque los domingos yo no salía hasta la hora de misa), cuando entraba en su cuarto a darle los buenos días, y que ella mojaba en su taza de té o de tila antes de ofrecérmelo...

»Y tan pronto como reconocí el sabor del trozo de magdalena mojado en la infusión de tila que mi tía me ofrecía (aunque todavía no me daba cuenta y tardaría mucho en descubrir por qué este recuerdo me hacía tan feliz), la vieja casa gris con fachada a la calle, donde ella tenía su habitación, surgió inmediatamente como un decorado de teatro para unirse al pequeño pabellón del jardín... Y al igual que en ese juego de los japoneses que consiste en echar en un recipiente de porcelana pelotitas de papel que al mojarse se estiran y se retuercen, adquiriendo forma y color, hasta convertirse en flores o casas o personas consistentes y cognoscibles, así surgieron entonces todas las flores de nuestro jardín y las del parque de M. Swann, y los nenúfares del Vivonne, y las buenas gentes del pueblo y sus pequeñas viviendas y la iglesia parroquial y Combray entero y sus alrededores, adoptando su forma verdadera y adquiriendo sustancia, tanto el pueblo como los jardines, de mi taza de té.»

Éste es el final del segundo tema y la introducción mágica de la parte del volumen dedicada a Combray. A efectos del conjunto de la obra, no obstante, debemos tener presente su confesión: «Aunque no me daba cuenta y todavía tardaría mucho en describir por qué este recuerdo me hacía tan feliz.» A lo largo de la obra aparecerán de vez en cuando otros recuerdos que también le producirán felicidad; pero no percibirá su valor hasta que, al final del libro, la serie de impactos que reciben sus sentidos y los recuerdos que le vienen se funden en una gran aprehensión, y se da cuenta triunfalmente de la importancia artística de su experiencia, y puede empezar a escribir el gran relato, *En busca del tiempo perdido.*

La sección titulada «Combray» se encuentra en una parte de la obra dedicada a tía Léonie: su morada, su relación con la cocinera Françoise, su interés por la vida del pueblo a la que no puede incorporarse físicamente dada su invalidez. Se trata de unas páginas de fácil lectura. Reparar en el método de Proust. Durante las ciento cincuenta páginas que preceden a la muerte casual de tía Léonie, ésta es el centro de una telaraña cuyos radios van al jardín, a la calle, a la iglesia, a los paseos alrededor de Combray, y de vez en cuando retornan a la habitación de la inválida.

Marcel deja a su tía hablando con Françoise para acompañar a sus padres a la iglesia, donde tiene lugar la famosa descripción de la iglesia de Saint-Hilaire de Combray, con todos sus reflejos iridiscentes, sus fantasías de piedra y de vidrio. Cuando el apellido Guermantes se menciona por primera vez, esta familia de romántica nobleza emerge de los colores interiores de dicha iglesia. «Los tapices de alta urdimbre representaban la coronación de Esther (según la tradición, el tejedor había dado a Asuero el semblante de un rey de Francia, y a Esther el de una señora de Guermantes de la que estaba enamorado); los colores se fundían unos con otros, lo que añadía expresión, relieve y luz a los tapices.» No hace falta mencionar que, puesto que Proust inventa enteramente a la familia Guermantes, no puede especificar de qué rey se trata. Inspeccionamos el interior de la iglesia y luego salimos otra vez; y aquí empieza el tema encantador de la torre del campanario —el campanario que se ve desde todas partes—, «inscribiendo su silueta inolvidable en un horizonte en el que todavía no asomaba Combray», como cuando se acerca uno en tren. «Y en uno de los paseos más largos que había desde Combray se hallaba un lugar en el que el estrecho camino desembocaba de repente en una gran meseta cerrada en el horizonte por una franja de bosque por encima de la cual descollaba solitaria la fina torre del campanario de Saint-Hilaire, tan esbelta y sonrosada que parecía una mera raya en el cielo hecha con la uña por un pintor deseoso de darle a este paisaje, a este fragmento de pura naturaleza, una señal de arte, un único vestigio de existencia humana.» La descripción entera merece un estudio detenido. Hay un intensa vibración poética en todo el pasaje, en el campanario purpúreo elevándose por encima del cúmulo de tejados, como una especie de poste indicador de una serie de recuerdos, signo de admiración de la dulce memoria.

Una simple transición nos conduce a un nuevo personaje. Hemos ido a la iglesia; ahora regresamos a casa, y nos encontramos con M. Legrandin, ingeniero que pasa los fines de semana en su casa de Combray. No es sólo ingeniero; además es hombre de letras y, como vamos averiguando a lo largo del libro, el caso más perfecto del esnob vulgar. Al llegar a casa encontramos a tía Léonie otra vez, con una visita: cierta solterona sorda y enérgica llamada Eulalie. Nos disponemos a comer. El talento culinario de Françoise está maravillosamente colocado en yuxtaposición con las cuatrifolias esculpidas en los pórticos de las catedrales del siglo XIII. En otras palabras, la torre del campanario sigue aún con nosotros, asomando por encima de los platos de fantasía. Hay que resaltar la crema de chocolate. Las papilas gustativas desempeñan un papel poético en el sistema proustiano de reconstrucción del pasado. Esta crema de chocolate es «ligera y fugaz como una "efímera" obra musical en la que ella [Françoise] había puesto todo su talento... El haberse dejado la pizca más insignificante en el plato habría revelado tanta descortesía como levantarse y abandonar un concierto sin haber terminado la obra en presencia de su compositor».

En las páginas siguientes se aborda un tema importante que nos conduce a una de las principales damas del libro, a una dama a la que más tarde conoceremos como Odette Swann, esposa de Swann, pero que en estas páginas aparece como un recuerdo anónimo de Marcel: la dama de rosa. Así es como hace ella su aparición. En cierta época, vivía un tío en la misma casa de Combray, tío Adolphe; pero ahora ya no está allí. Durante su niñez, el autor solía visitarle en París, y disfrutaba hablando de teatro con él. Se citan los nombres de las grandes actrices entre los que se incluye el de un personaje ficticio: Berma. Al parecer, tío Adolphe era un individuo alegre; en una ocasión un tanto embarazosa, Marcel encuentra en su casa a una joven con un vestido de seda rosa, una *cocotte*, una dama de costumbres ligeras cuyo amor puede compararse con un diamante o una perla. Esta mujer encantadora es la que se convertirá en esposa de Swann; pero su identidad es un secreto bien guardado ante el lector.

Volvemos otra vez a Combray y a tía Léonie, que domina como una diosa toda esta parte de la obra. Es una señora inválida, algo grotesca pero también muy patética, que vive separada del resto del mundo a causa de su enfermedad, aunque siente un enorme interés por cualquier rumor que circule por Combray. En cierto modo, es una especie de parodia, de sombra grotesca del propio Marcel en su calidad de autor enfermo tejiendo su telaraña y atrapando en ella la vida que bordonea a su alrededor. Se describe de pasada a una sirvienta embarazada a la que se compara con una figu-

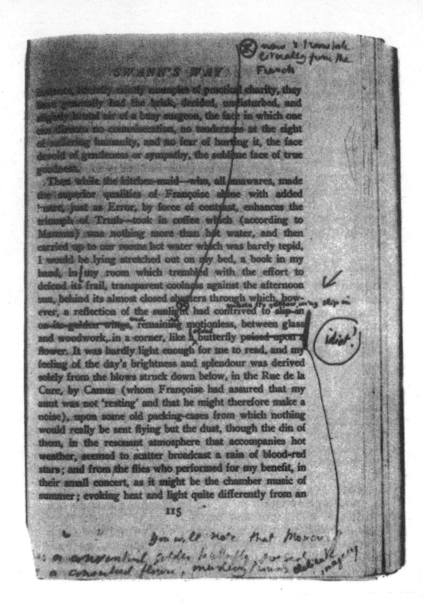

*Comentarios de Nabokov sobre la traducción, anotados en
el volumen que usaba en sus clases.*

ra alegórica de Giotto, al igual que Mme. de Guermantes, quien aparece en el tapiz de la iglesia. Es de destacar que, a lo largo de toda la obra, el narrador o Swann ven a menudo el aspecto de este o aquel personaje guiándose por los cuadros de antiguos maestros famosos, en particular de la escuela florentina. Existe una razón fundamental para este método, y otra secundaria. La razón fundamental estriba, desde luego, en que para Proust el arte es la realidad esencial de la vida. La otra razón es de carácter más personal: al describir a los hombres jóvenes, disfraza su aguda apreciación de la belleza masculina con la máscara de unos retratos reconocibles; y al describir a las mujeres jóvenes disfraza con la misma máscara de los cuadros su indiferencia sexual respecto a las mujeres, y su incapacidad para describir su encanto. Pero en estos momentos, el hecho de que la realidad sea una máscara no debe preocuparnos en Proust.

Se nos habla a continuación de una calurosa tarde de verano, de una intensa concentración de color y de calor, con un jardín y un libro ocupando el centro de la atención; téngase en cuenta cómo el libro se funde con el entorno de Marcel, el lector. Recordad que, transcurridos treinta y cuatro años, Marcel dedica todo su tiempo a buscar nuevos métodos de reconstruir este pueblecito de su niñez. Un grupo de soldados pasa por delante del jardín en una especie de desfile, y luego, el tema de la lectura le hace pensar en el autor de un libro al que Proust llama Bergotte. Este personaje tiene ciertas afinidades con Anatole France, escritor real mencionado aparte; pero en términos generales, Bergotte es creación de Proust (en un volumen posterior hay una maravillosa descripción de la muerte de Bergotte). Nos encontramos con Swann otra vez, y hay una primera alusión a Gilberte, la hija de Swann, de quien Marcel se enamorará más tarde. Gilberte está en contacto con Bergotte, amigo de su padre, quien le explica las bellezas de una catedral. A Marcel le impresiona el hecho de que precisamente su autor favorito sirva de guía a la muchacha en sus estudios y aficiones: aquí se da una de esas proyecciones y relaciones románticas en las que aparecen tantos personajes de Proust.

Hace su aparición uno de los amigos de Marcel, un joven llamado Bloch, individuo algo pomposo y extravagante en quien se combinan la cultura, el esnobismo y el temperamento nervioso; y con él se aborda el tema de la intolerancia racial. Swann es judío, igual que Bloch, y que Proust por parte de madre. De ahí que Proust estuviese sumamente preocupado por las corrientes antisemitas que imperaban en los círculos burgueses y la nobleza de su tiempo, corrientes que culminaron históricamente con el *affaire Dreyfus*, el principal acontecimiento político tratado en los volúmenes posteriores.

Volvemos a tía Léonie, a quien visita un sacerdote erudito. Aparece otra vez el tema del campanario de la iglesia, y resuena como el carillón de un reloj el de Eulalie, Françoise y la doncella embarazada, al tiempo que surgen diversas actitudes y relaciones entre estas mujeres. Descubrimos a Marcel espiando el sueño de su tía, acontecimiento muy singular en los anales de la literatura. Por supuesto, espiar es uno de los recursos literarios más antiguos; pero aquí el autor lleva dicho recurso hasta el límite. Los sábados se come más temprano. Proust da mucha importancia a las pequeñas tradiciones familiares, a las normas caprichosas de las costumbres domésticas que aíslan a una familia de otra. Luego, en las páginas siguientes, comienza el precioso tema de las flores de espino que más adelante será desarrollado con amplitud. Estamos otra vez en la iglesia, donde las flores adornan el altar: «eran aún más encantadoras por el contorno festoneado de las hojas, sobre las que se esparcían profusamente, como en la cola de un traje de novia, pequeños ramitos de capullos de una blancura deslumbrante. Aunque no me atrevía a mirarlas más que de reojo, sentía que aquel solemne despliegue estaba compuesto de algo vivo, y que era la Naturaleza misma la que, al recortar el follaje y añadirle el supremo ornamento de aquellos níveos capullos, hacía que la decoración fuese digna de algo que era a la vez gozo popular y misterio solemne. Más arriba, en el altar, se abría aquí y allá alguna corola con gracia descuidada, reteniendo despreocupadamente, como último y vaporoso adorno, el puñado de estambres, finos como hilos de araña, que prestaba a la flora una borrosidad de tenue bruma blanca, de forma que cuando los seguía con la mirada, tratando de imitar en mi interior el movimiento de su floración, los imaginaba como el cabeceo rápido e inconsciente de una muchacha de mirada atractiva y pupilas contraídas, blanca, viva y despreocupada».

En la iglesia nos tropezamos con un tal M. Vinteuil. Vinteuil es aceptado por las gentes de este pueblo provinciano de Combray como un tipo algo excéntrico, aficionado a componer música; y ni Swann ni Marcel se dan cuenta de que su música es muy conocida en París. Éste es el principio del importante tema de la música. Como hemos mencionado, Proust se muestra muy interesado en las diversas máscaras bajo las que se presenta una misma persona ante las demás. Así, Swann es sólo el hijo de un corredor de bolsa para la familia de Marcel, pero para los Guermantes es una encantadora y romántica figura de la sociedad de París. A lo largo de este espléndido libro hay muchos otros ejemplos de tales valores cambiantes en las relaciones humanas. Vinteuil no sólo introduce el tema de una nota musical periódica, el «pequeño tema», como veremos más adelante, sino también el de las relaciones homosexuales, que se desarrolla a lo largo de la novela, arrojando una luz nueva sobre este o aquel personaje. En el presente caso, es la hija de Vinteuil la implicada en el tema de la homosexualidad.

Marcel es un fantástico Sherlock Holmes con una suerte extraordinaria para captar gestos y retazos de cotilleos (a propósito, los primeros homosexuales de la literatura moderna se encuentran en *Ana Karénina*, concretamente en el capítulo XIX de la segunda parte, donde aparece Vronski desayunando en el comedor de su regimiento. Se describen breve pero gráficamente dos oficiales, descripción que no deja ninguna duda sobre la relación que existe entre ambos). La casa de Vinteuil se encuentra en una depresión rodeada por las pronunciadas laderas de una colina; y en esa escarpa, oculto entre los arbustos, el narrador se acerca a pocos metros de la ventana del salón y ve al viejo Vinteuil dejar una hoja de música —su propia música— de forma que puedan verla los invitados, los padres de Marcel; pero en el último momento la retira para que no crean sus visitas que su alegría de verles sólo se debe a la posibilidad de hacerles escuchar sus composiciones. Unas ochenta páginas más adelante, el narrador se oculta otra vez entre los matorrales y espía por la misma ventana. El viejo Vinteuil ha muerto ya. Su hija está de luto riguroso. El narrador la ve colocar la fotografía del padre en una mesita, reproduciendo el gesto del padre cuando preparaba aquella hoja de música. La intención de la hija, descubrimos, es más bien siniestra y sádica: su amiga lesbiana insulta al retrato como preparativo para hacer el amor. Dicho sea de paso, la escena resulta algo floja en comparación con los acontecimientos que tienen lugar a continuación; el mismo espionaje de Marcel pone de relieve esta flojedad. Su intención, sin embargo, es dar comienzo a la serie de revelaciones y revaloraciones homosexuales de los personajes que tantas páginas van a ocupar en los últimos volúmenes, e introducir cambios en las facetas de varios personajes. Más tarde, además, las posibles relaciones de Albertine con la hija de Vinteuil se convertirán en un punto de fijación celosa para Marcel.

Pero volvamos al retorno de la iglesia a casa y a la visita a tía Léonie (la araña en su red), así como a los preparativos de la cena a cargo de Françoise, donde ésta revela su crueldad vulgar tanto con los pollos como con las personas. Poco más tarde reaparece Legrandin. Es un filisteo, un esnob que adula a una duquesa y no quiere que ésta conozca a sus modestas amistades, la familia del narrador. Es interesante ver lo falsas y pomposas que suenan las palabras de Legrandin, comparadas con la belleza del paisaje.

El tema de los dos caminos por los que la familia sale a pasear hacia las afueras de Combray inicia la fase más importante. Uno de los caminos va hacia Méséglise, y se le llama camino de Swann porque pasa por los límites de su propiedad de Tansonville; el otro es el camino de Guermantes, y conduce a las posesiones de los duques de Guermantes. Y es en el camino de Swann en donde confluyen el tema de los espinos y el del amor —de Gilberte, la hija de Swann—, en un espléndido alarde de arte pictórico. «Encontré todo el sendero vibrando por la fragancia de los espinos en flor. El seto se asemejaba a una serie de capillas cuyos muros quedaban ocultos bajo montones de flores que se hacinaban sobre sus altares [*reminiscencias de la primera introducción al tema de los espinos en la iglesia*]; abajo, el sol proyectaba una cuadrícula de luz en el suelo como si atravesara una vidriera; el olor que se difundía a mi alrededor era tan intenso y su alcance tan limitado, como si me encontrara ante el altar de la Virgen...

»Pero de nada valía demorarme ante los espinos aspirando su fragancia invisible e inmutable, llevándola a mi pensamiento (que no sabía qué hacer con ella), perdiéndola y reencontrándola, uniéndome al ritmo que disponía sus flores aquí y allá con una alegría juvenil, y a intervalos inesperados como ciertos intervalos musicales: me ofrecían indefinidamente el mismo encanto, con una profusión inagotable, pero sin dejarme explorar más hondo, como esas melodías que uno puede interpretar cien veces seguidas sin penetrar en su secreto. Me alejé de ellos un momento a fin de retornar a ellos después con fuerzas renovadas.»

Pero al volver para contemplarlos, los espinos no le ofrecen más claridad (ya que Marcel no va a conocer el pleno significado de estas experiencias hasta la iluminación que le sobreviene en el último volumen); pero su arrobamiento aumenta cuando su abuelo le señala un espino en particular. «Y en efecto, era un espino, pero de un color rosa aún más hermoso que el blanco. También estaba vestido de fiesta..., pero más ricamente que el resto, porque las flores adheridas a sus ramas, unas encima de otras, sin dejar un solo espacio sin decorar [*primera comparación*], como las borlas de un cayado rococó, eran de "color", por consiguiente de calidad superior, según la estética de Combray [*segunda comparación*], a juzgar por la escala de precios de la "tienda" de la plaza, o casa Camus, donde los dulces más caros eran los de color rosa. Yo también [*tercera comparación*] prefería el queso de crema rosa, cuando me dejaban teñirlo con fresas aplastadas. Y estas flores [*ahora viene la combinación de todos los sentidos*] habían elegido precisamente unos matices de color de algo comestible y delicioso o de un adorno exquisito en el traje de gran fiesta, que al identificarse con lo superior, hacen más evidente su belleza a los ojos de los niños... En lo alto de las ramas, como otros tantos rosales minúsculos en tiestos recubiertos con puntillas de papel, cuyos tallos delgados formaban rayos en los altares durante las fiestas solemnes, pululaban mil capullos de un tono más pálido que al abrirse dejaban ver, como en el fondo de una copa de mármol rosa, manchas rojas como la sangre, y delataban más intensamente aún que las flores, la esencia particular, irresistible, del espino que, dondequiera que brote, dondequiera que florezca, no puede hacerlo más que en rosa.»

A continuación, llegamos a Gilberte, que en adelante irá siempre, en el pensamiento de Marcel, asociada a este esplendor de espinos floridos. «Una chiquilla de cabello rubio rojizo, que parecía volver de un paseo, con una azada de jardín en la mano, nos miraba alzando la cara salpicada de pecas sonrosadas...

»La miré, al principio con esa mirada que no es sólo una mensajera de los ojos, sino en cuya ventana se asoman todos los sentidos, ansiosos y petrificados; mirada que querría tocar, capturar, llevarse el cuerpo que contempla, y el alma con él... mirada inconscientemente suplicante que intentaba obligarla a que se fijase en mí, que me viera, que me conociera. Ella dirigió primero sus pupilas hacia adelante y hacia los lados, como para evaluar a mi abuelo y a mi padre, y sin duda la impresión que sacó de ellos fue que éramos ridículos, porque se volvió y, con aire de indiferencia y desprecio, se apartó como para ahorrar a su rostro el permanecer dentro del campo visual de ellos; y mientras ellos seguían andando sin haberla visto, dejándome atrás, ella dejó vagar su mirada en mi dirección, sin ninguna expresión particular, como si no me viese, pero con una fijeza y una sonrisa medio disimulada que, según las nociones que yo había recibido sobre la buena educación, sólo pude interpretar como signo de humillante desprecio; al mismo tiempo, hizo con la mano un gesto indecente para el que, cuando iba dirigido en público a una persona desconocida, el pequeño diccionario de las buenas costumbres que yo llevaba en el pensamiento sólo tenía un significado, a saber, el de un insulto deliberado.

»—Vamos, Gilberte, ven; ¿qué estás haciendo? —gritó con voz penetrante y autoritaria una señora vestida de blanco a la que yo no había visto, mientras, un poco más atrás, un señor con traje de dril al que tampoco conocía me miraba con ojos saltones; y dejando bruscamente de sonreír, la chica cogió la azada y se marchó sin volverse hacia mí, con aire de obediencia inescrutable y furtivo.

»Así pasó junto a mis oídos el nombre de Gilberte, concedido como un talismán... con el misterio de la vida de aquella a quien designaba, para que la llamasen los felices mortales que vivían y viajaban con ella; desplegando bajo el espino rosa, a la altura de mi hombro, la quintaesencia de su familiaridad —tan dolorosa para mí— con ella, y con todo aquel mundo desconocido de su existencia, en el que yo no podía penetrar.» Por supuesto, Marcel penetra en ese mundo; y no sólo en el de Odette, sino también en el de Charlus, quien se revelará más tarde como el retrato de homosexual más grande de la literatura. En su inocencia, no obstante, la familia de Marcel cree que es el amante de Mme. Swann y ve con desagrado que la criatura viva en semejante ambiente. Mucho más tarde, Gilberte confesará a Marcel que le molestó la impasibilidad que mostró ante ella, al mirarla sin ningún gesto amistoso al que ella pudiera corresponder.

El camino de Guermantes sigue en parte junto a un hermoso río, el Vivonne, que discurre entre grupos de nenúfares. El tema de Guermantes adquiere consistencia cuando Marcel ve a la duquesa asistiendo a una ceremonia en la misma iglesia donde hay un tapiz con la imagen que representa a su prototipo. «De pronto, durante la misa nupcial, el pertiguero se cambió de sitio, con lo que me permitió ver, sentada en una capilla, a una dama de cabello rubio, nariz grande, y unos ojos azules penetrantes, con un amplio lazo de seda color malva, liso, nuevo y flamante, con un granito a un lado de la nariz... Mi desencanto fue enorme. Se debía a que no había tenido nunca en cuenta que, cuando pensaba en Mme. de Guermantes, me la representaba con los colores de un tapiz o de un vitral, como si perteneciera a otro siglo y estuviera hecha de una materia distinta a la del resto de los mortales... Contemplaba esta imagen que, como es natural, no tenía ningún parecido con las que tan a menudo, bajo el mismo título de Mme. de Guermantes, se me habían aparecido en sueños, ya que ésta no la había forjado yo, como las demás, sino que había surgido por primera vez, apenas hacía un momento, en la iglesia; imagen que no era de la misma naturaleza, ni podía colorear yo a mi antojo, como las otras que se dejaban teñir con el tono anaranjado de una sílaba

(*Marcel veía los sonidos en color*), pero que era tan real que todo, incluso el encendido granito de su nariz, atestiguaba su sujeción a las leyes de la vida, como en una escena de transfiguración en el teatro, una arruga en el vestido del hada, o un temblor de su dedo meñique, delatan la presencia material de una actriz viva, cuando hasta entonces no sabíamos si estábamos contemplando una simple proyección luminosa... Pero esta Mme. de Guermantes con la que tantas veces había soñado ahora que podía ver que tenía una existencia real fuera de mí mismo, adquirió una mayor fuerza sobre mi imaginación, la cual, paralizada momentáneamente por el contacto con una realidad tan distinta de cuanto había esperado, empezó a reaccionar y a decirme: "Gloriosos antes de los tiempos de Carlomagno, los Guermantes tenían derecho sobre la vida y la muerte de sus vasallos; la duquesa de Guermantes desciende de Genoveva de Brabante..." Y mi mirada se demoró en su cabello rubio, en sus ojos azules, en las líneas de su cuello, sin hacer caso de los rasgos que pudieran recordarme otras caras, hasta que exclamé en mi interior, ante este esbozo deliberadamente incompleto: "¡Qué hermosa es! ¡Qué nobleza! ¡Cómo se nota que tengo ante mí a una orgullosa Guermantes, a una descendiente de Genoveva de Brabante!"»

Después de la ceremonia, fuera ya de la iglesia, la duquesa posa su mirada en Marcel: «E inmediatamente me enamoré de ella... Sus ojos azuleaban como una flor de vinca imposible de coger, y que sin embargo ella me dedicaba; y el sol, amenazado por una nube, pero derramando aún toda la fuerza de sus rayos sobre la plaza y el interior de la sacristía, daba un tono de geranio a la alfombra roja puesta para la ceremonia, y sobre la cual avanzaba sonriente madame de Guermantes, y añadía a la textura de la lana un aterciopelado rosado, un vello de luz, esa especie de ternura, de dulzura solemne en la pompa ceremonial que caracteriza ciertas páginas de *Lohengrin*, ciertas pinturas de Carpaccio, y que nos hace comprender cómo Baudelaire pudo aplicar al sonido de la trompeta el calificativo de "delicioso".»

En el curso de estos paseos hacia Guermantes, Marcel medita sobre su futuro como escritor y se siente desanimado por su falta de talento, «con el sentimiento de impotencia que me asaltaba cada vez que trataba de encontrar un tema filosófico para una gran obra literaria». Le invaden las más vivas sensaciones, pero no comprende que tienen una significación literaria. «Entonces, completamente aparte de todas aquellas preocupaciones literarias, y sin vinculación a nada, de repente, un tejado, un destello de sol reflejado en una piedra, el olor de un camino, hacían que me detuviese a gozar del placer especial que me proporcionaban, y también porque parecían ocultar, detrás de lo que yo veía, algo que me invitaban a coger, pero que, pese a todos mis esfuerzos, jamás lograba descubrir. Como me daba cuenta de que ese algo se encontraba oculto en ellos, me quedaba parado, inmóvil, mirando anhelante, pugnando por penetrar con el pensamiento más allá de la imagen, del sonido o del olor. Y si luego tenía que echar a correr detrás de mi abuelo para reanudar el paseo, aún trataba de recobrar mis sensaciones cerrando los ojos; me concentraba para recordar con precisión la silueta del tejado o el matiz de la piedra que, sin que yo supiese por qué, me habían parecido a punto de abrirse, prestas a ofrecerme algo de lo que no eran más que envolturas, sin duda; no eran las impresiones de esta naturaleza las que podían devolverme la esperanza perdida de llegar un día a ser escritor, pues cada una de ellas se asociaba a un objeto material desprovisto de valor intelectual, y no sugería ninguna verdad abstracta.» Se encuentran aquí contrastadas la literatura de los sentidos, el arte verdadero, y la literatura de las ideas, que no produce auténtico arte a menos que provenga de los sentidos. Marcel no es capaz de percibir esta conexión profunda. Cree erróneamente que debería escribir sobre cosas de valor intelectual cuando en realidad ese sistema de sensaciones que experimenta es el que, sin que se dé cuenta, está haciendo de él, poco a poco, un auténtico escritor.

Le llegan algunos atisbos; como cuando surge de nuevo el tema de los campanarios, de forma triple, durante un paseo en coche: «En una curva del camino experimenté de pronto ese placer especial que no tiene parecido con ningún otro, al ver los dos campanarios de Martinville sobre los que incidía el sol poniente, y que parecían cambiar de sitio por el movimiento de nuestro coche y las revueltas del camino; y luego un tercer campanario, el de Vieuxvicq, el cual, aunque separado de los otros por una colina y un valle, y situado en una meseta más elevada de la lejanía, parecía sin embargo estar junto a ellos.

»Al fijarme y observar la silueta de sus agujas, las variaciones de su aspecto, su superficie soleada, sentía que no llegaba a penetrar hasta lo más hondo de mi impresión, de que había algo más tras aquel movimiento, tras aquella luminosidad, algo que parecían contener y ocultar a la vez.»

Proust hace ahora algo sumamente interesante: enfrenta su estilo actual con el estilo de su pasado. Marcel pide papel y lápiz y compone una descripción de estos tres campanarios que el narrador reproduce luego en el texto. Es el primer intento que hace Marcel de escribir, y resulta encantador, aunque algunas de sus comparaciones, como la de las flores y las jóvenes, sean intencionadamente juveniles. Sin embargo, se establece una comparación entre los campanarios que el narrador acaba de describir desde su aventajada posición posterior y el intento literario de Marcel, una descripción superficial, sin la significación que trataba de aprehender en el momento de experimentar la primera sensación de estos campanarios. Resulta doblemente significativo su comentario a propósito de esta página: «Me liberó de la obsesión de los campanarios.»

La parte del volumen dedicada a Combray, que gira en torno a sus impresiones de niñez, termina con la vuelta al tema inicial: la reconstrucción de su habitación de Combray cuando se desvela por las noches y permanece echado en la cama. Más adelante, cuando se encuentra desvelado también en la cama, se sentirá transportado a dicha habitación: «Todos estos recuerdos, añadidos unos a otros, formaban una única sustancia, aunque no estaban unidos, y entre las tres capas (los recuerdos más antiguos e instintivos, los más recientes, nacidos de un sabor o de un perfume, y aquellos que en realidad eran recuerdos de otros y que yo había adquirido, por así decir, de segunda mano) podía distinguir si no grietas o fallas geológicas al menos esas vetas y franjas de color que en ciertas rocas, en ciertos mármoles, indican diferencias de origen, de edad, de formación.» Proust describe aquí tres estratos de impresiones: 1) el simple recuerdo como acto deliberado; 2) el recuerdo despertado por una sensación actual que repite la sensación del pasado; y 3) el conocimiento memorizado de la vida de otro hombre, aunque adquirido de segunda mano. El quid está en que el simple recuerdo no basta para reconstruir el pasado.

La sección de Combray está dedicada a las dos primeras categorías de Proust; la tercera constituye el tema de la segunda y principal sección de este volumen, titulada «Un amor de Swann», en la que la pasión de Swann por Odette nos permite comprender la de Marcel por Albertine.

Son varios los temas importantes que ocupan esta última parte del volumen. Uno de ellos es el de la «pequeña frase musical». El año anterior, Swann había oído una composición para violín y piano, interpretada en una reunión. «Y ya había experimentado un gran placer cuando, por debajo de la delicada, resistente, densa e imperante línea del violín, había percibido de pronto, tratando de elevarse en un oleaje de sonido la masa de la parte del piano, multiforme, coherente, plana y entrecortada como el tumulto malva de las olas, hechizadas y bemoladas por la luz de la luna.» Y «apenas se desvaneció la sensación deliciosa que había experimentado Swann, cuando su memoria le ofreció una transcripción, sumaria y provisional por cierto, pero en la que había tenido fija la mirada mientras tocaban, de tal manera que cuando aquella impresión volvió de golpe, no fue ya inaprehensible... Esta vez distinguió una frase que emergió unos momentos de las ondas de sonido. E instantáneamente, le invitó a participar en un placer íntimo nunca imaginado antes de haberla oído, y él intuyó que sólo esa frase le permitiría conocerlo y sintió por ella un amor comparable a un nuevo y extraño deseo.

»Con un ritmo lento, le llevaba en un sentido, en otro, hacia una felicidad noble, ininteligible y, sin embargo, precisa. Y de repente, llegado a cierto punto desde el que se disponía a seguirla, y tras una pausa momentánea, cambiaba de dirección, y con un movimiento nuevo, más rápido, menudo, melancólico, incesante y sosegado, le arrastraba con ella hacia perspectivas desconocidas».

Esta pasión por la frase musical brinda a la vida de Swann la posibilidad de una especie de rejuvenecimiento, ya que se había vuelto torpe; pero incapaz de descubrir al compositor e identificar la música, deja finalmente de pensar en ella. Ahora, en la velada de madame Verdurin a la que asiste sólo para estar con Odette, el pianista interpreta una obra que él reconoce, y descubre que es el andante de una sonata para violín y piano de Vinteuil. Al darse cuenta, Swann tiene la sensación de haber atrapado la frase, de poseerla, del mismo modo que el narrador soñaba con poseer los paisajes que veía. Esta misma frase musical no sólo le habla a Swann más adelante, sino que deleita también al narrador en determinado momento de su vida. Tengamos en cuenta que Swann es una especie de espejo caprichoso del propio narrador. Swann marca la pauta, y el narrador la sigue.

Otro episodio importante, y ejemplo del modo en que Proust desarrolla un incidente, es el de Swann en la ventana de Odette. Ha ido a verla después de las once de la noche, pero ella está cansada, fría, y al cabo de media hora le ruega que la deje. «Le pidió que apagara la luz al marcharse; corrió él las cortinas de la cama, y se fue.» Pero una hora más tarde, en un ataque de celos, se le ocurre que quizás ella se ha desembarazado de él porque espera a otro. Coge un coche de alquiler que lo deja casi enfrente de la casa de ella. La metáfora de Proust es la del fruto dorado. «En medio de la oscuridad de todas las ventanas de la calle, con las luces apagadas hacía tiempo, vio una solamente, de la que brotaba por entre las contraventanas cerradas como una prensa de uvas que comprime la pulpa misteriosa y dorada, la luz que llenaba la habitación, y que durante tantas noches, en cuanto la veía de lejos al llegar a la calle, le llenaba de gozo con su mensaje: "Aquí está ella, esperándote", y que ahora le torturaba diciéndole: "Aquí está ella, con el hombre al que esperaba." Tenía que saber quién era; se deslizó a lo largo de la pared hasta la ventana, pero no consiguió ver nada entre las tablas oblicuas de las contraventanas; sólo oyó, en el silencio de la noche, el rumor de una conversación.»

A pesar del dolor, encuentra un placer intelectual, el placer de la verdad: la misma verdad interior que Tolstoi buscaba por encima de la emoción. Siente «la misma sed de saber con que en otro tiempo había estudiado historia. Y acciones que hasta ahora le habrían avergonzado, tales como espiar por una ventana, y quién sabe si sonsacar mañana, con hábiles preguntas, a algún testigo casual, sobornar a los criados, escuchar detrás de las puertas, no le parecían

ahora sino métodos de investigación científica de auténtico valor intelectual, tan apropiados para la búsqueda de la
verdad como descifrar manuscritos, cotejar testimonios,
interpretar monumentos». La metáfora siguiente combina
la idea de la luz dorada con la búsqueda pura y científica del
saber: el secreto de una ventana iluminada con la interpretación de un texto antiguo. «Pero el deseo de averiguar la
verdad era más fuerte, y le parecía más noble que el deseo
que ella le inspiraba. Sabía que se podía leer la verdad de
las circunstancias, por cuya exacta reconstrucción habría
dado la vida, detrás de aquella ventana iluminada, como
bajo la dorada y luminosa encuadernación de uno de esos
preciosos manuscritos, ante cuya riqueza artística el erudito
que los consulta no puede permanecer insensible. Experimentaba una voluptuosidad en conocer la verdad que tanto
le apasionaba en ese ejemplo único, efímero y precioso, en
aquella página traslúcida, tan cálida y hermosa. Y además,
la superioridad que sentía —y que con tanta desesperación
deseaba sentir— con respecto a ellos, residía quizá menos
en el saber que en demostrarles que sabía.»

Llama con los nudillos, y se asoman dos señoras de edad.
Se había equivocado de ventana. «Como había adquirido
la costumbre, cuando iba muy tarde a visitar a Odette, de
identificar su ventana con la única iluminada entre tantas
ventanas semejantes, se había equivocado y había llamado
a la ventana contigua, que pertenecía a la casa de al lado.»
Este error de Swann es comparable al del narrador cuando,
fiando únicamente en su memoria, al final de la parte de
Combray, trata de reconstruir su habitación por los brillos
en la oscuridad, y al amanecer descubre que ha situado todos los elementos equivocadamente.

En París, en el parque de los Campos Elíseos, «... cuando, desde el camino, dirigiéndose a una niña de pelo rojizo

que jugaba al volante delante del estanque, otra niña que se estaba poniendo el abrigo y guardando la raqueta, le gritó con voz breve: "Adiós, Gilberte, me voy a casa; no te olvides de que iremos esta noche a tu casa, después de cenar." El nombre de Gilberte pasó junto a mí, evocando tanto más la existencia de aquella a la que designaba, cuanto que no lo hacía como hablando de una persona ausente, sino interpelándola»; y así llevaba en la memoria de la niña toda la desconocida existencia compartida que ella poseía, existencia de la que Marcel estaba excluido. A la metáfora de la trayectoria del nombre, que inicia la descripción, sigue la del perfume del nombre; la amiga de Gilberte «lo lanzó al aire con un grito alegre..., dejando flotar en el aire la deliciosa emanación aromática que el mensaje había arrancado de ciertos puntos invisibles de la vida de Mlle. Swann al tocarlos con precisión». En el suelo, la cualidad celestial del nombre se compara a una nubecilla de Poussin coloreada con un gusto exquisito; «como la que, ondulando sobre un bello jardín de Poussin, refleja minuciosamente como una nube de ópera, repleta de caballeros y carruajes, una visión de la vida de los dioses». A estas imágenes se añade ahora la del espacio-tiempo entre paréntesis, cuyo contenido puede observarse en el trozo de césped y el trozo de tiempo de la tarde de la niña, que marca el tiempo con el volante: la nube proyecta una luz «en la hierba pisoteada, en el sitio donde ella estaba (a la vez un trozo marchito de césped y un momento de la tarde de la rubia jugadora de volante, que no dejó de lanzarlo y recogerlo, hasta que la llamó una institutriz con una pluma azul en el sombrero)». La luz que el nombre, como nube pasajera, derrama sobre Marcel es «una maravillosa franjita de luz, de color heliotropo», la cual, con un símil interior, convierte el césped en alfombra mágica.

Esta franja de luz es de color malva, el matiz violado que recorre la obra entera, el verdadero color del tiempo. Este malva, entre rosa y púrpura, lila rosado, o violeta encendido,

Una «orquídea maravillosa de color malva»,
dibujada por Nabokov.

está adscrito en la literatura europea a ciertas complejidades del temperamento artístico. Es el color de una orquídea, la *cattleya labiata* (especie así bautizada por William Cattley, célebre botánico inglés); orquídea que incluso hoy, en este país, adorna regularmente el pecho de las matronas en las fiestas de sociedad. Esta orquídea, en los años noventa del siglo pasado, era una flor muy rara y cara en París. Adorna la famosa aunque no muy convincente escena amatoria de Swann. De este malva rosa delicado de los espinos de Combray existe toda una gama de matices en el arrebolado prisma de Proust. Recordemos el vestido rosa que llevaba, muchos años antes, la hermosa dama (Odette de Crécy) en el apartamento de tío Adolphe; ahora el color se asocia con Gilberte, su hija. Ved además, como una especie de signo de admiración que puntúa el pasaje, la pluma azul del sombrero de la institutriz de la niña..., cosa que no tenía la vieja niñera del niño.

Podemos encontrar más metáforas insertadas en otras en un pasaje en el que Marcel, después de trabar amistad con Gilberte, juega con ella en el parque. Cuando el tiempo amenaza con llover, él teme que no dejen a Gilberte ir a los Campos Elíseos: «Así, si el cielo estaba dudoso, no paraba de interrogarlo y de observar todos los presagios desde la mañana.» Si ve a la señora de enfrente ponerse el sombrero, confía en que Gilberte puede hacer lo mismo. Pero el día se vuelve más oscuro, y se mantiene así. Detrás de los cristales, el balcón está gris. A continuación, viene una serie de comparaciones internas: 1) «De repente, en la piedra hosca [del balcón] no veía yo un color menos apagado; era la pulsación de un rayo vacilante que pugnaba por liberar su luz. Un momento después, el balcón estaba pálido y luminoso como el agua matinal, y los mil reflejos de los hierros de la barandilla venían a descansar en él.» A continuación vienen más comparaciones internas: una ráfaga de viento dispersa las sombras y la piedra se oscurece, 2) «pero volvían [las sombras] como criaturas domésticas; la piedra empezaba otra vez a blanquear imperceptiblemente, y con uno de esos crescendos continuos de la música que al final de una obertura elevan una simple nota a un fortísimo extremado haciéndola pasar rápidamente por todos los grados intermedios, la veía llegar al oro inalterable y fijo de los días soleados, [3] sobre el cual la sombra recortada del antepecho adornado de la barandilla destacaba en negro como una vegetación caprichosa...». Las comparaciones terminan como una promesa de felicidad: «Con una delicadeza en el trazado de los menores detalles [de las sombras] que parecía revelar una conciencia aplicada, satisfacción de artista, y con tal relieve, tal densidad en sus masas aterciopeladas, oscuras y felices que, verdaderamente, aquellos reflejos amplios y foliados que descansaban en aquel lago de sol parecían saber que eran garantía de paz y de felicidad para el espíritu.» Finalmente, las sombras de la reja afiligranada, que recuerda a la hiedra, se vuelven semejantes «a la sombra misma de la presencia de Gilberte, que quizá se encontraba ya en los Campos Elíseos, y que me diría tan pronto como yo llegase: "Empezamos ya. Tú eres de mi bando"».

El narrador transfiere la visión romántica de Gilberte a sus padres. «Todo lo que se refería a ellos era para mí un motivo tan constante de preocupación que los días en que el señor Swann (a quien tan a menudo había visto yo, hacía tiempo, cuando tenía relación con mi familia, sin que llegase a despertar mi curiosidad) venía a buscar a Gilberte a los Campos Elíseos, una vez que se sosegaban las palpitaciones que me acometían cuando veía aparecer su sombrero gris y su abrigo con esclavina, su aspecto me seguía impresionando como si se tratase de un personaje histórico sobre el que acabara de leer en una serie de obras, y cuyas menores características me apasionaran... Swann era para mí sobre todo su padre [de Gilberte], ya no el Swann de Combray; como las ideas con las que ahora relacionaba su nombre eran distintas de aquellas en cuya red había estado comprendido anteriormente y que había dejado de utilizar cuando pensaba en él, se había convertido en un personaje nuevo...» Marcel trata incluso de imitar a Swann: «Para intentar parecerme a él me dedicaba, cuando estaba sentado a la mesa, a pasarme el dedo a lo largo de la nariz y a frotarme los ojos. Mi padre exclamaba: "Este niño es tonto, se está volviendo insoportable."»

La disertación sobre el amor de Swann, que ocupa el centro del volumen, revela el deseo del narrador de encontrar una semejanza entre Swann y él mismo: el sufrimiento de los celos que Swann experimenta se repetirá en el volumen central de la obra a propósito de la aventura amorosa del narrador con Albertine.

Por el camino de Swann termina cuando el narrador, ahora un hombre de treinta y cinco años más o menos, vuelve a visitar el Bois de Boulogne un día de noviembre, y nos hace una relación extraordinaria de sus impresiones y sus recuerdos. Sobre el fondo oscuro y lejano del bosque, con algunos árboles todavía con hojas y otros pelados, una doble fila de castaños rojo anaranjados «parecía ser, como en un cuadro recién empezado, el único objeto pintado por un artista que aún no había recubierto de color el resto de la tela...». El efecto resulta artificioso: «Y el Bois ofrecía el aspecto provisorio y artificial de un vivero o de un parque en el que, bien por interés botánico, bien porque se preparase una fiesta, acababan de instalar entre los árboles más corrientes que aún no habían sido trasplantados dos o tres especies preciosas de follaje fantástico, que parecían reservarse un vacío a su alrededor, proporcionando aire al ambiente y difundiendo luminosidad.» La luz horizontal del sol, a esa hora temprana, roza las copas de los árboles como más tarde, en el crepúsculo, «se enciende como una lámpara, proyecta en las copas un resplandor cálido y artificial, y hace llamear las hojas más altas de un árbol que, por lo demás, permanece intacto, candelabro sombrío o incombustible sosteniendo la copa incendiada. En unos sitios la luz se espesaba como una pared de ladrillo, y como un trozo de albañilería persa, amarilla con dibujos azules, cimentaba toscamente contra el cielo las hojas de los castaños; en otros, por el contrario, las destacaba del firmamento hacia el cual crispaban sus dedos dorados».

Podrían localizarse los distintos lugares del Bois como en un mapa coloreado. Durante años, los árboles han compartido la vida de las hermosas damas que en el pasado se pasearon bajo sus ramas: «Pero obligados durante tantos años, por una especie de injerto, a compartir la vida de la femineidad, me evocaban la dríada; la hermosa dama, veloz y coloreada a la que dan protección con sus ramas al pasar, haciendo que sienta, como ellos, el poder de la estación; me recordaban los tiempos felices de cuando era joven y tenía fe, y acudía ansioso a los lugares donde por un momento las obras maestras de la elegancia femenina tomaban forma entre las hojas inconscientes y cómplices.» La gente poco elegante que hoy pasa por el Bois le recuerda a la que él ha conocido antes. «¿Habría podido incluso hacerles comprender la emoción que yo experimentaba las mañanas de invierno, cuando me encontraba con Mme. Swann a pie, con su abrigo de nutria, tocada con una simple boina de la que salían dos cuchillos de plumas de perdiz, pero envuelta a la vez por el calor artificial de su apartamento, tal como lo evocaba ese único ramillete de violetas prendido en su pecho, cuyo florecimiento vivo y azul frente al cielo gris, al aire helado y a los árboles de ramas desnudas, poseía el encanto de utilizar la estación y el tiempo tan sólo como un marco, y de vivir en una atmósfera humana, en la atmósfera de esta mujer, que tenía en los jarrones y jardineras de su salón, junto a la chimenea encendida, delante del sofá tapizado de seda, las flores que contemplaban a través de las ventanas cerradas cómo caía la nieve?»

El volumen termina con la visión que tiene el narrador del pasado en el tiempo y el espacio. «El sol había ocultado su rostro. La Naturaleza empezaba a reinar otra vez en el Bois, del que había desaparecido la idea de que era el Jardín Elíseo de la Mujer...» El retorno de una apariencia de realidad a este bosque artificial me ayudó «a comprender mejor que es paradójico buscar en la realidad las imágenes almacenadas en la memoria, pues perderían necesariamente el encanto que reciben de la memoria misma y del hecho de no ser aprehendidos por los sentidos. La realidad que yo había conocido no existía ya. Bastaba con que Mme. Swann no apareciera con el mismo vestido y en el momento preciso, para que la avenida fuese distinta. Los lugares que hemos conocido no sólo pertenecen al limitado mundo del espacio en el que los situamos para nuestra mayor comodidad. Nunca han sido más que una capa delgada entre impresiones contiguas que formaban nuestra vida en un determinado momento; el recuerdo de una imagen determinada no es más que la añoranza de un instante determinado; y las casas, los caminos, las avenidas, son por desgracia fugaces como los años».

Lo que quiere hacer resaltar es que el simple recuerdo, el acto de visualizar retrospectivamente alguna cosa, no es el método adecuado: no recrea el pasado. La última página de *Por el camino de Swann* es sólo uno de los diversos modos de ver el pasado que en la elaboración gradual de la comprensión de Marcel preparan para la experiencia final, reveladora de la realidad que ha estado buscando durante toda la obra. Dicho acontecimiento tiene lugar en el grandioso capítulo III del último volumen —*El pasado recobrado*—, que lleva por título «Recepción en casa de la princesa de Guermantes». En él descubre por qué el simple recuerdo es insuficiente, y qué es lo que hace falta en su lugar. El proceso empieza cuando Marcel, al llegar a la residencia del príncipe de Guermantes para asistir a la última recepción, se echa a un lado precipitadamente para evitar ser atropellado por un automóvil; «y al retroceder, tropecé con unas baldosas mal niveladas que había delante de una cochera. Pero al recobrar el equilibrio, apoyé el pie en una losa algo más hundida que la anterior; y al punto, todo mi malhumor se disipó ante la misma sensación de felicidad que me había hecho experimentar en distintos momentos de mi vida el espectáculo de unos árboles que creía reconocer en un paseo en coche por los alrededores de Balbec, la vista de los campanarios de Martinville, y el sabor de una magdalena mojada en una infusión, y tantas otras sensaciones de las que he hablado y que me parecían sintetizadas en las últimas obras de Vinteuil. Igual que cuando probé la magdalena, se disipó toda ansiedad por el futuro, toda duda intelectual. Los recelos que me habían asaltado un momento antes respecto a la realidad de mis dotes literarias, e incluso respecto a la realidad de la literatura misma, se esfumaron como por arte de magia. Pero esta vez tomé la firme resolución de no resignarme a ignorar, como hice el día en que probé la magdalena mojada en el té, por qué, sin haber elaborado ningún razonamiento ni haber encontrado un argumento decisivo, las dificultades que poco antes me habían parecido insolubles, habían perdido toda su importancia. La felicidad que acababa de invadirme era, en efecto, la misma que había experimentado al tomar la magdalena, pero en aquel entonces había renunciado a indagar en las causas profundas».

El narrador es capaz de identificar la sensación que emerge del pasado como la que había experimentado en otro tiempo pasado sobre las losas irregulares del baptisterio de

San Marcos de Venecia; «y con esa sensación llegaron todas las demás relacionadas con aquel día, las cuales estaban a la espera en su sitio, hasta que una casualidad súbita las hiciera emerger junto a una serie de días olvidados. Ocurrió lo mismo que cuando el sabor de la magdalena me había recordado Combray». Esta vez decide llegar a la raíz del asunto; y mientras espera para entrar en el salón con la sensibilidad vivamente excitada, el tintineo de una cuchara contra un plato, la sensación de la servilleta rígida, incluso el ruido de una cañería de agua caliente, le traen una oleada de recuerdos de sensaciones similares en el pasado. «Incluso en ese momento, en la mansión del príncipe de Guermantes, oía el rumor de los pasos de mis padres que acompañaban a M. Swann y el tintineo herrumbroso, interminable, agudo y reverberante de la campanilla que me anunciaba que por fin se había ido M. Swann y que iba a subir mamá. Volví a oír los mismos ruidos, eran idénticos aunque se hallaban a una distancia enorme, en el pasado.»

Pero el narrador sabe que esto no basta: «No era la Plaza de San Marcos, como no había sido en mi segundo viaje a Balbec, o en mi regreso a Tansonville para ver a Gilberte, en donde yo recobraría el Tiempo perdido, y el viaje, sugerido una vez más por la ilusión de que esas impresiones antiguas existían fuera de mí en la esquina de alguna plaza, podía no ser el medio que buscaba... Impresiones tales como las que yo me esforzaba en analizar y definir no podían dejar de desvanecerse al contacto con un goce material que había sido impotente para hacerlas nacer. La única forma de gozar de ellas era intentar conocerlas más completamente allí donde se encontrasen, dentro de mí mismo, y clarificarlas hasta en su profundidad más íntima.» El problema que hay que resolver es cómo impedir que estas impresiones se desvanezcan ante la presión del presente. Encontramos una solución en su nuevo reconocimiento de la continuidad entre el presente y el pasado. «Tuve que descender otra vez en mí mismo. Debía ser, pues, que este tintineo [de la campanilla al marcharse Swann] seguía allí con él, entre él y el instante presente, todo ese pasado que, en un proceso infinito, había llevado dentro de mí sin saberlo. Cuando la campanilla tintineó yo existía ya, y a partir de aquella noche, para poder seguir oyendo ese tintineo, era preciso que no hubiese discontinuidad, ni un momento de descanso para mí, ni cesación de la existencia, del pensamiento, o de la conciencia de mí mismo, puesto que ese momento lejano seguía aferrado a mí, aún podía recobrarlo y volver a él, con sólo descender más profundamente dentro de mí mismo. Fue esta noción del tiempo incorporado, de los años pasados como contenidos todavía en nuestro interior, lo que ahora tenía intención de poner intensamente de relieve en mi obra.»

No obstante, implica algo más que el recuerdo, por vívido y continuo que éste sea. Es necesario buscar el significado interior. «Porque las verdades que la inteligencia capta directa y claramente a la plena luz del mundo son de algún modo menos profundas, menos indispensables que aquellas que la vida nos ha comunicado, a pesar nuestro, en una impresión que es material, porque nos llega a través de los sentidos, pero cuyo significado interno somos capaces de discernir. En suma, en este caso como en el otro, ya se tratase de impresiones objetivas como las producidas por la visión de los campanarios de Martinville o de reminiscencias como la de la desigualdad de los dos escalones o el sabor de la magdalena, había que hacer un intento de interpretar las sensaciones como signos de otras tantas leyes e ideas; había que intentar pensar, es decir, sacar de la penumbra lo que yo había advertido, y convertirlo en un equivalente espiritual.» Lo que ha aprendido es que el mero examen de los recuerdos o sensaciones pasadas no le revela su importancia. Lo ha intentado «... ya en Combray concentraba mi espíritu en un objeto que me llamaba la atención, durante muchos años: una nube, un triángulo, un campanario, una flor o una piedra, sintiendo que debajo de estos signos había algo del todo distinto, algo que yo debía intentar descubrir, un pensamiento, que dichos signos transcribían a la manera de esos jeroglíficos que, en apariencia, sólo representan objetos materiales».

La verdad que ahora comprende es que no es libre, como en un esfuerzo intelectual para la recuperación, a la hora de elegir los recuerdos para su examen, «sino que me venían al pensamiento tal como estaban. Y me daba cuenta de que éste era sin duda el sello de su autenticidad. No había salido en busca de las dos baldosas del patio en las que mi pie había tropezado. Más bien, era precisamente la forma fortuita, inevitable, en que me había sobrevenido la sensación lo que garantizaba la verdad de un pasado que resucitaba, así como de las imágenes que desencadenaba, ya que sentimos su esfuerzo por salir a la luz y experimentamos la alegría de la realidad recobrada. Esta sensación es garantía de la verdad de todo ese cuadro integrado por impresiones presentes que la sensación misma arrastra tras de sí, con esa infalible proporción de luz y sombra, relieve y omisión, recuerdo y olvido, que la memoria o la observación conscientes jamás conocerán». La memoria consciente reproduce tan sólo «la cadena de todas las impresiones imprecisas en la que no queda nada de lo que verdaderamente hemos experimentado y que constituye para nosotros nuestros pensamientos, nuestra vida, la realidad; y el llamado "arte sacado de la vida misma, sólo puede reproducir esa mentira, es un arte tan simple y pobre como la vida, sin belleza, una mera copia de lo que nuestros ojos ven y nuestra inteligencia comprueba", mientras que "la grandeza del arte verdadero, en cambio consiste en recobrar, comprender de nuevo y disponer ante nosotros esa realidad de la que vivimos tan alejados, y de la que nos apartamos cada vez más a medida que aumenta el espesor y la impermeabilidad del conocimiento convencional con que la sustituimos, realidad que correríamos grave peligro de morir sin haber conocido y que, no obstante, es sencillamente nuestra vida, la vida verdadera, desvelada e iluminada al fin..."».

El puente entre el pasado y el presente que Marcel descubre entonces consiste en «que lo que llamamos realidad es cierta relación entre las sensaciones y los recuerdos que nos rodean al mismo tiempo». En resumen, para recrear el pasado debe tener lugar algo distinto de la operación de la memoria: debe darse la combinación de una sensación actual (especialmente de sabor, olor, tacto o sonido) y un recuerdo, una evocación del pasado sensual. Como dice Léon: «Si en el momento de esa resurrección, como la de Venecia a partir de las baldosas desiguales del patio de Guermantes, en vez de borrar el presente seguimos teniendo conciencia de él; si conservamos la sensación de nuestra identidad, y al mismo tiempo vivimos plenamente ese instante que durante tanto tiempo hemos considerado desaparecido, entonces, y sólo entonces, estaremos en posesión del tiempo perdido.» En otras palabras: un puñado de sensaciones actuales *más* la visión de un acontecimiento o sensación en el pasado; sólo así se unen la sensación y el recuerdo, y el tiempo perdido vuelve a aparecer.

La iluminación se completa cuando el narrador toma conciencia de que el único medio de recobrar el pasado es a través de la obra de arte, y entonces consagra su vida a este objetivo: pues «recrear mediante el recuerdo impresiones que deben ser extraídas de las profundidades, puestas a la luz y transformadas en equivalentes intelectuales, ¿no era esto uno de los requisitos, casi la misma esencia de una obra de arte, tal como yo la había concebido...?». Finalmente, descubre que «todos estos materiales para la obra literaria no eran otra cosa que mi vida pasada y que me habían llegado en medio de frívolos placeres, en los ratos de ocio, a través del tierno afecto y del dolor, y que yo los había almacenado sin prever su objetivo final ni su supervivencia, como la semilla que yace junto a la sustancia que va a nutrir la planta recién nacida».

«No me parecía», concluye, «que tuviese fuerzas para mantenerme unido mucho tiempo a ese pasado que ya había descendido a grandes profundidades, y que tan dolorosamente llevaba en mí. Si al menos se me concediese el tiempo suficiente para completar mi obra, no dejaría de marcarla con el sello de ese Tiempo cuya comprensión se me imponía hoy con tanta fuerza, y describiría en ella a los hombres —aunque eso les hiciera parecer criaturas monstruosas— como ocupando en el Tiempo un lugar mucho más considerable que el restringido que les había sido asignado en el espacio, un lugar que, por el contrario, se prolonga sin medida, dado que los hombres, como gigantes inmersos en los años, tocan a la vez diversas épocas de sus vidas —con incontables días intercalados entre ellas— inmensamente separadas una de otra en el tiempo.»

FRANZ KAFKA
(1883-1924)

LA METAMORFOSIS
(1915)

Naturalmente, por profundo y admirable que sea el análisis de una narración, de una obra musical o un cuadro, siempre habrá espíritus que se queden indiferentes y espinas dorsales que no se inmuten. «Asumir nosotros el misterio de las cosas» —como dice tan sagazmente el rey Lear refiriéndose a él y a Cordelia— es lo que yo sugiero también a todo el que quiera tomarse el arte en serio. A un pobre hombre le roban el gabán (*El abrigo*, de Gógol); otro pobre diablo se convierte en escarabajo (*La metamorfosis*, de Kafka); ¿y qué? No hay una respuesta racional a ese «y qué». Podemos descomponer la historia, podemos averiguar cómo encajan sus elementos, cómo una parte del esquema se corresponde con otro; pero tiene que haber en nosotros cierta célula, cierto gen, cierto germen que vibre en respuesta a sensaciones que no se pueden ni definir ni desechar. *Belleza más compasión*: eso es lo máximo que podemos acercarnos a una definición del arte. Donde hay belleza hay compasión, por el simple hecho de que la belleza debe morir; la belleza siempre muere; la forma muere con la materia, el mundo muere con el individuo. Si a alguien le parece *La metamor-*

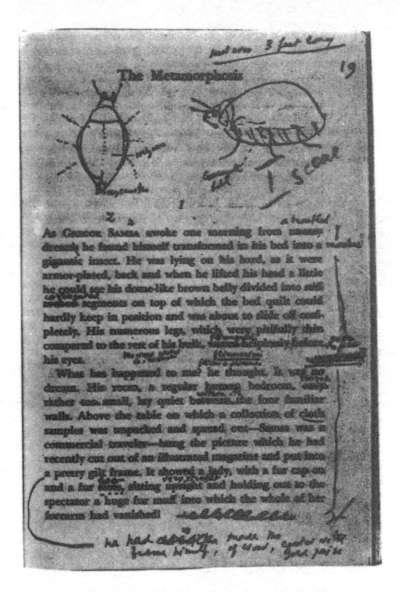

Primera página del ejemplar de La metamorfosis *utilizado
por Nabokov para sus lecciones.*

fosis de Kafka algo más que una fantasía entomológica, le felicitaré por haberse incorporado a las filas de los buenos y grandes lectores.

Quiero hablar de la fantasía, de la realidad y de su interrelación. Si consideramos el relato *El Dr. Jekyll y Mr. Hyde* una alegoría —la lucha del Bien y el Mal dentro de cada hombre—, entonces el relato resulta insulso y pueril. Para el lector que ve en él una alegoría, su juego de sombras postulará también acontecimientos físicos que el sentido común considera imposibles; pero en realidad, dentro del marco de la narración, como lo ve un espíritu dotado de sentido común, nada parece chocar a primera vista con la experiencia humana general. Quiero señalar, sin embargo, que una segunda mirada nos revela que el marco del relato sí choca con la experiencia humana general, y que Utterson y los demás personajes que se mueven alrededor de Jekyll son, en cierto modo, tan fantásticos como Mr. Hyde. No habrá encanto, a menos que los veamos bajo una luz fantástica. Y si desaparece el encantador y se quedan sólo el narrador y el maestro, la compañía que nos harán será bien pobre.

La historia del doctor Jekyll y Mr. Hyde está maravillosamente construida, pero es vieja. Su moral es absurda, ya que en realidad no se describen ni el bien ni el mal. En general, se dan por supuestos, y la lucha que se entabla es una lucha entre siluetas vacías. Su encanto reside en el arte con que Stevenson teje el relato; pero he de añadir que, puesto que arte y pensamiento, forma y materia, son inseparables, debe haber algo de estos elementos en la estructura de la historia también. Pero seamos precavidos. Sigo pensando que hay un defecto en la realización artística del relato —si consideramos forma y contenido por separado—, defecto inexistente en *El abrigo* de Gógol y en *La metamorfosis* de Kafka. El aspecto fantástico del marco —Utterson, Enfield, Poole, Lanyon y el Londres de estos personajes— no es del mismo tipo que el aspecto fantástico de la hydiación de Jekyll. Hay una grieta en el cuadro, una falta de unidad.

El abrigo, *El Dr. Jekyll y Mr. Hyde* y *La metamorfosis*: los tres relatos han sido calificados de fantasías. A mi modo de ver, cualquier obra de arte de calidad es una fantasía en la medida en que refleja el mundo único de un individuo único. Pero cuando la gente llama fantasías a estas tres narraciones, se refiere sólo a que su contenido se aparta de lo que suele llamarse en lenguaje corriente la realidad. Examinemos, pues, qué es esa *realidad*, a fin de descubrir de qué manera y en qué medida se apartan las supuestas fantasías de la supuesta realidad.

Imaginemos a tres hombres de distinto tipo paseando por un mismo paisaje. El primero es un hombre de ciudad que disfruta de unas merecidas vacaciones. El segundo es un botánico profesional. El tercero es un campesino del lugar. El primero, el hombre de ciudad, encarna lo que llamaríamos el tipo realista, práctico y con sentido común: ve los árboles como *árboles* y sabe por su mapa que la carretera por la que va es bastante nueva y conduce a Newton, donde hay un estupendo restaurante que le ha recomendado un compañero de la oficina. El botánico observa su entorno estrictamente desde el punto de vista de la vida de las plantas, unidades biológicamente precisas y clasificadas en árboles y hierbas, flores y helechos; para él, *ésa* es toda la realidad; para él, el mundo del turista imperturbable (que no distingue un roble de un olmo) parece un mundo fantástico, vago, quimérico. Finalmente, el del campesino local difiere de los otros dos por ser un mundo intensamente emocional y personal, pues ha nacido y ha crecido en él, y conoce cada sendero, cada árbol, cada sombra de árbol que se cruza en cada sendero, todo en cálida conexión con su trabajo diario y su niñez, y un millar de detalles menudos de ese lugar y ese tiempo concretos que los otros dos —el turista vulgar y el botánico taxonomista— sencillamente no pueden conocer.

Nuestro campesino desconocerá la relación de la vegetación que le rodea con una concepción botánica del mundo, y para el botánico no tendrá ninguna importancia ese granero o aquel prado o aquella casa vieja bajo los álamos, elementos todos ellos que flotan, por así decir, en un medio de recuerdos personales para quien ha nacido allí.

De modo que aquí tenemos tres mundos diferentes —tres hombres corrientes que tienen realidades distintas—, en los que, naturalmente, podríamos situar diversos otros seres: un ciego con un perro, un cazador con su perro, un perro con su amo, un pintor buscando una puesta de sol, etc. En cada uno de esos casos, sería un mundo completamente diferente del de los demás, dado que las palabras más objetivas, *árbol*, *camino*, *flor*, *cielo*, *granero*, *lluvia*, etc., tienen connotaciones subjetivas completamente distintas para cada uno de ellos. En efecto, esta vida subjetiva es tan fuerte que convierte la supuesta existencia objetiva en una cáscara vacía. El único modo de alcanzar la realidad objetiva es el siguiente: podemos coger estos diversos mundos individuales, mezclarlos, extraer una gota de esa mezcla, y llamarla *realidad objetiva*. Podemos saborear en ella una partícula de locura si un lunático ha pasado por esa localidad, o una partícula de hermosa y completa tontería si un hombre estuviera mirando un prado encantador e imaginando en él una estupenda fábrica de botones o de bombas; pero en general, estas partículas de locura se diluirían en la gota de realidad objetiva que observamos al trasluz en nuestro tubo de ensayo. Además, esta *realidad objetiva* contendrá algo que trasciende las ilusiones ópticas y las pruebas de laboratorio. Tendrá elementos de poesía, de sublime emoción, de energía y de esfuerzo (y aquí el rey de los botones puede encontrar su sitio adecuado), de piedad, de orgullo, de pasión... y de ganas de tomarse un buen filete en el restaurante recomendado en la carretera.

De manera que, cuando hablamos de realidad, de hecho

pensamos en todo esto, en una gota, en una muestra tomada de la mezcla de un millón de realidades individuales. Y es en este sentido como utilizo el término *realidad* cuando lo coloco ante un telón de fondo, como en los mundos de *El abrigo*, *El Dr. Jekyll y Mr. Hyde* y *La metamorfosis*, que son fantasías concretas.

En *El abrigo* y *La metamorfosis* hay una figura central dotada de cierta dosis de pathos humano en medio de personajes grotescos e insensibles, figuras divertidas o espantosas, asnos exhibiéndose como cebras, o híbridos de conejo y de rata. En *El abrigo*, la calidad humana de la figura central difiere de la de Gregor en la historia de Kafka, pero esta patética calidad humana está presente en los dos. En *El Dr. Jekyll y Mr. Hyde* no encontramos ese pathos humano, ni hay latido alguno en el corazón de la historia, ni una lamentación como el «no puedo salir, no puedo salir» del estornino (tan desgarrador en la fantasía de Sterne, *Viaje sentimental*). Sin duda, Stevenson dedica muchas páginas al horror de la situación de Jekyll; pero el libro, en definitiva, no es más que una soberbia función de marionetas. La belleza de las pesadillas de Gógol y de Kafka está en que sus personajes humanos centrales pertenecen al mismo mundo fantástico que los personajes inhumanos que les rodean, pero el personaje principal trata de escapar de ese mundo, quitarse la máscara, trascender el gabán o el caparazón. En cambio en el relato de Stevenson no hay unidad entre esos contrastes. Los Utterson, Poole, Enfield, etc., están concebidos como meros personajes vulgares, en realidad son personajes de Dickens, por lo que no son sino meros fantasmas ajenos a la realidad artística del propio Stevenson, del mismo modo que la niebla de Stevenson es obra del taller de Dickens para envolver un Londres convencional. De hecho, la droga mágica de Jekyll es, a mi juicio, más real que la vida de Utterson. Por otro lado, se supone que el tema fantástico de Jekyll-Hyde está en contraste con ese Londres convencional, cuando en realidad dicho contraste reside en la diferencia entre un tema gótico medieval y un tema dickensiano. No es la misma diferencia que la existente entre un mundo absurdo y el patéticamente absurdo Bashmachkin, o entre un mundo absurdo y el trágicamente absurdo Gregor.

El tema de Jekyll-Hyde no forma una unidad con su escenario porque el tipo de fantasía Jekyll-Hyde difiere del tipo de fantasía inherente al escenario. En realidad, no hay nada particularmente patético o trágico en Jekyll. Disfrutamos con cada detalle de ese maravilloso engaño, de ese hermoso juego de prestidigitación; pero no hay en él ningún latido artístico emocional, y el hecho de que sea Jekyll o Hyde quien predomine, le resulta completamente indiferente al buen lector. Hablo de distinciones muy sutiles, y es difícil exponerlas de manera sencilla. Cuando cierto filósofo francés de ideas claras aunque algo superficiales pidió al profundo pero oscuro filósofo alemán Hegel que expusiese sus concepciones de manera concisa, Hegel le contestó con aspereza: «Estas cosas no pueden exponerse ni de manera concisa ni en francés.» Pasemos por alto la cuestión de si Hegel tenía razón o no, y tratemos de resumir la diferencia entre el tipo de relato Gógol-Kafka y el de Stevenson.

En Gógol y Kafka, el absurdo personaje central pertenece al mundo absurdo que le rodea, pero entabla una lucha patética y trágica por salir de él e incorporarse al mundo de los seres humanos... y muere en la desesperación. En Stevenson, el irreal personaje central pertenece a una categoría de irrealidad distinta de la del mundo que le rodea. Es un personaje gótico en un ambiente dickensiano; y cuando lucha y muere, su destino posee sólo un pathos convencional. No quiero decir que la narración de Stevenson esté fallida. En absoluto. A mi modo de ver, es una pequeña obra maestra dentro de sus límites convencionales. Pero tiene sólo dos dimensiones; mientras que las narraciones de Gógol y Kafka tienen cinco o seis.

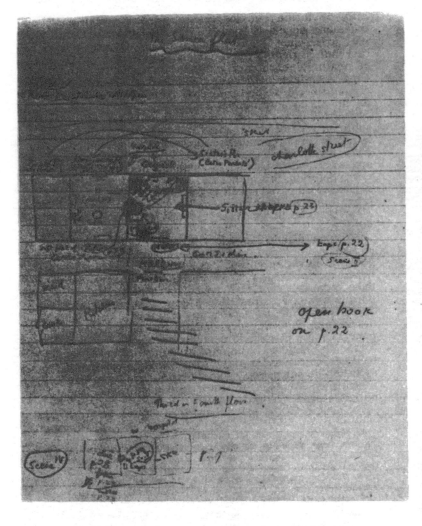

Plano del piso de Samsa, según un esbozo de Nabokov.

Nacido en 1883, Franz Kafka procedía de una familia judía germanohablante establecida en Praga, Checoslovaquia. Es el escritor alemán más grande de nuestro tiempo. A su lado, poetas como Rilke o novelistas como Thomas Mann son enanos o santos de escayola. Estudió leyes en la universidad alemana de Praga, y a partir de 1908 trabajó como empleado en las gogolianas oficinas de una compañía de seguros. Casi ninguna de sus hoy famosas obras, como *El proceso* (1925) o *El castillo* (1926), fueron publicadas en vida. La más grande de sus narraciones cortas, *La metamorfosis*, en alemán *Die Verwandlung*, fue escrita durante el otoño de 1912 y publicada en Leipzig en octubre de 1915. En 1917 escupió sangre, y el resto de su vida, que se prolongó durante siete años, estuvo jalonado por periódicas estancias en sanatorios centroeuropeos. En esos últimos años de su breve existencia (murió a la edad de cuarenta y dos años), vivió una feliz aventura amorosa con su amante en Berlín, en 1923, no lejos de donde yo vivía. En la primavera de 1924 ingresó en un sanatorio próximo a Viena, donde murió el 3 de junio, de tuberculosis de laringe. Fue enterrado en el cementerio judío de Praga. Pidió a su amigo Max Brod que quemara todos sus escritos, incluso los textos publicados. Afortunadamente, Brod no cumplió los deseos de su amigo.

Antes de empezar a hablar de *La metamorfosis* quiero rechazar dos opiniones. La primera es la opinión de Max Brod según la cual la única categoría aplicable a los escritos de Kafka, para su comprensión, es la de santidad y no la de literatura. Kafka fue ante todo un artista; y aunque se puede sostener que todo artista es en cierto modo un santo (de lo cual estoy convencido), no creo que puedan encontrarse implicaciones religiosas en el genio de Kafka. La otra opinión que quiero rechazar es la freudiana. Sus biógrafos freudianos, como Neider en *El mar helado* (1948), sostienen, por ejemplo, que *La metamorfosis* se basa en las complejas relaciones de Kafka con su padre, y en su perenne sentimiento de culpa; afirman además que, en el simbolismo mítico, los hijos están representados por bichos —cosa que dudo—, deducen que Kafka utiliza el símbolo del insecto para representar al hijo, según estos postulados freudianos. La chinche, dicen ellos, es un símbolo muy apropiado para caracterizar el sentimiento de inutilidad frente al padre. Me interesan las chinches, no las chinchorrerías; así que rechazo esta clase de disparates. El propio Kafka era extremadamente crítico en cuanto a las ideas freudianas. Consideraba el psicoanálisis (y cito sus palabras) «un irremediable error», y veía las teorías de Freud como cuadros muy aproximados, muy rudimentarios, que no hacían justicia a los detalles o, lo que es más importante, al meollo de la cuestión. Ésta es otra de las razones por las que prefiero dejar a un lado la concepción freudiana y centrarme en el aspecto artístico.

Quien más influyó sobre Kafka, desde un punto de vista literario, fue Flaubert. Flaubert, que odiaba la prosa preciosista, habría aplaudido la actitud de Kafka para con su herramienta. A Kafka le gustaba extraer sus términos del lenguaje del derecho y de la ciencia, dándole una especie de precisión irónica, sin intrusiones de los sentimientos personales del autor; éste fue exactamente el método utilizado por Flaubert para conseguir un efecto poético singular.

El protagonista de *La metamorfosis* es Gregor Samsa, hijo de unos padres de la clase media de Praga, filisteos flaubertianos, sólo interesados en el aspecto material de la vida, en suma, unos seres de gustos vulgares. Unos cinco años antes, el viejo Samsa había perdido gran parte de su fortuna, por lo que su hijo Gregor se vio obligado a colocarse en la empresa de uno de los acreedores del padre y a convertirse en viajante. Su padre entonces dejó de trabajar, su hermana Grete era demasiado joven para hacerlo, y su madre estaba enferma de asma. De modo que Gregor no sólo sostiene a la familia entera, sino que también les ha buscado el piso en el que ahora viven. Este piso, uno de tantos de un edificio de apartamentos, situado en Charlottestrasse para ser exactos, está dividido en segmentos, como se dividirá él mismo más adelante. Estamos en Praga, Europa central, en el año 1912; el servicio está barato, de forma que los Samsa pueden permitirse tener una doncella, Anna, de dieciséis años (un año más joven que Grete) y una cocinera. Gregor está casi todo el tiempo fuera, viajando; pero al iniciarse el relato, se encuentra pasando la noche en casa, entre dos viajes de negocios; y entonces sucede algo espantoso. «Al despertar Gregor Samsa una mañana de un sueño intranquilo, se encontró en la cama convertido en un monstruoso insecto. Estaba tendido sobre su espalda dura, como blindada, y al levantar la cabeza un poco, pudo ver su vientre oscuro y abombado, dividido en callosidades onduladas, cuya altura apenas si podía sostener la colcha, a punto de escurrirse del todo. Sus numerosas patas, lastimosamente delgadas comparadas con el resto del cuerpo, se agitaban impotentes ante sus ojos.

»"¿Qué me ha ocurrido?", pensó. No era un sueño...

»Gregor dirigió luego la vista hacia la ventana, y el tiempo nublado —podía oírse el golpeteo de las gotas de lluvia en el cinc del alféizar— le sumió en honda melancolía. ¿Y si dormía un poco más y olvidaba toda esta tontería?, pensó; pero no podía ser, porque estaba acostumbrado a dormir sobre el lado derecho y su actual estado no le permitía cambiar de postura. Por muy denodadamente que intentara ponerse sobre el costado derecho, basculaba y volvía a caer de espaldas. Lo intentó lo menos un centenar de veces, cerrando los ojos* para no ver la constante agitación de sus patas, y sólo

* Nabokov anota en su ejemplar: «Un escarabajo normal no tiene pestañas ni puede cerrar los ojos: se trata de un escarabajo normal con ojos humanos.» Sobre el pasaje en general, comenta: «En el alemán original hay un ritmo fluido y maravilloso en la sucesión de las frases. Está semidespierto; se da cuenta de su situación sin sorpresa, con aceptación infantil, al tiempo que maneja recuerdos humanos y experiencias humanas. La metamorfosis aún no es completa.» *(N. de la ed. inglesa.)*

desistió cuando empezó a sentir en ese lado un dolor leve y punzante que no había experimentado antes.

»"¡Dios mío", pensó, "qué trabajo más agotador he escogido! Viajar día sí, día no. Son muchas más las preocupaciones cuando se viaja que cuando se está en la oficina, y no hablemos de esta plaga de los viajes, cuidarse de los enlaces de los trenes, las comidas malas y a destiempo, la gente que no vuelves a ver, y la imposibilidad de hacer amigos duraderos. ¡Al diablo todo esto!" Sintió una picazón arriba en el vientre; lentamente, se deslizó de espaldas más hacia la cabecera de la cama, a fin de poder levantar la cabeza con mayor facilidad; identificó el lugar que le picaba, vio que lo tenía cubierto de unos puntitos blancos que no supo explicarse; y trató de tocárselo con una pata, pero la retiró inmediatamente, ya que en el momento del contacto le sacudió un escalofrío.»

Ahora veamos: ¿cuál es exactamente el «bicho» en que el pobre Gregor, oscuro viajante de comercio, se ha convertido de repente? Por supuesto, es de la especie de los artrópodos, a la que pertenecen las arañas, los ciempiés y los crustáceos. Si las «numerosas patitas» a que alude al principio son más de seis, entonces Gregor no sería un insecto desde el punto de vista zoológico. Pero supongo que un hombre que se despierta tumbado de espaldas y descubre seis patas agitándose en el aire puede imaginar que son suficientes como para decir «numerosas». Por tanto, supondremos que Gregor tiene seis patas, y que es un insecto.

La siguiente cuestión es: ¿qué insecto? Los comentaristas dicen que una *cucaracha*; pero esto, desde luego, no tiene sentido. La cucaracha es un insecto plano de grandes patas, y Gregor es todo menos plano: es convexo por las dos caras, la abdominal y la dorsal, y sus patas son pequeñas. Se parece a una cucaracha sólo en un aspecto: en su color marrón. Aparte de esto, tiene un tremendo vientre convexo, dividido en dos segmentos, con una espalda dura y abombada que sugiere unos élitros. En los escarabajos, estos élitros ocultan unas finas alitas que pueden desplegarse y transportar al escarabajo por millas y millas en torpe vuelo. Aunque parezca extraño, el escarabajo Gregor no llega a descubrir que tiene alas bajo el caparazón de su espalda (ésta es una observación más que quiero que atesoréis toda vuestra vida. Algunos Gregorios, algunos Pedros y Juanes, no saben que tienen alas). Además, posee fuertes mandíbulas. Utiliza estos órganos para darle la vuelta a la llave en la cerradura, erguido sobre sus patas traseras, sobre el tercer par (un fuerte par de patas), lo que nos da una idea de la longitud de su cuerpo: unos tres pies. En el transcurso del relato, se acostumbra poco a poco a utilizar sus nuevos apéndices: sus patas y sus antenas. Este escarabajo marrón, convexo, del tamaño de un perro, es ancho. Yo lo imaginaría así:

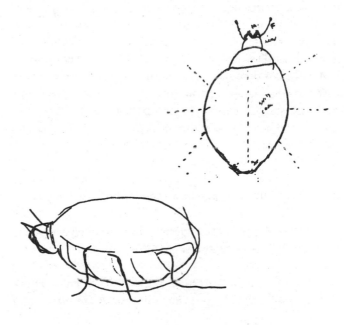

En el texto original alemán la vieja asistenta le llama *Mistkäfer*, «escarabajo pelotero». Es evidente que la buena mujer añade el epíteto con intenciones amistosas. Técnicamente, no es un escarabajo pelotero. Es sólo un escarabajo grande (debo añadir que ni Gregor ni Kafka lo ven con excesiva claridad).

Examinemos más de cerca la transformación. El cambio, aunque tremendo y horroroso, no es tan singular como podría suponerse a primera vista. Un comentarista apegado al sentido común (Paul L. Landsberg, en *The Kafka Problem* [1946]; ed. Ángel Flores) explica que «cuando nos acostamos en una cama rodeados de un ambiente extraño, tenemos propensión a experimentar un momentáneo desconcierto al despertarnos, una súbita sensación de irrealidad; experiencia que debe acontecerle una y otra vez a un viajante de comercio, ya que esta forma de vida le impide adquirir un sentimiento de continuidad». La sensación de realidad depende de la continuidad, de la duración. Al fin y al cabo, despertar como insecto no es muy distinto de despertar como Napoleón o como George Washington (yo he conocido a un hombre que se despertó creyendo que era el emperador de Brasil). Por otro lado, el aislamiento y la extrañeza ante la llamada realidad son en definitiva características constantes del artista, del genio, del descubridor. La familia Samsa que rodea al insecto no es otra cosa que la mediocridad que rodea al genio.

PRIMERA PARTE

Hablaré ahora de la estructura. La primera parte puede dividirse en siete escenas o segmentos:

Escena I: Gregor se despierta. Está solo. Se ha transformado ya en escarabajo, pero sus impresiones humanas aún se mezclan con los nuevos instintos de insecto. La escena termina con la introducción del elemento temporal, todavía humano.

«Miró el despertador, que marcaba su tictac encima de la cómoda. "¡Dios mío!", pensó. Eran las seis y media y las manecillas seguían avanzando tranquilamente, incluso pasaban de la media, casi señalaban las siete menos cuarto. ¿Es que no había sonado el despertador?... El siguiente tren salía a las siete; para cogerlo tendría que darse una prisa loca; sin embargo, aún tenía sin empaquetar el muestrario, y no se sentía en absoluto descansado y activo. Pero aunque cogiese el tren, no evitaría la severa amonestación del jefe, ya que el recadero de la empresa habría estado esperándole para el tren de las cinco y haría rato que habría informado de su ausencia.» Piensa decir que está enfermo, pero concluye que el médico del seguro certificará que se encuentra perfectamente. «¿Y qué pasaría entonces? En realidad, Gregor se sentía completamente bien, aparte de cierta somnolencia, desde luego superflua después de haber dormido tanto, y hasta tenía un apetito inusitado.»

Escena II: Los tres miembros de la familia llaman a la puerta y le hablan, respectivamente, desde el pasillo, desde el cuarto de estar y desde la habitación de la hermana. La familia de Gregor son sus parásitos: le explotan, le devoran por dentro. Ésta es su comezón en términos humanos. El ansia patética de buscar cierta protección frente al engaño, la crueldad y la suciedad es el factor decisivo para que se formara el caparazón, su escudo de escarabajo, que al principio parece fuerte y seguro, pero que al final se revela tan vulnerable como lo había sido su espíritu y su carne enferma. ¿Cuál de estos tres parásitos —el padre, la madre, la hermana— es el más cruel? Al principio, parece ser el padre. Pero no es ése el peor: es la hermana, la persona a quien Gregor más ama, pero que comienza a traicionarlo a partir de la escena de los muebles, hacia la mitad del relato. Con la segunda escena empieza el tema de la puerta: «Sonaron unos golpecitos en la puerta que había junto a la cabecera de la cama. "Gregor", dijo una voz —era la madre—, "son las siete menos cuarto. ¿No tenías que coger el tren?" ¡Esa dulce voz! Gregor sufrió un sobresalto cuando oyó su propia voz al contestar; era la suya, sin duda, con un tonillo lastimero, persistente, chillón... "Sí, sí; gracias, madre, ya me levanto." La puerta de madera que mediaba entre los dos debió de impedir que se notase desde fuera el cambio de su voz... No obstante, este breve intercambio de palabras hizo saber a los demás miembros de la familia que Gregor, contra toda previsión, aún estaba en casa, y su padre ya se puso a llamar en una de las puertas laterales, suavemente, pero con el puño: "Gregor, Gregor", dijo, "¿qué te pasa?" Y un momento después volvió a llamar más alto: "¡Gregor! ¡Gregor!" En la otra puerta lateral, su hermana preguntaba con voz baja y quejumbrosa: "¡Gregor! ¿No te encuentras bien? ¿Necesitas algo?" Gregor contestó a los dos a un tiempo: "Ya voy"; y procuró que su voz sonase lo más normal posible pronunciando las palabras con suma claridad y dejando largas pausas entre ellas. De modo que el padre volvió a su desayuno, pero la hermana susurró: "Gregor, abre la puerta, te lo suplico." Pero Gregor no tenía intención de abrir la puerta, y dio gracias por la prudente costumbre, adquirida en sus viajes, de cerrar con llave las puertas durante la noche, incluso en casa.»

Escena III: Corresponde a la suprema prueba de abandonar la cama; prueba en la que proyecta el hombre pero actúa el escarabajo. Gregor todavía piensa en su cuerpo en términos humanos; sin embargo, ahora la parte inferior del ser humano se ha convertido en la parte trasera de un escarabajo, y la parte superior de aquél es ahora la parte delantera de este último. Le parece que un escarabajo de pie es como

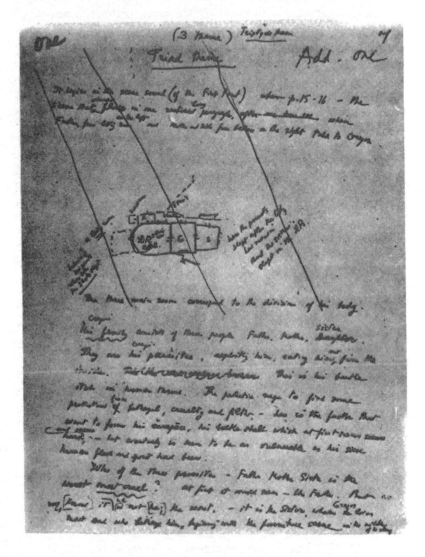

Anotaciones de Nabokov sobre el tema de la tríada en
La metamorfosis.

un hombre a gatas. Todavía no ha comprendido e insiste en levantarse sobre su tercer par de patas. «Primero quiso sacar de la cama la parte inferior del cuerpo; pero esta parte inferior, que, por lo demás, aún no había visto y de la que no podía hacerse clara idea, resultó ser demasiado difícil de mover; todo iba muy despacio; y cuando por último, casi enloquecido, apeló a todas sus fuerzas y se lanzó sin cuidado, equivocó la dirección y chocó pesadamente contra los pies de la cama; y el agudo dolor que sintió le hizo comprender que la parte inferior de su cuerpo era sin duda, en su estado actual, la más sensible... Pero luego se dijo: "Antes de que den las siete y cuarto tengo que estar sin falta fuera de la cama. De todas formas, para entonces habrá venido alguien de la oficina a preguntar por mí, pues suelen abrir antes de las siete." Y empezó a balancear todo el cuerpo a la vez en una serie de movimientos regulares, a fin de impulsarse fuera de la cama. Si caía de esa forma, evitaría hacerse daño en la cabeza alzándola en ángulo agudo en el momento de caer. La espalda parecía resistente, y probablemente la alfombra amortiguaría el golpe. Su mayor preocupación era el ruido inevitable que iba a producir su caída, el cual sin duda causaría inquietud, si no terror, al otro lado de las puertas. No obstante, era preciso arriesgarse... Ahora bien, prescindiendo del hecho de que las puertas estaban cerradas con llave, ¿convenía pedir ayuda? A pesar de lo desventurado de su situación, no pudo por menos de sonreír ante tal idea.»

Escena IV: Todavía se encuentra forcejeando cuando vuelve otra vez el tema de la familia, o tema de las numerosas puertas; y en el curso de esta escena cae finalmente de la cama y se oye un golpe sordo. La conversación sigue un poco el esquema de un coro griego. De la empresa han enviado al jefe de oficina para averiguar las causas de la ausencia de Gregor en la estación. Esta severa premura en controlar a un empleado poco puntual tiene todas las características de una pesadilla. Se repite el hablar a través de las puertas como en la segunda escena. Fijaos en la secuencia: el jefe de oficina le habla a Gregor desde el cuarto de estar, situado a la izquierda; su hermana Grete le habla desde la habitación de la derecha; la madre y el padre acompañan al jefe de oficina en el cuarto de estar. Gregor todavía puede hablar, pero su voz se vuelve cada vez más confusa, y poco después sus palabras dejan de ser inteligibles (en *Finnegans Wake*, que James Joyce escribe veinte años después, dos lavanderas hablan desde uno y otro lado del río y se van transformando gradualmente en un olmo corpulento y una roca). Gregor no comprende por qué su hermana sigue en la habitación de la derecha y no se reúne con los otros. «Sin duda, acababa de levantarse y aún no había empezado a vestirse. Bueno; pero ¿por qué lloraba? ¿Porque él no se levantaba y no dejaba pasar al jefe de oficina? Porque corría peligro de perder el empleo y el dueño empezaría de nuevo a apremiar a sus padres con sus viejas deudas. El pobre Gregor está tan acostumbrado a ser un mero instrumento en manos de su familia que no se plantea la cuestión de la compasión: no se le ocurre que Grete pueda estar preocupada por él. Madre y hermana se llaman mutuamente a través de la habitación de Gregor. Envían a la hermana y a la criada en busca del médico y del cerrajero. «Sin embargo, Gregor estaba ahora más calmado. Las palabras que profería no eran ya inteligibles para los demás, aunque a él le parecían bastante claras, más claras que antes, quizá porque el oído se había acostumbrado a su sonido. En cualquier caso, ahora ya creían que algo le pasaba, y estaban dispuestos a ayudarle. La confianza y firmeza con que se habían adoptado estas primeras medidas le reconfortaron. Se sintió nuevamente incluido en el círculo de los seres humanos, y esperó grandes y notables resultados del médico y el cerrajero, sin distinguir demasiado claramente entre uno y otro.»

Escena V: Gregor abre la puerta. «Lentamente, Gregor empujó la silla hacia la puerta, la soltó, se agarró de la puerta para sostenerse —los extremos de sus patas eran algo pegajosos— y descansó contra ella un momento, reponiéndose de los esfuerzos. Luego se puso a girar la llave en la cerradura con la boca. Por desgracia, carecía de dientes propiamente dichos al parecer, ¿con qué iba entonces a agarrar la llave?; pero por otra parte, sus mandíbulas eran muy fuertes; y en efecto, con ayuda de ellas se las arregló para mover la llave sin prestar atención al daño que sin duda se infligía, ya que le salía un líquido oscuro de la boca, resbalaba por la llave y goteaba en el suelo... Dado que había tenido que tirar de la puerta hacia sí, aún no le veían, aunque la puerta estaba ya abierta del todo. Tenía que bordear lentamente una de las hojas, y hacerlo con mucho cuidado para no caer bruscamente de espaldas en el umbral. Todavía estaba empeñado en esta difícil maniobra, sin tiempo para fijarse en otra cosa, cuando oyó al jefe de oficina exclamar un "¡Oh!" claro y distinto —sonó como una ráfaga de viento—, y pudo verlo, era el que estaba más próximo a la puerta, taparse la boca con una mano, y retroceder lentamente como empujado por alguna fuerza invisible y constante. Su madre —que a pesar de la presencia del jefe de oficina aún andaba con el pelo desgreñado y los mechones apuntando en todas direcciones— juntó primero las manos, miró a su padre, luego dio un paso o dos hacia Gregor, y se desplomó en el suelo con las faldas esparcidas a su alrededor y la cara oculta completamente en el pecho. El padre mostró el puño con una expresión feroz en la cara, como amenazando con meter a Gregor en su habitación de un puñetazo; luego miró vacilante por el cuarto de estar, se cubrió los ojos con las manos, y lloró hasta que los sollozos sacudieron su enorme pecho.»

Escena VI: Gregor trata de calmar al jefe de oficina, procurando evitar el despido. «"Bien", dijo Gregor, consciente de que era el único que no había perdido la calma, "me vestiré enseguida, ordenaré el muestrario y emprenderé el viaje. ¿Usted permitirá que viaje, no es así? Como ve, señor, no soy testarudo y tengo ganas de trabajar. El oficio de viajante es duro, pero no podría vivir sin viajar. ¿Adónde va, señor? ¿A la oficina? ¿Sí? ¿Dará usted un informe fidedigno de lo ocurrido? Uno puede verse incapacitado temporalmente, pero ése es el momento de recordar anteriores servicios, y recordar además que, una vez eliminado el obstáculo, uno trabajará con más interés y dedicación."» Pero el jefe de oficina retrocede horrorizado y tambaleante hacia la escalera para huir. Gregor intenta avanzar hacia él —el pasaje es maravilloso— apoyado en sus patas traseras; «pero inmediatamente cayó con un pequeño grito, mientras buscaba apoyo, sobre sus múltiples patitas. Tan pronto como estuvo en el suelo experimentó, por primera vez en esa mañana, una sensación de comodidad física; tuvo el suelo firme bajo sus patas; comprobó con alegría que éstas obedecían en todo momento; que incluso se esforzaban en trasladarse en la dirección que él deseaba, y se sintió inclinado a creer en la solución próxima y definitiva de todo su sufrimiento». Su madre da un brinco, y al huir de él derriba la cafetera que hay en la mesa del desayuno, derramando el café sobre la alfombra. «"¡Madre, madre!", dijo Gregor en voz baja, mirándola desde abajo. Se olvidó momentáneamente del jefe de oficina; en cambio, no pudo reprimir el dar varias dentelladas en el aire con las mandíbulas ante la visión del café derramado. Esto hizo gritar a la madre otra vez.» Gregor, buscando con la mirada al jefe de oficina, «dio un salto, dispuesto a darle alcance como fuera; pero el jefe de oficina debió de adivinar sus intenciones, pues salvó varios escalones de un salto y desapareció; aún profirió un ¡uh! que resonó en toda la escalera».

Escena VII: El padre empuja brutalmente a Gregor a su habitación, dando patadas y blandiendo un bastón en una mano y un periódico en la otra. Gregor tiene dificultades en cruzar la puerta entornada; pero obligado por su padre, forcejea hasta que queda inmóvil. «Un lado del cuerpo se levantó, y él quedó inclinado en el umbral, con un costado completamente magullado, dejando unas manchas horrendas en la puerta blanca, y no tardó en quedarse atascado, sin poderse mover solo, con las patitas de un lado agitándose en el aire, y las del otro dolorosamente aplastadas contra el suelo; entonces el padre le dio por detrás un empujón literalmente liberador que le arrojó dentro de la habitación, sangrando abundantemente. A continuación el padre cogió el picaporte de la puerta con el bastón, la cerró de un portazo, y al fin quedó todo en silencio.»

Segunda Parte

Escena I: Se hace el primer intento de alimentar al coleóptero Gregor. Con la impresión de que su estado es algún tipo de enfermedad horrible, aunque no desesperada, que pasará con el tiempo, le imponen la dieta de un ser humano enfermo: Gregor descubre que le han puesto un plato con leche. Las puertas están siempre presentes, esas puertas que se abren y se cierran sigilosamente en la oscuridad. Desde la cocina —al otro lado del pasillo— a la puerta de Gregor que da al pasillo, suenan unos pasos furtivos: son los pasos de su hermana, que le sacan de su sueño; entonces descubre el plato lleno de leche que le han metido en la habitación. Se le ha estropeado una de las patitas en el choque con su padre; la patita sanará, pero en esta escena cojea y la arrastra inútilmente tras de sí. Es un escarabajo grande que camina igual que todos los escarabajos, pero es más pequeño y más frágil que un ser humano. Gregor se dirige a la leche. ¡Ah!, pero aunque su mente todavía humana acepta ansiosa la idea de tomarse ese dulce plato de sopas de pan blanco con leche, su estómago y su gusto de escarabajo rechazan el alimento mamífero. Aunque tiene mucha hambre, la leche le resulta repugnante, y retrocede al centro de la habitación.

Escena II: Continúa el tema de las puertas y se inicia el de la duración. Asistimos al desarrollo del día y la noche usuales en la vida de Gregor durante este fantástico invierno de 1912, y al descubrimiento de su sensación de seguridad en el sofá. Pero miremos y escuchemos con Gregor a través de una grieta de la puerta que da a la izquierda. Su padre solía leer el periódico en voz alta para su mujer y su hija. Desde luego, esta costumbre se ha interrumpido, y el piso está silencioso, aunque no vacío; pero en general, la familia se va acostumbrando a la situación. Ahí está el hijo y hermano, sumido en una transformación monstruosa que debía haberles hecho salir corriendo a la calle a pedir auxilio con gritos y lágrimas expresando una salvaje compasión; sin embargo, ahí tenemos a los tres filisteos, tomándose el problema con toda tranquilidad.

No sé si leísteis en los periódicos, hará un par de años, una noticia sobre un chico y una chica de unos quince años que asesinaron a la madre de ella. Empieza con una escena muy kafkiana: la madre de la chica llega a casa y descubre a la pareja en el dormitorio; el chico golpea a la mujer con un martillo —varias veces— y la saca a rastras. Ya en la cocina, la mujer sigue debatiéndose y gimiendo; y el chico le dice a su novia: «Trae el martillo. Creo que hay que darle más.» Pero la muchacha le pasa un cuchillo, y el chico apuñala a la mujer una y otra vez, hasta rematarla... convencidos, quizá, de que están viviendo un tebeo, en donde una persona ve montones de estrellas y signos de admiración cuando la golpean, lo que no le impide reaparecer en el número siguiente. Pero la vida física carece de un número siguiente, y los chicos tienen que hacer algo con el cuerpo de la madre. «¡Ah, cal, eso la disolverá!» Naturalmente —maravillosa idea—, meterán el cadáver en una bañera, lo cubrirán de cal, y ya está. Una vez la madre enterrada en cal (que no surte efecto... quizá porque está pasada), el chico y la chica se toman varias cervezas. ¡Qué alegría! ¡Qué delicia! Música enlatada, cerveza enlatada. «Pero no se puede entrar en el cuarto de baño, chicos; está hecho una repugnancia.»

Lo que intento decir es que en la llamada vida real encontramos a veces situaciones que guardan una gran semejanza con la narración fantástica de Kafka. Ved la curiosa mentalidad de esos retrasados mentales que nos presenta Kafka, poniéndose a leer el periódico de la tarde a pesar del fantástico horror alojado en el interior de la vivienda. «"¡Qué vida más tranquila llevaba nuestra familia!", se dijo Gregor; y echado allí, inmóvil, mirando fijamente en la oscuridad, se sintió orgulloso de haber podido proporcionarles esa vida a sus padres y a su hermana en un piso tan bonito.» Su habitación es alta, está semivacía, y el escarabajo empieza a prevalecer sobre el hombre. La habitación «en la que tenía que permanecer echado en el suelo le producía aprensión no sabía por qué, ya que era suya desde hacía cinco años; y movido por un impulso semiconsciente, no carente de una ligera sensación de vergüenza, se metió debajo del sofá, donde enseguida se sintió a gusto, aunque se le quedó encajonada la espalda y no podía levantar la cabeza, y sólo lamentaba tener el cuerpo demasiado ancho para poderse meter del todo».

Escena III: La hermana de Gregor le trae una serie de alimentos. Retira el plato de leche; no con las manos, sino con un trapo, ya que lo ha tocado el monstruo repugnante. Sin embargo, Grete es una chiquilla lista y le trae toda una selección —verduras podridas, queso mohoso, huesos del día anterior con una salsa blanca pegada—, y Gregor se abalanza sobre ese festín. «Sucesivamente, y con lágrimas de satisfacción en los ojos, devoró el queso, las verduras y la salsa; en cambio, los alimentos frescos no le atraían lo más mínimo; ni siquiera podía soportar su olor y apartó un poco las cosas que le apetecían.» La hermana hace girar la llave lentamente como para avisarle de que debe retirarse; entra y limpia el sitio mientras Gregor, atiborrado de comida, corre a ocultarse debajo del sofá.

Escena IV: Grete, la hermana, adquiere una nueva importancia. Es ella quien alimenta al escarabajo; sólo ella entra en la madriguera del bicho, suspirando y lanzando de vez en cuando una plegaria a los santos —es una familia cristiana—. En un pasaje maravilloso, la cocinera cae de rodillas ante la señora Samsa y le suplica que la deje marcharse. Con lágrimas en los ojos agradece a los Samsa la autorización para marcharse —como si fuera un siervo liberado—; sin que nadie se lo haya sugerido, jura solemnemente no decir una sola palabra a nadie de lo ocurrido en la casa. «Gregor recibía su comida a diario, una vez por la mañana temprano mientras los padres y la criada aún dormían, y después de la comida de mediodía, ya que entonces los padres se echaban a dormir la siesta y la criada salía a hacer algún recado para la hermana. Sin duda, ellos no querían que él pasara hambre; pero quizá no podían soportar saber sobre su alimentación más de lo que adivinaban; quizá, también, la hermana quería ahorrarles cualquier posible preocupación, pues bastante les tocaba sufrir.»

Escena V: Esta escena es enormemente angustiosa. Se adivina que, en su pasado humano, Gregor ha sido engañado por su familia. Gregor había cogido la desagradable colocación en esa empresa de pesadilla porque quería ayudar a su padre, arruinado cinco años atrás. «Sencillamente habían acabado acostumbrándose; tanto Gregor como su familia; el dinero era recibido con agradecimiento, él lo entregaba de buena gana, pero no había en ello una afectuosidad especial. Sólo su hermana había permanecido estrechamente unida a él, y Gregor acariciaba el secreto proyecto, pues ella (a diferencia de él) amaba la música y tocaba el violín con mucho sentimiento, de mandarla a estudiar el año próximo al conservatorio, pese a los gastos que ello representaría, y que ya afrontaría de alguna manera. Durante sus breves estancias en casa, mencionaba a menudo el conservatorio en sus conversaciones con la hermana, pero siempre como un sueño hermoso que nunca podría hacerse realidad, y los padres incluso llegaron a desalentar estas inocentes alusiones; no obstante, Gregor había tomado la firme decisión y pensaba anunciarla solemnemente el día de Navidad.» Ahora, Gregor oye a su padre explicar que «se había salvado de la ruina cierta cantidad, sin duda muy pequeña, de dinero, que había aumentado un poco debido a que no se habían tocado los dividendos en todo ese tiempo. Además, no se había gastado todo el dinero que Gregor traía a casa cada mes —él se reservaba tan sólo una pequeña cantidad—, y ahora representaba un pequeño capital. Detrás de la puerta, Gregor aprobaba con la cabeza, y se alegraba de esta inesperada muestra de previsión y ahorro. Cierto que con ese remanente podía haber pagado algo más de las deudas que su padre tenía con su jefe, y haber visto más cercano el día en que podría dejar ese empleo; pero ahora, sin duda, esta disposición del padre era la más conveniente». La familia cree que ese dinero debe permanecer intacto por si empeora la situación; pero entretanto, ¿cómo afrontar los gastos diarios? El padre hace cinco años que no trabaja, y no se puede esperar que haga mucho. En cuanto a la madre, su asma le impide acometer cualquier trabajo. «¿Le tocaba a su hermana ganar el pan, ella que aún era una niña de diecisiete años y cuya vida hasta ahora había sido tan agradable, y sólo se había ocupado de arreglarse, dormir mucho, ayudar en la casa, participar en alguna modesta diversión y, sobre todo, tocar el violín? Al principio, cada vez que se mencionaba la necesidad de ganar dinero, Gregor se apartaba de la puerta y se lanzaba bajo el fresco sofá de cuero que había junto a ella, ardiendo de vergüenza y de pesar.»

Escena VI: Se inicia una nueva relación entre hermano y hermana, esta vez interviene una ventana en vez de una puerta. Gregor «no retrocedió ante el gran esfuerzo de empujar una butaca hasta la ventana, de encaramarse luego en el alféizar y, apalancado en la butaca, de apoyarse contra los cristales, movido evidentemente por el recuerdo de cierta sensación de libertad que antes sentía al mirar por la ventana». Gregor, o Kafka, parece creer que el impulso a acercarse a la ventana se debe al recuerdo de una experiencia humana. En realidad, es la reacción típica de un insecto a la luz: podemos descubrir toda clase de bichos polvorientos en los cristales de las ventanas: una mariposa tiesa, una típula con las patas encogidas, un pobre insecto atrapado en la telaraña de un rincón, un moscardón tratando de atravesar el cristal. La visión humana de Gregor va disminuyendo, de forma que no puede ver claramente ni siquiera el otro lado de la calle. El detalle humano es dominado por la idea general del insecto (pero no seamos insectos nosotros. Estudiemos primero todos los detalles del relato; la idea general vendrá sola más tarde, una vez reunidos todos los datos necesarios). La hermana no comprende que Gregor conserva un corazón humano, una sensibilidad humana, un sentido humano del decoro, del pudor, de la humildad y del orgullo. Le trastorna horriblemente con sus precipitaciones y el ruido que arma al abrir la ventana para que entre un poco de aire fresco, sin molestarse en ocultar su repugnancia ante el espantoso olor reinante en esa guarida. Un día, como un mes después de la metamorfosis de Gregor, «cuando la hermana sin duda ya no tenía motivo para sobresaltarse por su aspecto, entró un poco más temprano que de costumbre y le encontró mirando por la ventana, inmóvil, de tal forma que parecía un espectro... Grete retrocedió de un salto y cerró de un portazo; un extraño podría haber pensado que él se había apostado allí para morderla. Por supuesto, Gregor se ocultó inmediatamente debajo del sofá, pero tuvo que esperar hasta mediodía antes de que ella volviese a entrar, más nerviosa que de costumbre». Nadie sabe hasta qué punto hieren estas cosas. En un exquisito alarde de sentimiento, a fin de evitar su repugnante visión, Gregor, un día, «trasladó sobre su espalda una sábana hasta el sofá —operación en la que tardó cuatro horas— y la dispuso de forma que todo él quedase oculto; así, aunque ella se inclinase, no podría verle... Gregor creyó captar incluso una mirada de agradecimiento cuando levantó la sábana un poquito con la cabeza para ver cómo se tomaba la hermana esta disposición».

Fijémonos en la bondad y amabilidad de nuestro pobre monstruo. Su naturaleza escarabajil, aunque deforma y degrada su cuerpo, parece hacer aflorar en él toda su dulzura humana. Su absoluta generosidad, su constante preocupación por las necesidades de los demás... todo esto destaca con vigoroso relieve sobre el telón de fondo de su espantosa situación. El arte de Kafka consiste en acumular por un lado los rasgos de insecto de Gregor, todos los detalles dolorosos de su disfraz de insecto, y por otro, en mantener viva y limpia ante los ojos del lector la naturaleza dulce y delicada de Gregor.

Escena VII: Aquí tiene lugar la escena del traslado de los muebles. Han transcurrido dos meses. Hasta ahora sólo le ha visitado su hermana; pero, se dice Gregor a sí mismo, mi hermana es sólo una niña; ha cargado sobre sus hombros la tarea de cuidarme movida por una mera irreflexión infantil. Mi madre debería comprender mejor mi situación. Y en esta séptima escena, la madre, asmática, débil y despistada, entra en la habitación por primera vez. Kafka prepara la escena meticulosamente. Como distracción, Gregor había tomado la costumbre de recorrer las paredes y el techo. Se encuentra en el cenit de la exigua dicha que su naturaleza de escarabajo le puede aportar. «Su hermana se percató enseguida del nuevo entretenimiento de Gregor —dejaba un rastro de sustancia pegajosa allí donde ponía las patas— y se le ocurrió la idea de despejar el mayor espacio posible para caminar, quitando los muebles que estorbaban, sobre todo la cómoda y el escritorio.» Así que la madre entra para ayudarla a cambiar los muebles. Llega a la puerta exclamando con júbilo que quiere ver a su hijo, reacción maquinal e incongruente seguida de cierto mutismo cuando entra en la cámara misteriosa. «La hermana de Gregor, naturalmente, entró primero para comprobar que todo estaba en orden antes de que pasara la madre. Gregor se apresuró a bajar la sábana y arrugarla aún más, de forma que parecía como si la hubiesen echado casualmente encima del sofá. Esta vez no espió por debajo; renunció a la posibilidad de ver a su madre en esta ocasión y se sintió contento sólo con que entrara. "Pasa; no se le ve", dijo su hermana; evidentemente, conducía a la madre de la mano.»

Las mujeres hacen denodados esfuerzos para mover el pesado mueble de su sitio, hasta que la madre expresa cierto pensamiento humano, ingenuo pero amable, débil pero no desprovisto de sentimiento, cuando dice: «¿No parece como si le estuviésemos demostrando, al retirar sus muebles, que hemos perdido toda esperanza en su mejoría y que le abandonamos fríamente a su suerte? Creo que sería mejor conservar su habitación exactamente como siempre la ha tenido, de modo que cuando vuelva a nosotros lo encuentre todo igual, y pueda olvidar más fácilmente lo ocurrido.» Gregor se siente desgarrado por dos emociones. Su naturaleza de escarabajo le sugiere que una habitación vacía y con las paredes desnudas será más cómoda de recorrer —todo lo que necesitaría sería una grieta donde ocultarse, su indispensable sofá—; por lo demás, no necesita todas esas comodidades y adornos humanos. Pero la voz de su madre le recuerda su naturaleza y su origen humanos. Por desgracia, su hermana ha adquirido una singular seguridad en sí misma y se ha acostumbrado a considerarse una experta en las cuestiones de su hermano frente a sus padres. «Otro factor podía ser también el temperamento entusiasta de adolescente, que trata de manifestarse siempre que puede y que ahora tentaba a Grete a exagerar el horror de las circunstancias de su hermano a fin de poder hacer más por él.» Ésta es una curiosa observación: es la hermana autoritaria, la hermana fuerte de los cuentos de hadas, la hermosa entrometida dominando a los tontos de la familia, las hermanas orgullosas de Cenicienta, el símbolo cruel de la salud, la juventud y la belleza radiante en la casa del polvo y la desgracia. Por último, deciden quitar las cosas aunque tienen que luchar denodadamente con la cómoda. Gregor siente un pánico espantoso. Guardaba su sierra de calar en esa cómoda, con la que hacía cosas en sus ratos libres en casa; era su única afición.

Escena VIII: Gregor trata de salvar al menos el cuadro cuyo marco había hecho él con su querida sierra. Kafka varía sus efectos en el sentido de que a cada momento la familia ve el escarabajo en una nueva postura, en algún nuevo lugar. Aquí Gregor sale de su escondite sin ser visto por las dos mujeres, empeñadas en sacar la mesa de escritorio, trepa por la pared y se agarra al cuadro pegando su abdomen caliente y seco en el cristal frío y sedante. La madre no es de mucha ayuda en esta tarea de trasladar muebles, y Grete tiene que sostenerla. Grete aparece siempre fuerte y sana, mientras que no sólo su hermano, sino también los padres (después de la escena en que le arrojan una manzana) están a punto de caer en una especie de embotamiento, de inconsciencia senil y apática; pero Grete, con vigorosa salud y arrebolada adolescencia, les mantiene en pie.

Escena IX: A pesar de los esfuerzos de Grete, la madre llega a ver «la enorme mancha oscura sobre el papel floreado de la pared, y antes de tomar conciencia verdaderamente de que esa masa era Gregor, gritó con voz alta y ronca: "¡Dios mío! ¡Dios mío!", se desplomó con los brazos abiertos, como rendida, sobre el sofá y se quedó inmóvil». «¡Gregor!», exclamó la hermana, agitando el puño y mirándole con ferocidad. Era la primera vez desde la metamorfosis que le dirigía la palabra de forma directa. Corre al cuarto de estar en busca de algo para reanimar a su madre. «Gregor quiso colaborar también —habría tiempo de sobra para rescatar el cuadro—, pero estaba pegado al cristal y tuvo que hacer esfuerzos para soltarse; a continuación echó a correr tras de su hermana a la habitación contigua como si pudiese aconsejarla, como solía hacer; pero tuvo que quedarse impotente detrás de ella; entretanto, Grete buscó entre los diversos frascos; y al volverse, se asustó, un frasco cayó al suelo y se rompió; un trozo de cristal le hizo un corte a Gregor en la cara, y una especie de medicamento corrosivo le salpicó. Sin perder un segundo, Grete cogió todos los frascos que pudo y corrió a reunirse con su madre; cerró la puerta con el pie dando un portazo. Gregor se encontró separado de su madre, que quizás estaba al borde de la muerte por culpa suya; no se atrevió a abrir la puerta por temor a ahuyentar a la hermana, que tenía que atender a su madre; no podía hacer otra cosa que esperar; y atormentado por los remordimientos y la inquietud, empezó a recorrerlo todo, las paredes, los muebles, el techo; por último, desesperado, cuando toda la habitación parecía girar a su alrededor, cayó en medio de la mesa.» Se produce un cambio en la posición de cada uno de los miembros de la familia. La madre (en el sofá) y la hermana están en medio de la habitación; Gregor se encuentra en un rincón de la habitación de la izquierda. Después, el padre regresa a casa y entra en el cuarto de estar. «Así que [Gregor] corrió a la puerta de su dormitorio y se acurrucó contra ella, a fin de que el padre, tan pronto como entrara desde el vestíbulo, viese que su hijo tenía toda la intención de regresar a su cuarto, y que no hacía falta obligarle, sino tan sólo abrirle la puerta, para que desapareciese por ella inmediatamente.»

Escena X: Ésta es la escena en la que le arrojan la manzana. El padre de Gregor ha cambiado: ahora se encuentra en la plenitud de su poder. En vez del hombre que solía permanecer tumbado en la cama, cansado, y apenas podía levantar el brazo para saludar, y que cuando salía se arrastraba penosamente con un bastón, «ahora estaba allí, de pie y muy tieso; vestía un rígido uniforme azul con botones dorados, como el que suelen llevar los ordenanzas de los bancos; su papada le sobresalía por encima del cuello alto y duro de la levita; de debajo de sus cejas pobladas, sus ojos negros lanzaban vivas y penetrantes miradas; el pelo blanco, en otro tiempo revuelto, lo llevaba ahora pulcramente peinado y aplastado a uno y otro lado de una raya exacta. Lanzó la gorra, que ostentaba un monograma dorado, probablemente el distintivo de algún banco, con un amplio movimiento desde el otro lado de la habitación al sofá; y con los faldones de la levita hacia atrás y las manos en los bolsillos del pantalón, se volvió con gesto hosco hacia Gregor. Sin duda, él mismo no sabía qué iba a hacer; de todos modos levantó el pie muy alto, y Gregor se quedó pasmado ante el enorme tamaño de la suela de su bota».

Como de costumbre, Gregor se siente tremendamente interesado por el movimiento de las piernas humanas, de los gruesos y enormes pies humanos, tan distintos de sus apéndices que se movían en una agitación continua. Tenemos aquí una repetición del tema del movimiento lento (el jefe de oficina, al retroceder, lo había hecho lentamente). Ahora, padre e hijo, lentamente, dan vueltas en la habitación: y en efecto, aquello apenas parecía una persecución. Acto seguido, el padre empieza a bombardear a Gregor con los únicos proyectiles que encuentra en el cuarto de estar-comedor:

unas manzanas, unas manzanitas rojas; y Gregor tiene que retroceder hacia la habitación del centro, hacia su refugio. «Una manzana arrojada sin mucha fuerza rozó la espalda de Gregor y rebotó sin causarle daño. La siguiente, en cambio, le penetró literalmente en la espalda; Gregor quiso seguir avanzando, como si quisiese dejar atrás este dolor increíble, espantoso; pero se quedó como clavado donde estaba, despatarrado, con todos los sentidos trastornados. Alzó una última mirada, vio abrirse con violencia la puerta de su habitación, y salir a la madre en camiseta, dado que la hija le había quitado la ropa para que respirase más libremente y volviera en sí, seguida de su hermana gritando, vio a la madre correr hacia el padre, perdiendo una tras otra sus enaguas desanudadas, enredándose con ellas, precipitarse a sus brazos y abrazarlo uniéndose completamente con él —pero aquí empezó a fallarle la vista a Gregor—, y con las manos en torno al cuello del padre, suplicarle que perdonase la vida al hijo.»

Éste es el final de la segunda parte. Resumamos la situación. La hermana se ha convertido en franca antagonista del hermano. Puede que le quisiese en otro tiempo; pero ahora le mira con desagrado e irritación. La señora Samsa lucha con su asma y sus emociones. Es una madre bastante maquinal, con un amor maquinal por su hijo; pero no tardamos en comprobar que también ella está dispuesta a abandonarle. El padre, como he dicho ya, ha llegado en cierto modo a la cima de la fuerza y la brutalidad. Desde el principio mismo estaba deseoso de herir físicamente a su hijo desvalido; y ahora, la manzana que le arroja se ha hincado en la carne de escarabajo del pobre Gregor.

TERCERA PARTE

Escena I: «La grave herida de Gregor, que le tuvo imposibilitado más de un mes —la manzana seguía como testimonio visible, hundida en su cuerpo, ya que nadie se atrevía a quitársela—, pareció recordar incluso al padre que Gregor era miembro de la familia pese a su actual aspecto triste y repulsivo, y que no debía ser tratado como un enemigo; que, al contrario, el deber familiar exigía pasar por alto toda repugnancia y resignarse, sólo resignarse.» Reaparece el tema de la puerta, pues ahora, por la noche, dejan abierta la puerta que comunica la habitación a oscuras de Gregor con el cuarto de estar iluminado. Se trata de una situación delicada. En la escena anterior, el padre y la madre habían alcanzado su más alto grado de energía; él, con su flamante uniforme, arrojándole las pequeñas bombas rojas, símbolos de la fecundidad y la virilidad; ella, la madre, cambiando el mobiliario pese a la afección de sus vías respiratorias. Pero después de ese apogeo viene un descenso, un debilitamiento. Parece como si el padre estuviese a punto de desintegrarse y convertirse en un débil escarabajo. A través de esta puerta abierta se establece una extraña corriente. El mal escarabajil de Gregor es contagioso, al parecer le ha transmitido al padre la debilidad, el embotamiento, la mugre. «Poco después de cenar el padre solía quedarse dormido en su butaca; la madre y la hermana se exhortaban mutuamente a guardar silencio. La madre, encorvada junto a la lámpara, cosía ropa interior para un establecimiento; la hermana, que se había colocado de dependienta, estudiaba taquigrafía y francés por las noches para subir de categoría. A veces se despertaba el padre, y como si no supiese que había estado durmiendo, decía a la madre: "¡Cuánto coses hoy!", y acto seguido se volvía a dormir, mientras las dos mujeres intercambiaban una sonrisa cansada.

»El padre insistía tercamente en seguir con el uniforme puesto en casa; y mientras su bata colgaba inútil de su percha, él dormía completamente vestido, como dispuesto a prestar sus servicios en cualquier momento, pendiente sólo de la llamada de su superior. En consecuencia, su uniforme, que en principio no era enteramente nuevo, empezaba a tener un aspecto sucio a pesar de los amorosos cuidados de la madre y de la hermana por mantenerlo limpio, y Gregor se pasaba a menudo las tardes observando las numerosas manchas de grasa del traje de botones dorados y siempre relucientes, con el que el viejo se quedaba dormido incómodo aunque tranquilo en su butaca.»

El padre se niega siempre a irse a la cama cuando llega el momento, a pesar de todas las incitaciones de la madre y de la hija, hasta que finalmente las dos mujeres lo levantan de la butaca cogiéndolo por las axilas, «y apoyándose en las dos, se ponía en pie dificultosamente, como si fuese un enorme fardo, se dejaba conducir hasta la puerta y luego les indicaba con un gesto de mano que le dejasen, mientras la madre abandonaba su labor y la hermana su pluma para correr a ayudarle un poco más». El uniforme del padre llega a parecerse bastante al del enorme pero deslustrado escarabajo. Su cansada y agobiada familia tiene que trasladarle de una habitación a otra, y a la cama.

Escena II: Continúa la desintegración de la familia Samsa. Despiden a la criada y contratan a una asistenta más barata, persona gigantesca y huesuda que va a encargarse de los trabajos más duros. Hay que tener en cuenta que era mucho más difícil limpiar y cocinar en Praga en 1912 que en Ithaca en 1951. Tienen que vender varias joyas de la familia. «Pero lo que más sentían era el hecho de no poder dejar el piso, demasiado grande en las actuales circunstancias, ya que no cabía ni pensar en trasladar a Gregor. Pero de sobra se daba cuenta éste de que no era la consideración con él el principal obstáculo para la mudanza, puesto que sin duda se le podía transportar con toda facilidad en un cajón con unos cuantos agujeros para respirar; lo que en realidad les impedía mudarse de casa era más bien su completa desesperación y la creencia de que habían sido elegidos por la desgracia como jamás le había ocurrido a ninguno de sus parientes o conocidos.» La familia es de un egoísmo total, y se siente sin fuerzas para cumplir siquiera con las obligaciones diarias.

Escena III: A la mente de Gregor acude un último destello de recuerdos humanos, propiciado por el deseo todavía vivo en él de ayudar a su familia. Incluso llega a recordar vagos amores; «pero lejos de poderles ayudar a él y a su familia, todas [aquellas personas] eran inaccesibles, y se alegró cuando se borraron de su memoria». Esta escena está dedicada principalmente a Grete, que ahora es la mala de la obra. «La hermana ya no se preocupaba en averiguar qué podía gustarle más, sino que, por la mañana y a mediodía, antes de marcharse al trabajo, metía apresuradamente con el pie, en la habitación de Gregor, lo primero que encontraba, y por la tarde lo recogía de un escobazo sin mirar siquiera si lo había probado o —lo que era más frecuente— estaba intacto. La limpieza de la habitación, que ahora hacía ella por las tardes, no podía ser más superficial. Las paredes ostentaban franjas de suciedad; había bolas de pelusa y de porquería por todas partes. Al principio, cuando entraba su hermana, Gregor se situaba en los rincones más sucios a fin de reprochárselo, por así decir. Sin embargo, podría haberse quedado allí durante semanas sin inmutarla; veía la suciedad tan bien como él, pero había decidido dejarla estar. No obstante, con una susceptibilidad completamente nueva en ella, pero que parecía haberse contagiado de algún modo a toda la familia, se reservaba para sí el cuidado de Gregor.» Un día en que su madre quiere hacer una limpieza a fondo con varios cubos de agua —aunque la humedad desagrada a Gregor—, se origina una grotesca pelea familiar. La hermana estalla en una tormenta de lágrimas mientras los padres se quedan mirándola con perplejidad; «hasta que también ellos empezaron a reaccionar; el padre reprochó a la madre, a su derecha, el no dejar la limpieza de la habitación de Gregor a cargo de la hermana; a su izquierda, en cambio, la hermana gritaba que nunca más le permitirían limpiar la habitación de Gregor; entretanto la madre trataba de meter al padre a empujones en su cuarto, viéndole tan fuera de sí, la hermana, sacudida por los sollozos, golpeaba la mesa con los pequeños puños apretados, y Gregor silbaba de rabia porque a nadie se le ocurría cerrar la puerta para ahorrarle semejante espectáculo y alboroto».

Escena IV: Se establece una extraña relación entre Gregor y la asistenta, a quien, en vez de asustarle su presencia, le divierte y hasta le gusta. «Ven aquí, viejo escarabajo pelotero», le dice. Afuera está lloviendo; son tal vez los primeros signos de la primavera.

Escena V: Llegan los huéspedes, tres subinquilinos con barba, obsesionados por el orden. Son seres maquinales; sus barbas constituyen una máscara de respetabilidad, pero en el fondo estos señores de aspecto grave son unos granujas presuntuosos. En esta escena se opera un gran cambio en el piso. Los huéspedes se instalan en el dormitorio de los padres, situado en el extremo izquierdo del piso, más allá del cuarto de estar. Los padres se cambian a la habitación de la hermana, a la derecha del cuarto de Gregor; y Grete tiene que dormir en el cuarto de estar, quedándose sin habitación propia ya que los huéspedes hacen las comidas y pasan las tardes en el cuarto de estar. Además, los tres subinquilinos han traído al piso algunos de sus propios muebles. Manifiestan un amor endiablado por la pulcritud superficial, y todos los chirimbolos molestos van a parar a la habitación de Gregor. Sucede pues exactamente lo contrario de lo que había ocurrido en la escena de los muebles de la segunda parte —escena VII—, cuando se procuró quitar todo lo que estorbaba de la habitación de Gregor. En aquella ocasión hubo una especie de reflujo de muebles; ahora vuelve la marea, vuelven los desechos, y entra toda clase de trastos; y curiosamente, Gregor, aunque escarabajo enfermo —la herida infectada de la manzana y el hambre le tienen muy débil—, encuentra cierto placer deambulando en medio de tanto cachivache. En esta escena V de la tercera parte, en la que tienen lugar todos los cambios, se describe la alteración de las comidas de la familia. El movimiento maquinal de los barbados autómatas se corresponde con la reacción automática de los Samsa. Los huéspedes «se sentaron al extremo de la mesa en la que en otro tiempo comían Gregor, el padre y la madre; desdoblaron sus servilletas y empuñaron el cuchillo y el tenedor. Al punto apareció la madre por la otra puerta con una fuente de carne, seguida por la hermana con otra fuente de patatas apiladas. La comida despedía un vaho espeso. Los huéspedes se inclinaron sobre las fuentes colocadas ante ellos como para inspeccionarlas antes de comer; de hecho, el hombre del centro, que parecía aventajar en autoridad a los otros dos, cortó un trozo de carne en la misma fuente, sin duda para probar si estaba tierna o debía ser devuelta a la cocina. Mostró su satisfacción, y la madre y la hermana, que habían estado observándole con ansiedad, empezaron a sonreír tras un hondo suspiro». Vuelve a recordarse el envidioso interés de Gregor por los pies grandes; ahora Gregor, sin dientes, siente interés por los dientes también. «Le chocaba a Gregor que, entre los distintos ruidos que le llegaban de la mesa, pudiese distinguir siempre el producido por los dientes al masticar, como subrayándole que se necesitaban dientes para comer, y que con unas mandíbulas desdentadas, por hermosas que fuesen, no se podía hacer nada. "Bastante hambre tengo", se dijo Gregor con tristeza; "pero no de esa clase de comida. ¡Cómo se atiborran estos huéspedes, y mientras yo aquí, muriéndome de hambre!"»

Escena VI: En esta gran escena musical los huéspedes han oído a Grete tocar el violín en la cocina, y reaccionando automáticamente al poder de distracción de la música, sugieren que toque para ellos. Los tres subinquilinos y los Samsa se reúnen en el cuarto de estar.

Sin el menor deseo de polemizar con los amantes de la música, quiero señalar que la música, tomada en sentido general, tal como es percibida por sus consumidores, pertenece a una forma más primitiva y animal en la escala de las artes que la literatura o la pintura. Hablo de la música considerada globalmente, no como creación, imaginación y composición, aspectos en los que desde luego rivaliza con la literatura y la pintura, sino según el efecto que produce en el oyente medio. Un gran compositor, un gran escritor, un gran pintor son hermanos. Pero creo que el impacto que la música produce de manera general y primitiva en el oyente es de calidad más modesta que el de un libro medio o un cuadro medio. Pienso sobre todo en la influencia sedante, apaciguadora, que la música ejerce en algunas personas a través de la radio o de los discos.

En el relato de Kafka se trata sólo de una chica rascando lastimosamente su violín, que en este pasaje equivale a la música estereotipada o radiofónica de hoy día. Lo que acabo de decir corresponde a las ideas de Kafka sobre la música en general, que tiene una capacidad embobadora, paralizadora, animalizadora. Debemos tener presente esta concepción a la hora de interpretar una importante frase, mal comprendida por algunos traductores. Literalmente, se lee: «¿Era él un animal, para que le afectase tanto la música?» Es decir, en su forma humana le había gustado poco; pero ahora, en su condición de escarabajo, sucumbe: «Le parecía como si ante él se abriese el camino hacia el alimento desconocido y anhelado.» La escena se desarrolla de la siguiente manera: La hermana de Gregor empieza a tocar para los huéspedes. Gregor se siente atraído por la música y asoma la cabeza al cuarto de estar, «casi no le sorprendía su creciente falta de consideración con los demás; en otra época, este respeto le enorgullecía. Sin embargo, en esta ocasión, tenía más motivos que nunca para ocultarse; porque debido a la cantidad de polvo que había en su habitación y que se levantaba al menor movimiento, él también estaba cubierto de polvo, y arrastraba tras de sí, prendidos en su espalda y sus costados pelusas y cabellos y restos de comida; su indiferencia respecto a todo era demasiado grande para tenderse y limpiarse restregándose contra la alfombra, como hacía antes varias veces al día. No obstante, a pesar de su estado, ningún rubor le impidió avanzar un poco por el suelo inmaculado del cuarto de estar».

Al principio nadie advierte su presencia. Los huéspedes, decepcionadas sus expectativas de escuchar una buena ejecución de violín, se han agrupado junto a la ventana y murmuran entre sí, esperando el fin de la sesión musical. Sin embargo, para Gregor, su hermana toca a las mil maravillas. «Avanzó un poco más y pegó la cabeza al suelo buscando la posibilidad de que su mirada encontrase la de ella. ¿Era un animal, para que le afectase tanto la música? Le parecía como si ante él se abriese el camino hacia el alimento desconocido y anhelado. Estaba decidido a llegar hasta su hermana, tirarle de la falda y hacerle saber que debía ir a su habitación con el violín, porque aquí nadie apreciaba su ejecución como la apreciaría él. No la dejaría salir más de su habitación; al menos mientras viviese; por primera vez, le sería útil su aspecto espantoso; vigilaría todas las puertas de su habitación al mismo tiempo y echaría a los intrusos; pero su hermana no necesitaría que la obligasen, se quedaría con él por su propia voluntad; se sentaría junto a él en el sofá, inclinaría el oído hacia él y le oiría confiarle que tenía la firme intención de enviarla al conservatorio y que, de no haberle ocurrido esta desgracia, las pasadas Navidades —porque habían pasado hacía tiempo ya, ¿no?— lo habría anunciado a todos sin admitir ninguna objeción. Tras esta confidencia, su hermana se sentiría tan conmovida que rompería a llorar, y Gregor se auparía hasta su hombro y le besaría el cuello, que ahora que trabajaba llevaba desnudo, sin cintas ni cuellos de vestido.»

De repente, el huésped del centro descubre a Gregor; pero el padre, en vez de echar a Gregor, intenta tranquilizar a los huéspedes e (invirtiendo las acciones) «extendiendo los brazos, trató de exhortarles a que se recluyeran en su propia habitación, y de ocultarles al mismo tiempo la visión de Gregor. Entonces ellos empezaron a mostrarse algo irritados, no se sabe si por la actitud del viejo o porque acababan de darse cuenta de que habían tenido en la habitación contigua a un vecino como Gregor. Pidieron explicaciones al padre, agitando los brazos como él, se tiraron de las barbas con desasosiego, y retrocedieron de mala gana a su habitación». La hermana entra precipitadamente en la habitación de los huéspedes y les hace las camas a toda prisa; pero «el viejo parecía tan dominado otra vez por su agresiva obstinación, olvidando el más elemental respeto que debía mostrar para con sus huéspedes. Siguió empujándoles y empujándoles hasta la misma puerta del dormitorio cuando, ya en el umbral, el huésped de en medio dio una sonora patada en el suelo y le detuvo. "Les comunico a ustedes", dijo el huésped, alzando una mano y mirando también a la madre y a la hermana de Gregor, "que en vista de las repugnantes condiciones que imperan en esta casa y esta familia", al llegar aquí escupió en el suelo con elocuente brevedad, "me despido ahora mismo. Naturalmente, no les voy a pagar un céntimo por los días que he vivido aquí; al contrario, veré si procede exigirles daños y perjuicios; reclamación que, pueden creerme, va a ser muy fácil de justificar." Calló, y se quedó mirando fijamente ante sí, como si esperase algo. Y en efecto, sus dos amigos intervinieron con estas palabras: "Nosotros nos marchamos ahora mismo también." Y dicho esto, el de en medio cogió el picaporte y cerró la puerta con un golpazo».

Escena VII: La hermana se quita completamente la máscara; su traición es absoluta; y fatal para Gregor. «No quiero pronunciar el nombre de mi hermano en presencia de este bicho, así que todo lo que tengo que decir es que debemos tratar de librarnos de él...

»—Debemos tratar de librarnos de él —dijo ahora la hermana dirigiéndose al padre, ya que la madre, con su tos, no oía demasiado—. Si no, acabará matándoos a los dos, lo estoy viendo. Cuando se trabaja como trabajamos nosotros, no es posible soportar encima este tormento continuo en casa. Al menos yo no puedo más —y prorrumpió en unos sollozos tan agitados que sus lágrimas cayeron sobre el rostro de la madre, quien se las limpió maquinalmente.» El padre y la hija coinciden en que Gregor no les comprende, y que por tanto no es posible llegar a un acuerdo con él.

«—Debe irse —exclamó la hermana de Gregor—; es la única solución, padre. Y quítate de la cabeza la idea de que se trata de Gregor. El que lo hayamos creído así durante tanto tiempo es la causa de todos nuestros males. Pero ¿cómo podría ser Gregor? Si fuese Gregor, hace tiempo que se habría dado cuenta de que los seres humanos no pueden convivir con semejante bicho, y él mismo se habría marchado por propia iniciativa. Entonces habríamos perdido al hermano, pero habríamos podido seguir viviendo y honrando su memoria. Mientras que así, este animal nos acosa, ahuyenta a nuestros huéspedes y pretende conquistar todo el piso para él, dejándonos dormir junto al arroyo.»

El hecho de haber dejado de existir como hermano humano y de verse obligado a desaparecer ahora como escarabajo, asesta a Gregor el último golpe. Penosamente, porque se encuentra muy débil e impedido, regresa arrastrándose a su habitación. Al llegar al umbral, se vuelve y echa una última mirada a la madre, que está medio dormida. «Apenas se encontró dentro de su habitación, se cerró la puerta de golpe, y oyó que echaban el cerrojo y la llave. Este súbito ruido a su espalda le sobresaltó de tal modo que le fallaron las patitas bajo su peso. Era su hermana quien había mostrado tanta prisa. Había estado esperando, preparada, y había saltado inmediatamente. Gregor no la había oído acercarse. Y exclamó: "¡Al fin!", dirigiéndose a sus padres al tiempo que hacía girar la llave en la cerradura.» A oscuras en la habitación, Gregor descubre que no puede moverse, y aunque le duele el cuerpo, parece que van cediendo los dolores. «Apenas si notaba ya la manzana podrida en la espalda y la zona inflamada de su alrededor, cubierta de un ligero polvillo. Pensó en su familia con ternura y cariño. Estaba aún más firmemente convencido que su hermana, si cabía, de que debía desaparecer. Y en este estado de absorta y pacífica meditación siguió hasta que el reloj de la iglesia dio las tres de la madrugada. Todavía pudo vivir las primeras claridades del mundo exterior. Luego, su cabeza bajó por sí misma hasta el suelo y de su hocico salió un último y tenue soplo de aliento.»

Escena VIII: A la mañana siguiente, la asistenta descubre el cuerpo muerto y seco de Gregor, y una cálida sensación de alivio inunda el mundo de su despreciable familia. Aquí hay un aspecto que debemos considerar con cuidado y afecto. Gregor es un ser humano bajo un disfraz de insecto; sus familiares son insectos disfrazados de personas. Con la muerte de Gregor, sus almas de insecto se dan cuenta de repente de que son libres para disfrutar. «Ven un poquito con nosotros, Grete, dijo la señora Samsa* con trémula sonrisa; y Grete, no sin volverse a mirar el cadáver, siguió a sus padres a la alcoba.» La asistenta abre la ventana de par en par y el aire tiene cierta tibieza: estamos a finales de marzo, cuando los insectos salen de su hibernación.

* Nabokov comenta en su ejemplar anotado que después de la muerte de Gregor no se vuelve a decir «padre» y «madre», sino sólo el señor o la señora Samsa. (*N. de la ed. inglesa.*)

Escena IX: Se nos ofrece aquí un cuadro maravilloso de los huéspedes reclamando de mal talante el desayuno; sin embargo, se les muestra el cadáver de Gregor. «Entraron y se quedaron de pie a su alrededor, con las manos en los bolsillos de sus raídas levitas, en medio de la habitación ahora inundada de sol.» ¿Cuál es la palabra clave aquí? *Raídas* al sol. Como en un cuento de hadas, como en el final feliz de los cuentos de hadas, el hechizo se disipa con la muerte del mago. Descubrimos que los huéspedes son andrajosos, ya no peligrosos; mientras que, por otro lado, la familia Samsa asciende otra vez, cobra poder y nueva vitalidad. La escena termina con una repetición del tema de la escalera, igual que cuando el jefe de oficina se retira lentamente, agarrándose a la barandilla. Ante las órdenes del señor Samsa de que deben abandonar la casa, se aplacan. «Una vez en el vestíbulo cogieron sus respectivos sombreros del perchero, sus bastones del paragüero, hicieron una inclinación de cabeza, y abandonaron la casa.» Y se van los tres barbados autómatas, muñecos de relojería, mientras la familia Samsa se asoma por encima de la barandilla para verles marcharse. Los círculos descendentes de la escalera imitan, en cierto modo, las patas articuladas de un insecto; desaparecen los huéspedes, y aparecen a la vista otra vez, a medida que descienden más y más, rellano tras rellano, articulación tras articulación. En determinado momento, se encuentran con el chico del carnicero que sube con una cesta llena de rojos filetes y apetitosos despojos: carne cruda, criadero de gruesas moscas lustrosas.

Escena X: La última escena es magnífica por su irónica simplicidad. Un sol primaveral ilumina a la familia Samsa mientras escribe sus cartas de disculpa —son tres insectos escribiendo tres cartas con sus patas articuladas, con sus patas felices— a sus respectivos jefes. «Decidieron dedicar ese día al descanso y a pasear; no sólo se merecían esta tre-

gua en el trabajo, sino que la necesitaban absolutamente.»
Cuando la asistenta se va después del trabajo de la mañana,
sonríe afable e informa a la familia: «No tienen que preocuparse de cómo se van a librar de eso de ahí dentro. Ya está
arreglado.» La señora Samsa y Grete se inclinaron sobre
sus cartas otra vez, como preocupadas; el señor Samsa, al
advertir que estaba deseosa de contarlo todo con detalle la
contuvo con mano decidida...

«—Esta noche la despido —dijo el señor Samsa, pero
ni su mujer ni su hija contestaron, ya que la asistenta parecía haber vuelto a turbar la tranquilidad que acababan
de recobrar. Se levantaron las dos, fueron a la ventana y
permanecieron allí, abrazadas. El señor Samsa hizo girar su
butaca, y las observó un rato en silencio. Luego dijo en voz
alta: "Bueno, venid ya aquí. Olvidemos lo pasado. Tened
un poco de consideración conmigo." Las dos obedecieron
al punto, corrieron hacia él, le acariciaron, y terminaron
rápidamente las cartas.

»Luego salieron los tres juntos, cosa que no ocurría
desde hacía meses, y cogieron el tranvía que llevaba a las
afueras de la ciudad. El tranvía, en el que eran los únicos
pasajeros, estaba inundado de cálido sol. Cómodamente re-
costados en sus asientos, iban enumerando las perspectivas
de futuro que, bien mirado, no parecían malas en absoluto,
puesto que los tres tenían colocación, cosa que no habían
comentado verdaderamente entre sí, las tres bastante buenas
y con posibilidad de prosperar. La más importante mejora
de situación, por el momento, era lo que iban a lograr cambiando de casa; querían alquilar un piso más pequeño, más
barato pero también mejor situado y más práctico que el
actual, elegido por Gregor. Y mientras hablaban de todo
esto, el señor y la señora Samsa se sorprendieron, casi al
mismo tiempo, al comprobar una creciente vivacidad en la
hija, quien, a pesar de que los sufrimientos padecidos en los
últimos meses la habían hecho perder el color de las mejillas,

se había convertido en una muchacha lozana y llena de vida. Se sintieron más tranquilos e intercambiaron una mirada casi inconsciente del más pleno entendimiento, convencidos de que pronto llegaría el momento de buscarle un buen marido. Y como en confirmación de estos nuevos sueños y excelentes intenciones, al final del trayecto, la hija se puso en pie la primera y estiró su cuerpo juvenil.*»

Resumamos algunos de los principales temas del relato. 1. El número *tres* desempeña un importante papel en la historia. Ésta se divide en tres partes. Tres puertas dan a la habitación de Gregor. La familia consta de tres personas. Aparecen tres criadas en el curso de la narración. Hay tres huéspedes, con barba los tres. Los tres Samsa escriben tres cartas y, procuro siempre no exagerar el valor de los símbolos; porque una vez que separamos un símbolo del núcleo artístico del libro, perdemos todo sentido de la fruición. La razón está en que hay símbolos que son artísticos, y los hay que son trillados, artificiosos y hasta imbéciles. Podéis encontrar multitud de símbolos estúpidos en los enfoques psicoanalítico y mitológico de la obra de Kafka, en esa mezcla elegante de mito y sexo que tan atractiva resulta a las mentalidades mediocres. En otras palabras, los símbolos pueden ser originales, o pueden ser trillados y estúpidos. Pero el valor simbólico abstracto de un logro artístico no debe prevalecer nunca sobre su vida hermosa y ardiente.

Así, el único significado heráldico o emblemático —más que simbólico— es el énfasis con que se emplea, en *La metamorfosis*, el número *tres*. En realidad, tiene un significado técnico. La trinidad, el trío, la tríada, el tríptico son formas naturales del arte, como, pongamos por caso, en el cuadro

---

* «El alma ha muerto con Gregor; ahora la sustituye el animal joven y saludable. Los parásitos se han cebado en Gregor.» *(N. de Nabokov en su ejemplar anotado.)*

de las tres edades de la vida o de cualquier otro motivo triple. El vocablo «tríptico» significa cuadro o relieve ejecutado en tres compartimientos contiguos; y éste es exactamente el efecto que Kafka consigue, por ejemplo, con las tres habitaciones del principio del relato: el cuarto de estar, el dormitorio de Gregor y la habitación de la hermana, con Gregor en la pieza central. Además, el esquema triple sugiere los tres actos de una obra de teatro. Por último hay que resaltar que la fantasía de Kafka tiene una marcada tendencia lógica y nada caracteriza mejor la lógica que la tríada de tesis, antítesis y síntesis. De modo que limitemos el símbolo kafkiano del tres a su significación estética y lógica, y dejemos a un lado todos esos mitos que los mitólogos leen en su obra, inspirados por el médico hechicero de Viena.

2. Otra línea temática es la de las puertas; de las puertas que se abren y se cierran constantemente a lo largo de la historia.

3. Una tercera línea es la relativa a los altibajos en el bienestar de la familia Samsa, el sutil equilibrio entre su situación floreciente y la patética y desesperada de Gregor.

Hay alguna que otra línea temática más, pero sólo las que he citado son esenciales para la comprensión del relato.

Fijaos bien en el estilo de Kafka. En su claridad, en su tono preciso y formal, en acusado contraste con el asunto pesadillesco de la historia. No hay metáforas poéticas que adornen esta historia en blanco y negro. La nitidez de su estilo subraya la riqueza tenebrosa de su fantasía. Contraste y unidad, estilo y sustancia, trama y forma, se encuentran, han alcanzado una cohesión perfecta.

JAMES JOYCE
(1882-1941)

ULISES
(1922)

James Joyce nació en Irlanda en 1882, abandonó su país en el primer decenio del siglo xx, vivió casi toda su vida como expatriado en la Europa continental, y murió en Suiza en 1941. Compuso *Ulises* entre 1914 y 1921, en Trieste, Zurich y París. En 1918 empezaron a aparecer partes de esta obra en la denominada *Little Review*. *Ulises* es un mamotreto de más de doscientas sesenta mil palabras. Su vocabulario es muy rico pues consta de cerca de treinta mil palabras. El escenario dublinés está construido en parte con los datos facilitados por la memoria de un exiliado, pero sobre todo con la ayuda del *Thom's Dublin Directory*, al que acuden secretamente los profesores de literatura, antes de abordar *Ulises*, a fin de asombrar a sus alumnos con los conocimientos que el propio Joyce recopiló con ayuda de esa misma guía. También utilizó, a lo largo del libro, un ejemplar del periódico dublinés *Evening Telegraph*: el del jueves 16 de junio de 1904, que costaba medio penique y que entre otras cosas daba noticia ese día de la carrera Copa de Oro de Ascot (con *Throwaway*, un *outsider*, como ganador), de una espantosa catástrofe americana (el incendio del vapor

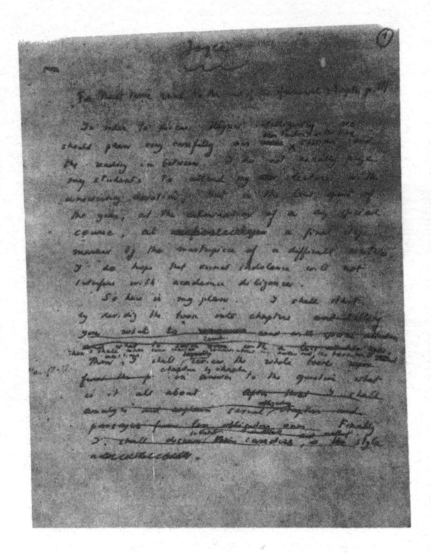

*Primera página de los apuntes de Nabokov para su conferencia
sobre* Ulises.

de recreo *General Slocum*) y de una carrera automovilística para la Copa Gordon Bennett, que tiene lugar en Hamburgo, Alemania.

Ulises es la descripción de un solo día, el jueves 16 de junio de 1904; un día de las vidas mezcladas y separadas de numerosas personas que deambulan, viajan, se sientan, charlan, sueñan, beben y ejecutan diversos actos fisiológicos y filosóficos, importantes e intrascendentes, durante este único día y las primeras horas de la madrugada siguiente en Dublín. ¿Por qué eligió Joyce ese día en particular, el 16 de junio de 1904? En un trabajo bastante mediocre aunque bienintencionado, *Fabulous Voyager: James Joyce's Ulyses* (1947), Richard Kain nos informa que es el día en que Joyce conoció a su futura esposa Nora Barnacle. Esto en cuanto al interés humano.

Ulises consta de una serie de escenas construidas en torno a tres personajes principales; de estos personajes, quien predomina es Leopold Bloom, modesto agente publicitario, contratista de anuncios para ser exactos. En otro tiempo estaba colocado en la empresa papelera Wisdom Hely como vendedor de papel secante, pero ahora trabaja por su cuenta, buscando anuncios, aunque sin gran éxito. Por razones que luego referiré, Joyce le da un origen judeohúngaro. Los otros dos personajes importantes son Stephen Dedalus, a quien Joyce ha descrito ya en *Retrato del artista adolescente* (1916), y Marion Bloom, Molly Bloom, esposa de Bloom. Si Bloom es la figura central, Stephen y Marion son las laterales de este tríptico: el libro empieza con Stephen y termina con Marion. Stephen Dedalus lleva como apellido el nombre del mítico constructor del laberinto de Knossos, ciudad real de la Creta antigua, y de otros artilugios fabulosos: unas alas para sí y para Ícaro, su hijo. Stephen Dedalus, de veintidós años, es un joven maestro de escuela dublinés, erudito y poeta, que en su época escolar estuvo sometido a la disciplina de una educación jesuítica y ahora reacciona

violentamente contra ella, aunque sigue poseyendo una naturaleza esencialmente metafísica. Es un joven más bien
abstracto, dogmático incluso cuando está borracho, libre-
pensador prisionero de su propio yo, brillante decidor de
repentinas frases aforísticas, físicamente endeble, y sucio
como un santo (su último baño tuvo lugar en octubre, y
ahora estamos en junio), un tipo amargado y suspicaz al que
el lector no acaba de visualizar claramente, proyección mental del autor, más que un ser cálido y nuevo creado por la
imaginación del artista. Los críticos tienden a identificar a
Stephen con el propio Joyce joven, pero eso no viene al caso.
Sin embargo, lo que Harry Levin dice de Joyce, «que perdió
su religión, pero conservó sus categorías», es aplicable también a Stephen.

Marion (Molly) Bloom, la mujer de Bloom, es irlandesa
por parte de padre y judeoespañola por parte de madre. Es
cantante de concierto. Si Stephen es un intelectual y Bloom
tiene una cultura media, Molly Bloom es decididamente
ignorante y, además, vulgar. Pero los tres personajes tienen
su lado artístico. En el caso de Stephen lo artístico es casi
demasiado bueno para ser cierto: en «la vida real», nunca
encontramos a nadie que se acerque tanto al perfecto control artístico de sus palabras casuales y cotidianas como se
supone que hace Stephen. Bloom, de una cultura media, es
menos artista que Stephen, pero lo es mucho más de lo que
los críticos han visto: de hecho, su caudal de pensamiento
fluye de vez en cuando muy próximo al de Stephen, como
explicaré más adelante. Por último, Molly Bloom, a pesar
de su chabacanería, a pesar del carácter convencional de sus
ideas, a pesar de su vulgaridad, es capaz de una rica respuesta emocional a las cosas superficiales y encantadoras de la
vida, como veremos en la última parte del extraordinario
soliloquio con que termina el libro.

Antes de pasar a exponer la materia y forma del libro,
quiero decir unas palabras más sobre el personaje princi-

pal, Leopold Bloom. Cuando Proust retrata a Swann, le crea como individuo, con unas características individuales y únicas. Swann no es ni un tipo literario ni un tipo racial, aunque resulte ser hijo de un agente de bolsa judío. Al componer la figura de Bloom, la idea de Joyce es colocar entre los endémicos irlandeses de su Dublín natal a alguien que sea irlandés y exiliado y oveja negra a la vez, como él, Joyce. De modo que Joyce elaboró el plan racional de seleccionar el tipo del Judío Errante, del exiliado, para componer el tipo del *outsider*. Sin embargo, como explicaré después, Joyce es a veces crudo en su modo de acumular y subrayar los supuestos rasgos raciales. Otra consideración en relación con Bloom: cuantos han escrito sobre *Ulises* son o bien hombres muy puros, o muy depravados. Tienden a considerar a Bloom como persona corriente; al parecer, Joyce mismo pretendió retratar a una persona corriente. Está claro, sin embargo, que en su aspecto sexual, Bloom, si no está en el límite mismo de la demencia, es al menos un buen ejemplo clínico de un alto grado de obsesión y perversidad sexuales, con toda clase de complicaciones extrañas. Su caso es, por supuesto, rigurosamente heterosexual —no homosexual, como lo son la mayoría de las damas y caballeros de Proust (*homo* en griego significa «el mismo»; no tiene nada que ver con *hombre* en latín, como creen algunos estudiantes)—; pero dentro de los amplios límites del amor por el sexo opuesto, Bloom se entrega a actos y sueños que son decididamente subnormales en el sentido zoológico y evolutivo. No os fastidiaré con la enumeración de sus extraños deseos; pero debo decir una cosa: en la mente de Bloom y en el libro de Joyce el tema del sexo se entremezcla continuamente con el del retrete. Bien sabe Dios que yo no pongo objeción de ningún género a la llamada franqueza en las novelas. Al contrario, a mi juicio hay muy poca; y la que hay se ha vuelto a su vez convencional y trillada en manos de los escritores llamados fuertes, que son los preferidos de los clubs de lectores y los mimados de los círculos de mujeres. Pero sí tengo que hacer una objeción: Bloom es considerado un ciudadano normal y corriente. Ahora bien, no es cierto que la imaginación del ciudadano normal se esté recreando constantemente en detalles fisiológicos. Me opongo a lo constante, no a lo repugnante. Todo este material especial y patológico parece artificioso e innecesario en su contexto particular. Advierto a los remilgados que tengan presente la especial preocupación de Joyce por mantener un completo distanciamiento.

Ulises es una estructura sólida y espléndida, pero un poco sobreestimada por esa clase de críticos más interesados por las ideas, las generalidades y los aspectos humanos que por la obra de arte en sí. Debo preveniros especialmente contra la tendencia a ver en los aburridos vagabundeos de Leopold Bloom y sus pequeñas aventuras de un día de verano en Dublín una parodia fiel de la Odisea, con Bloom haciendo el papel de Odiseo —o sea de Ulises, hombre de múltiples recursos—, o la adúltera mujer de Bloom representando el de la casta Penélope, mientras que a Stephen Dedalus se le asigna el de Telémaco. Evidentemente, en la cuestión de los vagabundeos de Bloom hay un eco homérico vago y general, tal como sugiere el título de la novela; y existen numerosas alusiones clásicas, entre muchas otras, a lo largo del libro; pero sería una completa pérdida de tiempo buscar paralelos en cada uno de los personajes y cada una de las situaciones del libro. No hay nada tan tedioso como una larga alegoría basada en un mito trillado; después de la publicación de la obra en partes, Joyce suprimió los títulos pseudohoméricos de los capítulos al comprobar de lo que eran capaces los pelmas eruditos o seudoeruditos. A propósito: un pelma llamado Stuart. Gilbert, engañado por unas listas que compiló en broma el propio Joyce, descubrió en cada capítulo el predominio de un órgano particular —el oído, el ojo, el estómago, etc.—. Ignoraremos también estas estupideces. Todo arte es en cierto modo simbólico; pero le diremos: «¡Alto ahí, ladrón!», al crítico que transforma deliberadamente el símbolo sutil del artista en rancia alegoría de pedante, las mil y una noches en asamblea de una sociedad secreta.

¿Cuál es, entonces, el tema principal del libro? Muy sencillo:

1. El pasado irremediable. El hijito de Bloom ha muerto hace tiempo, pero su imagen perdura en su sangre y en su cerebro.

2. El presente ridículo y trágico. Bloom todavía ama a Molly, su mujer, pero deja que el destino siga su curso. Sabe que por la tarde, a las cuatro treinta de ese día de junio, Boylan, elegante empresario y apoderado de Molly, irá a visitarla... y no hace nada por impedirlo. Procura mantenerse escrupulosamente al margen de la marcha del Destino; pero a lo largo del día está a punto de tropezarse con Boylan una y otra vez.

3. El futuro patético. Bloom se tropieza también constantemente con otro joven: Stephen Dedalus. Bloom se da cuenta poco a poco de que esto puede ser una pequeña deferencia del Destino. Si su mujer debe tener amantes, entonces el sensible y artístico Stephen es preferible al vulgar Boylan. De hecho, Stephen podría darle lecciones a Molly, podría ayudarla en su pronunciación italiana para su profesión de cantante; en fin, podría ejercer una influencia refinada, piensa Bloom con cierto patetismo.

Éste es, pues, el tema principal: Bloom y el Destino.

Cada capítulo está escrito en un estilo diferente, o más bien: en cada capítulo predomina un estilo diferente. No hay ninguna razón especial para esto, para que un capítulo se narre de forma directa, otro como el gorgoteo de una corriente de conciencia, y un tercero a través del prisma de una parodia. No hay ninguna razón especial; pero se puede alegar que este constante desplazamiento del punto de vista aporta un conocimiento más variado, un vislumbre más fresco y vivo de este o aquel aspecto. Si alguna vez habéis intentado inclinaros para mirar hacia atrás por entre las rodillas, cabeza abajo, habréis visto el mundo desde un punto de vista diferente. Intentadlo si no en la playa: es muy divertido ver andar a la gente cuando se mira del revés. Parece como si a cada paso se les fuese a desprender el pie del engrudo de la gravitación, sin perder por ello la dignidad. Bueno, este recurso de cambiar de perspectiva, de cambiar de prisma y de punto de vista, puede compararse a la nueva técnica literaria de Joyce, a esa especie de sesgo nuevo mediante el cual veis una yerba más verde, un mundo más reciente.

Los personajes se están encontrando a cada instante en sus peregrinaciones a lo largo de ese día en Dublín. Joyce nunca pierde su control sobre ellos. En efecto, van, vienen, se encuentran y se separan y se vuelven a encontrar como partes vivas de una cuidada composición, en una especie de danza lenta del destino. Uno de los rasgos más llamativos del libro es la periodicidad de ciertos temas. Tales temas están mucho más definidos, mucho más deliberadamente seguidos, que los que encontramos en Tolstoi o en Kafka. *Ulises* entero, como nos iremos dando cuenta gradualmente, es una deliberada trama de temas periódicos, y una sincronización de sucesos triviales.

Joyce escribe en tres estilos principales:

1. El original de Joyce: directo, lúcido, lógico y pausado. Éste constituye la espina dorsal del capítulo I de la primera parte y de los capítulos I y III de la segunda, aunque los pasajes lúcidos, lógicos y sosegados también aparecen en otros capítulos.

2. La transcripción de las frases y palabras incompletas, rápidas, fragmentarias que constituyen la llamada corriente de conciencia o, mejor dicho, las piedras pesadas de la conciencia. Hay muestras de este estilo en casi todos los capítulos, aunque por lo general sólo va asociado a los per-

sonajes principales. Examinaremos este recurso a propósito del ejemplo más famoso: el soliloquio final de Molly, en el capítulo III de la tercera parte; pero podemos adelantar aquí que dicho estilo exagera el aspecto verbal del pensamiento. El hombre no siempre piensa con palabras sino también con imágenes; la corriente de conciencia, en cambio, presupone un caudal de palabras registrables; es difícil, sin embargo, creer que Bloom está hablando continuamente consigo mismo.

3. Parodias de diversas formas no-novelísticas: titulares de periódicos (capítulo IV de la segunda parte), música (capítulo VIII de la segunda parte), drama místico y bufo (capítulo XII de la segunda parte), preguntas y respuestas al estilo catequista (capítulo II de la tercera parte). También hay parodias de estilos literarios y autores: del narrador burlesco en el capítulo IX de la segunda parte; del autor de revista de señoras en el capítulo X de la segunda parte; de una serie de autores y períodos literarios concretos en el capítulo XI de la segunda parte; y del periodismo elegante en el capítulo I de la tercera parte.

En cualquier momento, cambiando de estilo o dentro de una categoría dada, Joyce puede intensificar un estado de ánimo introduciendo un acorde lírico y musical por medio de aliteraciones y recursos melodiosos, generalmente para plasmar emociones ensoñadoras. A Stephen le asocia a menudo con un estilo poético, pero hay algunos casos en que este estilo es aplicado a Bloom: cuando, por ejemplo, éste se deshace del sobre de la carta de Martha Clifford: «Al pasar bajo el arco del ferrocarril sacó el sobre, lo hizo trocitos rápidamente, y los esparció por la carretera. Los fragmentos se alejaron revoloteando, se hundieron en el aire húmedo: un blanco revoloteo, y todos fueron descendiendo.» O, unas frases más adelante, al final de la visión de un enorme raudal de cerveza derramada, «serpeando a través de unas marismas por todo el terreno llano, un remolino perezoso de licor que arrastraba las flores de anchos pétalos de su espuma».

En cualquier momento, no obstante, Joyce puede apelar a toda clase de recursos: juegos de palabras, transposiciones de palabras, ecos verbales, emparejamientos monstruosos de verbos o imitación de sonidos. En estos casos, como en el exceso de alusiones locales y expresiones extranjeras, se puede producir una oscuridad innecesaria a causa de detalles que no están presentados con suficiente claridad, sino sólo sugeridos para el entendido.

Primera Parte, Capítulo I

Hora: Alrededor de las ocho de la mañana del jueves 16 de junio de 1904.

Lugar. En la bahía de Dublín, Sandycove, Torre Martello —construcción realmente existente, no muy distinta de una torre de ajedrez—, una de tantas construidas para prevenir la invasión francesa en el primer decenio del siglo xix. William Pitt, el estadista, el Pitt más joven, mandó construir esas torres, dice Buck Mulligan, «cuando los franceses estaban en la mar» (pasaje de la canción que dice: «¡Oh, los franceses están en la mar, dice [continúa en irlandés] la pobre vieja!», es decir, Irlanda); pero la Torre Martello, prosigue Mulligan, es el *omphalos* de todas las torres, el ombligo, el centro del cuerpo, y punto de partida y centro del libro; es también la sede del oráculo de Delfos en la antigua Grecia. En este *omphalos* se alojan Stephen Dedalus, Buck Mulligan y el inglés Haines.

Personajes: Stephen Dedalus, joven dublinés de veintidós años de edad, estudiante, filósofo y poeta. Ha regresado de París no hace mucho, a comienzos de 1904, donde ha pasado alrededor de un año. Lleva tres meses enseñando en un colegio (Dingy's School), y este día, uno después de la mitad del mes, le pagan el salario mensual de tres libras doce chelines, que actualizado equivaldría a menos de veinte

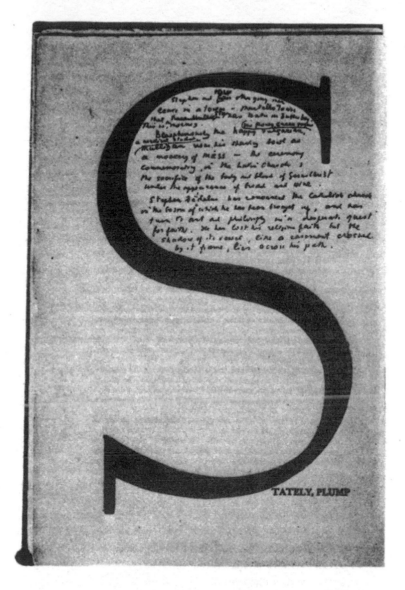

Primeras páginas del volumen de Ulises *utilizado por Nabokov para sus clases.*

dólares. Ha sido llamado de París por un telegrama de su padre: «Madre muy grave. Vuelve. Papá», para encontrarse con que su madre se está muriendo de cáncer. Cuando ella le pide que se arrodille para rezar una oración por los moribundos, él se niega; y esta negativa es la clave de la hosca aflicción de Stephen a lo largo del libro. Coloca su recién descubierta libertad espiritual por encima de la última petición y del último consuelo de su madre. Stephen ha repudiado a la iglesia católica romana en cuyo seno se ha formado, y ha acudido al arte y a la filosofía en una búsqueda desesperada de algo que llene las cámaras vacías que le ha dejado la fe en el Dios de los cristianos.

Los otros dos personajes masculinos que aparecen en este primer capítulo son Buck Mulligan («Malachi Mulligan, dos dáctilos... con sonido helénico»), estudiante de Medicina, y Haines, inglés, estudiante de Oxford que visita Dublín y recopila folklore. El alquiler de la torre cuesta doce libras al año (sesenta dólares en aquellos tiempos), según nos enteramos, y es Stephen quien tiene que costearlo, pues Buck Mulligan es un alegre parásito y usurpador. En cierto modo, es la parodia y la sombra grotesca de Stephen; porque si Stephen es el modelo del joven serio con un alma torturada, para quien la muerte o el cambio de credo supone una tragedia, Mulligan es por el contrario vulgar, blasfemo, robusto y feliz, falso pagano griego, dotado de una memoria prodigiosa, amante de los remiendos púrpura. Al principio del capítulo sale del remate de la escalera llevando la bacía, con el espejo y la navaja de afeitar cruzados encima, y salmodiando, como si celebrase misa, las palabras que conmemoran en la iglesia católica el sacrificio del cuerpo y la sangre de Cristo bajo la forma de pan y vino.

«Alzó la bacía, y entonó:

»—*Introibo ad altare Dei.*

»Se detuvo, se asomó a la oscuridad de la escalera de caracol, y llamó con aspereza:

Buck Mulligan came from the stairhead, bearing a bowl of
lather on which a mirror and a razor lay crossed. A yellow
dressinggown, ungirdled, was sustained gently behind him by
the mild morning air. He held the bowl aloft and intoned:

— *Introibo ad altare Dei.*

Halted, he peered down the dark winding stairs and called
up coarsely:

— Come up, Kinch. Come up, you fearful jesuit.

Solemnly he came forward and mounted the round gunrest.
He faced about and blessed gravely thrice the tower, the sur-
rounding country and the awaking mountains. Then, catching
sight of Stephen Dedalus, he bent towards him and made rapid
crosses in the air, gurgling in his throat and shaking his head.
Stephen Dedalus, displeased and sleepy, leaned his arms on the
top of the staircase and looked coldly at the shaking gurgling
face that blessed him, equine in its length, and at the light un-
tonsured hair, grained and hued like pale oak.

Buck Mulligan peeped an instant under the mirror and then
covered the bowl smartly.

— Back to barracks, he said sternly.

He added in a preacher's tone:

— For this, O dearly beloved, is the genuine Christine: body
and soul and blood and ouns. Slow music, please. Shut your eyes,
gents. One moment. A little trouble about those white cor-
puscles. Silence, all.

He peered sideways up and gave a long low whistle of call,
then paused awhile in rapt attention, his even white teeth glis-
tening here and there with gold points. Chrysostomos. Two
strong shrill whistles answered through the calm.

— Thanks, old chap, he cried briskly. That will do nicely.
Switch off the current, will you?

He skipped off the gunrest and looked gravely at his watcher,
gathering about his legs the loose folds of his gown. The plump
shadowed face and sullen oval jowl recalled a prelate, patron of
arts in the middle ages. A pleasant smile broke quietly over his
lips.

— The mockery of it, he said gaily. Your absurd name, an
ancient Greek.

He pointed his finger in friendly jest and went over to the
parapet, laughing to himself. Stephen Dedalus stepped up, followed
him wearily halfway and sat down on the edge of the gunrest,
watching him still as he propped his mirror on the parapet.

»—Sube, Kinch. Sube, jesuita pusilánime.»

El apodo que Mulligan le pone a Stephen es Kinch, vocablo dialectal que significa «hoja de cuchillo». Su presencia, todo en él resulta opresivo y repugnante para Stephen, que en el curso de este capítulo le dice lo que tiene en contra suya. «Stephen, deprimido por su propia voz, dijo:

»—¿Recuerdas el primer día que fui a tu casa después de morir mi madre?

»Buck Mulligan arrugó el ceño vivamente y dijo:

»—¿Cómo? ¿Dónde? No me acuerdo de nada. Recuerdo sólo ideas y sensaciones. ¿Por qué? ¿Qué pasó, en nombre de Dios?

»—Tú estabas haciendo té —dijo Stephen—, y yo crucé el rellano en busca de más agua caliente. Tu madre y una visita salían del salón. Ella te preguntó quién estaba en tu habitación.

»—¿Sí? —dijo Buck Mulligan—. ¿Y qué dije? Lo he olvidado.

»—Dijiste —contestó Stephen—: *¡Ah, sólo es Dedalus, cuya madre ha muerto como una bestia!*

»Un rubor que le hizo más joven y atractivo afloró a las mejillas de Buck.

»—¿Eso dije? —preguntó—. Bueno, ¿y qué tiene de malo?

»Nervioso, se sacudió la turbación.

»—¿Y qué es la muerte —preguntó—, la de tu madre o la tuya o la mía? Tú sólo has visto morir a tu madre. Yo los veo reventar a diario en el Mater y en el Richmond, y cómo los destripan en la sala de disección. Es bestial y nada más. Sencillamente no tiene importancia. Tú no quisiste arrodillarte a rezar por tu madre en su lecho de muerte cuando ella te lo pidió. ¿Por qué? Porque llevas dentro la maldita vena de jesuita, aunque inyectada al revés. Para mí, todo es burlesco y bestial. Sus lóbulos cerebrales no marchan. Llama al doctor sir Peter Teazle y coge flores de la colcha.

Hay que seguirle la corriente hasta que haya terminado. Tú le negaste su último deseo y, sin embargo, te enfadas conmigo porque no gimoteo como una plañidera de Lalouette. ¡Absurdo! Supongo que dije eso. No pretendía ofender la memoria de tu madre.

»Había hablado hasta envalentonarse. Stephen, cubriendo las heridas abiertas que esas palabras habían dejado en su corazón, dijo con frialdad:

»—No estoy pensando en la ofensa a mi madre.

»—¿En qué, entonces? —preguntó Buck Mulligan.

»—En la ofensa a mí —contestó Stephen.

»Buck Mulligan giró sobre sus talones.

»—¡Ah, eres un ser imposible! —exclamó.»

Buck Mulligan no es el único parásito del *omphalos* de Stephen; también tiene a un amigo suyo en esa vivienda, Haines, el turista literario inglés. Haines no tiene nada malo en particular; pero para Stephen es a la vez representante de la odiosa y usurpadora Inglaterra y amigo del usurpador Buck Mulligan, cuyos zapatos gasta Stephen y cuyos pantalones le vienen bien, y quien acabará quedándose con la torre.

La acción: La acción del capítulo empieza cuando Buck Mulligan se está afeitando y le pide a Stephen su pañuelo sucio de mocos verdes para limpiar la navaja. Mientras Mulligan se afeita, Stephen se opone a que Haines permanezca en la torre. Haines ha hablado en sueños de matar una pantera negra, y Stephen le tiene miedo. «Si se queda él, yo me voy.» Hay alusiones al mar, a Irlanda, a la madre de Stephen otra vez, a las tres libras doce chelines que cobrará Stephen en la escuela. Luego Haines, Mulligan y Stephen desayunan en una escena de lo más apetitosa. Una vieja lechera trae la leche y hay un delicioso intercambio de comentarios. Salen los tres a la playa. Mulligan decide nadar enseguida. Haines se bañará luego, cuando haya digerido el desayuno; pero Stephen, que detesta el agua en la misma medida que le gusta a Bloom, no se baña. Luego Stephen deja a sus dos compañeros y se dirige a la escuela, no muy lejana, donde da clase.

El estilo: Los capítulos I y III de la primera parte están compuestos en lo que llamaremos estilo normal; es decir, en el estilo narrativo del Joyce lúcido y lógico. Es cierto que el fluir de la prosa narrativa se interrumpe brevemente de vez en cuando con una técnica de monólogo interior que en otros capítulos del libro enturbia y rompe la dicción del autor; pero aquí predomina el discurso lógico. En las primeras páginas encontramos un breve ejemplo de la corriente de conciencia cuando Mulligan va a afeitarse. «Miró de soslayo hacia arriba y emitió un largo y suave silbido, luego se detuvo en un momento de profunda atención, con sus dientes blancos y regulares reluciendo aquí y allá con puntos de oro. Chrysostomos. Dos silbidos fuertes y agudos respondieron a través de la calma.» He aquí un típico recurso joyceano que se repetirá y se desarrollará a lo largo de todo el libro. Chrysostomos, «boca de oro», es naturalmente Juan, patriarca de Constantinopla del siglo IV. Pero ¿por qué surge aquí ese nombre? Muy sencillo: se trata de la corriente de pensamiento de Stephen que interrumpe la descripción. Stephen ve y oye a Buck que le silba a Haines para despertarle; luego calla en un momento de profunda atención; Stephen ve los dientes de Buck con empastes de oro que centellean al sol: oro, boca de oro, Mulligan el oráculo, el orador elocuente; y en la mente de Stephen revolotea fugazmente la imagen del padre de la iglesia, tras lo cual se reanuda la narración, con Haines contestando con otro silbido. Esto es considerado un milagro por Buck, que ahora pide a Dios que corte la corriente.

Este caso es sencillo; hay otros ejemplos sencillos en el capítulo, pero muy pronto encontramos una interrupción más enigmática de la historia mediante la corriente de pensamiento de Stephen. A Stephen se le acaba de ocurrir uno de los maravillosos aforismos que tanto fascinan a Mulligan.

Señalando el espejito rajado que Buck utiliza para afeitarse, y que ha cogido de la habitación de una criada, Stephen dice con amargura: «—Es el símbolo del arte irlandés. El espejo rajado de una criada.» Mulligan le sugiere a Stephen que le venda el aforismo al «pajarraco» de Haines por una guinea; y añade que él, Mulligan, y Stephen, cuyo brazo coge con confianza, deberían helenizar Irlanda con brillantes y vigorosas ideas. A continuación viene la corriente de pensamiento de Stephen: «El brazo de Cranly. Su brazo.» Una primera lectura de *Ulises* apenas sirve aquí; pero en una segunda lectura sabremos quién es Cranly, ya que se alude a él más adelante; se trata de un falso amigo de la infancia de Stephen, el cual solía llevarle a las carreras: «Me llevó a hacerme rico deprisa, persiguiendo a sus ganadores... en medio de los gritos de los apostadores en sus gradas»; esta vez, Mulligan propone hacerse rico rápidamente vendiendo refranes ingeniosos: «*Fair Rebel* a la par; diez a uno los demás. Jugadores de dados y fulleros junto a los que pasamos corriendo detrás de los cascos, las chaquetas y las gorras rivales, dejando atrás a una mujer con cara de carne, señora de carnicero, que hozaba sedienta en un trozo de naranja.» La tal señora es prima de Marion Bloom, y prefiguración de esta dama carnal.

Otro buen ejemplo de corriente de pensamiento en este asequible primer capítulo aparece cuando Stephen, Mulligan y Haines están terminando de desayunar. Mulligan se vuelve a Stephen y dice:

«—En serio, Dedalus. Estoy en seco. Corre a tu cochina escuela y tráenos dinero. Hoy los bardos tienen que beber y celebrar un festín. Irlanda espera que cada uno cumpla hoy con su deber.

»—Eso me recuerda —dijo Haines levantándose— que tengo que visitar vuestra biblioteca nacional.

»—Primero nuestro baño en el mar —dijo Buck Mulligan.

»Se volvió a Stephen y le preguntó afable:

»—¿Es hoy el día de tu lavado mensual, Kinch?

»Luego se dirigió a Haines:

»—El bardo impuro considera obligado lavarse una vez al mes.

»—Toda Irlanda es lavada por la corriente del golfo —dijo Stephen mientras dejaba gotear la miel sobre la rebanada de pan.

»Haines, desde el rincón donde se anudaba un pañuelo alrededor del cuello suelto de su camisa de tenis, dijo:

»—Pienso hacer una recopilación de tus dichos, si no te importa.

»Me habla a mí. Se lavan y se bañan y se refrotan. *Agenbite of inwit*. Conciencia. Aquí todavía hay una mancha.

»—Ése del espejo rajado de una criada como símbolo del arte irlandés es fenomenal.»

El pensamiento de Stephen discurre de la siguiente manera: me habla a mí; el inglés. Los ingleses se bañan y se refrotan por su mala conciencia respecto a los países que oprimen; y recuerda a lady Macbeth y su mala conciencia: aquí hay todavía una mancha de sangre que ella no se puede quitar. *Agenbite of inwit* es inglés medieval y equivale al francés *remords de conscience*, el remorder de la conciencia, o remordimiento (es el título de un tratado religioso del siglo xiv).

La técnica de la corriente de pensamiento tiene, desde luego, la ventaja de la brevedad. Consiste en una serie de mensajes sucintos que anota el cerebro. Pero exige del lector una mayor atención y comprensión que una descripción convencional, como: Stephen se dio cuenta de que Haines le estaba hablando. Sí, pensó, los ingleses se lavan bastante, en un intento de borrar quizás esa mancha de su conciencia que el viejo Northgate llamaba *agenbite of inwit*, etc.

Los pensamientos íntimos que afloran a la superficie movidos por una impresión exterior llevan a asociaciones significativas de palabras, a nexos verbales, en la mente del pensador. Por ejemplo, fijaos cómo la idea de la mar conduce a los pensamientos más recónditos del alma torturada de Stephen. Mientras se afeita, Mulligan contempla la bahía y comenta quedamente: «—¡Dios mío!... ¿no es la mar, como dice Algy [o sea, *Algernon Swinburne, poeta postromántico inglés de segunda fila*], una dulce madre gris?» (reparad en la palabra *dulce*). Nuestra dulce madre grande, añade, mejorando el gris (*grey*), por así decir, al añadir la *t* (*great*). Nuestra poderosa madre, prosigue, puliendo una preciosa aliteración (*mighty mother*). A continuación hace referencia a la madre de Stephen, al siniestro pecado de Stephen. Mi tía cree que has matado a tu madre, dice. Pero qué máscara (*mummer*, es decir, farsante) más encantadora eres, murmura (observad cómo fluyen en círculo, sentido tras sentido, las aliteraciones: *mighty mother, mummer, murmur*). Y Stephen escucha la bien alimentada voz; y la madre y la mar murmurante y amarga se funden en cierto modo; hay otras fusiones también. «El anillo de bahía y horizonte contenía una masa opaca de líquido verde.» El pensamiento de Stephen traslada esta impresión a la «jofaina de porcelana blanca [que] estaba junto al lecho de su madre moribunda y contenía la bilis viscosa y verde que se había arrancado del hígado putrefacto entre gemidos y accesos de vómito». La dulce madre se convierte en madre amarga, bilis amarga, remordimiento amargo. Luego Buck Mulligan limpia la hoja de su navaja con el pañuelo de bolsillo de Stephen: «—¡Ah, pobre cuerpo de perro! —dijo con voz afable—. Tengo que darte una camisa y algunos trapos para la nariz.» De este modo se enlaza la mar verde moco con el pañuelo de Stephen y la bilis verde de la jofaina; y la jofaina de la bilis y la bacía y el cuenco de la mar, las lágrimas amargas y la mucosa salada, todo se funde por un segundo en una única imagen. En esto, Joyce alcanza la suma perfección.

A propósito, reparad en la expresión *pobre cuerpo de*

perro. El símbolo del perro abandonado irá unido a Stephen a lo largo de todo el libro, del mismo modo que el de la gata de cuerpo sedoso y zarpas acolchadas irá unido a Bloom. Y esto me lleva a la siguiente cuestión: la pesadilla de Haines sobre la pantera negra prefigura en cierto modo para Stephen la imagen de Bloom, a quien todavía no conoce, pero que le seguirá sigilosamente como una sombra negra, suave, gatuna. Observad también que Stephen ha tenido un sueño agitado esa noche: ve a un oriental ofrecerle una mujer, mientras Bloom tiene también un sueño oriental de Molly, va vestida de turca entre los decorados de un mercado de esclavas.

PRIMERA PARTE, CAPÍTULO II

Hora: entre las nueve y las diez de ese mismo día. Dado que es jueves, medio festivo, las clases terminan a las diez, y a continuación hay hockey.

Acción: Stephen da una clase de segunda enseñanza sobre historia antigua.

«—Usted, Cochrane, ¿qué ciudad le mandé buscar?

»—Tarento, señor.

»—Muy bien, ¿qué más?

»—Hubo una batalla, señor.

»—Muy bien, ¿dónde?

»El rostro vacío del chico consultó la ventana vacía.»

Aquí irrumpe la corriente de pensamiento de Stephen: «Fabulado por las hijas de la memoria. Y no obstante era como si en cierto modo la memoria no lo hubiese fabulado. Una frase, pues, de impaciencia, golpeteo de las alas de exceso de Blake. Oigo la ruina de todo el espacio, cristales astillados y derrumbamiento de mampostería, y el tiempo una lívida llama final. ¿Qué nos queda, entonces?»

En espacio de un instante, mientras el escolar guarda silencio con la mente en blanco, el pensamiento vivo de Stephen evoca el torrente de la historia, los cristales astillados, las murallas que se derrumban, la llama lívida y final del tiempo. ¿Qué nos queda, entonces? Al parecer, el consuelo del olvido: «—Se me ha olvidado el lugar, señor. Fue en 279 antes de Cristo.

»—Asculum—dijo Stephen consultando el nombre y la fecha en el libro plagado de cuchilladas» (libro de historia, libro sangriento, señalado con tinta roja).

Las rosquillas de higos que come uno de los chicos son lo que llamamos pan de higo. El chico hace un juego de palabras idiota entre Pirro y la palabra *pier* («malecón»). Stephen lanza uno de sus típicos epigramas. ¿Qué es un malecón (*pier*)? Un puente «decepcionado» (*disappointed*). No todos los escolares lo comprenden.

A lo largo de este capítulo, las incidencias del colegio son interrumpidas, o mejor dicho, comentadas, por la corriente de pensamiento de Stephen. Piensa en Haines y en Inglaterra, en la biblioteca de París, donde ha leído a Aristóteles «protegido del pecado de París, noche tras noche». «El alma es en cierto modo todo lo que es: el alma es la forma de las formas.» El alma como forma de las formas va a ser el tema dominante del capítulo siguiente. Stephen plantea un acertijo:

El gallo canta
El firmamento es azul:
Las campanas en el cielo
Dan las once.
Es hora de que esta alma
Alce el vuelo.

A las once de esa mañana es el entierro de Patrick Dignam, uno de los amigos de su padre; pero Stephen está obsesionado también por el recuerdo de la reciente muerte de su madre. Está enterrada en ese cementerio; en el funeral, veremos sollozar al padre cuando pasa ante la tumba de su mujer; pero Stephen no irá al entierro de Paddy Dignam. Explica el acertijo: «—El zorro enterrando a su abuela bajo una mata de acebo.» Sigue meditando sobre su madre y su culpa: «Una pobre alma se ha ido al cielo: y en un brezal, bajo las parpadeantes estrellas, un zorro, rojo hedor de rapiña en la piel, rojos ojos relucientes y despiadados, escarbaba en la tierra, escuchaba, escarbaba y escarbaba.» El sofista Stephen puede probarlo todo; por ejemplo, que el abuelo de Hamlet es el espectro de Shakespeare. ¿Por qué el abuelo y no el padre? Por la abuela, que para él significa madre, en el verso sobre el zorro. En el capítulo siguiente, Stephen paseando por la playa, ve un perro, y la idea del perro y la del zorro se funden cuando el perro escarba zorrunamente en la arena y escucha, porque ha enterrado algo allí, a su abuela.

Mientras los chicos juegan al hockey, Stephen habla con el maestro señor Deasy, y cobra su salario. Observad esa forma maravillosa, detallada, con que Joyce describe la operación: «Se sacó del bolsillo de la chaqueta una cartera atada con una correa de cuero. Se abrió de golpe, cogió él dos billetes, uno con las mitades unidas, y los dejó con cuidado sobre la mesa.

»—Dos—dijo, atando y guardándose la cartera otra vez.

»Y ahora, el oro a su caja fuerte. La mano turbada de Stephen se movió sobre las conchas amontonadas en el frío mortero de piedra: caracoles y cauris y conchas leopardo: y ésta, enroscada como el turbante de un emir, y aquélla como la venera de Santiago. Colección de viejo peregrino, tesoro muerto, unas conchas huecas.

»Cayó un soberano, brillante y nuevo, en el blando espesor del mantel.

»—Tres —dijo el señor Deasy dándole vueltas en la mano a su cajita de dinero—. Es muy práctico tener estas cosas. Mire. Esto es para los soberanos. Esto para los chelines, las monedas de seis peniques y las de media corona. Y aquí, para las coronas. Observe.

»Hizo saltar de allí dos coronas y dos chelines.

»—Tres libras doce chelines —dijo—. Creo que lo encontrará correcto.

»—Gracias, señor —dijo Stephen recogiendo el dinero con tímida premura y guardándoselo en el bolsillo del pantalón.

»—No tiene por qué dármelas —dijo el señor Deasy—. Se lo ha ganado.

»La mano de Stephen, libre otra vez, volvió a las conchas vacías. Símbolos también de la belleza y del poder. Un bulto en mi bolsillo. Símbolos manchados por la codicia y la miseria.»

Habréis reconocido, con una punzadita de placer, la concha de peregrino, prototipo del bollo de Proust: la magdalena, la *coquille de Saint Jacques*. Las conchas fueron utilizadas como dinero por los africanos.

Deasy le pide que lleve una carta que ha escrito a máquina a la redacción del *Evening Telegraph* para que la publiquen. En esa carta pomposa, el señor Deasy, filisteo y entrometido, no muy distinto del monsieur Homais de *Madame Bovary*, habla de una enfermedad del ganado local. Deasy está lleno de clichés políticos, y como es habitual en los filisteos, deja caer los comentarios corrientes sobre las minorías. Inglaterra, dice, «está en manos de los judíos... tan cierto como que estamos aquí, los comerciantes judíos ya han emprendido su obra de destrucción». A lo que Stephen, muy sensible, replica que comerciante es todo aquel que compra barato y vende caro, sea judío o gentil: aplastante respuesta al antisemitismo burgués.

PRIMERA PARTE, CAPÍTULO III

Hora: Entre las diez y las once de la mañana.

Acción: Stephen se dirige a la ciudad por la playa de

Sandymount. Más adelante le veremos andando todavía, cuando pasa el cortejo fúnebre de Dignam, con Bloom, Cunningham, Power y Simon Dedalus, padre de Stephen, en un carruaje que les conduce al cementerio; y luego lo volveremos a encontrar en su primer destino, la redacción del periódico (el *Telegraph*). Mientras camina por la playa, Stephen piensa en muchas cosas: en «la ineluctable modalidad de lo visible» —ineluctable significa «no susceptible de ser vencido, no superable», y *modalidad* es la «forma en tanto que opuesta a sustancia»—; en las dos viejas comadronas que ve; en la semejanza entre la bolsa de la recolectora de berberechos y la bolsa de una comadrona; en su madre; en su tío Richie; en varios pasajes de la carta de Deasy; en Egan, el irlandés revolucionario en el exilio; en París; en la mar; en la muerte de su madre. Ve a otros dos mariscadores, a dos gitanos (*egipcios*, «*gypsies*»), hombre y mujer, y su mente le proporciona inmediatamente ejemplos de la jerga de los truhanes, de palabras en lenguaje gitano:

> *Blancas tus manos, roja tu boca,*
> *Tu cuerpo delicado y exquisito.*
> *Ven a acostarte conmigo.*
> *A abrazarnos y besarnos en la noche.**

Hace poco se ha ahogado un hombre. Ya han hablado de él los barqueros cuando Mulligan y Haines se estaban

---

* *White thy fambles, red thy gan*
And thy quarrons dainty is.
Caouch a hogshead with me then
In the darkmans clip and kiss.

He consultado el mismo diccionario donde Stephen y Joyce han encontrado esas palabras: *mort* significa «*woman*» [«mujer»]; *bing awast, to Romeville*, «*going to London*» [«ir a Londres»]; *wap*, «*love*» [«amor»]; *dimber, wapping dell*, «*a pretty loving woman*» [«mujer bonita y cariñosa»]; *fambles*, «*hands*» [«manos»]; *gan*, «*mouth*» [«boca»]; *quarrons*, «*body*» [«cuerpo»]; *cough a hogshead*, «*lie dawon*» [«acostarse»]; *darkmans*, «*night*» [«noche»]. *(N. del A.)*

bañando mientras Stephen miraba; es un personaje que reaparecerá. «Cinco brazas hay allí. A cinco brazas largas yace tu padre. Enseguida, dijo. Le encontraron ahogado. Marea alta en la barra de Dublín. Empujaba ante sí una acumulación de desperdicios, una orla de peces y conchas estúpidas. Un cadáver blancosal emergiendo de la resaca y avanzando oscilante hacia tierra, paso a paso cual marsopa. Ahí está. Engánchalo con el bichero. Aunque esté bajo el piso acuoso. Ya lo tenemos. Sin prisa ahora.

»Bolsa de gas cadavérico macerándose en sucia salmuera. Un temblor de pececillos, atiborrados de esponjosa golosina, huyen veloces por los intersticios de su bragueta abrochada. Dios se hace hombre se hace pez se hace percebe se hace montaña de plumas. Alientos muertos que yo viviente respiro, piso polvo muerto, devoro residuos de orina de todos los muertos. Halado con toda su rigidez por encima de la regala exhala hacia arriba el hedor de su verde sepultura, roncando al sol por los agujeros leprosos de su nariz...

»Mi pañuelo. Él lo arrojó. Recuerdo. ¿No lo recogí?

»Su mano buscó en vano en los bolsillos. No, no lo recogí. Será mejor que compre otro.

»Con cuidado, en el saliente de una roca dejó el moco seco que se había sacado de la nariz. Que mire quien quiera.

»Detrás. Quizás hay alguien.

«Volvió el rostro por encima del hombro, *rere regardant*. Agitando en el aire los altos palos de un barco, con las velas cargadas sobre las crucetas, entraba a contracorriente, desplazándose en silencio, barco silencioso.»

En el capítulo VII de la segunda parte nos enteramos de que este barco es la goleta *Rosevean*, de Bridgwater, que entra con un cargamento de ladrillos. Trae a Murphy, el cual se cruzará con Bloom en el Refugio del Cochero como dos barcos cruzándose en la mar.

Estilo: El Joyce lógico y lúcido.

Hora: Las ocho de la mañana, sincronizada con la mañana de Stephen.

Lugar: Calle Eccles, 7, donde viven los Bloom, al noroeste de la ciudad; la calle Upper Dorset está en la inmediata vecindad.

Personajes principales: Bloom; su mujer; *personajes secundarios*: el salchichero Dlugacz, de Hungría como Bloom, y la criada de la familia Woods que vive en el portal contiguo, en la calle Eccles, 8. ¿Quién es Bloom? Bloom es hijo de un judío húngaro, Rudolph Virag (que en húngaro significa «flor» [o sea, *bloom*]), el cual se cambió el apellido por Bloom, y de Ellen Higgins, cuya ascendencia es mitad irlandesa y mitad húngara. Tiene treinta y ocho años, y nació en Dublín en 1866. Asistió a un colegio dirigido por una tal señora Ellis; luego hizo los estudios secundarios con Vance como profesor, y terminó la escolaridad en 1880. Debido a la neuralgia, y a la soledad tras la muerte de su mujer, el padre de Bloom se suicidó en 1886. Bloom conoció a Molly, hija de Brian Tweedy, al formar pareja en un juego musical en casa de Mat Dillon. Se casaron el 8 de octubre de 1888, cuando él tenía veintidós años y ella dieciocho. Su hija Milly nació el 15 de junio de 1889, y su hijo Rudy, que murió cuando sólo tenía once días, en 1894. Al principio, Bloom fue representante de la empresa papelera Wisdom Hely, en otro tiempo estuvo también con unos tratantes de ganado, trabajando en el mercado. Vivieron en la calle Lombard de 1888 a 1893, en Raymond Terrace de 1893 a 1895, en Ontario Terrace en 1895, en el hotel City Arms durante una temporada, y luego en la calle Holles en 1897. En 1904 viven en la calle Eccles, 7.

Tienen una casa estrecha, con dos ventanas delanteras en cada una de las tres plantas. La casa ya no existe; estaba

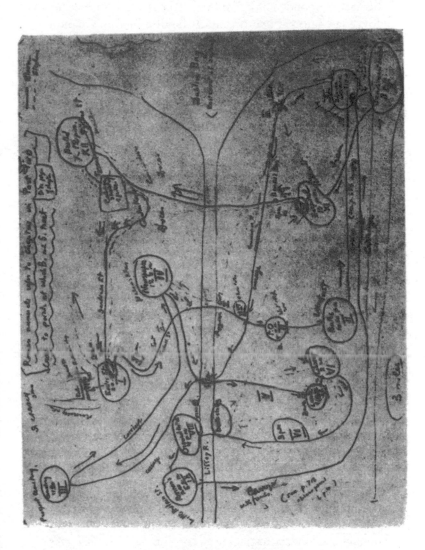

Bocetos de los viajes de Bloom y Stephen en la segunda parte de Ulises, *realizado por Nabokov.*

desocupada en 1904; unos quince años más tarde, después de su correspondencia con una pariente suya, tía Josephine, Joyce la eligió para su inventada familia Bloom. Cuando la alquiló un tal señor Finneran en 1905, poco imaginaba (dice mi informadora Patricia Hutchins, que ha escrito un libro encantador sobre *El Dublín de James Joyce* [1950]) los espectros literarios que aún tenían que vivir allí. Los Bloom ocupan las dos habitaciones de la planta baja (si miramos la casa de frente, desde la calle Eccles; o primer piso si la miramos desde atrás) de la casa, más la cocina, que está en el sótano (o planta baja de la casa vista desde atrás). El cuarto de estar es la habitación de delante; la alcoba está al otro lado, y hay un jardincito trasero. Es una vivienda con agua fría y sin baño, pero con un cuarto de aseo en el descansillo y un retrete bastante mohoso en el jardín. Los dos pisos encima de los Bloom están vacíos y se alquilan; de hecho, los Bloom han puesto un cartel en la ventana de su habitación delantera que anuncia: «se alquilan pisos sin amueblar».

Acción: Bloom está abajo en la cocina, prepara el desayuno para su mujer, y habla encantadoramente con la gata; luego, mientras la tetera se queda a un lado, «sombría y rechoncha, con el pitorro prominente», sube al vestíbulo y, tras decidir comprarse un riñón de cerdo, le dice a Molly desde la puerta del dormitorio que sale un momento a la esquina. Una voz gruñona y soñolienta contesta: «Mm.» Lleva bien guardada una cartulina en la badana del sombrero; «la sudada leyenda del fondo le dijo en silencio: Plasto. Sombrero de alta calida» (el sudor ha borrado la *d* final). La tarjeta que guarda en la badana contiene un nombre falso, Henry Flower, que en el capítulo siguiente le servirá para recoger en la estafeta de Westland Row una carta de Martha Clifford, pseudónimo, con la que mantiene una correspondencia clandestina nacida en la columna del *Irish Times* dedicada a los que buscan pareja. Se ha dejado la llave en el pantalón de diario, ya que hoy se ha puesto un traje ne-

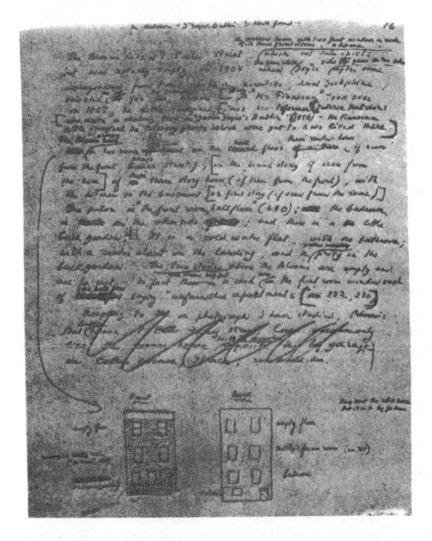

Notas de Nabokov referentes a la casa de Bloom en el número siete de la calle Eccles.

gro con motivo del entierro de Dignam, previsto para las
once de la mañana. Sin embargo, no ha olvidado transferir
al bolsillo de atrás del pantalón una patata que lleva a modo
de mascota, de talismán, pobre panacea de la madre (mucho más tarde le salva de un tranvía que va regando arena).
Su corriente de conciencia fluye sobre diversos guijarros de
pensamiento: «El armario cruje. No vale la pena molestarla.
En ese momento ella se dio la vuelta, soñolienta. Bloom tiró
de la puerta del vestíbulo detrás de sí silenciosamente, más,
hasta que la parte inferior de la hoja quedó suavemente sobre
el umbral, como una tapa mal ajustada. Parecía cerrada. Está
bien así, hasta que vuelva.» Da la vuelta a la esquina de la
calle Dorset, saluda al frutero, «magnífico tiempo», al pasar,
entra en la salchichería y descubre a la criada del portal de
al lado comprando salchichas en el mostrador. ¿Deben saludarse él y Dlugacz, ya que son los dos de Hungría; deben
saludarse como compatriotas? Bloom lo pospone otra vez.
No, en otra ocasión. Lee el anuncio de una granja modelo
en Palestina y su pensamiento se desplaza hacia Oriente. Se
alude a la nube sincronizadora: «Una nube empezó a cubrir
el sol enteramente lentamente enteramente. Gris. Lejana.»
Se trata de una sincronización. Stephen ha visto esta misma
nube antes de desayunar: «Una nube empezó a cubrir el
sol lentamente, sumiendo la bahía en un verde más oscuro.
Tras él se extendía un cuenco de aguas amargas.» El verde
evoca un recuerdo amargo en el pensamiento de Stephen;
el gris de la nube sugiere a Bloom una desolación gris, una
tierra árida de Oriente, distinta de los huertos voluptuosos
del anuncio.

Vuelve con el riñón; entretanto ha llegado el correo, dos
cartas y una postal. «Se inclinó y las recogió. Señora Marion
Bloom. Su corazón agitado aminoró la marcha instantáneamente. Letra atrevida. Señora Marion» (la carta está escrita
con una letra atrevida, y la señora Marion es una mujer atrevida). ¿Por qué ha dejado su corazón de latir? Porque como

vamos a averiguar dentro de poco, la carta es de Blazes Boylan, el empresario de Marion. Vendrá a traerle el programa para la próxima gira, y Bloom tiene el presentimiento de que si él, el marido, no interfiere y se mantiene alejado esta tarde, las cuatro se revelarán una hora fatal: Boylan se convertirá en amante de Molly. Observad la actitud fatalista de Bloom: «Una suave oleada de pesar le descendió por la espina dorsal, creciendo. Sucederá, sí. Evitarlo. Inútil: inamovible. Labios alegres y dulces de niña. Ocurrirá también. Sintió que la oleada le inundaba. Inútil moverse ahora. Labios besados, besando besados. Labios llenos pegajosos de mujer.»

La otra carta y la postal son de Milly, la hija de Bloom, que ahora está en Mullingar, Westmeath County, Irlanda central. La carta es para él, y la postal para su madre agradeciéndole el regalo de cumpleaños del 15 de junio, una preciosa caja de bombones de chocolate. Milly escribe: «Por ahora, me estoy sumergiendo en el asunto de la fotografía.» Cuando Mulligan nadaba después de desayunar, un joven amigo le cuenta que ha recibido una postal de Bannon, que se encuentra en Westmeath: «Dice que ha encontrado allí a una preciosidad. Una chica de foto, así la llama.» La carta de Milly continúa: «Va a haber un concierto en el Greville Arms el sábado. Hay un joven estudiante llamado Bannon que suele venir por aquí algunas tardes, sus primos o lo que sean son gente encopetada y él canta la canción de Boylan... sobre las chicas de la playa.» En cierto modo, Blazes Boylan, el amante de Molly de las cuatro de la tarde, es para Bloom lo que Buck Mulligan es para Stephen: el alegre usurpador. Todas las piezas de Joyce encajan: Molly, Bannon, Mulligan, Boylan. Os gustarán esas páginas artísticas, uno de los pasajes más maravillosos de toda la literatura, en las que Bloom le lleva a Molly el desayuno. ¡Cómo escribe este hombre!

«—¿De quién era la carta —preguntó Bloom.

»Letra atrevida. Marion.

»—¡Ah!, de Boylan —dijo ella—. Va a traer el programa.

»—¿Qué vas a cantar?

»—*Là ci darem*, con J. C. Doyle —dijo ella—, y *Love's Old Sweet Song*.

»Sus labios llenos, bebiendo, sonrieron. El olor un poco rancio que el incienso deja al día siguiente. Como agua turbia de florero.

»¿Quieres que abra un poco la ventana?

»Ella dobló una rebanada de pan en la boca, preguntando:

»—¿A qué hora es el entierro?

»—A las once, creo —contestó él—. No he mirado el periódico.

»Siguiendo la indicación del dedo de ella cogió de la cama una pernera de sus bragas sucias. ¿No? Luego, una liga gris retorcida y enredada en una media: planta arrugada y reluciente.

»—No: ese libro.

»Otra media. Su enagua.

»—Debe de haberse caído —dijo ella.

»Bloom palpó aquí y allá. *Voglio e non vorrei*. No sé si lo pronunciará bien: *voglio*. En la cama no. Debe de haberse resbalado. Se inclinó y levantó la colcha. El libro, caído, despatarrado contra la panza del orinal con franja anaranjada.

»—Deja ver —dijo ella—. Puse una señal. Hay una palabra que quería preguntarte.

»Tomó un sorbo de té de la taza que sostenía por donde faltaba el asa y, después de secarse los dedos rápidamente en la manta, empezó a buscar el texto con la horquilla hasta que localizó la palabra.

»—¿Meten qué cosas? —preguntó él.

»—Eso —dijo ella—. ¿Qué significa?

»Él se inclinó y leyó junto a la uña pulida de su pulgar.

»—¿Metempsicosis?

»—Sí. ¿Con qué se come eso?

»—Metempsicosis —dijo él, arrugando el ceño—. Es griego. Significa transmigración de las almas.

»—¡Ah, diablos! —dijo ella—. Dímelo con palabras sencillas.

»Él sonrió, mirando de soslayo sus ojos burlones. Los mismos ojos jóvenes. La primera noche después de las charadas. El Granero del Delfín. Hojeó las páginas manchadas. *Ruby: El orgullo de la pista.* Hola. Ilustración. Italiano feroz con látigo de cochero. Debe de ser Ruby orgullo de la en el suelo desnuda. Sábana amablemente prestada. *El monstruo Maffei desistió y arrojó a su víctima lejos de sí con un juramento.* Crueldad detrás de todo eso. Animales drogados. Trapecio en Hengler. Había que mirar a otra parte. La multitud boquiabierta. Pártete el cuello y nos partiremos de risa. Familias enteras. Les descoyuntan de pequeños para que se metempsicoseen. Que vivimos después de la muerte. Nuestras almas. Que el alma del hombre después de la muerte. El alma de Dignam...

»—¿La has terminado? —preguntó Bloom.

»—Sí —dijo ella—. No tiene nada indecente. ¿Sigue ella enamorada del primer tipo todo el tiempo?

»—No la he leído. ¿Quieres otra?

»—Sí. Tráeme otra de Paul de Kock. Precioso nombre el que tiene.

»Se sirvió más té en la taza, observando de soslayo el chorro.

»Tengo que ir a la biblioteca de la calle Capel a renovar el libro o escribirán a Kearney, mi fiador. Reencarnación: ésa es la palabra.

»—Alguna gente —dijo— cree que seguimos viviendo en otro cuerpo después de la muerte, y que hemos vivido antes. Lo llaman reencarnación. Que todos hemos vivido antes en la tierra, hace miles de años, o en otro planeta. Dicen que lo hemos olvidado. Algunos dicen que recuerdan sus vidas anteriores.

»La leche perezosa devanaba sus densas espirales en el té. Será mejor recordarle la palabra: metempsicosis. Sería preferible un ejemplo. ¿Un ejemplo?

»*El baño de la ninfa* sobre la cama. Lo regalaban con el número de Pascua de *Photo Bits*: espléndida obra maestra reproducida en color. El té antes que la leche. No muy distinta de ella con el pelo suelto: más delgada. Tres chelines y seis peniques pagué por el marco. Ella dijo que haría precioso sobre la cama. Ninfas desnudas; Grecia; y por ejemplo, toda la gente que vivía entonces.

»Bloom volvió las páginas.

»—Metempsicosis —dijo— es como lo llamaban los antiguos griegos. Creían que uno podía convertirse en animal o en árbol, por ejemplo. Lo que ellos llamaban ninfas, por ejemplo.

»La cuchara de ella dejó de remover el azúcar. Se quedó mirando ante sí, aspirando por las arqueadas ventanas de la nariz.

»—Huele a quemado —dijo—. ¿Has dejado algo en el fuego?

»—¡El riñón! —exclamó él de repente.»

Igualmente artístico es el final del capítulo, en que Bloom sale por la puerta de atrás al jardín y va al retrete. El sombrero hace de nexo en algunas meditaciones. Mentalmente, oye la campanilla de la barbería de Drago (Drago, no obstante, se encuentra en Dawson Street, bastante al sur), y ve mentalmente a Boylan, con su cabello castaño y lustroso, saliendo después de lavárselo y cepillárselo, lo que sugiere a Bloom la idea de ir a bañarse a los baños de Taro Street, aunque en vez de ahí irá a Leinster Street.

En la escena del retrete, descrita de forma admirable, Bloom lee un relato en una revista: *Golpe maestro de Matcham*, cuyos ecos resonarán de cuando en cuando a lo largo de todo *Ulises*. Hay algo de artista en el viejo Bloom, como la danza de las horas que imagina en su asiento cálido. «Horas del atardecer, muchachas vestidas de tul gris. Horas de la noche, luego negras de dagas y antifaces. Poética idea rosa, luego dorada, luego gris, luego negra. Pero fiel a la vida también. Día; luego la noche.

»Rasgó bruscamente por la mitad el cuento premiado y se limpió con él. Luego se subió los pantalones se ajustó los tirantes y se los abrochó. Tiró de la puerta traqueteante y desvencijada y salió de la oscuridad al aire libre.

»En la luz luminosa, aligerado y fresco de miembros, inspeccionó con cuidado sus pantalones negros, los bajos, las rodillas, las corvas. ¿A qué hora es el entierro? Convendrá consultarlo en el periódico.»

El reloj da las nueve menos cuarto. Dignam será enterrado a las once.

Segunda Parte, Capítulo II

Hora: Entre las diez y las once de la mañana del 16 de junio.

Lugar. Diversas calles al sur de Liffey, el río que atraviesa Dublín de oeste a este.

Personajes: Bloom; un conocido suyo llamado M'Coy, quien le para en la calle y le pide que deje su tarjeta en el funeral de Dignam, ya que no puede asistir porque «hay un caso de un ahogado en Sandycove que puede aparecer, y el forense y yo tendremos que acudir si encuentran el cuerpo.» La mujer de M'Coy es cantante, aunque no tan buena como Marion Bloom. Otro personaje que habla con Bloom en la calle, al final del capítulo, es Bantam Lyons, a quien me referiré después a propósito del tema de la carrera de Ascot.

Acción y estilo: Al principio se ve a Bloom en el muelle sir John Rogerson, orientado hacia el sur del Liffey, y al que ha llegado a pie desde Eccles Street, su casa, que está una milla al noroeste del Liffey. Por el camino ha comprado un periódico de la mañana, el *Freeman*. La corriente de conciencia constituye el principal recurso de este capítulo. Desde el muelle, Bloom se dirige al sur, a la estafeta de correos, pasándose la tarjeta de visita de la badana del sombrero al bolsillo del chaleco. Sus pensamientos le transportan de la ventana de la Oriental Tea Company a un mundo de flores y fragancias. En la estafeta de correos hay una carta para él de una tal Martha Clifford a quien nunca conoceremos. Mientras Bloom habla con M'Coy en la calle, su mirada errabunda observa a una mujer en el momento de subir a un carruaje. «¡Mira! ¡Mira! Destello de ricas medias de seda blancas. ¡Mira!» Los tobillos en 1904 se veían menos que hoy en día. Pero aparece un pesado tranvía dando campanadas y se interpone entre la mirada observadora de Bloom y la dama. «Me lo he perdido. Maldita sea mi estampa. Se queda uno como si le hubiesen dejado fuera. El paraíso y la Peri. Siempre pasa igual. En el preciso momento. La chica del portal de Eustace Street el lunes ajustándose la liga. Su amiga cubría la exhibición de *Esprit de corps*. Bueno, ¿qué haces ahí boquiabierto?»

Yendo ahora por Cumberland Street, Bloom lee la carta de Martha. Su sentimentalismo vulgar le conmueve los sentidos, y su pensamiento corre en pos de suaves satisfacciones. Pasa por debajo del puente del ferrocarril. El estrépito del tren que pasa por arriba le sugiere la imagen de los barriles de cerveza, la principal mercancía que exporta Dublín, del mismo modo que la mar le sugiere a Stephen la cerveza negra encubada cuando camina por la playa. «En las copas de las rocas cloquea: flop, slop, slap: encubada en barriles. Y, agotado, cesa su discurso. Fluye susurrante, manando ampliamente, flotante rodal de espuma, flor desplegada.» Esta visión está muy próxima a la que tiene Bloom de la cerveza derramándose: «Un tren que llegaba traqueteó sonoramente por encima de su cabeza, vagón tras vagón. En su cabeza entrechocaron barriles: opaca cerveza chascaba y se agitaba dentro. Las bocas de los barriles se abrieron de golpe derramando una inmensa riada oscura que fluía y serpeaba formando marismas en el terreno llano, un perezoso laberinto enlagunado de licor que arrastraba las flores de grandes pétalos de su espuma.» Ésta es otra sincronización. Hay que advertir que este capítulo termina con la palabra *flor*, en un párrafo acerca de Bloom en el baño, que tiene cierta relación con el ahogado que imagina Stephen. Bloom prevé «su tronco y sus miembros ondulantes y sostenidos, emergiendo ligeramente, amarillolimón: el ombligo, capullo de carne: y vio los negros enmarañados rizos de su mata, pelo flotante en torno al padre fláccido de millares, lánguida, flotante flor.» Y el capítulo termina con la palabra *flor*.

Todavía en Cumberland Street, después de leer la carta de Martha, Bloom entra de paso, por un momento, en una iglesia católica. Continúa el fluir de sus pensamientos. Unos minutos más tarde, hacia las diez y cuarto, camina por Westland Row; se dirige a una farmacia para comprarle a su mujer cierta loción para las manos. Aceite de almendras dulces, tintura de benjuí y agua de azahar. Compra una pastilla de jabón, y dice que pasará más tarde por la loción, aunque se olvidará de hacerlo. El jabón, en cambio, va a ser todo un personaje en la historia.

Permitidme, al llegar aquí, seguir la pista a dos temas de este capítulo: al del jabón y al de la Copa de Oro de Ascot. El jabón es una pastilla de Barrington con perfume a limón, cuesta cuatro peniques y huele a cera limonosa. Después del baño, Bloom, camino del entierro en el carruaje tirado por caballos, lleva la pastilla en el bolsillo trasero del pantalón. «Estoy sentado sobre algo duro. ¡Ah!, la pastilla de jabón en el bolsillo de atrás. Mejor que la cambie de sitio. En la primera ocasión.» Y la ocasión se presenta al llegar al Prospect Cemetery. Baja del coche, y entonces efectúa el cambio del jabón, con el papel pegado, del bolsillo de atrás al bolsillo interior para el pañuelo. En las oficinas del periódico, después del entierro, se saca el pañuelo, y el tema del perfume a limón se mezcla con el de la carta de Martha y la infidelidad de su mujer. Y posteriormente, a primeras horas de la tarde, cerca de la biblioteca y del museo de la calle Kildare, Bloom divisa a Blazes Boylan. ¿Por qué el museo? Pues porque Bloom ha decidido investigar por pura curiosidad ciertos detalles anatómicos de las diosas de mármol. «Sombrero de paja al sol. Zapatos marrones. Pantalones con vuelta. Es. Es.

»Su corazón aminoró el ritmo. A la derecha. Museo. Diosas. Giró a la derecha.

»¿Es? Casi seguro. No quiero mirar. El vino en mi cara. ¿Por qué lo hice? Demasiado fuerte. Sí, es. La manera de andar. No mirar. No mirar. Seguir.

»Dirigiéndose a la entrada del museo con largas, amplias zancadas alzó los ojos. Hermoso edificio. Diseñado por sir Thomas Deane. ¿No me sigue?

»Tal vez no me ha visto. El sol en sus ojos.

»El aliento agitado le brotaba en breves suspiros. Rápido. Estatuas frías: tranquilidad allí. A salvo en un minuto.

»No, no me ha visto. Más de las dos. Justamente en la verja.

»¡Mi corazón!

»Latiéndole los ojos, miró decididamente las curvas cremosas de la piedra. Sir Thomas Deane era la arquitectura griega.

»Buscar algo yo.

»Su mano se metió presurosa en un bolsillo, sacó, leyó sin desdoblar Agendath Wetaim. ¿Dónde lo he?

»Atareado en buscar.

»Volvió a guardarse rápidamente la Agendath.

»Ella dijo por la tarde.

»Lo estoy buscando. Sí, eso. Probemos en todos los bolsillos. Pañue. *Freeman*. ¿Dónde lo he? ¡Ah, sí! Pantalón. Monedero. Patata. ¿Dónde lo he?

»Deprisa. Caminar tranquilo. Un momento más. Mi corazón.

»Su mano buscando dónde lo he puesto encontró en el bolsillo de atrás la pastilla de jabón loción tengo que recoger tibio papel pegado. ¡Ah, aquí está el jabón! Sí. La verja.

»¡A salvo!»

Se menciona el jabón pegajoso en su bolsillo trasero cuando son las cuatro de la tarde; mucho después, en la tremenda y pesadillesca comedia, a media noche, en la casa de mala nota, aparece una pastilla de jabón nueva emanando un ligero perfume a limón; surge a la vida celeste la luna perfumada de un anuncio, y el jabón canta realmente mientras se eleva hacia su paraíso de publicidad:

Bloom y yo, Bloom y yo somos una pareja capital
Él ilumina la tierra, yo lustro la bóveda celestial...

La apoteosis del tema del jabón se identifica aquí como el *jabón errante*: Bloom utiliza finalmente la pastilla en casa para lavarse las manos sucias. «Tras colocar la olla medio llena sobre los carbones ahora encendidos, ¿por qué volvió al grifo todavía abierto?

»Para lavarse las manos sucias con una pastilla a medio gastar de jabón Barrington con fragancia a limón que aún tenía adherido el papel (comprada trece horas antes al precio de cuatro peniques y todavía sin pagar), en el agua fresca, inmutable, cambiante, y secarse la cara y las manos en una larga toalla con borde rojo colgada en un toallero giratorio de madera.»

Al final del capítulo II de la segunda parte, el relector descubrirá el punto de partida de un tema que discurre a lo largo de todo el libro: la carrera Copa de Oro que va a celebrarse esa tarde del 16 de junio de 1904, a las tres, en Ascot Heath, Berkshire, Inglaterra. Los resultados de la carrera llegan a Dublín una hora después, a las cuatro.

Esta carrera tuvo lugar en la realidad, al parecer, con los mismos caballos. Gran número de dublineses apuestan por los cuatro caballos, que son: *Maximum* (el segundo), caballo francés ganador el año anterior; *Zinfandel*, favorito tras su exhibición en la Copa Coronation de Epsom; *Sceptre*, que es el elegido por Lenehan, el cronista deportivo; y finalmente *Throwaway*, un caballo desconocido.

Echemos ahora una ojeada a la evolución de este tema a lo largo del libro. Empieza, como he dicho, al final del segundo capítulo: «En su sobaco, la voz y la mano de Bantam Lyons le dijeron:

»—Hola, Bloom, ¿qué noticias hay? ¿Es de hoy? Déjamelo un momento.

»Otra vez se ha afeitado el bigote, ¡por Dios! Largo frío labio superior. Para parecer más joven. Parece remozado. Más joven que yo.

»Los dedos amarillos, las uñas negras de Bantam Lyons desenrollaron la batuta. Necesita lavarse también. Quitarse la porquería. Buenos días, ¿has usado jabón Pears? Caspa en sus hombros. El cuero cabelludo necesita un ungüento.

»—Quiero ver lo del caballo francés que corre hoy —dijo Bantam Lyons—. ¿Dónde está ese bandido?

»Hizo crujir las páginas plegadas, sacudiendo la barbilla por encima del alto cuello. Picazón de barbero. El cuello duro le va a hacer caer el pelo. Será mejor darle el periódico y librarse de él.

»—Puedes quedártelo —dijo el señor Bloom.

»—Ascot. Copa de Oro. Espera —murmuró Bantam Lyons. Un mo. *Maximum* el segundo.

»—Precisamente iba a tirarlo* —dijo el señor Bloom.

»Bantam Lyons alzó los ojos vivamente y miró de soslayo.

---

* ...*throw it away*. Uno de los caballos —el que resultará ganador —se llama *Throwaway*. (*N. de la ed. española.*)

»—¿Cómo? —dijo su voz chillona.

»—Digo que te lo puedes quedar —contestó el señor Bloom—, que lo iba a tirar en este momento.

»Bantam Lyons vaciló un instante, mirando de soslayo; luego puso las hojas extendidas otra vez en brazos del señor Bloom.

»—Me arriesgaré —dijo—. Aquí tienes; gracias.

»Echó a correr hacia la esquina de Conway. Que Dios te ampare.»

Aparte de la preciosa muestra de la técnica de corriente de pensamiento que nos muestra este pasaje, ¿qué más podemos observar? Dos cosas: 1) que Bloom no tiene interés (ni conocimiento quizás) en la carrera; y 2) que Bantam Lyons, simple conocido, confunde el comentario de Bloom con una información sobre cuál va a ser el caballo ganador. A Bloom no sólo le tiene sin cuidado la copa de Oro de Ascot, sino que permanece serenamente ignorante de que sus palabras han sido interpretadas como un dato de información.

Ahora observemos la evolución de este asunto. El anuncio de las carreras aparece en el *Freeman* a mediodía; y Lenehan, el cronista deportivo, pronostica que ganará *Sceptre*, dato que Bloom oye por casualidad en las oficinas del periódico. A las dos Bloom está en el mostrador tomando un bocado junto a un estúpido llamado Nosey Flynn que habla del boleto de apuestas. «El señor Bloom, masticando de pie, notó su suspiro. Nosey tonto. ¿Le digo lo del caballo de Lenehan? Lo sabe ya. Mejor que se le olvide. Va y pierde más. El tonto y su dinero. La gota de rocío baja otra vez. Tendría la nariz fría besando a una mujer. Sin embargo, puede que a ellas les guste. Les gustan las barbas que pican. Narices frías de perro. La vieja señora Riordan con el terrier Skye de tripas ruidosas en el hotel City Arms. Molly acariciándolo en el regazo. ¡Ah, el enorme perribuauguauguau!

»El vino empapó y ablandó la redonda médula de pan mostaza un momento queso empalagoso. Agradable vino.

Lo saboreo mejor porque no tengo sed. El baño como es natural produce esto. Sólo un bocado o dos. Luego hacia las seis puedo. Las seis, las seis. Para entonces se habrá ido. Ella...»

Al entrar más tarde en el restaurante, después de marcharse Bloom, Bantam Lyons le comenta a Flynn que tiene una buena apuesta y que se va a jugar cinco chelines, pero no menciona a *Throwaway*; sólo dice que Bloom le ha pasado la información. Cuando el cronista deportivo Lenehan entra un momento en casa de un corredor de apuestas para ver a cómo está la última cotización de las apuestas sobre *Sceptre*, se encuentra allí a Lyons y le disuade de apostar por *Throwaway*. En el gran capítulo del bar de Ormond, hacia las cuatro de la tarde, Lenehan le dice a Blazes Boylan que está seguro de que *Sceptre* ganará con comodidad; y Boylan, que va camino de su cita con Molly Bloom, confiesa que ha apostado una pizca para beneficio de una amiga (Molly). El telegrama con los resultados está al llegar. En el capítulo del bar de Kiernan, el cronista deportivo Lenehan entra y anuncia lúgubremente que ha ganado *Throwaway*, «veinte a uno. Un completo desconocido... Fragilidad, tu nombre es *Sceptre*.» Ved ahora la forma en que todo esto influye fatalmente en Bloom, a quien la carrera le tiene completamente sin cuidado. Bloom abandona el bar de Kiernan para dirigirse al juzgado a cumplir una misión caritativa (sobre el seguro de vida de su difunto amigo Pat Dignam); y Lenehan, en el bar, comenta: «—Yo sé adónde va —dice Lenehan haciendo chascar los dedos.

»—¿Quién? —digo yo.

»—Bloom —dice él—; lo del juzgado es un pretexto. Ha ganado unos chelines apostando a *Throwaway* y ha ido a cobrar la pasta.

»—¿Es ese infiel de ojos blancos? —dice el ciudadano—, ése no ha apostado por un caballo en su vida.

»—A eso es a lo que ha ido —dice Lenehan—. Me encontré con Bantam Lyons que iba a apostar por ese caballo, pero le quité la idea de la cabeza, y me dijo que Bloom le había pasado la información. Te apuesto lo que quieras a que tiene cien chelines a cinco. Es el único hombre de Dublín que ha ganado. Un caballo oscuro.

»—Él también es un maldito caballo oscuro —dice Joe.»

El *yo* del capítulo del bar de Kiernan es un narrador anónimo, un tipo borracho y atontado con cierta vena propensa al linchamiento. Excitado por la actitud serena y la discreción humana de Bloom, ahora —este narrador anónimo— se excita aún más ante la sospecha de que un judío ha ganado cien a cinco apostando por un caballo oscuro llamado *Throwaway*. El narrador anónimo ve con placer la pelea que sigue cuando un matasiete (el llamado ciudadano del capítulo), le arroja una lata de galletas a Bloom.

Los resultados de la carrera aparecen más tarde en el *Evening Telegraph*, periódico que Bloom lee en el Refugio del Cochero al final de este largo día, y donde vienen también la noticia del entierro de Dignam y la carta de Deasy: resumen periodístico de los acontecimientos del día. Por último, en el penúltimo capítulo del libro, en que Bloom regresa por fin a casa, observamos dos cosas: 1) encuentra en un delantal que hay sobre el aparador de la cocina cuatro trozos de dos boletos de apuestas que Blazes Boylan ha roto en un arrebato de furia, durante su visita a Molly, al enterarse de que no ha ganado *Sceptre*; y 2) Bloom reflexiona con satisfacción que él no se ha arriesgado, no ha sufrido ninguna decepción, y que tampoco le ha insistido a Flynn, durante la comida, para que apostase por el que Lenehan creía que iba a ganar: *Sceptre*.

Permitidme que, entre los capítulos II y III de la segunda parte, diga unas palabras sobre el carácter de Bloom. Uno de los rasgos más destacados que observamos en él es su bondad para con los animales, para con los débiles. Aunque para desayunar ese día haya comido con delectación el órgano interno de un animal, un riñón de cerdo, y pueda experimentar una sensación de hambre aguda al pensar en la sangre caliente, dulce y espesa, humeante; a pesar de estos gustos un poco bastos, siente honda compasión por los animales degradados y lesionados por el hombre. Podemos observar su afable actitud hacia la gatita negra en la escena del desayuno: «El señor Bloom observó benévolo y curioso la ágil forma negra. Tan limpia de ver: el brillo de su piel lustrosa, la mota blanca bajo la raíz de la cola, los ojos verdes y llameantes. Se inclinó hacia ella con las manos en las rodillas.

»—Leche para la minina —dijo.

»—¡Mrkñiau! —gritó la gata.»

O su comprensión de los perros, como cuando, por ejemplo, camino del cementerio, recuerda a *Athos*, el perro muerto de su padre. «¡Pobre *Athos*! Sé bueno con *Athos*, Leopold, es mi último deseo.» Y la imagen de *Athos* en la mente de Bloom es la de un «animal tranquilo. Los perros de los viejos lo son normalmente.» La mente de Bloom revela una participación simpática en los símbolos animales de la vida que rivaliza en valores artísticos y humanos con la comprensión de Stephen hacia los perros, como en la escena de la playa de Sandymount. Asimismo, Bloom experimenta un sentimiento de compasión y ternura cuando, después de su encuentro con M'Coy, pasa cerca de la parada de coches, junto a los jamelgos inclinados sobre el morral a la hora del pienso. «Se acercó más y oyó el crujir de la dorada avena, el manso masticar de los dientes. Sus ojos saltones de ciervo le miraron al pasar, en medio de un dulce vaho avenado de orina caballar. Su Eldorado. ¡Pobres jamelgos! Maldito lo que saben o les preocupa con sus largos hocicos hundidos en el morral. Demasiado llenos para hablar. No obstante, tienen comida y albergue. Castrados además: un muñón de negra gutapercha oscilando fláccido entre las ancas. Podrían ser felices de todos modos. Tienen pinta de buenos brutos. Sin embargo su relincho puede ser muy irritante» (el curioso interés de Joyce por la vesícula es compartido por Bloom también). En su actitud compasiva hacia los animales, Bloom da de comer incluso a las gaviotas, a las que yo personalmente considero aves repugnantes con ojos de borracho... y a lo largo del libro hay otros ejemplos de su bondad para con los animales. Resulta interesante, en su paseo antes del almuerzo, el pensamiento fugaz que se le ocurre sobre una bandada de palomas ante el edificio del Parlamento de Irlanda; su definición: «Su pequeño y alegre alboroto después de las comidas» se corresponde exactamente, en cuanto al tono y al metro, con la reflexión de Stephen en la playa: «Los placeres sencillos de los pobres» (distorsión irónica de la elegía *Written in a Country Churchyard* de Thomas Gray, 1751), cuando un perro, al ser llamado, levantó la pata trasera y «orinó brevemente en la roca no olida.»

SEGUNDA PARTE, CAPÍTULO III

Estilo: El Joyce lúcido y lógico, con pensamientos de Bloom que el lector sigue con facilidad.

Hora: Justo después de las once.

Lugar: Bloom ha cogido el tranvía en los baños de la calle Leinster y ha ido a casa de Dignam, Serpentine Avenue 9, al sudeste del Liffey, de donde sale el entierro. En vez de dirigirse recto hacia el oeste al centro de Dublín y luego ir al noroeste hacia el Prospect Cemetery, el cortejo toma la dirección de Irishtown, torciendo al nordeste y luego al oeste. Obedeciendo a una antigua costumbre, pasan el cadáver de Dignam primero por Irishtown, hacia Tritonville Road, al norte de Serpentine Avenue, y sólo después de cruzar Irishtown tuercen hacia el oeste por Ringsend Road y New Brunswick Street, para cruzar después el río Liffey y seguir en dirección noroeste hasta el Prospect Cemetery.

Personajes: Una docena más o menos de acompañantes; entre ellos, en el asiento trasero de un coche de caballos de cuatro plazas, Martin Cunningham, persona afable, junto a Power, que de forma irreflexiva habla del suicidio en presencia de Bloom; frente a ellos, Bloom y Simon Dedalus, padre de Stephen, personaje extremadamente ingenioso, feroz, excéntrico y dotado de talento.

Acción: La acción de este capítulo es muy simple y se lee con facilidad. Prefiero abordarla desde el punto de vista de ciertos temas.

El padre de Bloom, judeo-húngaro (cuyo suicidio se menciona en este capítulo), se casó con una joven irlandesa, Ellen Higgins, protestante de ascendencia cristianohúngara por parte de padre; de forma que Bloom fue bautizado como protestante, y sólo se hizo católico más tarde para casarse con Marion Tweedy, también de extracción hungaroirlandesa. En la ascendencia de Bloom hay igualmente un rubio soldado austríaco. Pese a estas intrincadas ramificaciones, Bloom se considera judío, y el antisemitismo es una sombra constante que se cierne sobre él a lo largo del libro: siempre está expuesto a que le insulten y le hieran, hasta personas respetables en otros aspectos, y es considerado un intruso. Al estudiar esta cuestión, encuentro que en 1904, año en que transcurre nuestro día en Dublín, el número de judíos que vivían en Irlanda giraba alrededor de los cuatro mil, en una población de cuatro millones y medio. Un prejuicio malintencionado o convencional anima a la mayoría de la gente con quien Bloom se tropieza en el curso de este peligroso día. En el carruaje que le lleva al cementerio, Simon Dedalus ridiculiza incisivamente a Reuben J. Dodd, prestamista judío cuyo hijo estuvo a punto de ahogarse. Bloom, ansioso, trata de contar primero la historia, a fin de controlarla y evitar las indirectas. A lo largo del libro, el tema de la persecución racial sigue a Bloom: incluso Stephen Dedalus le ofende duramente en el penúltimo capítulo con una canción que es parodia de una balada del siglo XVI sobre el joven san Hugo de Lincoln, de quien se creía antiguamente que había sido crucificado por los judíos en el siglo XII.

La sincronización es más un recurso que un tema. A lo largo del libro las personas andan tropezándose constantemente unas con otras: los caminos se encuentran, se separan y se vuelven a encontrar. Al torcer de Tritonville Road a Ringsend Road, los cuatro hombres del carruaje adelantan a Stephen Dedalus, el hijo de Simon, que va a pie de Sandycove a las oficinas del periódico, siguiendo casi la misma dirección que el cortejo fúnebre. Más tarde, en Brunswick Street, no lejos de Liffey, justo cuando Bloom va pensando que Boylan irá esa tarde a su casa, Cunningham ve a Boylan por la calle, y Boylan recibe los saludos de los compañeros de coche de Bloom.

En cambio, el Hombre del Impermeable Marrón es un tema. Entre los personajes casuales del libro hay uno de especialísimo interés para el lector joyceano porque no hace falta repetir que cada nuevo tipo de escritor da lugar a un nuevo tipo de lector, cada genio produce una legión de jóvenes insomnes. El personaje especialísimo al que me refiero ahora es el llamado Hombre del Impermeable Marrón, a quien se hace referencia de una manera o de otra once veces en el curso del libro, aunque no se le nombra nunca. Por lo que sé, los comentaristas no han comprendido su identidad. Veamos si podemos identificarlo nosotros.

Se le ve por primera vez en el entierro de Paddy Dignam; nadie sabe quién es, su aparición es súbita e inesperada, y a lo largo del largo día, el señor Bloom volverá mentalmente sobre este pequeño pero irritante misterio: ¿quién era el hombre del impermeable marrón? Así es como aparece en el entierro. Bloom piensa en Dignam muerto mientras los enterradores ponen el extremo del ataúd en el borde de la fosa y le pasan las cuerdas para bajarlo. «Enterrándolo... No sabe quién es ni le importa.» En ese momento, la mirada de

Bloom que revolotea entre «los presentes» se detiene en un desconocido. La corriente de pensamiento inicia un nuevo curso. «¿Quién será ese larguirucho de ahí con el impermeable? Me gustaría saber quién es. Daría cualquier cosa por averiguarlo. Siempre aparece alguien que uno nunca habría imaginado.» Sigue dándole vueltas a este pensamiento, y a continuación cuenta el pequeño número de personas que asiste al entierro. «El señor Bloom se quedó atrás, con el sombrero en la mano, contando las cabezas descubiertas. Doce. Yo hago el número trece. No. El trece es el tipo del impermeable. El número de la muerte. ¿De dónde diablos habrá salido? No estaba en la capilla, podría jurarlo. Estúpida superstición la del trece.» El pensamiento de Bloom deriva hacia otras cosas.

¿Quién es, pues, este tipo larguirucho que parece surgido de la nada en el mismísimo instante en que el ataúd de Patrick Dignam desciende a la sepultura? Prosigamos nuestra investigación. Al final de la ceremonia, Joe Hynes, reportero que toma nota de los nombres en el entierro, pregunta a Bloom: «—Y dinos —dijo Hynes—, ¿conoces a ese tipo del...?», pero en ese instante comprueba que el individuo ha desaparecido, y la frase queda sin terminar. La palabra que falta es, desde luego, *impermeable* (*mackintosh*). Luego Hynes prosigue: «—El tipo estaba ahí con el...» Nuevamente deja la frase sin terminar y mira en torno suyo. Bloom completa el final: «—Impermeable. Sí, le he visto... ¿Dónde está ahora?» Hynes ha entendido mal; cree que el hombre se llama MacIntosh (es decir, *Impermeable*, compárese con el tema del malentendido a propósito del caballo *Throwaway*), y lo anota: «—MacIntosh —dijo Hynes garabateando—. No sé quién es. ¿Se llama así?» Hynes se aleja, sin dejar de mirar en torno suyo para comprobar si ha tomado nota de todos. «—No —empezó el señor Bloom, volviéndose y deteniéndose—. ¡Eh, Hynes!

»No ha oído. ¡Cómo! ¿Por dónde ha desaparecido? Ni

rastro. Por todos los... ¿Le ha visto alguien por aquí? Reda-ños. Se ha esfumado. Dios mío, ¿qué ha sido de él?» En ese momento, los pensamientos de Bloom se ven interrumpidos por la llegada de un séptimo sepulturero que viene a recoger una pala abandonada.

En el último trozo del capítulo VII de la segunda parte (capítulo dedicado a sincronizar los movimientos de diversas personas en las calles de Dublín hacia las tres de la tarde), encontramos otra alusión al hombre misterioso. Camino de la inauguración de la feria Mirus destinada a recaudar fondos para el hospital Mercer (es en esta feria en donde más tarde, al anochecer, tienen lugar los fuegos artificiales del capítulo X). El virrey, gobernador de Irlanda, pasa con su séquito por delante de un joven ciego; luego, «en Lower Mount Street, un peatón con impermeable marrón, comiendo pan seco, cruzó con pasos rápidos, sin ser atropellado, por delante del virrey». ¿Qué nuevas pistas se añaden aquí? Que el hombre existe; es un ser vivo en definitiva; que es pobre; que camina con paso rápido, y que se parece un poco a Stephen Dedalus en su gesto desdeñoso y distante. Pero naturalmente, no es Stephen. Inglaterra, el virrey, no le hacen daño; Inglaterra no puede molestarle. Hombre vivo, y al mismo tiempo liviano como un espectro..., ¿quién diablos es?

La siguiente referencia aparece en el capítulo IX de la segunda parte; capítulo en el que el bueno y afable Bloom es molestado en el bar de Kiernan por un matón, el ciudadano anónimo, y por el repugnante perro del abuelo de Gerty. Bloom, con grave y tierna entonación (que le eleva por encima de su propio nivel individual, demasiado físico, en otras partes del libro), Bloom el judío, afirma: «—Y también pertenezco a una raza —dice Bloom— odiada y perseguida. Incluso ahora. En este mismo momento. En este mismo instante.» El ciudadano le sonríe: «—¿Habla usted de la nueva Jerusalén? —dice el ciudadano.

»—Hablo de la injusticia —dice Bloom...

»—Pero es inútil —dice él—. La fuerza, el odio, la historia y demás. Ésa no es vida para los hombres y las mujeres, insultar y odiar. Todo el mundo sabe que eso es exactamente lo contrario de la verdadera vida.»

Qué es, pregunta Alf el tabernero. «—El amor —dice Bloom.» A propósito, éste es uno de los grande puntales de la filosofía de Tolstoi: la vida humana es amor divino. El amor es entendido por las mentalidades más simples del bar como amor sexual. Pero entre las diversas frases: «El guardia 14 A ama a Mary Kelly, Gerty MacDowell ama al chico de la bicicleta... Su Majestad el Rey ama a Su Majestad la Reina», etc., reaparece por un instante nuestro hombre misterioso: «El hombre del impermeable marrón ama a una señora que ha muerto.» Observad que aquí aparece en acusado contraste con el guardia e incluso con el «viejo señor Verschoyle con la trompetilla acústica [que] ama a la vieja señora Verschoyle que es bizca». Un elemento poético ha sido añadido a nuestro hombre misterioso. Pero ¿quién es ese ser que aparece en ciertos momentos cruciales del libro? ¿Es la muerte, la opresión, la persecución, la vida, el amor?

En el capítulo X, al final de la escena de la masturbación en la playa durante los fuegos artificiales de la verbena, Bloom recuerda brevemente al Hombre del Impermeable Marrón que ha visto junto a la sepultura; en el capítulo XI, en un bar poco antes de cerrar, a las once, bar que se encuentra ente una maternidad y una casa de mala nota, el hombre misterioso es visto brevemente a través de los vapores del alcohol: «¡Demonio, qué hace ahí el tío ese del impermeable! Qué zapatos más polvorientos. Mira qué andrajos. ¡Todopoderoso! ¿Qué es lo que come? Cordero de jubileo. Y Bovril por todos los diablos. Lo necesitaba de veras. ¿Conoces a ese de los calcetines rotos?, ¿el tipo andrajoso del Richmond? ¡Qué basto! Creía tener un depósito de plomo en el pene. Locura fingida. Corteza de Pan le llamamos. Ése, señor, fue en otro tiempo próspero ciudadano. Hombre todo an-

drajos y harapos que se casó con una doncella desampara-
da. Le echó el anzuelo, ella. Véase aquí el amor perdido.
Impermeable andante del desfiladero solitario. Acostarse
y arroparse. Hora de horario. Nanay para los libidinosos.
¿Perdón? ¿Le ha visto hoy en el entierro? ¿Un colega suyo
ha doblado la servilleta?» El pasaje, como toda la última
escena del capítulo, es innecesariamente oscuro, pero contiene claras referencias al hombre que toma ávidamente sopa
Bovril, a sus zapatos polvorientos, sus calcetines rotos y su
amor perdido.

Un hombre de impermeable marrón aparece también en
la escena del *bordello* del capítulo XII, que es una exageración grotesca de los pensamientos fragmentarios que pasan
por la mente de Bloom, pensamientos fragmentarios que
ejecutan en un escenario a oscuras una comedia de pesadilla.
Este capítulo no debe tomarse en serio; ni debemos tomar en
serio tampoco la breve visión que tiene Bloom del Hombre
del Impermeable Marrón, que le acusa de ser hijo de madre
cristiana: «No crean una palabra de lo que diga. Ese hombre
es Leopold M'Intosh, el famoso incendiario. Su verdadero
nombre es Higgins.» La madre de Bloom, que se casó con
Rudolph Virag de Szombathely, Viena, Budapest, Milán,
Londres y Dublín, se llamaba de soltera Ellen Higgins, hija
segunda de Julius Higgins (nacido Karoly, húngaro) y de
Fanny Higgins, nacida Hegarty. En la misma pesadilla Li-
poti (Leopold) Virag, abuelo de Bloom, es embutido en varios abrigos sobre los cuales lleva un impermeable marrón,
evidentemente tomado del hombre misterioso. Cuando después de las doce de la noche, Bloom pide café para Stephen
en el Refugio del Cochero (tercera parte, capítulo I), coge
un ejemplar del *Evening Telegraph* y lee la noticia del entierro de Patrick Dignam que ha escrito Joe Hynes: entre los
acompañantes estaban... aquí incluye una lista de nombres
que termina con M'Intosh. Finalmente, en el capítulo II de
esta última parte, compuesto en forma de preguntas y res-

puestas, viene lo siguiente: «¿Qué enigma autoenmarañado, aprehendiéndolo voluntariamente, no comprendió Bloom [mientras se desvestía y reunía sus ropas]?

»¿Quién era M'Intosh?»

Ésta es la última vez que oímos hablar del Hombre del Impermeable Marrón.

¿Sabemos quién es? Creo que sí. La clave se encuentra en el capítulo IV de la segunda parte, en la escena de la biblioteca. Stephen está hablando de Shakespeare, y sostiene que Shakespeare se ha incluido a sí mismo en sus obras. Shakespeare, dice tenso, «ha ocultado su propio nombre, un nombre hermoso, William, en sus obras: es un comparsa aquí, allá, igual que el pintor de la vieja Italia colocaba su rostro en un rincón oscuro de su lienzo...». Y esto es exactamente lo que Joyce ha hecho: colocar su rostro en un rincón oscuro de su lienzo. El Hombre del Impermeable Marrón que cruza el sueño del libro no es otro que el propio autor. ¡Bloom llega a ver a su creador!

Segunda Parte, Capítulo IV

Hora: Las doce del mediodía.

Lugar: Las oficinas del *Freeman's Journal* y del *Evening Telegraph*, en la columna de Nelson, centro de la ciudad, justo al norte del Liffey.

Personajes: Entre los personajes está Bloom, que ha ido a gestionar la publicación de un anuncio para Alexander Keyes:* establecimiento con licencia de primera categoría, tienda de bebidas o bar (más tarde, en el capítulo V, irá a la Biblioteca Nacional a obtener el diseño de las dos llaves cruzadas con la leyenda, Casa de las Llaves, nombre del Par-

---

* Joyce juega con el equívoco a que da lugar el apellido *Keyes* (*key* = llave). (*N. de la ed. española.*)

lamento de la isla de Man; alusión también a la autonomía de Irlanda). A las oficinas del mismo periódico llega Stephen con la carta de Deasy sobre la enfermedad del ganado; pero Joyce evita que Bloom y Stephen se junten. Sin embargo, Bloom percibe la presencia de Stephen; y otros ciudadanos, incluido el padre de Stephen, de regreso del cementerio con Bloom, son vistos en las oficinas del periódico. Entre los periodistas están Lenehan, que plantea un acertijo: «¿Qué ópera se parece a una línea de ferrocarril?» La solución es: *The Rose of Castille* (*rows of cast steel*, es decir, «hileras de acero fundido)».

Estilo: Las secciones del capítulo llevan títulos humorísticos que parodian los titulares de los periódicos. Este capítulo me parece desequilibrado, y la aportación de Stephen no es especialmente ingeniosa. Podéis leerlo por encima.

SEGUNDA PARTE, CAPÍTULO V

Hora: Después de la una, principio de la tarde.

Lugar: Las calles al sur de la Columna de Nelson.

Personajes: Bloom y varias personas que encuentra por casualidad.

Acción: De la Columna de Nelson, Bloom se dirige hacia el sur, hacia el río. Un sombrío individuo del YMCA pone un prospecto, «Elías viene», «en una mano del señor Bloom». ¿Por qué esa extraña construcción: «en una mano del señor Bloom»? Porque para el distribuidor de prospectos una mano es meramente una mano en la que colocar algo: el que pertenezca al señor Bloom es secundario. «Charlas de corazón a corazón.

»Bloo... ¿Yo? No.

»La sangre del cordero.

»Sus pies lentos le llevaron hacia el río, leyendo. ¿Estás a salvo? Todos se han lavado en la sangre del cordero. Dios quiere víctimas cruentas. Nacimiento; himeneo, martirio, guerra, fundación de un edificio, sacrificio, holocausto de riñón quemado, altares de druidas. Elías viene. El doctor John Alexander Dowie, restaurador de la iglesia de Sión, viene.

»*¡Viene!; Viene! ¡¡Viene!!*
»*Sean todos cordialmente bienvenidos.*»

Después seguiremos el destino de ese prospecto, de ese *throwaway*, como se dice también en inglés.

Camino de su almuerzo en la ciudad, Bloom se cruza con unas cuantas personas. La hermana de Stephen está en la puerta de la sala de subastas Dillon, vendiendo muebles viejos. La familia de Stephen es muy pobre, sin madre, formada por cuatro chicas y Stephen, y el padre viejo y egoísta a quien no parece preocuparle nada. Al llegar al puente de O'Connell, Bloom ve aletear y revolotear un grupo de gaviotas. Todavía lleva en la mano el prospecto que le ha dado el hombre del YMCA en el que se anuncia al evangelista doctor Dowie a propósito de la venida de Elías. Ahora Bloom lo arruga haciéndolo una pelota y lo arroja desde el puente para ver si las gaviotas se lanzan sobre él. «Elías viene a treinta y dos pies por segundo» (el Bloom científico). Las gaviotas ignoran el papel.

Sigamos brevemente durante tres capítulos el tema de Elías, el destino de la octavilla. Ha caído en las aguas del Liffey y cumplirá la función instrumental de marcar el paso del tiempo. Inicia su viaje fluvial hacia el este, hacia el mar, a eso de la una y media. Una hora más tarde, descendiendo ligera por el Liffey, pasa por debajo del puente Loopline, dos manzanas al este de su punto de partida: «Un esquife, un prospecto arrugado, Elías viene, navegaba por el Liffey, bajo el puente de Loopline, acelerando en los rápidos donde el agua formaba remolinos en torno a los pilares del puente, pasaba cascos y cadenas de anclas, navegando hacia el este, entre el viejo muelle del edificio de aduanas y el muelle de

George.» Unos minutos más tarde, por «el muro norte y el muelle de sir John Rogerson, entre cascos y cadenas de anclas, navegando hacia el oeste, a bordo de un esquife, de un prospecto arrugado mecido por los remolinos de un trasbordador, Elías viene...» Finalmente, poco después de las tres de la tarde, llega a la bahía de Dublín: «Elías, esquife, liviano prospecto arrugado, navegaba hacia el este junto a los costados de los barcos y las traineras, en medio de un archipiélago de corchos, más allá de la nueva calle de Wapping y el transbordador de Benson, junto a la goleta *Rosevean* procedente de Bridgewater con un cargamento de ladrillos.» Hacia la misma hora, el señor Farrell, poco antes de pasar junto al joven ciego, arruga el ceño ante «el nombre de Elías anunciado en el Metropolitan Hall», donde el evangelista va a hablar.

Otro tema sincronizador es el desfile de hombres anuncio que marcha lentamente hacia Bloom en las proximidades de Westmoreland Street. Bloom medita sobre la inminente traición de Molly y al mismo tiempo piensa en los anuncios. Ha visto un cartel en un urinario —«carteles no»—, y algún gracioso ha cambiado carteles (*bills*) por píldoras (*pills*). Esto lleva a Bloom a pensar con terror: ¿y si Boylan tiene gonorrea? Estos hombres anuncio haciendo publicidad a la papelería Wisdom Hely van a pasearse también a lo largo de todo el libro. En la mente de Bloom se asocian a su pasado feliz, cuando trabajaba para Hely, en sus primeros años de matrimonio.

En el mismo capítulo V, Bloom, que va en dirección sur dispuesto a comer en algún sitio, se encuentra con un viejo amor: la que en tiempos fuera Josephine Powell y ahora es la señora de Denis Breen. Ella le cuenta que un chistoso desconocido le ha enviado a su marido una postal con un mensaje insultante: U. P. (¡fuera!). Bloom cambia de tema y le pregunta si ha visto a la señora Beaufoy. Ella le corrige: se refiere a la señora Purefoy, Mina Purefoy; en un lapsus,

Bloom ha mezclado el nombre de Purefoy con el de Philip Beaufoy, el sujeto pseudoelegante que ha escrito el relato premiado, *Golpe maestro de Matcham*, que Bloom ha leído en las páginas de la revista *Titbits*, en el retrete, después de desayunar. Mientras habla con la señora Breen, Bloom recuerda aún parte del pasaje leído. La noticia de que Mina Purefoy está ingresada en la maternidad y se encuentra sufriendo los dolores de un parto muy difícil anima al compasivo Bloom a visitarla en el sanatorio, para ver cómo se encuentra (lo hará ocho horas más tarde, en el capítulo XI). Una cosa conduce a otra en este maravilloso libro. Y el encuentro con Josephine Powell, ahora señora Breen, pone en marcha, en la mente de Bloom, una serie de pensamientos retrospectivos: el pasado feliz cuando conoció a Molly, y ahora, el amargo y feo presente. Recuerda una noche reciente en que él, Molly y Boylan paseaban junto al río Tolka, cerca de Dublín. Ella iba tarareando. Quizá fue entonces cuando se rozaron los dedos de ella y de Boylan, y surgió una pregunta, y la respuesta fue sí. El cambio que se operó en Molly, el cambio que sufrió su amor, tuvo lugar unos diez años atrás, en 1894, después del nacimiento del niño y su muerte días más tarde. Piensa en regalarle a Molly un alfiletero, quizá para su cumpleaños, el 8 de setiembre. «Las mujeres no quieren recoger los alfileres. Dicen que cortan el am.» Se ha suprimido la terminación —or de *amor*— para mostrar lo que sucede. Pero no puede impedir la aventura con Boylan. «Es inútil regresar. Tenía que ser. Dímelo todo.» Bloom entra en el restaurante de Burton, pero está lleno de ruido, sucio, atestado de gente, y decide no comer allí. Sin embargo, preocupado por no ofender a nadie, ni siquiera al hediondo Burton, se enreda en un amable galimatías de cumplidos personales. «Se llevó dos dedos dubitativamente a los labios. Sus ojos dijeron:

»—Aquí no. No le veo.»

Una persona inventada, un pretexto para abandonar el lugar, el manierismo de un Bloom bondadoso y vulnerable. Se trata de un preludio de sus movimientos al final del capítulo, cuando se tropieza con Boylan y finge registrarse el bolsillo para no dar la impresión de haberle visto. Finalmente, toma un bocado en la taberna de Byrne, en Duke Street —un bocadillo de queso de gorgonzola y un vaso de borgoña—, donde charla con Nosey Flynn, y donde todo el mundo piensa en la Copa de Oro. Aplastando el brillante vino en la boca, Bloom recuerda el primer beso de Molly y los helechos de Howoth Hill, justo al norte de Dublín, en la bahía, y los rododendros, y sus labios, y sus pechos.

Prosigue la marcha, ahora en dirección al Art Museum y la Biblioteca Nacional, donde quiere consultar un anuncio en un número atrasado del periódico *Kilkenny People*. «En Duke Lane, un terrier hambriento vomitó una repugnante mascada apelotonada sobre los guijarros y la lamió con ansias renovadas. Hartazón. Devuelto con agradecimiento después de digerir completamente el contenido... El señor Bloom dio un prudente rodeo. Rumiante. Su segundo plato.» Del mismo modo, Stephen, el pobre cuerpo de perro, regurgita brillantes teorías literarias en la escena de la biblioteca. Andando por la calle, Bloom piensa en el pasado y el presente, y si *teco* en el aria de *Don Giovanni* significa «esta noche» (no: significa «contigo»). «Podría comprarle a Molly una de esas enaguas de seda, del color de sus ligas nuevas.*» Pero a las cuatro de la tarde (faltan sólo dos horas), la sombra de Boylan interviene. «Hoy. Hoy. No pensar.» Finge que no ve pasar a Boylan.

Hacia el final del capítulo observaréis la primera aparición de un personaje secundario que deambulará durante varios capítulos como uno de los múltiples agentes sincronizadores de la obra; es decir, personajes u objetos cuyo cambio de lugar marca el fluir del tiempo a lo largo de este

---

* Las ligas nuevas de Molly son de color violeta, como nos hemos enterado durante la fantasía oriental de Bloom cuando va por la mañana temprano a comprarse el riñón para desayunar. *(N. de la ed. inglesa.)*

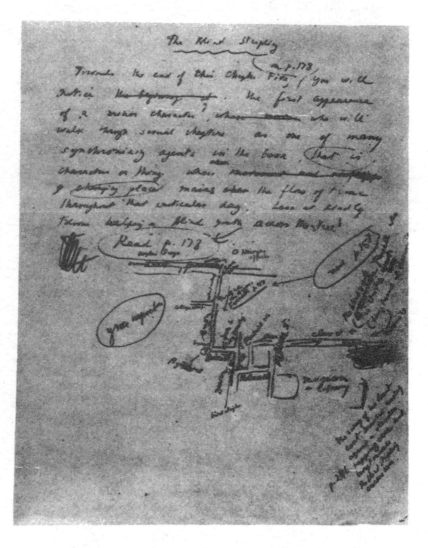

Plano de la ruta del joven ciego en la segunda parte de Ulises.

día especial. «Un joven ciego, en el bordillo de la acera, daba golpes con un bastón delgado. Ningún tranvía a la vista. Quiere cruzar.

»—¿Quiere cruzar? —preguntó el señor Bloom.

»El joven ciego no contestó. Su rostro de muro arrugó el ceño levemente. Movió la cabeza dubitativo.

»—Está usted en Dawson Street —dijo el señor Bloom—. Enfrente tiene la Molesworth Street. ¿Quiere que le cruce? La vía está libre.

»El bastón se movió temblando hacia la izquierda. La mirada del señor Bloom siguió la línea y vio otra vez el furgón de la tintorería delante de [la barbería de] Drago donde vi la cabeza [de Boylan] lustrosa de brillantina cuando yo estaba. Caballo inclinado. El cochero en John Long. Apagando la sed.

»—Hay un furgón ahí —dijo el señor Bloom—, pero está parado. Le acompañaré. ¿Quiere ir a Molesworth Street?

»—Sí —contestó el joven—. A South Frederick Street [*en realidad se dirige a Clare Street*].

»—Vamos —dijo el señor Bloom.

»Tocó suavemente su codo flaco: luego cogió la mano fláccida y vidente para guiarla...

»—Gracias, señor.

»Sabe que soy un hombre. La voz.

»—¿Va bien ahora? La primera esquina a la izquierda.

»El joven ciego golpeó el bordillo de la acera y echó a andar, volviendo atrás el bastón y tentando otra vez.»

Después de cruzar de nuevo el Liffey por otro puente, a eso de la una y media, se dirige hacia el sur, se tropieza con la señora Breen, y los dos ven al chiflado señor Farrell que pasa junto a ellos. Después de comer en el bar de Byrne, Bloom sigue andando camino de la Biblioteca Nacional. Es aquí, en Dawson Street, donde ayuda al joven ciego a cruzar, y el muchacho continúa hacia Clare Street. Entretanto, Farrell, que ha ido por Kildare Street y ha llegado a Merrion Square, da la vuelta y pasa junto al joven ciego. «Al pasar precipitadamente ante la cristalera del dentista señor Bloom [otro Bloom], el balanceo de su guardapolvo desvió violentamente un bastón delgado que iba golpeando, siguió adelante y chocó con un cuerpo sin fuerza. El joven ciego volvió su rostro pálido hacia la forma transeúnte.

»—¡Maldito —dijo agriamente— quienquiera que seas! ¡Estás más ciego que yo, maldito hijo de puta!»

De este modo se encuentran la ceguera y la locura. Al poco rato, el virrey, camino de la inauguración de la feria, «pasó junto a un joven ciego a la altura de Broadvent». Y más tarde, el joven ciego regresará a Ormond tentando con su bastón, donde ha estado afinando un piano y se ha dejado olvidado el diapasón. Oiremos el tap tap a lo largo del capítulo de Ormond, hacia las cuatro de la tarde.

SEGUNDA PARTE, CAPÍTULO VI

Hora: Hacia la dos.
Lugar: La Biblioteca Nacional.
Personajes: Stephen ha enviado a Buck Mulligan un telegrama comunicándole que tendrá que cederle la torre; entretanto, en la biblioteca habla de Shakespeare con algunos miembros del grupo de escritores y eruditos del renacimiento irlandés. Está sir Thomas Lyster (nombre real), aquí apodado el bibliotecario cuáquero porque lleva un sombrero de ala ancha con el que se cubre la calva; en la sombra está George Russell, seudónimo A. E., conocido escritor irlandés de figura alta y barba sencilla, a quien Bloom ve pasar en el capítulo anterior; está John Eglinton, alegre puritano; está el señor Richard Best, que se confunde con la segunda mejor cama que Shakespeare deja a su viuda Anne Hathaway (este Best es descrito como un hombre de letras algo superficial

y convencional); luego, primorosamente vestido, llega el burlón Malachi Mulligan con el enigmático telegrama de Stephen que acaba de recibir.

Acción: Stephen, discurseando sobre Shakespeare, afirma: 1) que el espectro de *Hamlet* es en realidad el propio Shakespeare; 2) que Hamlet debe ser identificado como Hamnet, hijo pequeño de Shakespeare; y 3) que Richard Shakespeare, hermano de William Shakespeare, tuvo un lío amoroso con Anne, esposa de Shakespeare, lo que explica la amargura de esa obra. Cuando le preguntan si cree en las tesis que defiende, Stephen contesta con prontitud: no. Todo está embarullado en este libro.* La discusión es una de esas en las que se divierte más el escritor al escribirlas que el lector al leerlas, de modo que no hace falta entrar en detalles. Sin embargo, es en este capítulo de la biblioteca en donde Stephen conoce a Bloom.

Joyce ha entrelazado las líneas de Stephen y de Bloom mucho más estrechamente de lo que se suele creer. La conexión empieza mucho antes de que Bloom se cruce con Stephen en la escalinata de la biblioteca. Empieza con un sueño. Nadie ha observado todavía —es cierto que no se ha escrito mucho sobre el Joyce real, el Joyce artista—, ningún comentarista ha observado aún que, como en *Ana Karénina* de Tolstoi, hay en *Ulises* un importante doble sueño, o sea un mismo sueño soñado por dos personas al mismo tiempo.

En una de las primeras páginas, Stephen se queja a Mulligan, que se está afeitando, de que Haines le ha despertado durante la noche delirando y amenazando con matar a tiros a una pantera negra. La pantera negra nos conduce a Bloom vestido de negro, y a la bondadosa gatita negra. El esquema

---

* En un pasaje suprimido, Nabokov escribe: «Quienes lean con atención artística el capítulo XII sobre la casa de mala nota, encontrarán en determinado momento que Bloom se mira en el espejo bajo el reflejo de un perchero de asta de ciervo, y que la cara con cuernos es identificada fugazmente con la de Shakespeare; los dos temas de la traición, el de Bloom y el de Shakespeare, se unen en el espejo de una prostituta.» *(N. de la ed. inglesa.)*

Apuntes de Nabokov sobre las diferentes rutas seguidas por Bloom, Farrell y el joven ciego.

funciona de la siguiente manera: yendo por la playa después de pagarle Deasy, Stephen observa a los buscadores de berberechos y a su perro, que acaba de concederse el sencillo placer de levantar la pata y orinar junto a una roca. En una reminiscencia de la adivinanza sobre el zorro que Stephen propone a sus alumnos, su corriente de pensamiento está teñida al principio por la culpa: «Sus zarpas traseras esparcían la arena; luego las de delante salpicaron y cavaron. Él había enterrado algo allí, a su abuela. Hozó en la arena, salpicando, cavando, y se detuvo a escuchar, siguió sacando arena con la furia de sus zarpas, cesó de pronto, leopardo, pantera concebida en quebrantamiento conyugal, buitreando a la muerta.

»Después de que [Haines] me despertó anoche, ¿era el mismo sueño o no? Veamos. Portal abierto. Calle de rameras. Recuerdo. Harún al Rashid. Casi casi lo tengo. El hombre me guiaba, hablaba. Yo no tenía miedo. El melón que tenía lo puso contra mi cara. Sonrió: olor a frutacrema. Era la norma, dijo. Adentro. Venga. Alfombra roja extendida. Ya verá quién.»

Ahora bien, éste es un sueño profético. Pero notemos que hacia el final de la segunda parte, en el capítulo X (capítulo en el que Bloom está también en la playa), Bloom recuerda breve y oscuramente el sueño que tuvo la misma noche en que Stephen tuvo el suyo. Al principio, su corriente de pensamiento, captada por un anuncio, revolotea sobre su vieja llama, la ahora madura y poco atractiva señora Breen, con su marido escarnecido, el cual ha ido a consultar con un abogado el ofensivo mensaje anónimo recibido. «Calzones de franela gris de señora a tres chelines, ganga asombrosa. Simple y querida, querida para siempre, dicen. Fea: ninguna mujer se cree que lo es. Amar, mentir y ser hermoso, que mañana moriremos. Verle a veces andando de un lado a otro para ver si descubre quién le ha gastado esa broma: U. P. (¡fuera!). Es el destino. Él, no yo. También una tienda anunciada muchas veces. La maldición parece perseguirle como un perro. ¿Soñé anoche? Espera. Algo confundido. Tenía unas zapatillas rojas. Turcas. Llevaba pantalones.» Y luego su pensamiento adopta otra dirección. En el capítulo XI, el capítulo de la maternidad, se desliza otra referencia, aunque sin añadir más detalles: «Bloom había tenido un mareo pero ya se sentía mejor, habiendo soñado la noche antes una extraña fantasía sobre su dama la señora Moll con un par de babuchas rojas debajo a juego con unos bombachos turcos que dicen los entendidos que es signo de cambio...»

Así que en la noche del 15 al 16 de junio, Stephen Dedalus en su torre de Sandycove, y el señor Bloom en el lecho conyugal de su casa de Eccles Street, tienen el mismo sueño. Ahora bien, ¿cuál es la intención de Joyce con estos sueños gemelos? Lo que pretende es mostrar que, en su sueño oriental, Stephen ha tenido la visión premonitoria de un desconocido ofreciéndole los encantos opulentos de su mujer, la mujer del oscuro desconocido. Este oscuro desconocido es Bloom. Veamos otro pasaje. Cuando va a comprarse el riñón, antes del desayuno, Bloom tiene una visión oriental muy similar: «En alguna parte de Oriente; por la mañana temprano; emprender la marcha al amanecer, viajar circularmente delante del sol, ganarle un día. Seguir así para, técnicamente, no envejecer jamás ni un solo día. Caminar por una playa, tierra extraña, llegar a las puertas de una ciudad, centinela allí, veterano también, los grandes mostachos del viejo Tweedy [el padre de Molly] apoyado en una especie de lanza larga. Vagar por las calles entoldadas. Rostros con turbantes que pasan. Curvas oscuras de tiendas de alfombras, un hombrón. Turko el terrible, sentado con las piernas cruzadas fumando una pipa enroscada. Gritos de vendedores en las calles. Beber agua perfumada con hinojo, un sorbo. Deambular durante todo el día. Tropezar quizá con un ladrón o dos. Bueno, tropezar. Se acerca el crepúsculo. Las sombras de las mezquitas a lo largo de los pilares:

sacerdotes con un pergamino enrollado. Un temblor en los árboles, señal, el viento del crepúsculo. Continúo adelante. Cielo de oro desvaneciéndose. Una madre observa desde el portal de su casa. Llama a sus hijos en una lengua oscura. Muro alto; tañer de cuerdas al otro lado. Noche cielo luna, violeta, color de las ligas nuevas de Molly. Cuerdas. Escucha. Una muchacha tocando uno de esos instrumentos cómo se llaman: dulcémeles. Yo paso.»

Hacia las dos, Bloom visita la Biblioteca Nacional, y Stephen, al salir con Mulligan, ve a Bloom, a quien conoce de vista, por primera vez en el día. He aquí a Stephen viendo al desconocido Bloom de su sueño:

«Salió un hombre que pasó entre ellos, inclinando la cabeza, saludando.

»—Buenos días otra vez —dijo Buck Mulligan.

»El pórtico.

»Aquí observé los pájaros para consultar los augurios. Aengus de los pájaros. Van, vienen. Anoche volé. Volé con soltura. Los hombre se asombraban. Calle de rameras después. Un melón frutocrema me tendió. Adentro. Ya verá.*

»—El judío errante —susurró Buck Mulligan con pavor de payaso—. ¿Has visto sus ojos?» Y le suelta una broma obscena. Unas líneas más abajo: «Una espalda oscura iba delante. Paso de leopardo, desciende, sale por el portón bajo las puntas del rastrillo.

»Siguieron.»

La espalda oscura de Bloom; su paso de leopardo. El nexo es completo.

Más adelante, en el pesadillesco capítulo de la casa de mala nota, encontramos un eco de los sueños gemelos de Bloom y Stephen. En las instrucciones escénicas se dice: «([*Bloom*] *mira hacia arriba. Cerca del espejo de palmeras*

---

* En su ejemplar anotado, Nabokov había escrito en el margen este párrafo: «NB: Stephen recuerda su sueño en el instante en que ve a Bloom inclinando la cabeza, saludando.» (*N. de la ed. inglesa.*)

una mujer hermosa con vestido turco está de pie junto a él. Opulentas curvas llenan sus pantalones escarlata y el chaleco veteado de oro. La ciñe una faja ancha y amarilla. Un velo blanco, violeta por la noche, cubre su rostro, dejando al descubierto sólo los ojos grandes y negros y los cabellos de azabache).» Bloom llama: «¡Molly!» Luego, mucho más tarde, en la misma escena, Stephen dice a una de las chicas: «Escucha. He soñado con una sandía»; a lo cual contesta la muchacha: «Vete fuera del país y ama a una dama extranjera.» Los melones con los que sueña Stephen, la frutacrema que le es ofrecida al principio, se identifican finalmente con las curvas opulentas de Molly Bloom en el capítulo II de preguntas y respuestas de la tercera parte: Bloom «besó los melones redondos melosos amarillos de sus nalgas, en cada hemisferio redondo melonado, con su surco meloso y amarillo, con oscura prolongada provocadora melonosamelonada osculación».

Los sueños gemelos de Stephen y Bloom resultan ser proféticos, porque en el penúltimo capítulo del libro Bloom pretende hacer precisamente lo que el desconocido quería hacer en el sueño de Stephen: esto es, unir a Stephen y a Marion, su mujer, con el fin de desplazar a Boylan; tema al que se le concede particular importancia en el capítulo del Refugio del Cochero al principio de la tercera parte.

SEGUNDA PARTE, CAPÍTULO VII

Consta de diecinueve secciones.
Hora: Las tres menos cinco.
Lugar: Dublín.
Personajes: Hay cincuenta personajes, incluidos todos nuestros amigos con sus diversas actividades dentro de los mismos límites de tiempo, alrededor de las tres de la tarde del 16 de junio.

Acción: Estos personajes entrecruzan una y otra vez sus caminos formando una trama de lo más intrincada, un monstruoso desarrollo de los temas de contrapunto de Flaubert, como el de la feria agrícola de *Madame Bovary*. Por tanto, el recurso utilizado aquí es el de la sincronización.

Empieza con el padre jesuita Conmee, de la iglesia de San Javier, Upper Gardiner Street, sacerdote optimista y elegante que combina agradablemente este mundo con el otro, y concluye en el momento en que el virrey, gobernador de Irlanda, desfila por la ciudad. Seguimos al padre Conmee en su recorrido: bendice a un marinero cojo, habla con un feligrés tras otro mientras camina, pasa por delante de la funeraria de O'Neill, llega al puente Newcomen, donde sube al tranvía que le lleva a la parada de Howth Road, en Malahide, al nordeste de Dublín. Era un día delicioso, elegante y optimista. De un boquete en el seto que rodea un prado sale un joven sofocado, y tras él una joven con margaritas silvestres en la mano. El joven, un estudiante de Medicina llamado Vincent Lynch, como nos enteramos más tarde, se quita la gorra bruscamente; la muchacha se inclina de repente y con cuidado parsimonioso desprende una ramita de su falda clara (*maravilloso* escritor). El padre Conmee les bendice con gravedad.

En la segunda sección empieza la sincronización. Cerca del puente de Newcomen, en la funeraria de O'Neill, el empleado Kelleher, encargado del entierro de Dignam, cierra su diario y charla con el guardia (el mismo que ha saludado al padre Conmee unos momentos antes, al pasar). A todo esto, el padre John Conmee se ha encaminado hacia el puente y ahora (¡sincronización!) sube al tranvía en el puente Newcomen, entre dos párrafos relativos a Kelleher. ¿Veis la técnica? Ahora son las tres. Kelleher dispara un mudo chorro de jugo de heno (producto de las briznas que mascaba un momento antes, mientras revisaba las cuentas en su diario, cuando pasó el padre Conmee); Kelleher dispara el mudo escupitajo, y al mismo tiempo, en otra parte de la ciudad (tercera sección), «un brazo blanco y generoso (el de Molly Bloom) desde una ventana de Eccles Street», tres millas al noroeste, arroja una moneda al marinero cojo que ya ha llegado a Eccles Street. Molly se está acicalando para su cita con Blazes Boylan. Y también, al mismo tiempo le dicen a O'Molloy que Ned Lambert ha estado en el almacén acompañando a una visita; visita de la que daremos cuenta más tarde, en la octava sección.

No hay tiempo ni espacio para ocuparnos de todos los detallados mecanismos sincronizadores que aparecen en las diecinueve secciones de este capítulo. Tendremos que detenernos sólo en lo más descollante. En la cuarta sección Katy, Boody y Maggy Dedalus, hermanos menores de Stephen (tiene cuatro en total) vuelven con las manos vacías de la casa de empeños mientras que el padre Conmee, recorriendo los prados de Colongowes, se araña los tobillos con el rastrojo. ¿Dónde está Elías, esquife arrugado? Averiguadlo. ¿Qué lacayo hace sonar la campanilla: dalang? Es el empleado de la subasta de Dillon.

Hacia las 3.15 empezamos a seguir a Blazes Boylan que ha emprendido su itinerario mollyano, al encuentro de Molly Bloom; llegará en un coche traqueteante hacia las cuatro menos cuarto. Pero todavía son alrededor de las tres (se detendrá, de paso, en el hotel de Ormond); desde la frutería de Thornton, le enviará fruta a Molly, en tranvía. Ella tardará diez minutos en recibirla. Los hombres anuncio de Hely, entretanto, pasan por delante de la frutería. En ese momento, Bloom está en Merchant's Arch, cerca del puente de Metal, y se inclina, espalda oscura, sobre el puesto de un vendedor ambulante de libros. Al final de la sección se nos informa que el clavel rojo que Boylan lleva cogido por el tallo con los dientes durante todo el capítulo tiene su origen en la frutería. Al tiempo que gorronea el clavel, pide que le dejen utilizar el teléfono y, como nos enteramos más tarde, llama a su secretaria.

Ahora es Stephen quien deambula por la calle. Cerca del Trinity College se tropieza con su antiguo profesor de italiano, Almidano Artifoni, y hablan animadamente en italiano. Artifoni acusa a Stephen de sacrificar su juventud por sus ideales. Sacrificio incruento, dice Stephen sonriendo. La séptima sección está sincronizada con la quinta. La secretaria de Boylan, la señorita Dunne, ha estado leyendo una novela y ahora contesta a la llamada telefónica que Boylan hace desde la frutería. Le dice a Boylan que el cronista deportivo Lenehan ha ido a verle y que estará en el Hotel de Ormond a las cuatro. (Los encontraremos allí un capítulo más adelante.) En esta sección tienen lugar otras dos sincronizaciones. Un disco que desciende por una ranura y se queda mirando a los espectadores con el número *seis* se refiere a la máquina tragaperras que Tom Rochford, corredor de apuestas, muestra en la novena sección. Y seguimos a los cinco hombres anuncio con sombrero de copa blanco que, llegados a su límite, más allá de Monypeny's Corner, dan la vuelta e inician el regreso.

Ned Lambert, en la sección octava, con Jack O'Molloy, enseña a un visitante, el reverendo Love, clérigo protestante, su almacén que antes fue sala de consejos de la abadía de Santa María. En este momento, la muchacha que sale por el hueco de un seto con el estudiante de Medicina, con quienes se cruza el padre Conmee, se está quitando la ramita de la falda. Esto es sincronización: mientras sucede esto aquí, sucede aquello allá. Poco después de las tres de la tarde (sección novena), Rochford, corredor de apuestas, le muestra a Lenehan su máquina; el disco se introduce por la ranura y revela un seis. Al mismo tiempo Richie Goulding, pasante de abogado y tío de Stephen, va con Bloom, con el que comerá en el hotel Ormond en el capítulo siguiente. Lenehan deja a Rochford con M'Coy (quien ha pedido a Bloom que deje su tarjeta en el entierro de Dignam, ya que él no puede asistir), y visitan a otro corredor de apuestas.

Camino del Hotel Ormond, después de detenerse en Lynam para ver cómo están las apuestas de salida de *Sceptre*, ven a Bloom: «—*Leopold o la Flor está en el Centeno*», se burla Lenehan. Bloom está examinando los libros del librero ambulante. La marcha de Lenehan hacia el hotel Ormond está sincronizada con el momento en que Molly Bloom vuelve a colocar el cartel «se alquila un piso sin amueblar», el cual se ha soltado de la ventana al abrirla ella para echarle el penique al marinero cojo. Y como al mismo tiempo Kelleher está hablando con el guardia, y el padre Conmee sube al tranvía, concluimos con un gustillo de placer artístico que las secciones dos, tres y nueve suceden simultáneamente en diferentes lugares.

Después de las tres de la tarde, el señor Bloom aún se encuentra hojeando los libros de préstamo. Finalmente, elige para Molly *Las dulzuras del pecado*, novela americana ligeramente subida de tono al estilo anticuado. «Leyó donde abrió con el dedo:

»—*Todos los dólares que le daba su marido se los gastaba en los grandes almacenes, en maravillosos vestidos y en los adornos más costosos. ¡Para él! ¡Para Raoul!*

»Sí. Éste. Aquí. Veamos.

»—*Su boca se pegó a la de él en un beso lascivo voluptuoso mientras las manos de él buscaban las curvas opulentas bajo el deshabillé.*

»Sí. Me llevo éste. El final.

»—*Llegas tarde —dijo él roncamente, mirándola con ojos recelosos.*

»*La hermosa mujer se quitó el abrigo de marta exhibiendo sus hombros de reina y su agitada opulencia. Una sonrisa imperceptible jugó en sus labios perfectos al volverse hacia él con calma.*»

Dilly Dedalus, la cuarta hermana de Stephen, que andaba merodeando por los alrededores de la sala de subastas Dillon desde que Bloom la viera allí hacia las once de la mañana, oye el tintineo de la campanilla de las ventas. Llega el duro, egoísta, listo y artístico Simon Dedalus, su padre, y Dilly le saca un chelín y dos peniques. Esta escena está sincronizada con el desfile del virrey que sale de Parkgate, Phoenix Park, en el barrio oeste de Dublín, se dirige al centro de la ciudad, y de allí hacia el este, hacia Sandymount, para inaugurar la feria. Cruza la ciudad entera de oeste a este.

Poco después de las tres Tom Kernan, comerciante de té, marcha satisfecho con el pedido que acaba de conseguir. El señor Kernan es un protestante gordo y pomposo, junto al cual ha estado Bloom en el entierro de Dignam. Kernan es uno de los pocos personajes secundarios del libro cuya corriente de conciencia se expone con detalle, aquí en la duodécima sección. En la misma sección, Simon Dedalus se encuentra en la calle con un sacerdote, el padre Cowley, con quien tiene una estrecha amistad. Elías navega Liffey abajo y cruza por el muelle de sir John Rogerson, mientras la comitiva del virrey recorre el muelle de Pembroke. Kernan se la pierde por poco.

En la sección siguiente, unos momentos antes que Bloom, Stephen se detiene en su recorrido ante los puestos de libros de Bedford Row. El padre Conmee anda ahora por la aldea de Donnycarney, leyendo sus vísperas. Dilly, la hermana de Stephen, con sus hombros altos y su vestido desastrado, se detiene junto a él. Se ha comprado una cartilla de francés con uno de los peniques que le ha dado su padre. Stephen, abstraído, aunque intensamente consciente de la pobreza de sus cuatro hermanas menores, parece haber olvidado que todavía tiene oro en el bolsillo: lo que le queda de su paga de profesor. Estará dispuesto a dilapidar ese dinero sin motivo alguno, borracho, en otro capítulo. La sección termina con su tristeza por Dilly, y la repetición del *agenbite*, el remordimiento, del que ya se ha hablado en el capítulo I de la primera parte.

En la sección catorce se repite el saludo de Simon Dedalus y el padre Cowley y se recoge la conversación. El sacerdote tiene problemas económicos con el usurero Reuben J. Dodd y con su casero. Luego aparece Ben Dollard, cantante aficionado que trata de ser útil al padre Cowley llevándose a los alguaciles. Cashel Boyle O'Connor Fitzmaurice Tisdall Farrell, caballero chiflado, marcha por la calle Kildare murmurando y con ojos vidriosos; es el mismo que pasó junto a Bloom cuando hablaba con la señora Breen. El reverendo señor Love, que visitaba la abadía-almacén con Lambert y O'Molloy, es mencionado como el casero de Cowley, al que ha demandado por no pagar el alquiler.

En la sección siguiente, Cunningham y Power (también del grupo del entierro) hablan de una colecta para ayudar a la viuda de Dignam, a la que Bloom contribuye con cinco chelines. Se menciona al padre Conmee, y nos tropezamos por primera vez con dos camareras, las señoritas Kennedy y Douce, que volverán a aparecer en el capítulo VIII. El virrey pasa ahora por Parlament Street. En la sección dieciséis, el hermano del patriota irlandés Parnell juega al ajedrez en un café, donde Buck Mulligan se lo señala a Haines, el estudiante de Oxford, ávido de folklore. Los dos hablan de Stephen. Esta escena está sincronizada con el marinero cojo que masculla una canción al pasar con sus muletas por Nelson Street. Entretanto, el arrugado folleto de Elías se cruza con un barco que ha entrado en la bahía: el *Rosevean*.

Luego, en la sección diecisiete, quienes van por la calle son el profesor de italiano de Stephen y el caballero chiflado de largo nombre. Enseguida nos damos cuenta de que el agente sincronizador más importante del capítulo entero es el joven ciego, el afinador de pianos, a quien Bloom ha ayudado a cruzar la calle en dirección este hacia las dos de la tarde. El chiflado Farrell camina ahora en dirección oeste por Clare Street, mientras el ciego va en dirección contraria por la misma calle, sin darse cuenta todavía de que se ha dejado el diapasón en el hotel Ormond. Enfrente del número 8 (la clínica del doctor Bloom, quien, como ya se ha dicho en la descripción del entierro, no tiene nada que ver con Leopold), el loco Farrell choca violentamente con el cuerpo suave y endeble del ciego, que le maldice.

La sección dieciocho está dedicada al hijo del difunto señor Dignam, Patrick, chico de unos doce años que va en dirección oeste por la calle Wocklow con unos cuantos filetes de cerdo que le han encargado. Anda demorándose, y se detiene ante el escaparate de una tienda a mirar el retrato de dos boxeadores que han peleado hace poco, el 21 de mayo. En el capítulo nueve, hay una parodia deliciosa de descripción periodística de un combate de boxeo: el cronista deportivo varía constantemente de epítetos —es uno de los pasajes más divertidos del libro—: el cordero favorito de Dublín, el sargento mayor, el artillero, el soldado, el gladiador irlandés, el dublinés, el matón de Portobello. En Grafton Street, la más animada de Dublín, el joven Dignam repara en una flor roja que lleva en la boca un atildado individuo: por supuesto, es Blazes Boylan. Podemos comparar los pensamientos del chico sobre su padre muerto con los de Stephen sobre su madre, en el capítulo I.

En la última sección, el cortejo del virrey se anima. Es instrumental en el sentido de que reúne a toda la gente a la que hemos estado siguiendo a lo largo de las secciones anteriores, y a algunas más que, o bien saludan al virrey, o bien le ignoran. Los que aparecen aquí son: Kernan, Richie Goulding, las chicas del bar Ormond, Simon Dedalus (que saluda al virrey con servil sombrerazo), Gerty MacDowell (a quien encontraremos en el capítulo X en las rocas de la playa), el reverendo Hugh Love, Lenehan y M'Coy, Nolan, Rochford, Flynn, el alegre Mulligan y el grave Haines, John Parnell que no levanta la vista del tablero de ajedrez, Dilly Dedalus con su cartilla de francés, el señor Menton con sus ojos de ostra, la señora Breen y su marido, y los hombres

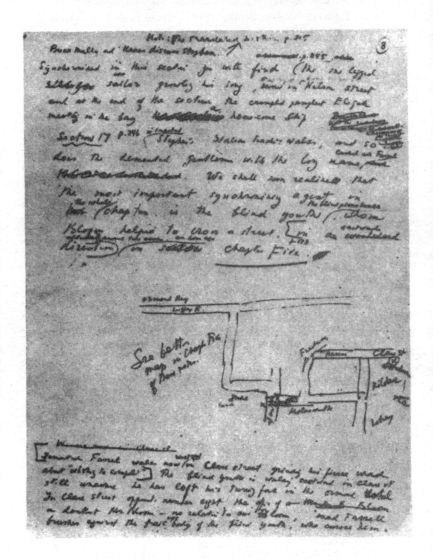

Anotaciones de Nabokov sobre el desarrollo de la acción
en el capítulo siete de la segunda parte de *Ulises*.

anuncio; a continuación, Blazes Boylan, con sombrero de paja, traje de color añil, lazo azul celeste y un clavel rojo entre los dientes que, en dirección al hotel Ormond y de allí a Eccles Street, devora con los ojos a las señoras que van en la carroza, y el loco Cashel Boyle O'Connor Fitzmaurice Tisdall Farrell, que mira con fiero monóculo, más allá de los carruajes, a alguien apostado en la ventana del consulado austrohúngaro. También se cita a Hornblower, portero del Trinity College con quien Bloom se ha cruzado camino de los baños, a Paddy Dignam hijo, a dos buscadoras de berberechos, y a Almidano Artifoni. El cortejo del virrey, que marcha hacia Lower Mount Street, pasa al ciego que todavía continúa en dirección este, pero que dentro de un minuto se dará cuenta de que se ha olvidado el diapasón en su último trabajo y emprenderá el regreso al hotel Ormond. En esta lista hay que incluir también al Hombre del Impermeable Marrón, es decir, a James Joyce, maestro de la sincronización.

Bloom se tropieza con Boylan en tres ocasiones a lo largo del día (a las once de la mañana, a las dos de la tarde y a las cuatro de la tarde), en tres lugares distintos, y en ninguna de ellas ve Boylan a Bloom. La primera vez ocurre en el capítulo III de la segunda parte, cuando Bloom va con Cunningham, Power y Simon Dedalus en el carruaje que les lleva al cementerio, poco después de las once, momento en que Bloom ve los carteles mojados y relucientes de la ópera próximos al Queen's Theatre. Ve salir a Boylan de la puerta de un restaurante, el Red Bank; y mientras los demás le saludan, Bloom se examina las uñas. Boylan repara en el entierro, pero no se fija en el carruaje.

La segunda vez tiene lugar en el capítulo V de la segunda parte, cuando Bloom va por Kildare Street hacia la Biblioteca Nacional, poco después de las dos de la tarde, tras ver al ciego camino de Frederick Street, «quizás a la academia de baile de Levinston»; si es así, todavía no ha echado de menos el diapasón, ya que le seguimos viendo en esa misma dirección en el capítulo VII. Bloom ve «el sombrero de paja. Zapatos marrones» de Boylan, y tuerce a la derecha, hacia el museo que comunica con la biblioteca.

La tercera vez es en el capítulo VIII de la segunda parte: Bloom cruza el muelle de Ormond (después de cruzar el puente de Essex desde el muelle de Wellington, o sea de la orilla norte a la orilla sur del Liffey) para comprar papel de escribir en la papelería Daly; vuelve la cabeza y ve a Boylan en un jacarandoso coche de alquiler que lleva la misma dirección. Boylan entra en el bar del hotel Ormond para hablar con Lenehan un momento. Bloom decide pasar al comedor con Richie Goulding, con quien se ha encontrado casualmente en la puerta. Bloom ve a Boylan desde allí. Faltan unos minutos para las cuatro, y Boylan abandona enseguida el bar para dirigirse a Eccles Street.

Segunda Parte, Capítulo VIII

En este capítulo tenemos a los siguientes personajes:
1. En el salón del hotel y en el bar:
    Dos camareras, Lydia Douce, de cabello color bronce, y Mina Kennedy, de cabello dorado;
    el botones, un muchacho descarado que les lleva el té;
    Simon Dedalus, padre de Stephen;
    el cronista deportivo Lenehan, que llega poco después para esperar a Boylan;
    el gordo Ben Dollard y el flaco padre Cowley, que se reúnen con Simon Dedalus junto al piano;
    el señor Lidwell, abogado que galantea a la señorita Douce;
    Tom Kernan, pomposo comerciante de té;
    hay también dos señores anónimos con sus jarras de cerveza;

por último, al final del capítulo, el ciego que vuelve en busca de su diapasón.

2. En el comedor adyacente están el camarero Pat (el calvo y sordo Pat), Bloom y Richie Goulding. Escuchan las canciones del bar, y Bloom dirige miradas de cuando en cuando a las camareras.

En el curso del capítulo VIII se presiente la proximidad de tres personas antes de que hagan su aparición efectiva en el hotel Ormond: la de Bloom, la de Boylan y la del joven ciego que regresa en busca de su diapasón. El tap-tap de su bastón en el bordillo de la acera —su *leitmotiv*— empieza a sonar mediado el capítulo, se oye aquí y allá, va aumentando en las páginas siguientes —tap, tap, tap—, y llega a repetirse hasta cuatro veces seguidas. Simon Dedalus descubre el diapasón sobre el piano. Oyen el tap-tap en el escaparate de Daly, y finalmente: «Tap. Entró un joven en el vestíbulo desierto del Ormond.»

En cuanto a Bloom y a Boylan, no sólo se les siente venir, sino que se les siente irse también. Boylan, después de charlar de caballos con Lenehan mientras se toma una copa de licor de endrina y observa cómo la señorita Douce imita el reloj haciendo restallar su liga contra el muslo, reemprende impacientemente el camino hacia casa de Molly, pero con Lenehan saliendo con él para hablarle de Tom Rochford. Mientras los bebedores continúan en el bar y los comensales en el restaurante, Bloom y el autor notan cómo va disminuyendo el jacarandoso cascabeleo; y la marcha de Boylan en coche de alquiler hacia Eccles Street está marcada por comentarios tales como «tintineó un cascabeleo cantarino», «tintineaba un cascabeleo por los muelles. Blazes arrellanado sobre llantas saltarinas», «por el paseo de Bachelors al trocecito tintineaba cantarino Blazes Boylan, soltero, al sol, al calor, al trote las lustrosas ancas de la yegua, con chasquido de látigo, sobre llantas saltarinas; arrellanado y cálidamente sentado, Boylan impaciente, ardienteatrevido»; y «por la roca de piña de Graham Lemon; junto al elefante de Elvery tintineaba al trotecillo.» Marchando al ritmo más o menos lento que el pensamiento de Bloom, «tintinea ante los monumentos a sir John Gray, Horacio manco Nelson, el reverendo padre Theobald Matthew..., saltaba como se ha dicho. Al trote, al calor, cálidamente sentado. *Cloche. Sonnez là. Cloche Sonnez là.* Más despacio, la yegua subió la cuesta por la Rotonda. Rutland Square. Demasiado despacio para Boylan, ardiente Boylan, impaciente Boylan, trotaba la yegua». Luego, «tintineó por la calle Dorset» y, acercándose, «un coche de alquiler, número trescientos veinticuatro, cochero Barton James, de Harmony Avenue, uno, Donnybrook, en el que iba un pasajero, un señor joven elegantemente vestido con traje de sarga color añil confeccionado por George Robert Mesias, sastre y cortador, de Eden Quay cinco, y un sombrero de paja muy elegante comprado en John Plasto, calle Great Brunswick uno, sombrero. ¿Eh? Éste es el tintineo traqueteante que cascabeleaba. Ante los tubos brillantes de Agendath de la salchichería Dlugacz, trotaba una yegua de ancas elegantes». El tintineo domina incluso la corriente de pensamiento de Bloom en el hotel, mientras escribe una carta en contestación a la de Martha: «Tintineo, ¿tienes los?» La palabra que viene a continuación, es, naturalmente, *cuernos*, ya que Bloom está siguiendo mentalmente el recorrido de Boylan. De hecho, en la febril imaginación de Bloom, Boylan llega y hace el amor con Molly antes de que tal cosa ocurra efectivamente. Mientras Bloom escucha la música en el bar y la conversación de Richie Goulding, su pensamiento fluctúa, y una parte de él es «su ondularrizarrevueldulandulante cabello despeinado»; lo que significa que, en la mente atropellada de Bloom, el amante le ha despeinado ya el cabello. En realidad, en este momento Boylan va todavía por Dorset Street. Por último, llega Boylan: «Sin son sacudido se paró. El dandy zapato marrón con calcetín a cuadros azul cielo de Boylan dandy tocó tierra con premura...

»Un golpeteo en la puerta, golpeteo repetido, repicó Paul de Kock, con larga orgullosa aldaba, con badajo carracarracarra coc. Cockoc.»

En el bar se cantan dos canciones. Primero Simon Dedalus, cantante maravilloso, entona el aria de Lionel: «Todo se ha perdido ahora», de *Martha*, ópera francesa con libreto italiano compuesta por el alemán Von Flotow en 1847. El «Todo se ha perdido ahora» es un eco maravilloso de los sentimientos de Bloom en relación con su mujer. En el comedor contiguo, Bloom escribe una carta a su misteriosa corresponsal Martha Clifford en unos términos tan tímidos como los empleados por ella, adjuntando un pequeño envío de dinero. Luego Ben Dollard canta la balada *«The Croppy Boy»*, que empieza así:

> *Era a primeros, primeros de primavera,*
> *Los pájaros trinaban y cantaban con dulzura,*
> *Cambiando sus notas de árbol en árbol,*
> *Era la canción de la Vieja Irlanda libre.*

(los *«croppies»* eran los irlandeses rebeldes de 1798 que se cortaron el pelo en testimonio de simpatía por la Revolución Francesa).

Bloom se va del hotel Ormond antes de que la canción termine; se dirige a la estafeta de correos más próxima y luego al bar donde ha quedado con Martin Cunningham y Jack Power. Empieza a rugirle el estómago. «El gas de esa sidra: astringente también.» Ve en el muelle a una prostituta a la que conoce, con un sombrero negro de paja, y la evita (por la noche, esta mujer se asomará brevemente al interior del Refugio del Cochero). Otra vez le rugen las tripas. «Debe de ser la sidra, o tal vez el borgoña» que ha tomado en la comida. Estos ruidos de tripas están sincronizados con la conversación del bar, del que ha salido, hasta que la conversación patriótica se mezcla con el estómago de Bloom. En

1 BRONZE BY GOLD HEARD THE HOOFIRONS, STEELYRINGING *an gabion behind the*

2 Imperthnthn thnthnthn.

3 Chips, picking chips off rocky thumbnail, chips.

4 Horrid! And gold flushed more.

A husky fifenote blew.

4 a Blew. Blue bloom is on the

5 Gold pinnacled hair.

7 A jumping rose on satiny breasts of satin, rose of Castille.

8 Trilling, trilling: Idolores.

9 Peep! Who's in the . . . peepofgold?

10 Tink cried to bronze in pity.

11 And a call, pure, long and throbbing. Longindying call.

12 Decoy. Soft word. But look! The bright stars fade. O rose!

Notes chirruping answer. Castille. The morn is breaking.

13 Jingle jingle jaunted jingling.

14 Coin rang. Clock clacked.

15 Avowal. Sonnez. I could. Rebound of garter. Not leave thee.
Smack. *La cloche!* Thigh smack. Avowal. Warm. Sweetheart,
goodbye!

16 Jingle. Bloo.

17 Boomed crashing chords. When love absorbs. War! War! The
tympanum.

18 A sail! A veil awave upon the waves.

19 Lost. Throstle fluted. All is lost now.

20 Horn. Hawhorn.

21 When first he saw. Alas!

22 Full tup. Full throb.

23 Warbling. Ah, lure! Alluring.

24 Martha! Come!

25 Clapclop. Clipclap. Clappyclap.

26 Goodgod he never heard inall.

27 Deaf bald Pat brought pad knife took up.

28 A moonlit nightcall: far: far.

29 I feel so sad. P. S. So lonely blooming.

30 Listen!

31 The spiked and winding cold seahorn. Have you the
and for other plash and silent roar.

32 Pearls: when she. Liszt's rhapsodies. Hisses.
You don't?

32 Did not: no, no: believe: Lidlyd. With a cock with a carra.
Black.
Deepsounding. Do, Ben, do.

[252]

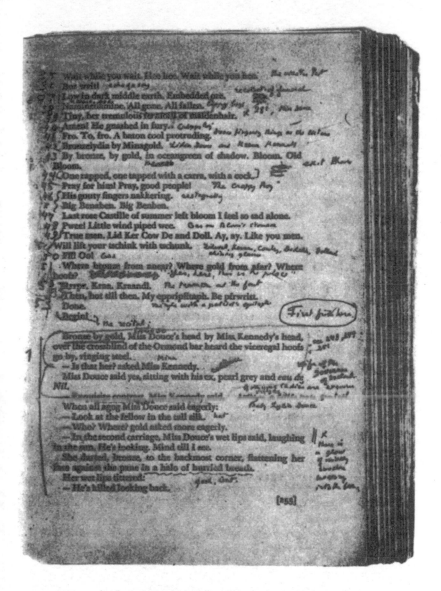

Apuntes hechos por Nabokov en el capítulo octavo de la segunda parte de Ulises, *en el ejemplar utilizado para sus clases.*

el momento en que Bloom ve el retrato del patriota irlandés Robert Emmet en el escaparate de Lionel Mark, los hombres del bar empiezan a hablar de él y a elevar un brindis por Emmet al tiempo que llega el joven ciego. Y citan «Hombres leales como vosotros», del poema *La memoria de los muertos* (1843) de John Kells Ingram. Las frases en cursiva que acompañan a las dificultades intestinas de Bloom representan las últimas palabras de Emmet, que Bloom ve bajo el retrato: «Marbloom, Grasabloom consideró las últimas palabras. Suavemente. *Cuando mi país ocupe su lugar entre.*

»Prrprr.

»Debe de ser el bor.

»Fff. Oo. Rrpr.

»*Las naciones de la tierra.* Na-die detrás. Ella ha pasado. *Entonces y no hasta entonces.* Tranvía. Clan, clan, clan. Buena ocas. Viniendo. Clandclanclan [ruido del tranvía]. Estoy seguro de que es el borgoña. Sí. Uno, dos. *Que mi epitafio sea.* Caraaaaaaa. *Escrito. He.*

»Pprrpffrrppfff.

»Terminado.»

Joyce, con todo su genio, tiene una perversa inclinación hacia lo repugnante, y es diabólicamente propio de él terminar un capítulo lleno de música, patetismo patriótico y canciones de corazones destrozados con una serie de *borborigmos*, combinando la última palabra de Emmet con el murmullo satisfecho de Bloom: «*Terminado.**»

Segunda Parte, Capítulo IX

El narrador anónimo, un cobrador, tras estar un rato con el viejo Troy, de la Policía Municipal de Dublín, se en-

---

* En su ejemplar anotado, Nabokov escribe: «Además, el "que mi epitafio sea" está en conexión con la famosa quintilla sobre el viento libre, y el "terminado" pone fin al capítulo en más de un sentido.» *(N. de la ed. inglesa.)*

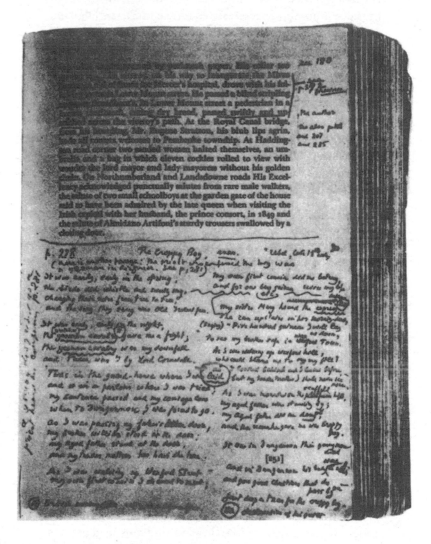

Transcripción de las palabras de la canción de The Croppy Boy, *hecha por Nabokov en el ejemplar de* Ulises *que utilizaba para sus clases.*

cuentra con otro amigo, Joe Hynes, el periodista que tomó nota de los nombres de los asistentes al entierro de Dignam, y entran los dos en el bar de Barney Kiernan. Aquí está el ciudadano con un perro asqueroso y feroz que pertenece a su suegro, el viejo Giltrap. Giltrap es abuelo materno de Gerty MacDowell, la principal jovencita del capítulo siguiente, en el que ella piensa en el precioso perro de su abuelo. Parece, pues, que el ciudadano es padre de Gerty MacDowell. En el capítulo anterior, un tranvía le ha impedido a Gerty ver el paso de la comitiva del virrey cuando llevaba al correo la correspondencia de la oficina de su abuelo (que trabaja en el negocio del corcho y el linóleo). En el capítulo siguiente descubrimos que su padre, un alcohólico, no ha podido asistir al entierro de Dignam a causa de la gota.

Este capítulo está cronometrado alrededor de las cinco de la tarde, y suponemos que al ciudadano MacDowell la gota no le impide ir cojeando a su bar predilecto donde el cobrador y el periodista se le unen en el mostrador, y Terry O'Ryan, el camarero, les sirve tres pintas de cerveza. A continuación entra otro cliente, Alf Bergan, quien descubre a Bob Doran roncando en un rincón. Hablan del difunto Dignam, y Bergam les enseña una curiosidad: la carta de solicitud de empleo de un verdugo al gobernador de Dublín. En este momento es cuando Bloom entra en el bar buscando a Martin Cunningham. Luego entran otros dos personajes: Jack O'Molloy, a quien hemos visto en la redacción del periódico y en el almacén de Lambert, y Ned Lambert. Se les une John Wyse Nolan y Lenehan, el cronista deportivo, con la cara larga, porque *Sceptre* ha perdido. Bloom se dirige al Juzgado, que está a la vuelta de la esquina, a ver si encuentra allí a Cunningham por casualidad; y antes de que Bloom regrese, aparece Martin Cunningham en el bar con Jack Power. Bloom vuelve al bar, salen los tres, y cogen un coche para dirigirse al domicilio de Dignam, en el extremo sudeste, junto a la bahía. La visita a la viuda de Dignam, y las conversaciones sobre el seguro de Dignam, quedan omitidas en la conciencia de Bloom.

Los temas de este capítulo se plantean en el bar antes de que Bloom se marche. Dichos temas son el de la carrera Copa de Oro, de Ascot, y el antisemitismo. Una discusión llena de prejuicios sobre el patriotismo, que Bloom intenta inútilmente orientar por un cauce racional y humano y que termina en una pelea con el ciudadano. Una corriente parodística, de grotesca caricatura de hechos legendarios, recorre el capítulo que finaliza con el ciudadano arrojándole una caja de galletas vacía al carruaje que se aleja.

Segunda Parte, Capítulo X

Hora: Entre «el altercado con el truculento troglodita» en el bar de Kiernan, hacia las cinco, y el presente capítulo X hay un lapso en blanco que incluye un recorrido en coche y luego una visita a la viuda de Dignam, cuya casa se encuentra al este de Dublín, no lejos de Sandymount; la visita no se describe. Cuando se reanuda la acción en el capítulo X es el atardecer, hacia las ocho.

Lugar: La playa de Sandymount, en la bahía de Dublín, al sudeste, por donde Stephen ha pasado esa mañana en la inmediata vecindad de la iglesia Estrella del Mar.

Personajes: Sentados en las rocas hay tres chiquillas: a dos de ellas se las nombra inmediatamente. Cissy Caffrey: «Jamás respiró la vida una chica de corazón más noble, siempre con una risa en los ojos de gitana y una palabra traviesa en los labios rojos como cerezas maduras; una chica bonita en extremo.» El estilo es una parodia intencionada de las revistas femeninas y de la prosa comercial inglesa. Edy Boardman es pequeña y miope. La tercera, la heroína del capítulo, es nombrada en la tercera página: «—Pero ¿quién era Gerty?» Y aquí se nos comunica que Gerty MacDowell, sentada cerca de sus compañeras, está abstraída en sus pensamientos: «Era en verdad el más bello ejemplar de irlandesa joven y atractiva que uno podía desear contemplar»; parodia maravillosa de las descripciones manidas. Cissy Caffrey ha traído con ella a sus dos hermanitos, Tommy y Jacky, gemelos «de apenas cuatro años» que, naturalmente, tienen el cabello rizado; y Edy Boardman ha traído al más pequeñín, un bebé en su cochecito. Hay otra persona más, sentada en una roca de enfrente. Se la menciona en las páginas tercera y octava, pero sólo más tarde es identificada como Leopold Bloom.

Acción: La acción de este capítulo es difícil de separar de su particularísimo estilo. Respondiendo a una pregunta sencilla que aparece en este capítulo, podemos decir: los dos niños juegan, se pelean y vuelven a jugar; el bebé gorgotea y berrea; Cissy y Edy atienden a sus respectivos hermanos; Gerty sueña; unas voces cantan en la traslúcida iglesia vecina; llega el crepúsculo, empiezan los fuegos artificiales en la feria (inaugurada por el virrey), y Cissy y Edy corren a la playa con los niños para verlos por encima de las casas, a lo lejos. Pero Gerty no les sigue inmediatamente; si sus amigas podían correr como caballos, ella podía permanecer sentada y verlos desde allí. Bloom sigue también sentado en una roca de enfrente, mirando a Gerty, quien a pesar de toda su timidez juvenil comprende perfectamente qué hay detrás de sus miradas, y por último se reclina hacia atrás y exhibe desvergonzadamente las ligas, mientras «un cohete salió disparado y bang estalló en la oscuridad y ¡Oh! entonces reventó la bengala y fue como un suspiro de ¡Oh! y todos exclamaron ¡Oh! arrobados y de ella brotó un torrente de cabellos de oro que se derramaron y ¡ah! eran todos estrellas verdosas de rocío cayendo con dorado, ¡Oh qué bonito! ¡Oh qué suave!». Poco después se levanta Gerty y se dirige lentamente a la playa. «Caminaba con cierta dignidad serena, característica suya, pero con cuidado y muy despacio porque, porque Gerty MacDowell era...

»¿Botas apretadas? No. ¡Es coja! ¡Oh!

»El señor Bloom la observó alejarse cojeando. ¡Pobre chiquilla!»

Estilo: El capítulo consta de dos partes, cada una con una técnica totalmente distinta. Primero, mientras las tres muchachas están en la playa sentadas en las rocas, hay en la descripción que se hace de ellas y sus niños una parodia sostenida de la prosa típica de las revistas femeninas o de las novelas rosa, con todos los clichés y falsas elegancias de ese género.* Luego, en la segunda parte, predomina la corriente de conciencia del señor Bloom en la que en su familiar modo brusco se sucede una mezcolanza de impresiones y recuerdos, hasta el final del capítulo.

La parodia está llena de clichés maravillosos y divertidos y de lugares comunes que expresan una pseudopoesía graciosa y viva. «El atardecer de verano había empezado a envolver el mundo en su abrazo misterioso... el último resplandor de un día fugaz se demoraba encantadoramente en la playa y en el mar... y en último lugar, aunque no por ello menos importante...

»Las tres amigas estaban sentadas en las rocas, disfrutando del paisaje vespertino y del aire, que era fresco aunque no demasiado frío... Muchas y frecuentes veces venían a este rincón favorito a departir amigablemente junto a las olas centelleantes y a hablar de cuestiones femeninas.» (*Matters feminine*; la colocación del adjetivo detrás del nombre por razones de elegancia es, desde luego, característica del estilo *House Beautiful*.)

La construcción misma es mala: «Así pues, Tommy y Jacky Caffrey eran gemelos, tenían cuatro años escasos y eran muy revoltosos y malcriados, aunque a pesar de todo

---

* Nabokov intercaló aquí un comentario a lápiz: «Eso es hace cincuenta años. En nuestros tiempos correspondería a esas historias sobre secretarias rubias y ejecutivos de aspecto juvenil del estilo del *Saturday Evening Post*.» (*N. de la ed. inglesa.*)

eran unos pequeñuelos de rostro radiante y encantador. Chapoteaban en la arena con sus palitas y sus cubos, construyendo castillos como hacen los niños, o jugaban con una enorme pelota de colores sin parar de disfrutar todo el día.» Por supuesto, el bebé es regordete, y «el joven caballerito reía graciosamente de placer». No reía sólo, sino que reía graciosamente: ¡qué maliciosa afectación hay en todo esto! En cada una de las veinte páginas de este capítulo encontramos elegantes clichés escogidos con toda intención.

Cuando decimos cliché, estereotipo, frase trillada pseudoelegante y demás, nos referimos entre otras cosas a que, cuando se utilizó por primera vez en literatura, la frase era original y tenía un intenso significado. De hecho, se convirtió en frase manida porque su significado al principio era vivo, claro y atractivo, por lo que se siguió empleando una y otra vez, hasta volverse un estereotipo, un cliché. Podemos decir, por tanto, que los clichés son trozos de prosa muerta y de poesía podrida. Sin embargo, la parodia tiene sus interrupciones. Pero lo que Joyce pretende es hacer que este material muerto y podrido revele aquí y allá su fuente viva, su frescura primordial. A veces, esta poesía sigue viva aún. La descripción del servicio religioso en la iglesia, al pasar de forma transparente por la conciencia de Gerty, posee una belleza real y un encanto luminoso y patético. Y lo mismo la ternura del crepúsculo; y por supuesto, la descripción de los fuegos artificiales —pasaje culminante citado más atrás— es verdaderamente tierna y hermosa: es la frescura de la poesía todavía con nosotros, antes de convertirse en cliché.

Pero Joyce se las arregla para hacer algo más sutil aún. Observaréis que cuando comienza a discurrir la fluida corriente de conciencia de Gerty, su pensamiento hace gran hincapié en su dignidad y en las ropas de buen gusto, ya que es aficionada a las modas sugeridas por las revistas *Woman Beautiful* y *Lady's Pictorial*: «Una preciosa blusa azul eléctrico que ella misma se había teñido (porque *Lady's Pictorial* esperaba que se llevase el azul eléctrico), con un elegante escote en V que descendía hasta la división y un bolsillo para el pañuelo (en el que ella siempre llevaba un poco de algodón impregnado con su perfume favorito porque el pañuelo afeaba el lugar), y una falda marinera de tres cuartos que permitiese el paso largo e hiciese resaltar su figura esbelta y graciosa a la perfección», etc. Pero cuando nos damos cuenta con Bloom de que la pobre chica es coja, los mismos clichés de sus pensamientos adquieren una sombra patética. En otras palabras, Joyce consigue construir algo real —pathos, compasión, piedad—, utilizando fórmulas muertas y caricaturizadas.

Joyce va incluso más allá. Mientras la parodia discurre por un cauce suave, el autor, con un relámpago diabólico, lleva el pensamiento de Gerty a cierto número de temas relacionados con cuestiones fisiológicas a las que, por supuesto, jamás se aludiría en la clase de novela rosa que impregna la conciencia de Gerty: «Su figura era esbelta y graciosa, tendía incluso a la fragilidad, pero esas pastillas de hierro que venía tomando últimamente le habían sentado muchísimo mejor que las píldoras femeninas de la Viuda Welch y había mejorado mucho de aquellas pérdidas que solía tener, y de aquella sensación de cansancio.» Además, cuando percibe la presencia del señor de luto riguroso con «la historia de un profundo dolor... escrita en su rostro», le viene al pensamiento una visión romántica: «Aquí estaba lo que ella tanto había soñado. Era él lo que importaba y había alegría en su rostro porque ella le quería, porque sentía instintivamente que era distinto de todos los demás. Su mismo corazón de mujer voló hacia él, su esposo soñado, porque al instante comprendió que era él. Si él había sufrido, si se había pecado contra él más de lo que él había pecado, o incluso, si había sido él un pecador, un mal hombre, no le importaba. Aunque fuera protestante o metodista, ella podría convertirlo fácilmente si la amaba de veras... entonces, tal vez, él la abrazaría dulcemente como un hombre de verdad, oprimiría su suave cuerpo contra sí y amaría a su dulce muchacha, por ella misma solamente.» Sin embargo, su visión romántica (de la que hay mucho más) se enlaza sin más ni más con ideas realistas sobre caballeros atrevidos. «Las manos y el rostro de él se movían nerviosamente y un temblor invadió a Gerty. Se echó hacia atrás para ver dónde se elevaban los fuegos artificiales y se cogió la rodilla con las manos para no caerse para atrás al mirar hacia arriba y no había nadie que mirase excepto él cuando ella reveló así del todo sus piernas de graciosas y bellas formas, suave y delicadamente redondas, y le pareció oír jadear el corazón de él, su ronca respiración, porque sabía de la pasión de hombres así, de sangre ardiente, porque Bertha Supple le había contado una vez con todo secreto y le hizo jurar no decirlo nunca que el huésped de la Oficina de Distritos Superpoblados que vivía con ellos tenía ilustraciones, recortadas de revistas, en las que se veían bailarinas con faldita y piernas al aire y le dijo que solía hacer a veces en la cama algo no muy bonito que una podía imaginar. Pero esto era completamente distinto porque casi podía sentir que le cogía la cara y se la acercaba y el roce rápido de sus hermosos labios. Además había absolución mientras no se hiciera lo otro antes de casarse.»

No hace falta que me extienda sobre la corriente de pensamiento de Bloom. Podéis imaginar la situación fisiológica: amor a distancia (*bloomismo*), así como el contraste estilístico entre la exposición del pensamiento, las impresiones, los recuerdos y las sensaciones de Bloom, y la malintencionada parodia de una adolescencia femenina literaria de la primera parte del capítulo. Los pensamientos de Bloom vibran y zigzaguean en el crepúsculo como murciélagos. Por supuesto, la idea de Boylan y Molly está perpetuamente presente y también la mención del primer admirador de Molly en Gibraltar, el teniente Mulvey, que la besó al pie de la muralla árabe, junto a los jardines, cuando ella tenía quince años.

Asimismo, observamos con dolorosa compasión que Bloom se da cuenta finalmente de que los vendedores de periódicos de la calle vecina a la Columna de Nelson, en el capítulo sobre la redacción del periódico, le imitaban al andar. La definición artística que hace Bloom del murciélago («como un hombrecillo de manos diminutas envuelto en una capa») es absolutamente encantadora, y un pensamiento igualmente encantador y artístico le viene a propósito del sol: «Contempla el sol por ejemplo como el águila, después mira un zapato y verás una mancha como una gota amarillenta. Quiere estampar su marca en todo.» Aquí el viejo Bloom se sitúa a la altura de Stephen. Es su toque de artista.

El capítulo termina cuando Bloom se amodorra, y el reloj sobre la repisa de la chimenea de la vecina casa parroquial (el servicio religioso de la iglesia ha terminado ya) proclama con su cucú cucú el trance de Bloom: la infidelidad de su mujer. Es muy extraño, piensa, que su reloj se haya parado a las cuatro y media.

Segunda Parte, Capítulo XI

Hora: Alrededor de las diez de la noche.

Lugar: La primera línea significa en irlandés: «Vayamos al sur [del Liffey], a Holles Street», y es allí adonde se dirige Bloom. En el segundo párrafo, el juego de palabras con Horhorn alude al director de la maternidad de Holles Street, sir Andrew Horne, persona real. Y en el párrafo siguiente, con «*hoopsa boyaboy*» [«¡Aúpa niñoniño!»] oímos a una comadrona generalizada alzando a un recién nacido generalizado. Bloom pasa por el sanatorio para visitar a la señora Purefoy que se encuentra en los dolores del parto (su bebé nace en el curso del capítulo). Bloom no puede verla; en vez de eso, toma cerveza y sardinas en el comedor de los médicos.

Personajes: La comadrona Callan, con quien habla

Bloom; Dixon, doctor residente, que trató una vez a Bloom de una picadura de abeja. Ahora, de acuerdo con el tono grotescamente épico del capítulo, la abeja se convierte en espantoso dragón. Hay también varios estudiantes de Medicina: Vincent Lynch (a quien nosotros y el padre Conmee hemos visto hacia las tres con una chica en un prado de las afueras), Madden, Crotthers, Punch Costello y un Stephen muy borracho, todos sentados alrededor de una mesa, donde se les une Bloom. Poco después aparece Buck Mulligan con su amigo Alec Bannon, de quien llega una postal en el primer capítulo explicando que se siente atraído por Milly, la hija de Bloom, en Mullingar.

Acción: Dixon deja la reunión para asistir a la señora Purefoy. El resto sigue sentado bebiendo. «Componían en verdad una escena espléndida. Allí estaba Crotthers, en el extremo de la mesa, con su atuendo escocés, el rostro resplandeciente por las saladas prisas del Mull de Galloway. Allí estaba Lynch, frente a él, cuyo semblante tenía ya los estigmas de la temprana depravación y la prematura sabiduría. Junto al escocés, tenía asignado su sitio Costello el excéntrico, mientras que a su lado descansaba en imperturbable reposo la figura rechoncha de Madden. La silla del residente estaba vacía ante el hogar, pero a cada lado la figura de Bannon vestido de explorador, con un pantalón corto de *tweed* y zapatos de piel de ternera, contrastaba decididamente con la elegancia de prímula y los modales ciudadanos de Malachi Roland St. John Mulligan. Finalmente, a la cabecera de la mesa, estaba el joven poeta que se refugió de sus labores pedagógicas y de su inquisición metafísica en el acogedor ambiente de discusión socrática, mientras a derecha e izquierda de él se acomodaban el petulante pronosticado, recién llegado del hipódromo [Lenehan], y ese vigilante errabundo [Bloom], sucio del polvo del camino y del combate, y manchado por el lodo de una imborrable deshonra, pero de cuyo firme y constante corazón ninguna tentación ni peligro ni degradación ni amenaza podrían borrar jamás la imagen de ese encanto voluptuoso que el inspirado lápiz de Lafayette [el fotógrafo que le hizo la fotografía a Molly] ha retratado para las épocas venideras.»

Nace el niño de la señora Purefoy. Stephen propone ir todos al bar de Burke. En la forma de plasmar el bullicio del bar encontramos el estilo grotesco, inflado, fragmentado mímico y plagado de juegos de palabras que el autor va a emplear en su siguiente y última novela, *Finnegans Wake* (1939), uno de los fracasos más grandes de la literatura.

Estilo: Citando el *Fabulous Voyager* de Richard M. Kain (1947): «El estilo de este capítulo es una serie de parodias de la prosa inglesa, desde la anglosajona al *slang* moderno...*

»Por lo que pueda valer, he aquí los estilos parodiados más importantes que se han podido identificar: anglosajón, Mandeville, Malory, prosa angloisabelina, Browne, Bunyan, Pepys, Sterne, novela gótica, Charles Lamb, Coleridge, Macaulay, Dickens (una de las parodias más logradas), Newman, Ruskin, Carlyle, *slang* moderno, oratoria evangélica.

»Cuando los estudiantes de Medicina salen a beber a costa de Stephen, la prosa cae en una serie de sonidos fragmentarios, ecos y medias palabras... traducción del estupor de la embriaguez.»

SEGUNDA PARTE, CAPÍTULO XII

A mi juicio, ningún comentarista ha comprendido correctamente este capítulo. Por supuesto, rechazo de plano la interpretación psicoanalista, ya que no comparto la terminología freudiana con sus mitos prestados, sus paraguas

* Nabokov añade: «Lo cual no constituye ningún éxito.» (*N. de la ed. inglesa.*)

andrajosos y sus oscuros secretos. Es imposible considerar este capítulo como las reacciones de la embriaguez o de la lujuria en el subconsciente de Bloom, por las siguientes razones:

1. Bloom está completamente sobrio y de momento es impotente.

2. Bloom no tiene posibilidad de conocer cierto número de sucesos, personajes y hechos que aparecen como visiones en este capítulo.

Propongo considerar este capítulo XII como una alucinación del autor, una divertida distorsión de sus diversos temas. El libro es en sí mismo un sueño* y un relato visionario; este capítulo es, simplemente, una exageración, un desarrollo pesadillesco de sus personajes, objetos y temas.

Hora: Entre las once y las doce de la noche.

Lugar: Nighttown empieza en la entrada de Mabbot Street, al este de Dublín y norte del Liffey, cerca de los muelles; exactamente a una milla de Eccles Street.

Estilo: El de una comedia pesadillesca, con implícito reconocimiento a las visiones de una obra de Flaubert, *La tentación de san Antonio*, escrita unos cincuenta años antes.

Acción: Puede dividirse en cinco escenas.

Escena I: Personajes principales: Los soldados ingleses Carr y Compton, que atacarán a Stephen más tarde, en la escena V. Una transeúnte que encarna a la inocente Cissy Caffrey del capítulo X; también están Stephen y su amigo Lynch, estudiante de Medicina. Los dos soldados molestan a Stephen ya en la primera escena: «Paso al cura.» «¡Hola, párroco!» Stephen parece un sacerdote, ya que va de negro por su madre (Stephen y Bloom van de negro). Otra pros-

---

* Nabokov anota en otro lugar el siguiente párrafo: «Bernard Shaw, hablando de *Ulises* en una carta a su editora Sylvia Beach, lo definía como un sueño... y, a la vez, una relación fiel de una etapa repugnante de la civilización.» *(N. de la ed. inglesa.)*

tituta se parece a Edy Boardman. También están presentes los gemelos Caffrey: golfillos de la calle, fantasmas que se parecen a los gemelos encaramándose a las farolas de la calle. Importa recalcar que estas asociaciones no tienen lugar en la mente de Bloom, quien había visto a Cissy y a Edy en la playa, pero que está ausente en esta primera escena; en cambio Stephen, que está presente, no puede saber de Cissy y Edy. El único suceso real de esta primera escena es que Stephen y Lynch se dirigen a la casa de mala nota de Nighttown una vez que los demás, entre ellos Buck Mulligan, se han dispersado.

Escena II: Aparece Bloom en un escenario que representa una calle oblicua con farolas inclinadas; está preocupado por Stephen y le sigue. El principio de la escena es la descripción de una bocacalle real: jadeando a causa de la carrera tras Stephen, Bloom compra una mano de cerdo y otra de cordero en la carnicería de Othousen y está a punto de ser atropellado por un tranvía. Luego aparecen sus padres difuntos: es la alucinación del autor, y la de Bloom. Varias otras mujeres conocidas de Bloom, entre ellas Molly, la señora Breen y Gerty hacen también su aparición en esta escena, así como la pastilla de jabón, las gaviotas y demás personajes secundarios; incluso Beaufoy, el autor del cuento de la revista *Titbits*. Hay también alusiones religiosas. Se recordará que el padre de Bloom era un judeohúngaro convertido al protestantismo, mientras que la madre de Bloom era irlandesa. Bloom, nacido protestante, fue bautizado católico. Ahora, dicho sea de paso, es francmasón.

Escena III: Bloom llega a la casa de mala nota. Zoe, joven ramera en camisón color zafiro, sale a su encuentro a la puerta de Lower Tyrone Street, lugar que ya no existe. Después, en la alucinación del autor, Bloom, el más grande reformador del mundo (alusión al interés de Bloom por las mejoras municipales), es coronado emperador por los ciudadanos de Dublín, a quienes explica sus proyectos para la regeneración social; pero luego es acusado de libertino diabólico, y finalmente proclamado mujer. El doctor Dixon (el residente de la maternidad) lee su certificado de salud. «El profesor Bloom es ejemplo consumado del nuevo hombre femenino. Su naturaleza moral es sencilla y amable. Muchos le consideran un hombre excelente, una persona simpática. Es un individuo raro en términos generales, un ser tímido aunque no débil mental en el sentido médico. Ha escrito una carta realmente preciosa, un verdadero poema, al misionero judicial de la Sociedad Protectora de Sacerdotes Reformados, en la que todo se aclara. Es prácticamente abstemio total, y puedo afirmar que duerme en litera de paja y su alimento es de lo más espartano, guisantes secos en frío. Lleva cilicio en invierno y verano y se flagela todos los sábados. Tengo entendido que en otro tiempo fue un delincuente de primera y estuvo en el reformatorio de Glencree. Otro informe revela que fue un hijo muy póstumo. Suplicó clemencia en nombre de la más sagrada palabra que nuestros órganos vocales hayan sido llamados a pronunciar. Está a punto de dar a luz.

»(*Conmoción y compasión generales. Mujeres que se desmayan. Un rico americano hace una colecta callejera a favor de Bloom.*)»

Etc. Al final de la escena, Bloom, otra vez en la vida real del libro, sigue a Zoe al burdel en busca de Stephen. Así es, pues, cómo funciona el mecanismo de este capítulo. Éste o aquel detalle de la realidad surge adquiriendo una vida compleja; una mera alusión empieza a vivir con vida propia. De este modo, la conversación «real» en la puerta del burdel entre Zoe y Bloom se interrumpe a fin de interpolar la Historia de la Ascensión y Caída de Bloom antes de entrar en la casa.

Escena IV: En la casa de mala nota, Bloom se encuentra con Stephen y con Lynch. Surgen varias visiones. El autor invoca al abuelo de Bloom, Leopold Virag. Bella Cohen, la maciza mujer que regenta el burdel y que tiene un bozo notorio, evoca en otra alucinación del autor los pecados pasados de Bloom; en un divertido intercambio de sexos, se muestra muy cruel con el impotente Bloom. También aparecen ninfas acuáticas y cascadas con el tema del flujo musical tan caro a Joyce. Empieza con un atisbo de realidad. Bloom recupera de Zoe su talismán, la patata. Stephen intenta despilfarrar su dinero (observad que ni Bloom ni Stephen muestran interés alguno por las mujeres de su alrededor). Bloom consigue recuperar el dinero y salvarlo para Stephen. Una libra y siete chelines. «Me importa tres pepinos», dice Stephen. Siguen más alucinaciones del autor: hasta Boylan y Marion aparecen en una visión. En la vida real de la escena, Stephen hace una imitación cómica del inglés hablando con acento parisino. Luego las alucinaciones del autor empiezan a acosar a Stephen. La madre de Stephen aparece con un aspecto horrible:

«LA MADRE (*con la sutil sonrisa de la locura de la muerte*): Una vez fui la hermosa May Goulding. Estoy muerta.

»STEPHEN (*horrorizado*): Lémur, ¿quién eres? ¿Qué truco espectral es éste?

»BUCK MULLIGAN (*sacude su gorro de cascabeles*): ¡Qué burla! Kinch ha matado su cuerpo de perro cuerpo de perra. Ha estirado la pata (*de sus ojos caen lágrimas de mantequilla derretida en la torta*). ¡Nuestra grande, dulce madre! *Epi oinopa ponton*.

»LA MADRE (*se acerca más, exhalando sobre él su suave aliento de cenizas húmedas*): Todos tienen que pasar por ahí, Stephen. Más mujeres que hombres en el mundo. Tú también. Llegará el momento.

»STEPHEN (*sofocado de miedo, remordimiento y horror*): Dijeron que te maté, madre. Él ha ofendido tu memoria. Fue el cáncer, no yo. El Destino.

»LA MADRE (*un verde reguero de bilis le gotea por un canto de la boca*): Tú me cantaste aquella canción. *El amargo misterio del amor.*

»STEPHEN (*ansiosamente*): Dime la palabra, madre, si la sabes ahora. La palabra de todos conocida.

»LA MADRE: ¿Quién te salvó la noche en que saltaste al tren de Dalkey con Paddy Lee? ¿Quien se apiadó de ti cuando estabas triste entre desconocidos? La oración es todopoderosa. La oración para las almas que sufren en el manual ursulino, y cuarenta días de indulgencia. Arrepiéntete, Stephen.

»STEPHEN: ¡Vampiro! ¡Hiena!

»LA MADRE: Ruego por ti en mi otro mundo. Dile a Dilly que te prepare ese arroz cocido todas las noches después de tu trabajo cerebral. Años y años te he querido, mi primogénito, cuando te tenía en las entrañas.»

Poco después, Stephen levanta el bastón y destroza la lámpara.

Escena V: Stephen y Bloom abandonan la casa de mala nota y se encuentran ahora en Beaver Street, no lejos de allí. Stephen delira todavía, ebrio, y los dos soldados ingleses Carr y Compton deciden que Stephen ha insultado a su rey Eduardo VII (quien también aparece en la alucinación del autor). Uno de los soldados, Carr, ataca a Stephen y lo derriba de un golpe. Surgen los vigilantes. Se trata de la realidad. Kelleher, también en la realidad, empleado de la funeraria, pasa por allí casualmente y les ayuda a convencer a los vigilantes de que Stephen sólo se ha excedido en una juerga: los chicos son los chicos. Al final de la escena Bloom se inclina sobre Stephen caído, y éste murmura: «¿Quién? Pantera negra vampiro», y cita fragmentos de *Quién va con Fergus* de Yeats. El capítulo termina con otra alucinación: a Bloom se le aparece Rudy, su hijo muerto, transformado en un niño rubio de once años que mira a Bloom a los ojos sin verle, y besa la página del libro que él está leyendo de derecha a izquierda.

Tercera Parte, Capítulo I

Hora: Después de las doce de la noche.

Lugar: Todavía cerca de Nighttown, en la vecindad de Amiens Street al nordeste de Dublín, y no lejos de los muelles y el edificio de aduanas; después, en el Refugio del Cochero cerca de Butt Bridge; su dueño dice que Fitzharris Piel-de-Cabra ha participado en el atentado político de Phoenix Park. Fitzharris es uno de los llamados Invencibles que en 1882 mataron a lord Frederick Cavendish, primer secretario, y a Thomas H. Burke, subsecretario, en Phoenix Park. Fitzharris sólo era el conductor del coche y ni siquiera estamos seguros de que fuese él.

Personajes: Bloom y Stephen, que ahora se han quedado solos en la soledad de la noche. Entre los noctámbulos secundarios con los que se tropiezan, el más vivo es el marinero Murphy, de barba roja, que acaba de regresar de sus viajes en el *Rosevean*, velero con el que se cruzó Elías cuando entraba finalmente en la bahía.

Estilo: La mayor parte del capítulo es otra vez una parodia, una imitación del estilo desenvuelto y periodístico; los clichés femeninos de las revistas de mujeres del capítulo de Gerty MacDowell son sustituidos por clichés masculinos.

Acción: A lo largo del capítulo Bloom hace lo posible por ser amable con Stephen, aunque éste le mira con cierta desdeñosa indiferencia. Tanto en este capítulo como en el siguiente, Joyce se esmera en perfilar e ilustrar las diferencias de carácter, educación, gustos, etc., entre Bloom y Stephen. Los elementos antagónicos superan con creces la principal semejanza: haber rechazado los dos la religión de sus padres.* Sin embargo, los aforismos metafísicos de Stephen no carecen de cierta relación con los tópicos pseudocientíficos de Bloom. Los dos hombres tienen ojos y oídos sagaces, a los dos les gusta la música, ambos se fijan en detalles tales como gestos, colores, sonidos. En los sucesos de este día particular, una llave desempeña un papel muy similar en la vida de los dos hombres... y si Bloom tiene a su Boylan, Stephen tiene a su Mulligan. Ambos abrigan fantasmas en sus pasados, ambos tienen visiones retrospectivas que expresan pérdida y traición. Stephen y Bloom padecen de soledad; sin embargo, Stephen está solo porque ha renunciado a las creencias de su familia, se ha rebelado contra el lugar común, etc., y no (como Bloom) a causa de su condición social. Su soledad se debe a que el autor lo ha creado como un genio en ciernes, y el genio es, por necesidad, solitario. La historia es el enemigo de ambos: para Bloom la historia es injusticia, para Stephen, una prisión metafísica. Ambos son seres errabundos y exiliados; y por último, en ambos fluye la sangre melódica de James Joyce, su creador.

En cuanto a sus desemejanzas, para expresarlo muy grosso modo, Bloom tiene una cultura media, mientras que Stephen es un intelectual. Bloom admira la ciencia aplicada

---

* En su ejemplar anotado, Nabokov señaló en el capítulo siguiente el final del registro que Bloom hace del segundo cajón, en el que encuentra un sobre dirigido «A mi querido hijo Leopold», y algunos recuerdos que evocan las últimas palabras de su padre antes de morir. Joyce pregunta: «¿Por qué Bloom experimentó un sentimiento de remordimiento?», contesta: «Porque con inmadura impaciencia había tratado irrespetuosamente ciertas creencias y prácticas.» En el margen, Nabokov anota «Cp. Stephen». El pasaje continúa:

«¿Tales cómo?

»La prohibición del uso de la carne y la leche en la misma comida, el simposio hebdomadario de ex compatriotas ex correligionarios abstractos, ardientemente concretos en asuntos mercantiles; la circuncisión de los niños; el carácter sobrenatural de las escrituras judaicas; la inefabilidad del tetragrammaton; la santificación del sabbath.

»¿Qué le parecían estas creencias y prácticas?

»No más racionales de lo que entonces habían parecido, no menos racionales que lo que ahora parecían otras creencias y prácticas.» (N. de la ed. inglesa.)

y el arte aplicado: Stephen, el arte puro y la ciencia pura. Bloom es el típico lector de la columna «Aunque usted no lo crea»; Stephen es creador de profundos aforismos filosóficos. Bloom es el hombre del agua corriente, Stephen, de la piedra opalescente. Hay también contrastes emocionales. Bloom es el materialista amable, tímido y humano; Stephen es el egoísta ascético, duro, brillante y amargo que, al rechazar a su Dios, rechaza también a la humanidad. La figura de Stephen está hecha de contrastes. Es físicamente repulsivo pero intelectualmente exquisito. Joyce subraya su cobardía física, su suciedad, sus dientes estropeados, su desaliño y sus modales desagradables (como el asunto de su pañuelo sucio y más tarde, en la playa, cuando lo echa de menos), su lascivia física y humillante pobreza con todas sus degradantes implicaciones. Sin embargo, frente a estos atributos, están su elevada inteligencia, marco de referencia rico y sutil, su libertad de espíritu, su integridad y veracidad orgullosa e inflexible que exige valor moral, y su independencia llevada hasta la obstinación. Si hay un fondo de filisteísmo en Bloom, en Stephen hay algo de crueldad fanática. A las preguntas de Bloom, llenas de solicitud y ternura paternales, Stephen replica con duros aforismos. Bloom dice en el elegante lenguaje periodístico del capítulo: «No pretendo en absoluto dictarle sus deberes, pero ¿por qué dejó la casa de su padre?

»—Para buscar infortunio —fue la respuesta de Stephen» (a propósito, observad una característica del lenguaje periodístico elegante: la variedad de sinónimos por *dijo*: comentó, respondió, profirió, replicó, repitió, aventuró, etc.).

Después, en una conversación inconexa, Bloom, que es muy tímido debido a su cultura superficial y procura mostrarse lo más amable posible con Stephen, sugiere que la patria es el lugar donde uno puede vivir bien trabajando, opinión sencilla y práctica. No cuente conmigo, contesta

Stephen. Me refiero al trabajo en el sentido más amplio, se apresura a explicar Bloom, labor literaria... los poetas tienen en todos los respectos el mismo derecho a vivir de su cerebro como el campesino de sus músculos: los dos pertenecen a Irlanda. Usted sospecha, replica Stephen medio sonriendo, que yo puedo ser importante porque pertenezco a Irlanda, pero yo sospecho que Irlanda debe ser importante porque me pertenece. Bloom se queda sorprendido y cree haberle entendido mal. Y Stephen dice con cierta brusquedad:

«—No podemos cambiar el país. Cambiemos de tema.»

Sin embargo, el principal tema de este capítulo es Molly, a quien no tardaremos en encontrar en el último capítulo del libro. Con gesto análogo al del marinero que enseña una postal con unos peruanos o el tatuaje de su pecho, con ese mismo gesto muestra Bloom a Stephen la fotografía de Molly: «Evitando cuidadosamente en su bolsillo el libro *Dulzuras del*, que por cierto le recordó que el libro de la biblioteca de Capel Street se había pasado de fecha, sacó la cartera, y separando rápidamente sus diversos contenidos, por último...

»—A propósito, ¿no le parece a usted —dijo, seleccionando con cuidado una fotografía descolorida y poniéndola en la mesa— que es del tipo español?»

Stephen, a quien, como es natural, iba dirigida la pregunta, miró la foto que representaba a una dama opulenta con abundantes encantos muy puestos de manifiesto, dado que estaba en la plenitud de su feminidad, en traje de noche ostentosamente escotado para facilitar una generosa exhibición de seno, con algo más que un vislumbre de pechos, sus gruesos labios abiertos y unos dientes perfectos, de pie, con aire de ostensible gravedad, cerca de un piano en el que se veía *En el viejo Madrid*, balada preciosa en su género que entonces estaba de moda. Sus ojos (los de la dama) oscuros, grandes, miraban a Stephen, a punto de sonreír por algo digno de admiración. Lafayette, de Westmoreland Street, primer artista fotógrafo de Dublín, era el responsable de esta ejecución estética.

«—Es la señora Bloom, mi mujer, la *prima donna* madam Marion Tweedy —explicó Bloom—. Tomada hace unos años. En el noventa y seis más o menos. Muy como era ella entonces.»

Bloom descubre que Stephen no ha comido desde el miércoles. Una noche Bloom se llevó a casa a un perro (raza desconocida) con una pata lisiada, y ahora decide llevar a Stephen a Eccles Street. Aunque Stephen es reservado —de ningún modo efusivo—, Bloom le invita a su casa a tomar una taza de cacao. «—Mi esposa —insinuó, lanzándose *in medias res*— tendría el mayor placer en conocerle, ya que le apasiona toda clase de música.» Se dirigen andando a casa de Bloom... y llegamos así al capítulo siguiente.

TERCERA PARTE, CAPÍTULO II

«La estudiada monotonía del capítulo anterior se reduce ahora al tono completamente impersonal de preguntas formuladas de manera científica y contestadas con la misma frialdad.» (Kain) Las preguntas se hacen a la manera de un catecismo, y su carácter es más pseudocientífico que científico. Se nos facilita gran cantidad de material en forma de información y recapitulación, y quizá lo más acertado sea abordar este capítulo desde el punto de vista de los datos que contiene. Se trata de un capítulo muy simple.

Por lo que se refiere a los datos, algunos desarrollan o recapitulan información ya facilitada en el libro; otros en cambio son nuevos. Veamos, por ejemplo, dos preguntas y respuestas sobre Bloom y Stephen:

«¿De qué deliberó el duunvirato durante su itinerario?
»De música, literatura, Irlanda, Dublín, París, la amis-

tad, las mujeres, la prostitución, la alimentación, la influencia de la luz de gas o del arco voltaico y la lámpara incandescente en el crecimiento de los árboles paraheliotrópicos contiguos, la exposición de los cubos de basura municipales para emergencias, la iglesia católica romana, el celibato eclesiástico, la nación irlandesa, la educación jesuítica, las carreras, los estudios de Medicina, el día transcurrido, la influencia maléfica de la víspera del sábado, el desvanecimiento de Stephen.

»¿Descubrió Bloom factores comunes de semejanza entre sus reacciones respectivas parecidas y distintas ante la experiencia?

»Los dos eran sensibles a las impresiones artísticas musicales con preferencia a las plásticas o pictóricas... Los dos, endurecidos por el temprano aprendizaje doméstico y una tenacidad heredada de resistencia heterodoxa, profesaban su incredulidad respecto de muchas doctrinas religiosas, nacionales, sociales y éticas de carácter ortodoxo. Los dos admitían la influencia alternativamente estimulante y embotadora del magnetismo heterosexual.»

El (para el lector) súbito interés de Bloom por los deberes cívicos que revela su conversación con Stephen en el Refugio del Cochero se plasma en una pregunta y una respuesta que se remontan a discusiones que él había sostenido con varias personas en 1884, y después en diversas ocasiones hasta 1893.

«¿Qué reflexión concerniente a la irregular sucesión de las fechas 1884, 1885, 1886, 1888, 1892, 1893, 1904 hizo Bloom antes de que llegaran a su destino?

»Reflexionó que la progresiva extensión del campo del desarrollo y la experiencia individuales iba regresivamente acompañada de una restricción del terreno opuesto, el de las relaciones interindividuales.»

Al llegar a Eccles Street 7, Bloom se da cuenta de que ha olvidado la llave, que se la ha dejado en el otro pantalón.

Trepa por las rejas y llega a la cocina a través del fregadero; y entonces:

«¿Qué discreta sucesión de imágenes percibió Stephen entretanto?

»Apoyado contra las rejas percibió a través de los transparentes cristales de la cocina a un hombre regulando una llama de gas de catorce bujías, a un hombre encendiendo una vela, a un hombre quitándose sus dos botas una tras otra, a un hombre saliendo de la cocina con una vela de una bujía.

»¿Reapareció el hombre en algún otro lugar?

»Tras un lapso de cuatro minutos el parpadeo de su vela se hizo discernible a través del cristal semicircular semitransparente del montante en abanico sobre la puerta de la entrada. La puerta de entrada giró lentamente sobre sus goznes. En el vano de la puerta reapareció el hombre sin sombrero, con su vela.

»¿Obedeció Stephen a su seña?

»Sí, entrando cautamente, ayudó a cerrar y poner la cadena de la puerta y siguió con sigilo por el vestíbulo la espalda del hombre y escuchó los pies y vio de paso una vela iluminar una grieta luminosa en la puerta de la izquierda [Molly ha dejado una luz encendida en el dormitorio] y bajó con cuidado una escalera de más de cinco peldaños hasta la cocina de la casa de Bloom.»

Bloom prepara el cacao para Stephen y para él, y hay varias referencias a su afición a los artilugios, acertijos, mecanismos ingeniosos y juegos de palabras, como los anagramas a los que había sometido su nombre, el poema acróstico que le envió a Molly en 1888, o la canción de actualidad que ha empezado a componer, pero no ha terminado, para una de las escenas de la pantomima del Gaiety Theatre, *Simbad el marino*. Se nos da la relación entre las edades de los dos: en 1904, Bloom tiene treinta y ocho años y Stephen veintidós. En las páginas siguientes se alude a dicha relación entre conversaciones y recuerdos. Nos enteramos de sus respectivas familias y hasta de detalles patéticos sobre sus bautismos.

A lo largo del capítulo, los dos hombres tienen una clara conciencia de sus diferencias raciales y religiosas, y Joyce insiste un poco demasiado en este aspecto. Se citan fragmentos de versos en hebreo antiguo e irlandés antiguo.

«¿Eran los conocimientos que ambos poseían de estas lenguas, la extinguida y la revivida, teóricos o prácticos?

»Teóricos, dado que se limitaban a determinadas reglas gramaticales de accidente y sintaxis y excluían prácticamente el vocabulario.»

La siguiente pregunta es: «¿Qué puntos de contacto había entre estas lenguas y entre los pueblos que las hablaban?» La respuesta revela la existencia de un nexo natural entre el judío y el irlandés: una y otra son razas oprimidas. Tras un discurso seudoerudito sobre las características de las dos literaturas, Joyce concluye: «La proscripción de sus trajes nacionales mediante leyes penales y de ropas judías mediante decretos: la restauración de David de Sión en Canaán y la posibilidad de autonomía política o devolución para Irlanda.» En otras palabras, el movimiento en favor de una patria judía equivale a la lucha de Irlanda por la independencia.

Pero a continuación entra la religión, la gran divisora. En respuesta a dos versos de lamentación que Bloom cita en hebreo, y su paráfrasis del resto, Stephen, con su indiferente crueldad habitual, recita una pequeña balada medieval sobre la hija del judío vestida de verde que tienta al niño cristiano san Hugo hasta su crucifixión, y luego sigue hablando del tema desde un ángulo metafísico bastante absurdo. Bloom se siente ofendido y triste; pero al mismo tiempo sigue con su curiosa visión de Stephen («vio en una ágil joven figura masculina familiar la predestinación de un futuro») enseñando a Molly la correcta pronunciación italiana y quizá casándose con la hija de Bloom, la rubia Milly. Bloom sugiere a Stephen que pase la noche en el cuarto de estar:

«¿Qué propuesta hizo Bloom, diámbulo [que camina de día], padre de Milly, sonámbula [que anda dormida], a Stephen, noctámbulo [que anda de noche]?

»La de pasar en reposo las horas intermedias entre el jueves (propiamente) y el viernes (normal) en un cubículo improvisado en el aposento inmediatamente encima de la cocina e inmediatamente adyacente al aposento dormitorio de su anfitrión y anfitriona.

»¿Qué diversas ventajas resultarían o podían haber resultado de una prolongación de tal improvisación?

»Para el invitado: seguridad de domicilio y aislamiento para el estudio. Para el anfitrión: rejuvenecimiento de la inteligencia, satisfacción indirecta. Para la anfitriona: desintegración de la obsesión, adquisición de la correcta pronunciación italiana.

»¿Por qué estas diversas contingencias provisionales entre un invitado y una anfitriona no habrían impedido necesariamente ni sido impedidas por la permanente eventualidad de una unión reconciliadora entre un estudiante y la hija de un judío?

»Porque el camino hasta la hija pasaba por la madre, y el camino a la madre por la hija.»

Aquí tenemos una alusión al oscuro pensamiento de Bloom de que Stephen sería mejor amante para Molly que Boylan. La «desintegración de la obsesión» es probablemente el enfriamiento de Molly respecto a Boylan, y la siguiente respuesta, aunque puede tener una lectura inocente, puede contener también un significado oculto.

Stephen declina el ofrecimiento, pero al parecer accede a perfeccionar los conocimientos del italiano de la mujer de Bloom, aunque la propuesta y su aceptación han sido expresadas de una forma extraña y problemática. Y a continuación Stephen se dispone a marcharse.

«¿Para qué criatura fue la puerta de salida una puerta de entrada?

»Para una gata.

»¿Qué espectáculo presenciaron cuando ellos, primero el anfitrión, luego el invitado, emergieron en silencio, doblemente sombríos, de la oscuridad por un pasaje desde los fondos de la casa a la penumbra del jardín?

»El arbolcielo de estrellas cargado de húmeda fruta nocheazul.» Durante un instante, los dos hombres ven el cielo del mismo modo.

Después de separarse los dos hombres no descubrimos cómo ni dónde pasa el resto de la noche el errabundo Stephen. Son casi las dos de la madrugada ya, pero no se dirige a casa de su padre, ni regresará a la torre de ladrillo, cuya llave ha entregado a Mulligan. Bloom siente la tentación de quedarse fuera y esperar los primeros albores del día, pero decide que es mejor entrar en casa, donde se nos da una descripción del contenido del cuarto de estar y, más adelante, el catálogo maravilloso de sus libros que refleja claramente su cultura casual y su mente ansiosa. Hace el balance, partida por partida, de los gastos e ingresos del día 1 de junio de 1904, con un saldo de 2 libras, 19 chelines, 3 peniques. Cada entrada ha sido recogida en el curso de sus vagabundeos. Después de la famosa descripción del contenido de los dos cajones que examina, tenemos algunas recapitulaciones sobre las fatigas del día:

«¿Qué causas consecutivas pasadas, antes de levantarse preaprehendidas, de cansancio acumulado, recapitulaba en silencio, antes de levantarse, Bloom?

»La preparación del desayuno (ofrenda en el fuego): congestión intestinal y defecación premeditada (santo de los santos): el baño (rito de Juan); el entierro (rito de Samuel); el anuncio de Alexander Keyes (Urim y Thummin); almuerzo insustancial (rito de Melquisedec); la visita al Museo y Biblioteca Nacional (lugar santo); la búsqueda del libro a lo largo de Bedford Row, Merchants Arch, Wellington Quay (Simchath Torah); la música en el hotel Ormond (Shira Shirim); el altercado con un truculento troglodita en el local de Bernard Kiernan (holocausto); un período de tiempo en blanco incluyendo un paseo en coche, una visita a una casa de duelo, una despedida (desierto); el erotismo producido por exhibicionismo femenino (rito de Onán); el prolongado parto de la señora Mina Purefoy (oblación); la visita a la casa de lenocinio de la señora Bella Cohen en Tyrone Street 82, y reyerta y confusión subsiguientes en Beaver Street (Armageddon); paseo nocturno hacia y desde el Refugio de los Cocheros, Butt Bridge (expiación).»

Bloom va del cuarto de estar al dormitorio, en donde se describen minuciosamente las ropas esparcidas de Molly y el mobiliario. La habitación está iluminada; Molly duerme. Bloom se mete en la cama.

«¿Qué encontraron sus piernas al extenderse gradualmente?

»Sábanas limpias y nuevas, olores adicionales, la presencia de una forma humana, femenina, la de ella, la huella de una forma humana, masculina, no la de él, algunas migas, alguna pizca de carne en conserva, recocinada, que quitó.»

Al meterse en la cama de matrimonio se despierta Molly:

«¿Qué siguió a esta acción silenciosa?

»Una invocación soñolienta, un menos soñoliento reconocimiento, una incipiente excitación, interrogación catequística.»

A la pregunta sobreentendida, ¿qué has estado haciendo todo el día?, la contestación de Bloom ocupa un espacio particularmente breve comparado con la longitud de la meditación de Molly en el siguiente capítulo. En esta respuesta Bloom omite deliberadamente tres cosas: 1) la correspondencia clandestina entre Martha Clifford y Henry Flower; 2) el altercado en el bar de Kiernan; y 3) la reacción onanista a la exhibición de Gerty. Y dice tres mentiras: 1) que ha estado en el Gaiety Theatre; 2) que ha cenado en el Hotel Wynn; y 3) que la razón por la que ha traído a Stephen un momento a casa es que Stephen ha sufrido una contusión temporal causada por un movimiento mal calculado en el curso de una exhibición gimnástica después de cenar. Como se verá después en el monólogo mental de Molly, Bloom le dice también tres cosas que son verdad: 1) sobre el entierro; 2) sobre su encuentro con la señora Breen (antigua amiga de Molly y que de soltera se llamaba Jossie Bowell); y 3) sobre su deseo de que Stephen le dé a ella lecciones de italiano.

El capítulo termina cuando Bloom se va quedando dormido poco a poco.

«¿En qué postura?

»Oyente [Molly]: reclinada semilateralmente, a la izquierda, la mano izquierda debajo de la cabeza, la pierna derecha extendida en línea recta y descansando sobre la pierna izquierda flexionada, en la actitud de Gea-Tellus, saciada, yacente, henchida de semilla. Narrador: reclinado lateralmente, sobre el lado izquierdo, con las piernas derecha e izquierda flexionadas, con el pulgar y el índice de la mano derecha descansando en el puente de la nariz, en la actitud que aparecía en una instantánea tomada por Percy Apjohn, el hombreniño cansado, el hombreniño en las entrañas.

»¿Entrañas? ¿Cansado?

»Descansa. Ha viajado.

»¿Con?

»Simbad el Sarino y Timbad el Tarino y Jimbad el Jarino y Vimbad el Varino y Nimbad el Narino y Fimbad el Farino y Bimbad el Barino y Pimbad el Parino y Mimbad el Marino y Himbad el Harino y Rimbad el Rarino y Dimbad el Darino y Vimbad el Carino y Limbad el Yarino y Ximbad el Ftarino.

»¿Cuándo?

»Metiéndose en el oscuro lecho había un cuadrado alrededor de Simbad el Marino huevo de rocho de alca en la noche del lecho de todas las alcas de los rochos de Sombrad el Diadarino.

»¿Dónde?»

No hay respuesta. Pero podría ser: En ninguna parte;
está dormido.

Tercera Parte, Capítulo III

Son alrededor de las dos de la madrugada, o un poco
más tarde. Bloom se ha quedado dormido en postura fetal,
pero Molly permanece despierta durante las últimas cuarenta páginas. El estilo consiste en una corriente de conciencia
sostenida que discurre por la mente sensacionalista, vulgar
y excitada de Molly, mujer bastante histérica, de ideas ram-
plonas, más o menos morbosa y sensual, con una rica vena
musical en su interior y una inusitada capacidad para pasar
revista a toda su vida en una ininterrumpida corriente verbal interior. Una persona cuyo pensamiento fluye con ese
ímpetu y coherencia no es en absoluto normal. Los lectores
que quieran fragmentar el curso de este capítulo deberán
coger un lápiz afilado y separar las frases, tal como haré yo
en este trozo del principio del capítulo: «Sí / porque él jamás
había hecho nada parecido anteriormente / como pedir el
desayuno en la cama con un par de huevos / desde el hotel
City Arms en que solía fingirse enfermo en la cama con
voz quejumbrosa / haciéndose su majestad el interesante en
presencia de esa vieja arpía de la señora Riordan que él creía
que tenía en el bote y jamás nos dejó un penique / todo para
misas para ella y su alma / grandísima tacaña / le asustaba
de veras destinar 4 peniques a su licor metílico / contándo-
me todos sus achaques / cascaba demasiado sobre política
y terremotos y el fin del mundo / divirtámonos un poco
primero / Dios nos asista si todas las mujeres fueran de esa
clase / venga con que los trajes de baño y los escotes / naturalmente nadie quería que ella se los pusiera / supongo que
era beata porque a ningún hombre se le ha ocurrido mirarla

dos veces / espero no ser nunca como ella / milagro que no quisiera que nos cubriéramos la cara / pero desde luego era mujer educada / y su parloteo sobre el señor Riordan por aquí y el señor Riordan por allá / imagino que él se alegró de librarse de ella / y su perro oliéndome las pieles y siempre dándome vueltas para metérseme por debajo de las enaguas especialmente entonces / sin embargo eso me gusta de él [Bloom] / amable con las viejas de esa clase y con los camareros y los mendigos también / no en vano está orgulloso aunque no siempre», etc.

A los lectores les suele impresionar en exceso este recurso de la corriente de pensamiento. Por tanto, habrá que hacer las siguientes aclaraciones: Primera, que el recurso no es más «realista» ni más «científico» que cualquier otro. De hecho, si se describiesen algunos de los pensamientos de Molly, en vez de registrarlos todos, su exposición resultaría más «realista», más natural. La corriente de conciencia constituye, en realidad, un convencionalismo estilístico, puesto que, como es sabido, no pensamos siempre con palabras: pensamos también con imágenes; pero el paso de las palabras a las imágenes puede consignarse en palabras directas sólo si se elimina la descripción, como ocurre aquí. Hay, además, otro aspecto: algunas de nuestras reflexiones van y vienen, otras permanecen, se detienen, por así decir, amorfas y perezosas, y el flujo de pensamientos tarda un poco en abrirse paso entre esas rocas noemáticas. El registrar el pensamiento tiene la desventaja de emborronar el elemento tiempo y crear una excesiva dependencia respecto de la tipografía.

Estas páginas joyceanas han tenido una influencia tremenda. Son un caldo tipográfico que ha engendrado a muchos poetas de segunda fila: el cajista del gran James Joyce es el suegro del minúsculo señor Cummings. No debemos ver en esta corriente de conciencia, tal como ha sido plasmada por Joyce, un hecho natural. Es una realidad sólo en la medida en que refleja una lucubración de Joyce, del espíritu que rige el libro. El libro en su totalidad no es más que un mundo inventado por Joyce. En este mundo la gente piensa por medio de palabras, de frases. Sus asociaciones mentales vienen impuestas principalmente por las necesidades estructurales de la obra, por los fines artísticos y los planes del autor. Y añadiría también que si un editor incorporase los signos de puntuación al texto, las meditaciones de Molly no resultarían menos divertidas ni menos musicales.

Antes de dormirse, Bloom le ha dicho a Molly algo que no se mencionó en el informe del capítulo precedente sobre los dichos y hechos de Bloom antes de irse a la cama, algo que la ha dejado sumamente perpleja. Antes de dormirse, Bloom le ha pedido fríamente que, por la mañana, le traiga el desayuno a la cama, con un par de huevos. A mi juicio, Bloom, una vez pasada la crisis de la traición de Molly, decide que, por el mero hecho de saberlo (perdonando tácitamente a su mujer y permitiéndole seguir el lunes siguiente con esa sórdida intriga con Boylan), él, Bloom, ha adquirido cierta autoridad sobre Molly, de modo que no tiene por qué ocuparse más de prepararle el desayuno. Que se lo traiga ella, a la cama.

El soliloquio de Molly empieza con su irritada sorpresa ante tal petición. Vuelve a ese pensamiento varias veces a lo largo del monólogo. Por ejemplo: «Luego nos viene pidiendo huevos y té Findon y caballa ahumada y tostadas con mantequilla supongo que le tendremos sentado en la cama como el rey del país metiendo y sacando la cuchara del revés en el huevo sea donde sea donde haya aprendido eso...» (recordaréis que Bloom tiene cierta afición a toda clase de artilugios y triquiñuelas metódicas. En el soliloquio de Molly nos enteramos de que, cuando estaba embarazada, trató de ordeñarla en su té; y naturalmente, su postura durmiendo y demás pequeños hábitos, como arrodillarse ante el orinal, etc., son muy suyos). A Molly no se le va de la cabeza esa petición del desayuno, y los huevos se convierten en huevos recién puestos: «Luego té y tostadas para él con mantequilla por las dos caras y huevos recién puestos supongo que yo ya no soy nadie»; más adelante le vuelve a bullir la misma idea en la cabeza: «y ando trajinando, abajo en la cocina preparándole a su señoría el desayuno mientras él está envuelto como una momia cuándo se me ha visto a mí corriendo muéstrate atenta con ellos para que ellos te traten como un pingo...». Pero, de alguna forma, la idea cede, y Molly piensa: «Me encantaría tener una pera grande y jugosa para deshacértela en la boca como cuando solía ponerme con ganas luego le tiraría encima los huevos y té en la taza de bigotera que ella le dio para hacer su boca más grande supongo que le gustaría mi preciosa leche también...», y decide ser amable con él y conseguir que le dé un cheque por valor de un par de libras.

En el curso del soliloquio, el pensamiento de Molly fluctúa entre las imágenes de varias personas, entre hombres y mujeres. Sin embargo, podemos hacer una observación de entrada: la meditación retrospectiva dedicada a su recién adquirido amante Boylan es muy inferior en calidad y cantidad a los pensamientos que consagra a su marido y a otras personas. Hay aquí, por tanto, una mujer que ha tenido hace unas horas una brutal pero más o menos satisfactoria experiencia física pero cuyos pensamientos giran en torno a recuerdos rutinarios que le remiten constantemente a su marido. No ama a Boylan; si ama a alguien es a Bloom.

Hagamos un rápido recorrido por estas páginas apretadas. Molly aprecia el respeto que muestra Bloom por las mujeres de edad, así como su amabilidad con los camareros y los pobres. Está enterada de la sucia foto de un torero y una mujer disfrazada de monja española que Bloom guardaba en su escritorio y también sospecha que ha estado escribiendo una carta de amor. Medita sobre la debilidad de su marido, y desconfía de algunas de las cosas que le ha dicho respecto a sus actividades del día. Recuerda con cierto detalle una intriga fallida entre Bloom y una de las criadas que tuvieron: «como esa sucia de Mary que tuvimos en Ontario Terrace que se ponía postizos en el trasero para excitarle ya estaba mal el olor de esas mujeres pintarrajeadas que llevaba encima una o dos veces tuve una sospecha y le hice que se acercara a mí y descubrí un cabello largo en su chaqueta sin contar aquella vez que entré en la cocina y fingió que bebía agua una mujer no es suficiente para ellos fue todo culpa suya por supuesto echando a perder a las criadas y luego proponiendo que la dejásemos comer a nuestra mesa en Navidad si no te importa ah no gracias en mi casa no...». Por un momento se pone a pensar en Boylan, en cuando le apretó la mano por primera vez, recuerdo en el que se mezclan fragmentos de canciones, cosa muy habitual en ella; pero luego vuelve a Bloom. Su atención es atraída por ciertos detalles amatorios deseables, y recuerda a un sacerdote de aspecto viril. Compara los singulares modales de Bloom, las maneras delicadas de un muchacho cuya imagen invoca (preparación del tema de Stephen), y el olor a incienso de la vestimenta del sacerdote; Molly parece contraponer todas estas cualidades a la vulgaridad de costumbres de Boylan: «me pregunto si se quedó satisfecho conmigo lo que no me gustó es que me diera una palmada detrás al marcharse con tanta familiaridad en el vestíbulo aunque me reí no soy un caballo ni un asno digo yo...». La pobre muchacha ansía ternura. El rico licor que Bloom ha probado en el bar de Ormond deja cierto perfume en su aliento, y ella se pregunta qué es: «me gustaría tomar un sorbito de esas bebidas caras de rico aspecto verdes y amarillas que toman esos presumidos con chistera»; ahora encontramos la explicación de la carne en conserva cuyos restos ha quitado Bloom de la cama: «hacía lo posible para no quedarse dormido después de la última vez que tomamos el oporto y la carne en conserva tenía un buen sabor salado». Nos enteramos también de que el trueno de la tormenta que estalla a las diez de la noche, y que oímos con Bloom en el capítulo de la maternidad, despertó a Molly después de su hermoso sueño tras la marcha de Boylan (sincronización joyceana). Molly recuerda varios detalles fisiológicos relativos al amor con Boylan.

Sus pensamientos se desplazan hacia Josephine Powell, ahora señora Breen, con quien, como hemos relatado, Bloom se tropieza durante el día. Está celosa, piensa que Bloom mostró cierto interés por Josie antes de su matrimonio e imagina que quizá sigue interesado. Luego recuerda a Bloom como era antes de casarse, y su conversación, cuyo nivel cultural es superior al de ella. Y evoca su petición; pero sus recuerdos de Bloom en esa época se entremezclan con su celosa satisfacción por el desafortunado matrimonio de Josie y su chiflado marido que acostumbra acostarse con las botas llenas de barro puestas. Recuerda también un caso de asesinato, una mujer que envenena a su marido, y volvemos al principio de su noviazgo con Bloom, a un cantante que la besó, y a la pinta que tenía Bloom en aquellos tiempos, con su sombrero marrón y su bufanda de colores chillones. Luego, en relación con los primeros contactos sexuales con Bloom, menciona a Gardner por primera vez, antiguo amante suyo a quien Bloom no conoce. Nos enteramos de algunos recuerdos de su casamiento con Bloom, de las ocho amapolas que él le envió, porque ella había nacido el 8 de septiembre de 1870, y porque la boda fue celebrada el 8 de octubre de 1888 cuando ella tenía dieciocho años, precioso batiburrillo de *ochos*. Evoca de nuevo a Gardner como mejor amante que Bloom, y su atención deriva hacia su próxima cita con Boylan, el lunes a las cuatro. Hay alusiones a detalles que conocemos, como el oporto y los melocotones que Boylan le ha enviado a las hijas de Simon Dedalus saliendo de la escuela, y al marinero cojo, al que le ha echado un penique, cantando su canción.

Piensa en la proyectada gira, y la idea de hacer un viaje en tren le recuerda un divertido incidente: «la vez que fui-

mos al concierto de Mallow en Maryborough [Bloom] pidió
sopa muy caliente para los dos entonces sonó la campana y
allí que sale él al andén salpicando con la sopa tomándosela
a cucharadas qué valor y el camarero detrás armándonos
un escándalo y gritos y alboroto porque la máquina iba a
arrancar pero él no quería pagar hasta terminársela los dos
señores que iban en el vagón de tercera dijeron que tenía
toda la razón pero también es muy terco a veces cuando se
le mete una cosa en la cabeza suerte que pudo abrir la por-
tezuela del vagón con la navaja o nos habrían llevado a Cork
supongo que lo hicieron para vengarse de él Oh me encanta
viajar en tren o en coche con hermosos y suaves cojines me
pregunto si él [Boylan] sacará billetes de primera por mí
puede que quiera hacerlo en el tren dándole alguna propina
al guarda...». Evoca, también, de forma encantadora a Gardner —el teniente Stanley Gardner—, que murió de fiebre
tifoidea en Sudáfrica cinco años antes, y su último beso: «era
un muchacho cariñoso de caqui y justo con la talla superior
a la mía estoy segura de que era valiente también dijo que
yo era bonita la noche que nos besamos para despedirnos
en la esclusa del canal mi belleza irlandesa él estaba pálido
de emoción por lo de marcharse...». Volvemos a Boylan, a
ciertos detalles desagradables de esos y otros ardores, y a la
furia de Boylan «todo un demonio durante unos minutos
cuando volvió con las noticias de última hora rompiendo
los boletos y echando chispas porque había perdido veinte
libras dijo por ese desconocido que acababa de ganar y que
la mitad la había apostado por mí fiando en la información
de Lenehan lo mandaba al infierno...». Recuerda cómo Lenehan «se tomó libertades conmigo después de la comida
de Glencree al volver de aquel largo revolcón encima de la
montaña de colchón después el lord Mayor me estuvo mirando con sus ojos cochinos», episodio que Lenehan le había contado a M'Coy con cierto regocijo. Recuerda algunas
prendas de ropa y la visita del Príncipe de Gales a Gibraltar

donde ella había pasado la niñez y la adolescencia: «estuvo en Gibraltar el año en que yo nací apuesto que allí también encontró lirios donde plantó el árbol plantó mucho más podía haberme plantado a mí también si hubiese ido un poco antes entonces yo no estaría aquí como estoy...». Intervienen los asuntos económicos: Bloom «debería dejar el *Freeman* ése por los miserables chelines que saca y meterse en unas oficinas o algo por el estilo donde tenga un sueldo fijo o en un banco donde le pondrían en un trono a contar dinero todo el día claro que él prefiere andar enredando por la casa de modo que no puedes hacer nada con él en todas partes...». Menudean los detalles fisiológicos y anatómicos; incluso asoma la palabra *metempsicosis* que Molly había preguntado a Bloom por la mañana cuando éste le subió el desayuno y ella estaba leyendo: «y esa palabra meten qué sé yo salió con un trabalenguas sobre la encarnación nunca es capaz de explicar una cosa llanamente que una pueda entenderla luego va y quema la sartén con su dichoso riñón...». Vuelve la anatomía y la fisiología, y silba un tren en la noche. Retorna a Gibraltar, a una amiga, Hester Stanhope (cuyo padre había cortejado un poco a Molly) y luego a la foto de Mulvey, su primer amor. Se mencionan igualmente una novela de Wilkie Collins, *The Moonstone* (1868), y otra de Defoe, *Moll Flanders* (1722).

Luego hay una serie de alusiones a anuncios, mensajes y cartas, y llega a la carta del teniente Mulvey, la primera misiva amorosa que recibió en su vida, en Gibraltar: «me dieron ganas de cogerle cuando vi que me seguía por la Calle Real en el escaparate luego me tocó ligeramente al pasar no imaginaba yo que me escribiría dándome una cita me la metí en el interior de la combinación y me pasé el día leyéndola en los rincones y escondites mientras papá estaba en la instrucción para averiguar por la letra o el lenguaje de los sellos cantando recuerdo llevaré una rosa blanca y quería hacer correr al viejo estúpido reloj para que llegara la hora fue el primer hombre que me besó bajo la muralla mora mi novio de muchacho jamás había imaginado lo que era besarse hasta que me metió la lengua en la boca su boca era dulce joven y le arrimé la rodilla unas cuantas veces para aprender la forma le dije por divertirme que estaba prometida con el hijo de un noble español don Miguel de la Flora y se creyó que me iba a casar con él en un plazo de tres años...». Flora es un poco como Bloom, a quien desde luego Molly no conocía aún, pero se dicen muchas verdades «hablando en broma hay una flor que florece...». Recuerda con detalle su primera cita con el joven Mulvey, pero le cuesta recordar su nombre, «Molly querida me decía se llamaba Jack Joe Harry Mulvey era sí creo que teniente...». Sus asociaciones erráticas van de él a su gorra con visera que ella se ponía de broma y luego al discurso del viejo obispo sobre la función superior de las mujeres, «sobre las chicas hoy día que montan en bicicleta y llevan gorra con visera y pantalón bombacho [*bloomers*] Dios le dé juicio a él y a mí más dinero supongo que los llaman así por él jamás imaginé que mi apellido sería Bloom... tienes una pinta la mar de lozana [*blooming*] solía decir Josie después de casarme con él...». Y vuelve al tema de Gibraltar, a sus falsas pimientas, a sus álamos blancos, a Mulvey y a Gardner.

Silba otro tren. Evoca a Bloom y a Boylan, a Boylan y a Bloom, la gira de conciertos, y vuelve otra vez a Gibraltar. Imagina que son ya más de las cuatro de la madrugada, pero sólo son las dos y pico. Se menciona a la gata, y luego al pescado; a Molly le gusta el pescado. Recuerda una excursión con su marido, y piensa en su hija Milly y en las dos tortas que le pegó por insolente. Visualiza a Bloom trayendo a Stephen Dedalus a la cocina, y a continuación se da cuenta de que le ha empezado la regla. Tiene que levantarse de la cama chirriante. La repetición de la palabra *despacito* media docena de veces alude a su temor de que el recipiente sobre el que se acuclilla se rompa bajo su peso... Todo esto es bastante superfluo. Averiguamos que Bloom se arrodilla al lado en vez de sentarse encima. Por último, repite «despacito» y se vuelve a meter en la cama. Le vienen más pensamientos sobre Bloom y luego sobre el entierro de Dignam. Esto la lleva, por intermedio de Simon Dedalus y su excelente voz, a Stephen Dedalus quien, según le ha contado Bloom, ha visto su foto. Rudy tendría once años hoy. Trata de imaginar a Stephen, a quien conoció de pequeño. Piensa en la poesía —ya que ella entiende de poesía— e imagina una aventura con el joven Stephen. En contraste, evoca la vulgaridad de Boylan, y recuerda otra vez sus recientes ardores. Su marido está en la cama con los pies puestos donde debiera tener la cabeza. Le gusta esa postura: «Oh aparta tu carcasa de ahí por todos los demonios», piensa Molly. Le viene de nuevo el pensamiento de Stephen, huérfano de madre: «sería muy divertido supongamos se queda con nosotros por qué no la habitación de arriba está vacía y la cama de Milly en el cuarto de atrás podría escribir y estudiar en la mesa de allí total para lo que él [Bloom] garabatea y si [Stephen] quiere leer en la cama por la mañana como yo mientras él [Bloom] prepara el desayuno pues lo mismo puede prepararlo para uno que para dos por supuesto no voy a coger subinquilinos de la calle para él sólo porque él quiera alquilar un caserón como éste me encantaría tener una larga charla con una persona inteligente y educada tendría que comprarme un bonito par de zapatillas rojas como las que vendían los turcos del fez [¡sueño gemelo de Bloom y Stephen!] o amarillas y un precioso salto de cama semitransparente que tanta falta me hace...».

El desayuno que Bloom le ha encargado para mañana sigue rondándole en el pensamiento, junto con otros detalles familiares —Bloom y cosas desconocidas para él, Stephen (ha quedado descartada ya la sexualidad vulgar de Boylan, Mulvey, Gibraltar—, en una última letanía de afirmación de la romántica Molly antes de quedarse dormida: «un cuarto de hora después qué hora más intempestiva supongo que en la China se estarán levantando y peinando la coleta antes de empezar el día bueno pronto tendremos a las monjas tocando el ángelus no tienen a nadie que vaya a estropearles el sueño salvo un cura absurdo o dos para los oficios nocturnos el despertador de al lado picándose los sesos al canto del gallo veré si puedo dormir 1 2 3 4 5... será mejor que baje esta luz y lo intente otra vez y si consigo levantarme temprano iré a Lambes cerca de Findlaters a pedir que nos manden algunas flores para poner por la casa por si le trae mañana hoy quiero decir no no el viernes es día de mala suerte primero quiero arreglar un poco la casa creo que el polvo aumenta mientras duermo luego podemos tener música y cigarrillos puedo acompañarle primero tengo que limpiar las teclas del piano con leche qué me pondré me pondré una rosa blanca... naturalmente una planta preciosa para el centro de la mesa yo la podría conseguir más barata en espera dónde las vi no hace mucho me encantan las flores me gustaría tener toda la casa inundada de rosas Dios del cielo no hay nada como la naturaleza las montañas salvajes después del mar y las olas precipitándose luego el hermoso paisaje con campos de avena y trigo y toda clase de cosas y todo el precioso ganado alrededor le lleva a una el corazón ver los ríos y los lagos y las flores y toda clase de formas y olores y colores brotando incluso de las cunetas prímulas y violetas es la naturaleza en cuanto a los que dicen que no hay Dios no daría un comino por toda su sabiduría... que intenten parar el sol y que no salga mañana el sol brilla para ti dijo [Bloom] el día que estábamos tumbados entre los rododendros en Howth con el traje gris de tweed y su sombrero de paja ese día conseguí que se me declarara sí primero yo le di un trozo de galleta de mi boca y era año bisiesto como ahora sí... dijo que yo era una flor de montaña y que somos flores todas cuerpo de mujer sí ésa es la única verdad que ha dicho en su vida y el sol brilla para ti hoy sí por eso me gustó porque vi que comprendía o sentía lo que es una mujer y yo sabía que siempre podría hacer de él lo que quisiera y le di todo el placer que pude animándole hasta que me pidió que le diera el sí y no quise contestar primero sólo miré al mar y al cielo y pensé muchas cosas que él no sabía de Mulvey y del señor Stanhope y de Hester y de papá y del viejo capitán Groves... y el centinela delante de la casa del gobernador con la cosa alrededor de su casco blanco pobre diablo asado y las chicas españolas riendo con sus mantillas y sus altas peinetas... y los pobres burros resbalando medio dormidos y los individuos vagos con sus capas dormidos a la sombra de los escalones y las grandes ruedas de las carretas de los toros y el viejo castillo de miles de años sí y esos moros apuestos todos de blanco y con turbante como reyes pidiéndote que te sientes en su tienda pequeña y Ronda con las viejas ventanas de las posadas con ojos que atisban ocultos detrás de una celosía para que su amante bese los barrotes y las tabernas medio abiertas de noche y las castañuelas y la noche que perdimos el barco en Algeciras el vigilante con su farol haciendo su recorrido sereno y Oh ese espantoso torrente profundo Oh y el mar el mar carmesí a veces como el fuego y las gloriosas puestas de sol y las higueras de los jardines de la Alameda sí y todas las extrañas callejuelas y casas rosadas y azules y amarillas y rosaledas y jazmines y geranios y cactus y Gibraltar cuando de niña yo era una Flor de montaña sí cuando me puse la rosa en el pelo como las muchachas andaluzas o llevaré una roja sí y cómo me besó Mulvey bajo la muralla mora y yo pensé bueno tanto da él [Bloom] como otro y luego le pedí con los ojos que me volviera a pedir el sí y entonces él [Bloom] me pidió que dijera sí mi flor de montaña y primero le rodeé con los brazos y lo atraje hacia mí para que pudiese sentir mis pechos todo el perfume sí y su corazón galopaba locamente y sí dije sí quiero sí».

Sí: Bloom tendrá por la mañana su desayuno en la cama.

El arte de la literatura y el sentido común

A veces, en el curso de los acontecimientos, cuando el flujo del tiempo se convierte en un torrente fangoso y la historia inunda nuestros sótanos, las personas serias tienden a reconocer una correlación entre el escritor y la comunidad nacional o universal; y los mismos escritores empiezan a preocuparse por sus obligaciones. Me refiero al escritor en abstracto. Aquellos que podemos imaginar concretamente, sobre todo los de cierta edad, están demasiado pagados de su talento o demasiado resignados a la mediocridad para interesarse por las obligaciones. Ven muy claramente, a media distancia, lo que el destino les promete: la hornacina de mármol o el nicho de yeso. Pero tomemos a un escritor que sí se asombra y se preocupa. ¿Saldrá de su concha para inspeccionar el cielo? ¿Y sus dotes de mando? ¿Tendrá, debería, tener, don de gentes?

Es conveniente, por numerosos motivos, mezclarse de cuando en cuando con la multitud, y debe de ser bastante tonto o miope el autor que renuncia a los tesoros de la observación, el humor y la compasión, cualidades que el autor puede adquirir profesionalmente manteniendo un estrecho contacto con sus semejantes. Además, para esos autores desorientados que andan buscando a tientas temas morbosos, puede ser una buena cura dejarse seducir por la apacible normalidad de sus pueblecitos natales, o conversar en apostrófico dialecto con los recios hombres del terruño, suponiendo que existen. Pero en general, yo recomendaría la muy denigrada torre de marfil, no como prisión del escritor sino sólo como dirección estable, provista naturalmente de teléfono y ascensor por si a uno le apetece bajar un momento a comprar el periódico de la tarde o pedirle a un amigo que suba a jugar una partida de ajedrez, cosa ésta sugerida en cierto modo por la forma y la textura de la morada. Es un lugar fresco y agradable, con un inmenso panorama circular, y cantidades de libros y de aparatos prácticos. Pero antes de construirse uno su torre de marfil debe tomarse la inevitable molestia de matar algunos elefantes. El precioso ejemplar que pretendo capturar para beneficio de aquellos que pueden estar interesados en ver cómo se hace es, casualmente, una increíble mezcla de elefante y de caballo. Se llama: sentido común.

En el otoño de 1811, Noah Webster, abriéndose paso decididamente entre los de grado C, definió el sentido común como «un sentido corriente bueno y saludable... exento de prejuicios emocionales o de sutilezas intelectuales... el sentido de los caballos». Es una opinión bastante halagadora para el animal, ya que la biografía del sentido común constituye una lectura antipática. El sentido común ha pisoteado a varios genios bondadosos cuyos ojos se habían deleitado en el temprano rayo de una luna demasiado prematura perteneciente a una verdad demasiado prematura; el sentido común ha coceado los cuadros más encantadores porque su bienintencionada pezuña consideraba un árbol azul como una locura; el sentido común ha impulsado a feas pero poderosas naciones a aplastar a sus hermosas pero frágiles vecinas cuando éstas se aprestaban a aprovechar una ocasión, brindada por un resquicio de la historia, que habría sido ridículo no aprovechar. El sentido común es fundamentalmente inmoral; porque la moral natural de la humanidad es tan irracional como los ritos mágicos que se han ido desarrollando desde las oscuridades inmemoriales del tiempo. El sentido común, en el peor de los casos, es sentido hecho común; por tanto, todo cuanto entra en contacto con él queda devaluado. El sentido común es cuadrado mientras que las visiones y valores más esenciales de la vida tienen siempre una hermosa forma circular, son tan redondos como el universo o los ojos de un niño cuando asiste por primera vez al espectáculo del circo.

Es instructivo pensar que no hay una sola persona en esta clase, ni en ninguna clase del mundo, que en determinado momento espacio temporal histórico no hubiese muerto allí y entonces, aquí y ahora, a manos de una mayoría con sentido común movida por una justa ira. El color del credo, la corbata, los ojos, los pensamientos, las costumbres o la lengua de uno tropezaría indefectiblemente en algún lugar del espacio o del tiempo con la objeción fatal de una multitud que detesta ese tono particular.

Y cuanto más brillante y más excepcional es el hombre, más cerca está de la hoguera. *Stranger* [extraño, extranjero] rima siempre con *danger* [peligro]. El humilde profeta, el mago en su cueva, el artista indignado, el pequeño escolar inconformista, todos comparten el mismo peligro sagrado.

Y puesto que es así, bendigámosles, bendigamos al monstruo; pues en la evolución natural de los seres, el mono no se habría convertido en hombre si no hubiese aparecido un monstruo en la familia. Cualquiera cuya mente es lo bastante orgullosa como para no formarse en la disciplina lleva oculta, secreta, una bomba en el fondo del cerebro. Y sugiero, aunque sólo sea por diversión, que coja esa bomba particular y la deje caer con cautela sobre la ciudad modelo del sentido común. La explosión producirá un fulgor, y muchas cosas curiosas aparecerán bajo esa luz brillante; nuestros sentidos más raros y excelsos suplantarán durante un instante a ese personaje vulgar y dominante que atenaza a Simbad por el cuello en el combate de lucha libre entre el yo adoptado y el yo interior. Estoy haciendo una mezcla triunfal de metáforas, pues ésa es la razón de ser de las metáforas cuando siguen el curso de sus conexiones secretas... lo cual, desde el punto de vista del escritor, constituye el primer resultado positivo en la lucha contra el sentido común.

La segunda victoria se produce cuando la fe irracional en la bondad del hombre (a la que esos absurdos personajes fraudulentos llamados Hechos se oponen con tanta solemnidad) se convierte en algo más que el tambaleante fundamento de las filosofías idealistas. Se convierte en una verdad sólida e iridiscente. Es decir, la bondad pasa a ser un elemento central y tangible del mundo de uno mismo, mundo que al principio resulta difícil identificar con el mundo moderno de los editores de periódicos y otros brillantes pesimistas; éstos os dirán que resulta cuando menos ilógico celebrar la supremacía del bien en una época en que algo llamado Estado policíaco, o comunismo, trata de transformar la Tierra en cinco millones de millas cuadradas plagadas de terror, estupidez y alambre de espino. Y pueden añadir que una cosa es brillar en el propio universo particular, en un confortable rincón situado en un país bien alimentado y sin minar y otra muy distinta tratar de conservar el juicio en un mundo de edificios que estallan en medio de la noche entre rugidos y aullidos. Pero en el mundo que proclamo como hogar del espíritu, con su decidida e inquebrantable falta de lógica, los dioses de la guerra son irreales. Y no lo son porque estén físicamente lejos de la realidad de una lámpara de lectura y la solidez de una estilográfica, sino porque no consigo imaginar (y eso es decir mucho) que tales circunstancias puedan incidir en un mundo hermoso y encantador que sigue su curso con placidez, mientras que sí puedo imaginar muy bien que mis compañeros de sueños, los miles que vagan por la tierra, siguen estas mismas normas irracionales y divinas en las horas más tenebrosas y deslumbrantes de peligro físico, de dolor, de polvo y de muerte.

¿Qué representan exactamente estas normas irracionales? Representan la supremacía del detalle sobre lo general, de la parte que está más viva que el todo, de lo pequeño que el hombre observa y saluda con un amable gesto de su espíritu mientras la multitud a su alrededor es arrastrada por un impulso común hacia un objetivo común. Yo me descubro ante el héroe que se lanza al interior de una casa en llamas y salva al hijo de su vecino; pero le estrecharé la mano si arriesga cinco preciosos segundos en buscar y salvar, junto con el niño, su juguete favorito. Recuerdo una historieta en la que un deshollinador se caía del tejado de un edificio alto, observaba en su caída un cartel con una palabra mal escrita, y mientras caía se iba preguntando por qué a nadie se le había ocurrido corregirla. En cierto modo, todos estamos sufriendo una caída mortal desde lo alto de nuestro nacimiento a las losas del cementerio, y nos vamos maravillando con la inmortal Alicia ante los dibujos de la pared. Esta capacidad de asombro ante fruslerías —sin importarnos la inminencia del peligro—, estos apartes del espíritu, estas notas a pie de página del libro de la vida, son las formas más elevadas de la conciencia; y es allí, en ese estado mental infantil y especulativo, tan distinto del sentido común y de la lógica, en donde sabemos que el mundo es bueno.

En este mundo divino y absurdo de la mente no prosperan los símbolos matemáticos. Su interacción, por muy delicada y obediente que sea imitando las circunvoluciones de nuestros sueños y los quanta de nuestras asociaciones mentales, no puede expresar una realidad totalmente extraña a su naturaleza, en particular si tenemos en cuenta que el principal placer de la mente creadora es el predominio concedido a un detalle incongruente en apariencia sobre una generalización aparentemente dominante. Una vez rechazado el sentido común junto con su máquina calculadora, los números dejan de turbar la mente. La estadística nos da la espalda y, ofendida, nos deja. Dos y dos ya no son cuatro porque ya no hace falta que sumen cuatro. Si sumaban cuatro en el mundo lógico y artificial que hemos dejado, se debía a una mera cuestión de hábito: dos y dos solían sumar cuatro de la misma manera que los invitados a una cena esperan sumar número par. Pero yo invito a los míos a un picnic al tuntún y a nadie le preocupa si dos y dos son cinco o cinco menos algo. En determinada etapa de su desarrollo, el hombre inventó la aritmética con el fin puramente práctico de conseguir algún tipo de orden humano en un mundo gobernado por dioses que, sin que el hombre pudiera evitarlo, devastaban sus sumas cuando se les antojaba. Aceptó ese inevitable indeterminismo llamado magia que ellos introducían de vez en cuando, y procedía con serenidad a contar las pieles que había trocado en rayas de tiza sobre la pared de su cueva. Puede que se entrometiesen los dioses; pero al menos él estaba decidido a seguir un sistema que había inventado con el propósito expreso de seguirlo.

Luego, al transcurrir los miles de siglos, retirarse los dioses con una jubilación más o menos adecuada, y volverse los cálculos humanos cada vez más acrobáticos, las matemáticas transcendieron su estado inicial y se convirtieron, por así decir, en parte natural del mundo al que meramente se habían aplicado. En vez de basar los números en ciertos fenómenos en los que encajaban por azar, porque nosotros mismos encajábamos en las estructuras que percibíamos, el mundo entero se fue basando gradualmente en los números, y nadie parece sorprenderse ante el extraño hecho de que la red exterior se haya convertido en esqueleto interior. En efecto, excavando un poco más profundamente en cierta región próxima a la cintura de Sudamérica un afortunado geólogo puede descubrir un día, al chocar su pala contra un metal, el fleje del ecuador. Hay una especie de mariposa en cuyas alas posteriores una gran mancha redonda imita una gota de líquido con tan misteriosa perfección que la raya que cruza el ala se desvía ligeramente al atravesarla; esta parte de la raya parece desviarse por refracción, como si se tratase de una auténtica gota globular y estuviésemos viendo dicha raya a través de ese líquido. A la luz de la extraña metamorfosis experimentada por las ciencias exactas desde lo objetivo a lo subjetivo, ¿qué puede impedirnos suponer que un día cayó una gota de verdad, y que se ha conservado de alguna manera, filogenéticamente, como lunar? Pero quizá la consecuencia más divertida de nuestra extravagante creencia en el ser orgánico de las matemáticas es la manifestada hace unos años, cuando a un astrónomo decidido e ingenioso se le ocurrió atraer la atención de los habitantes de Marte, si los había, trazando unas líneas luminosas de varias millas de longitud, de manera que formasen algún teorema geométrico, con idea de que, al comprobar nuestros conocimientos sobre el comportamiento de los triángulos, los marcianos concluirían que era posible establecer contacto con los ¡oh inteligentes telúricos!

Llegados a este punto, el sentido común vuelve furtivamente para susurrar con voz ronca que, me guste o no, un planeta y un planeta hacen dos planetas, y que cien dólares son más que cincuenta. Si yo replico que tal vez el otro planeta resulte ser un doble, o que, como es sabido, una cosa llamada inflación puede hacer que cien sea menos que diez en espacio de una noche, el sentido común me acusará de sustituir lo concreto por lo abstracto. Sin embargo, este último es otro de los fenómenos esenciales del mundo que os invito a examinar.

He dicho que este mundo era bueno; y la «bondad» es algo irracionalmente concreto. Desde el punto de vista del sentido común, la «bondad» de un alimento, pongamos por caso, es tan abstracta como su «maldad», ya que el sano juicio no puede percibir estas cualidades como objetos tangibles y completos. Pero cuando realizamos ese giro mental necesario, que es como aprender a nadar o hacer cambiar súbitamente la trayectoria de una pelota, nos damos cuenta de que la «bondad» es algo redondo y cremoso y hermoso y sonrosado, algo con delantal limpio y cálidos brazos desnudos que nos ha criado y nos ha dado consuelo; algo, en una palabra, tan real como el pan o la fruta aludidos en el anuncio; los mejores anuncios son ideados por individuos astutos, conocedores de los métodos que ponen en marcha los cohetes de la imaginación; su saber es el sentido común, comercial, utilizan los instrumentos de la percepción irracional para fines totalmente racionales.

En cambio, la «maldad» es una desconocida para nuestro mundo interior; se sustrae a nuestra comprensión; la «maldad» es en realidad carencia de algo, más que una presencia nociva; y al ser abstracta e incorpórea, no ocupa un espacio real en nuestro mundo interior. Los criminales son por lo general personas sin imaginación, ya que si ésta se hubiera desarrollado, aunque fuera siguiendo la mediocre trayectoria trazada por el sentido común, les habría impedido hacer el mal revelando sus ojos mentales el grabado de unas esposas; por otra parte, la imaginación creadora les habría inducido a buscar una salida en la ficción y a hacer que los personajes de sus libros realizasen de forma más completa y profunda lo que ellos sólo podrían hacer en forma de chapucería en la vida real. Faltos de verdadera imaginación, se conforman con banalidades imbéciles tales como verse conduciendo por Los Ángeles un fastuoso coche robado al lado de la rubia fastuosa que les ha ayudado a destripar al dueño. Sin duda, esta realidad puede convertirse en arte cuando la pluma del escritor conecta las corrientes necesarias; pero, en sí mismo, el crimen es el triunfo de la vulgaridad, y cuanto más éxito tiene, tanto más idiota parece. Jamás admitiré que el oficio del escritor consista en mejorar la moral de su país, en señalar ideales elevados desde las enormes alturas de una tribuna callejera, administrar los primeros auxilios escribiendo libros de segunda categoría. El púlpito del escritor está peligrosamente cerca de la novela barata, y lo que los críticos llaman novela fuerte es generalmente un penoso montón de lugares comunes o un castillo de arena en una playa populosa: y no hay nada más triste que ver deshacerse su foso fangoso cuando se han ido los domingueros y las frías olas empiezan a roer las arenas solitarias.

Hay, no obstante, una mejora que, sin querer, todo auténtico escritor aporta al mundo que le rodea. Cosas que el sentido común tacharía de banalidades insustanciales o exageraciones grotescas e irrelevantes, la mente creadora las utiliza de tal forma que vuelve absurda la iniquidad. El convertir al malo en bufón no es objetivo prefijado en vuestro auténtico escritor: el crimen es una farsa lastimosa tanto si el recalcarlo ayuda a la comunidad como si no; por lo general sí ayuda, pero ése no es el objetivo directo o el deber del autor. El guiño del autor al advertir el labio colgante e imbécil del asesino, o al observar el dedo índice rechoncho de un tirano profesional explorando un agujero productivo de la nariz en la soledad de su suntuoso dormitorio, ese guiño castiga a vuestro hombre más certeramente que la pistola de un conspirador solapado. Y viceversa, no hay nada más odioso para los dictadores que un resplandor inatacable, eternamente inaprensible, eternamente provocativo. Una de las principales razones por las que el valeroso poeta ruso Gumilev fue asesinado por los rufianes de Lenin hace treinta y pico años es que durante toda la dura prueba, en las oscuras oficinas del fiscal, en la cámara de tortura, en los tortuosos corredores que conducían al furgón, en el furgón que le llevó al lugar de ejecución, y en ese sitio mismo, con la tierra revuelta por los pies pesados de un pelotón sombrío y desmañado, el poeta no dejó de sonreír.

Que la vida humana no es sino la primera entrega de un alma seriada y que el secreto de uno no se pierde en el proceso de la disolución terrenal, es algo más que una conjetura optimista, e incluso más que una cuestión de fe religiosa, si tenemos en cuenta que sólo el sentido común excluye la inmortalidad. Un escritor creador —creador en el sentido particular que estoy intentando explicar— no puede por menos de sentir que al rechazar el mundo de lo práctico, al tomar partido por lo irracional, lo ilógico, lo inexplicable y lo fundamentalmente bueno, está haciendo algo parecido, aunque con medios rudimentarios [*faltan dos páginas*], bajo los cielos nublados del gris planeta Venus.

El sentido común me interrumpirá en este momento para advertirme que una mayor intensificación de tales fantasías puede conducir a la más completa locura. Pero eso sólo ocurre cuando la exageración morbosa de tales fantasías no enlaza con la obra deliberada y fría del artista creador. Un loco es reacio a mirarse en el espejo porque el rostro que ve no es el suyo: su personalidad está decapitada; la del artista, en cambio, está incrementada. La locura no es más que el sentido común un poco enfermo, mientras que el genio es la mayor cordura del espíritu; y el criminólogo Lombroso, cuando trató de descubrir las afinidades entre el loco y el artista, se embarulló al no percibir las diferencias anatómicas entre obsesión e inspiración, entre un murciélago y un pájaro, una ramita seca y un insecto en forma de rama. Los lunáticos son lunáticos porque han desmembrado, de forma completa y temeraria, el mundo que nos es familiar; pero no tienen o han perdido el poder necesario para crear un mundo nuevo tan armonioso como el anterior. El artista, en cambio, desconecta lo que quiere, y al hacerlo es consciente de que una parte de sí mismo conoce el resultado final. Cuando examina su obra terminada se da cuenta de que, cualquiera que sea la lucubración inconsciente implícita en su inmersión creadora, el resultado final es consecuencia de un plan preciso que estaba contenido en el *shock* inicial, como se dice que el desarrollo futuro del ser vivo está contenido en los genes de su célula germinal.

El paso del estadio disociativo al asociativo está marcado por una especie de estremecimiento espiritual que en inglés se denomina a grosso modo *inspiration*. Un transeúnte silba una tonada en el momento exacto en que observamos el reflejo de una rama en un charco que a su vez, y simultáneamente, nos despierta el recuerdo de una mezcla de hojas verdes y húmedas y una algarabía de pájaros en algún viejo jardín y el viejo amigo, muerto hace tiempo, emerge súbitamente del pasado sonriendo y cerrando su paraguas mojado. La escena sólo dura un radiante segundo, y la sucesión de impresiones e imágenes es tan vertiginosa que no podemos averiguar las leyes exactas que rigen su reconocimiento, formación y fusión —por qué este charco y no otro, por qué este sonido y no otro—, ni la precisión con que se relacionan todas esas partes; es como un rompecabezas que, en un solo instante, se ensambla en nuestro cerebro, sin que el cerebro llegue a darse cuenta de cómo y por qué encajan las piezas; en ese momento, una sensación de magia nos estremece, experimentamos una resurrección interior, como si reviviese un muerto en virtud de una pócima centelleante mezclada a toda velocidad en nuestra presencia. Esta impresión se encuentra en la base de la llamada inspiración, ese estado tan condenable para el sentido común. Pues el sentido común subrayará que la vida en la tierra, desde el percebe al ganso, desde la lombriz más humilde a la mujer más bonita, surgió de un limo carbonoso coloidal activado por fermentos, al tiempo que la tierra se iba enfriando servicialmente. Puede que la sangre sea el mar silúrico en nuestras venas, y estamos dispuestos a aceptar la evolución al menos como fórmula modal. Puede que los ratones del profesor Pavlov y las ratas giratorias del doctor Griffith deleiten a las mentes prácticas; y puede que la ameba artificial de Rhumbler llegue a ser una mascota preciosa. Pero repito, una cosa es tratar de averiguar los vínculos y etapas de la vida, y otra muy distinta tratar de comprender la vida y el fenómeno de la inspiración.

El ejemplo que he puesto —la tonada, las hojas, la lluvia— supone un tipo de emoción relativamente simple. Es una experiencia familiar a muchas personas que no necesariamente son escritores; otros, sin embargo, no se molestan en observarla. En el ejemplo, la memoria desempeña un papel esencial, aunque inconsciente, y todo depende de la perfecta fusión del pasado y el presente. La inspiración del genio añade un tercer ingrediente: el pasado, el presente y el futuro (nuestro libro) se unen en un fogonazo repentino; de este modo percibimos el círculo entero del tiempo, que es otra forma de decir que el tiempo deja de existir. Sentimos a la vez que el universo entero penetra en nosotros y nosotros mismos nos disolvemos en el universo que nos envuelve. El muro de la prisión del *ego* se desmorona de repente, y el *no-ego* irrumpe desde el exterior para salvar al prisionero... que danza ya en el aire libre.

La lengua rusa, aunque relativamente pobre en términos abstractos, define dos tipos de inspiración: *vostorg* y *vdokhnovenie*, que pueden parafrasearse como «rapto» y «recuperación». La diferencia entre una y otra es sobre todo de intensidad; la primera es breve y apasionada, la segunda fría y sostenida. Hasta ahora me he estado refiriendo a la pura llama del *vostorg*, al rapto inicial, que no se propone ningún objetivo consciente pero que es importantísimo a la hora de conectar la disolución del viejo mundo con la construcción del nuevo. Cuando llega el momento y el escritor se pone a escribir su libro, confiará en la segunda y serena clase de inspiración, en la *vdokhnovenie*, compañera fiel, que ayuda a recuperar y reconstruir el mundo.

La fuerza y la originalidad implícitas en el primer espasmo de inspiración son directamente proporcionales al valor del libro que el autor escribirá. En el extremo inferior de la escala un escritor de segunda fila puede experimentar un ligero estremecimiento al observar, digamos, la íntima conexión entre la chimenea humeante de una fábrica, un lilo desmedrado en el patio y un niño de cara pálida; pero la combinación es tan simple, el triple símbolo tan evidente, el puente entre las tres imágenes tan gastado por los pies de los peregrinos literarios y por las carreteras de las ideas estereotipadas, y el mundo que surge de esa interrelación es tan parecido al normal y corriente, que la obra de ficción puesta en marcha tendrá necesariamente un valor modesto. Por otro lado, no pretendo insinuar que el impuso inicial de una gran obra sea siempre consecuencia de algo visto, oído, olido, gustado o tocado por un artista de pelos largos durante sus vagabundeos sin rumbo. Aunque no debe desdeñarse el cultivo del arte de trazar en uno mismo súbitamente diseños armoniosos con hebras muy separadas, y aunque, como en el caso de Marcel Proust, la idea actual de una novela puede surgir de sensaciones tales como la de notar cómo se deshace una magdalena en el paladar o de un enlosado desigual bajo nuestros pies, sería precipitado concluir que la creación de todas las novelas ha de tener como fase una especie de experiencia física glorificada. El impulso inicial puede revelar tantos aspectos como talentos y temperamentos existentes; puede ser la serie acumulada de varios *shocks* prácticamente inconscientes o una combinación inspirada de varias ideas abstractas sin un fondo físico definido. Pero de una forma o de otra, el proceso puede reducirse incluso a la forma más natural del estremecimiento creador: una imagen súbita y viva construida en un relámpago con unidades desemejantes que son aprehendidas instantáneamente, en una explosión estelar de la mente.

Cuando el escritor emprende su obra de reconstrucción, la experiencia creadora le dice lo que debe evitar en determinados momentos de ceguera que doblegan de vez en cuando incluso a los más grandes, cuando los duendes gordos y verrugosos del convencionalismo o los astutos trasgos llamados «llenadores de lagunas» tratan de trepar por las patas de su escritorio. El llameante *vostorg* ha cumplido su misión y la fría *vdokhnovenie* se pone las gafas. Las páginas todavía están en blanco, pero hay una sensación milagrosa de que todas las palabras están ahí, escritas con tinta simpática y clamando por hacerse visibles. Si quisierais podríais desarrollar cualquier parte del cuadro, pues la idea de secuencia no existe en realidad por lo que se refiere el autor. La secuencia surge sólo porque las palabras han de escribirse una tras otra en páginas sucesivas, del mismo modo que el lector debe tener tiempo para recorrer el libro, al menos la primera vez que lo lee. Tiempo y secuencia no pueden existir en la mente del autor porque ningún elemento temporal ni espacial habían gobernado la visión inicial. Si la mente estuviese construida con líneas opcionales y si un libro pudiera leerse de la misma manera que la mirada abarca un cuadro, es decir, sin preocuparse de ir laboriosamente de izquierda a derecha y sin el absurdo de los principios y los finales, ésta sería una forma ideal de apreciar una novela, porque así es como el autor la ha visto en el momento de su concepción.

De modo que ahora está preparado para escribirla. Se encuentra completamente equipado. Tiene la estilográfica llena, la casa está tranquila, el tabaco y las cerillas a un lado, la noche es joven... y nosotros le dejamos en su grata ocupación, salimos furtivamente, cerramos la puerta, y al marcharnos, echamos de la casa al monstruo ceñudo del sentido común que subía pesadamente a gimotear que el libro no es para el público en general, que el libro nunca nunca se... Y entonces, antes de que ese falso sentido común profiera la palabra v-e-n-d-e-r-á, tendremos que pegarle un tiro.

L'Envoi

Puede que a alguno de vosotros le parezca que en las presentes y en alto grado irritantes circunstancias del mundo, el estudio de la literatura es una pérdida de energía; sobre todo, el estudio de la estructura y el estilo. Mi opinión es que para cierto tipo de temperamento —y cada uno tiene un temperamento distinto— el estudio del estilo puede parecer siempre, en cualquier circunstancia, una pérdida de energía. Pero aparte de esto, creo que en todos los espíritus, ya sientan inclinación hacia lo artístico o hacia lo práctico, hay siempre una célula receptiva para las cosas que trascienden las espantosas preocupaciones de la vida diaria.

Las novelas que hemos estudiado no os enseñarán nada que podáis aplicar a ningún problema evidente de la vida. No ayudarán en la oficina, ni en el ejército, ni en la cocina, ni en la escuela de párvulos. De hecho, los conocimientos que he estado tratando de impartir aquí son un puro lujo. No os ayudarán a comprender la economía social de Francia ni los secretos del corazón de una mujer o de un joven. Pero puede que os ayuden, si habéis seguido mis enseñanzas, a sentir la pura satisfacción que transmite una obra de arte inspirada y precisa, y esa sensación de satisfacción a su vez va a dar lugar a un sentimiento de auténtico consuelo mental, el del consuelo que uno siente cuando toma conciencia, pese a todos sus errores y meteduras de pata, de que la textura interior de la vida es también materia de inspiración y precisión.

En este curso he tratado de revelar el mecanismo de esos juguetes maravillosos que son las obras maestras de la literatura. He tratado de hacer de vosotros buenos lectores, capaces de leer libros, no con el objeto infantil de identificarse con los personajes, no con el objeto adolescente de aprender a vivir, ni con el objeto académico de dedicarse a generalizaciones. He tratado de enseñaros a leer libros por amor a su forma, a sus visiones, su arte. He tratado de enseñaros a sentir un estremecimiento de satisfacción artística, a compartir no las emociones de los personajes del libro, sino las emociones del autor: las alegrías y dificultades de la creación. No hemos hablado sobre libros; hemos ido al centro de esta o aquella obra maestra, al corazón vivo de la materia.

Ahora el curso toca a su fin. El trabajo con vosotros ha sido una agradable asociación entre la fuente de mi voz y el jardín de vuestros oídos: unos abiertos, otros cerrados, muchos muy receptivos, unos pocos meramente ornamentales, pero todos ellos humanos y divinos. Algunos de vosotros seguiréis leyendo grandes libros, otros dejaréis de leer grandes obras una vez terminados los estudios; y si alguien piensa que no puede desarrollar su capacidad de placer leyendo a los grandes artistas, entonces es preferible que no los lea. Al fin y al cabo, hay otras emociones en otros campos: la emoción de la ciencia pura es tan placentera como la del arte puro. Lo principal es experimentar ese cosquilleo en cualquier compartimiento del pensamiento o de la emoción. Corremos el riesgo de perdernos lo mejor de la vida si no sabemos provocar esa excitación, si no aprendemos a elevarnos un poco más de donde solemos permanecer, a fin de coger los frutos más excelsos y maduros del arte ofrecidos por el pensamiento humano.

Apéndice

He aquí una muestra del cuestionario sobre *Casa Desolada* y *Madame Bovary*, presentada por Nabokov en sus exámenes.

CASA DESOLADA

1. ¿Por qué necesita Dickens ponerle a Esther tres pretendientes (Guppy, Jarndyce y Woodcourt)?
2. Si comparas a lady Dedlock con Skimpole, ¿cuál de los dos está más conseguido?
3. Habla de la estructura y el estilo de *Casa Desolada*.
4. Habla de la casa de John Jarndyce (¿Mangles? ¿Pájaros sorprendidos?).
5. Habla de la visita a Bell Yard (los hijos de Neckett; y el señor Gridley).
6. Cita al menos cuatro ejemplos del «tema de los niños» en *Casa Desolada*.
7. ¿La personalidad de Skimpole es también representativa del «tema de los niños»?
8. ¿Qué clase de lugar era Casa Desolada? Cita al menos cuatro detalles descriptivos.
9. ¿Dónde estaba situada Casa Desolada?

10. Cita al menos cuatro ejemplos de imágenes dicken-sianas (comparaciones, epítetos pintorescos, etc.).
11. ¿Cómo se relaciona el «tema de los pájaros» con Krook?
12. ¿Cómo se relaciona el «tema de la niebla» con Krook?
13. ¿A qué autor nos recuerda Dickens cuando alza su propia voz?
14. ¿Cuál es la historia de la belleza de Esther en el curso de la novela?
15. Traza un esquema estructural de *Casa Desolada* con los grandes ejes temáticos y las líneas que los relacionan.
16. ¿Qué emociones esperaba Dickens suscitar en el lector (grande o pequeño, benévolo o crítico) de *Casa Desolada*?
17. Dickens suele caracterizar a sus personajes a través de sus modales y peculiaridades de lenguaje: selecciona a tres personajes de *Casa Desolada* y describe sus modismos.
18. El aspecto social («clase alta» frente a «clase baja», etc.) es el más flojo de *Casa Desolada*. ¿Quién es el hermano del señor George? ¿Qué papel desempeña? ¿Debe saltarse un buen lector estas páginas, aun cuando sean flojas?
19. Enumera unos cuantos detalles de la mansión de John Jarndyce, Casa Desolada.
20. Comenta el estilo de Dickens y el de la señora de Allan Woodcourt.
21. Sigue al señor Guppy a lo largo de *Casa Desolada*.

MADAME BOVARY

1. ¿Cuál es la versión que da Homais del envenenamiento de Emma? Describe el suceso.

2. Describe brevemente el empleo que hace Flaubert de la técnica del contrapunto en la escena de la feria.

3. Analiza los recursos de Flaubert en el capítulo de la feria agrícola (agrupación de personajes, interacción de temas).

4. Contesta a estas cinco preguntas:

   a) ¿Quién escribió el *Génie du Christianisme*?

   b) ¿Cuál es la primera visión que Léon tiene de Emma?

   c) ¿Cuál es la primera visión que Rodolphe tiene de ella?

   d) ¿Cómo le hace llegar Boulanger su última carta?

   e) ¿Quién es Felicie Lempereur?

5. Hay numerosas líneas temáticas en *Madame Bovary*: el «caballo», el «cura de escayola», la «voz», «los tres doctores». Describe estas cuatro con brevedad.

6. Da algún detalle del tema del «contrapunto» en los siguientes escenarios: *a)* En el Lion d'Or; *b)* en la Feria Agrícola; *c)* en la ópera; *d)* en la catedral.

7. Comenta el empleo que hace Flaubert de la conjunción «y».

8. ¿Qué personaje de *Madame Bovary* se comporta de forma muy parecida a otro de *Casa Desolada* en circunstancias algo similares? La clave temática es «lealtad».

9. ¿Hay ambiente dickensiano en la descripción que hace Flaubert de la niñez de Berthe? (Explícalo.)

10. Las facciones de Fanny Price y de Esther están gratamente difuminadas. No así en el caso de Emma. Describe sus ojos, su pelo, sus manos, su piel.

11. *a)* ¿Dirías que el carácter de Emma es duro y superficial?

    b) ¿«Romántico» pero no «artístico»?

c) ¿Preferiría ella un paisaje poblado de ruinas y vacas a uno que no contuviese alusiones a personas?
d) ¿Le gustaban los lagos de montaña con o sin una barca solitaria?

12. ¿Qué había leído Emma? Cita al menos cuatro obras y a sus autores.

13. Todas las traducciones de *Madame Bovary* están llenas de inexactitudes; has corregido algunas de ellas. Describe los ojos, las manos, la sombrilla, el peinado, el vestido, los zapatos de Emma.

14. Sigue al vagabundo medio ciego a lo largo de *Madame Bovary*.

15. ¿Qué hace que Homais parezca ridículo y repulsivo?

16. Describe la estructura del capítulo sobre la Feria Agrícola.

17. ¿Por qué ideal lucha Emma? ¿Por qué ideal lucha Homais? ¿Por qué ideal lucha Léon?

18. Aunque la construcción de *Casa Desolada* supone un gran avance respecto de la obra anterior de Dickens, aún tiene que ajustarse a las exigencias de la «señalización». Flaubert ignora todas las cuestiones ajenas a su arte cuando escribe *Madame Bovary*. Cita algunas de las características estructurales de *Madame Bovary*.

Índice